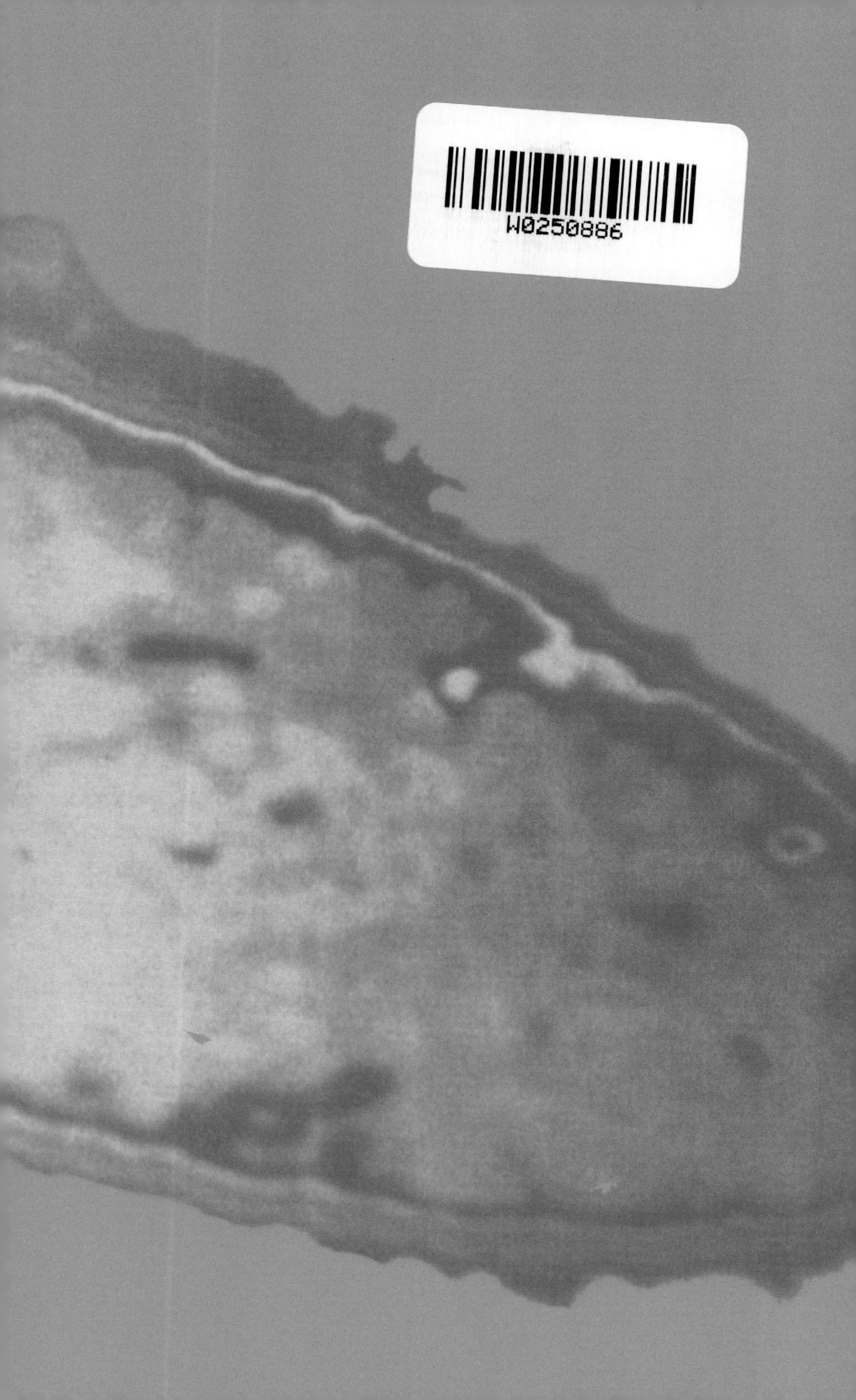

Helmut Lammer / Oliver Sidla

UFO-NAHBEGEGNUNGEN

Helmut Lammer / Oliver Sidla

UFO NAHBEGEGNUNGEN

Unidentifizierbare Flugobjekte hinterlassen Spuren:

Militärische Begegnungen
Physikalische Effekte
Radarsignale
Video- und Fotoanalysen

Vorwort:
Jacques Vallée

Mit 32 Farbfotos,
23 Textdokumenten und
34 Diagrammen

Herbig

Bildnachweis

Fotos:

Paul Trend/Ground Saucer Watch: Vor- und Nachsatz;
Archiv Autoren: 6, 9, 14, 15, 17, 22, 31; T. Dodd/O. Sidla, 19, 20, 21;
FBI: 10; A. Fregale: 23; R. Haines: 24; M. Lindtner: 26, 27, 28;
NASA: 1, 18, 25; Newsteam: 16; G. Procobelli: 3; Popular Science: 5;
Projekt Hessdalen: 7, 8; Quest International: 2, 11, 13, 29, 30, 32;
USAF: 4; J. Vallée: 12

Abbildungen:

Archiv Autoren: 21–26, 29, 30–36, 38–47, 54–57; Mark I. Birdsall: 48;
Centre Nationale d'Edudes Spatiales (CNES): 1;
O. Sidla: 2–20, 27, 28, 49–53;
SOBEPS/Belgische Luftwaffe: 37

Vor- und Nachsatz: Die Akzeptanz von Ufos hängt nicht vom Glauben an ihre Existenz ab, sondern von der Bereitschaft, die Beweise für ihre Existenz nicht aus weltanschaulichen Gründen leugnen zu müssen.

Gedruckt auf chlorfrei gebleichtem Papier

1. Auflage April 1996
2. Auflage Mai 1996
3. Auflage Februar 1997
4. Auflage Juli 1998

Umschlaggestaltung: Dieter Krahl
Umschlagbild: Radaraufnahme/USAF
Satz: Schaber Satz- und Datentechnik, Wels
Gesetzt aus 10,5/12,5 Punkt Stempel Garamond in PostScript
Reproduktionen: Graphisches Atelier Krah
Druck: Jos. C. Huber KG, Dießen
Binden: Großbuchbinderei Monheim
Printed in Germany
ISBN 3-7766-1934-1

*»Es wird sich herausstellen,
daß Röntgenstrahlen ein Schwindel sind
und Radio keine Zukunft hat.«*

*Lord Kelvin, britischer Physiker, am Ende des
19. Jahrhunderts*

*»Es gibt keinen Vorwand, der die Verwendung
von Hochspannung und Wechselstrom, weder
in einem wissenschaftlichen noch in einem
kommerziellen Sinn, rechtfertigen würde.«*

*Thomas Alva Edison, amerikanischer Erfinder,
1889*

*»Die Menschen werden es niemals meistern,
sich mit einem Gerät oder einer Rakete durch
die Lüfte zu bewegen.«*

*Simon Newcombe, kanadischer Astronom und
Entdecker des Planeten Neptun, 1903*

*»Ich kann die Relativitätstheorie
genausowenig akzeptieren wie die Existenz von
Atomen und anderen ähnlichen Dogmen.«*

Ernst Mach, österreichischer Physiker, 1913

»Ich war wie jeder andere skeptisch über UFOs. Meine Berufsausbildung verlangt einen Beweis, um die Existenz von UFOs zu bestätigen. Keiner wurde vorgebracht, nur so typische Schlagzeilen in Illustrierten wie: ›Ich wurde von einem Marsianer sexuell belästigt‹..., wie man sie in entsprechenden Bücher-Verkaufsecken im Supermarkt findet. Doch ein solider Beweis existiert, um den Skeptizismus aufzuzehren. Bevor dieser Beweis ans Licht kam, glaubte ich der Luftwaffe, der CIA und jeder anderen regierungsamtlichen Agentur, die behauptete, UFOs wären ein Mythos. Ich hätte diese Regierungserklärung wohl für immer akzeptiert, wenn nicht der Freedom of Information Act (FOIA) verabschiedet worden wäre. Der Kongreß verabschiedete dieses Gesetz, weil er fühlte, daß diese Regierung zu viele Fakten vor öffentlicher Inspektion zurückhielt. Diese Ansicht war sicher berechtigt. Dank des FOIA wissen wir jetzt, daß UFOs existieren und daß sehr einflußreiche Leute sie beobachtet haben.«

Howard E. Goldfluss, amtierender Richter am Obersten Gericht des Staates New York, Juni 1987

Inhalt

Jacques Vallée: Vorwort

Es liegt eine gewisse Ironie in der Tatsache, daß weite Gebiete der modernen Naturwissenschaft sich in Richtung größerer Ungewißheit und Kontroverse bewegen, anstatt zu mehr Aufklärung und Verstehen zu gelangen, sobald neues Wissen gewonnen wird. Die Astronomie bietet uns ein Beispiel für diese Herausforderung: Vor vierzig Jahren gab es unter den Astronomen einen breiten Konsens über Fragen wie die Entstehung der Planeten, die Wahrscheinlichkeit der Existenz von Leben im Weltraum und über die allgemeine Evolution des Universums. Die Explosion an Daten von Raumsonden und bessere Beobachtungstechniken haben diese Gewißheiten nicht verfeinert. Statt dessen wurde der Konsens zerstört. Einige alte Fragen sind beantwortet worden, aber gleichzeitig wurden so viele neue aufgeworfen, daß eine neue Generation von Astronomen damit wird beginnen müssen, völlig neue Theorien zu formulieren, um den vielfältigen Widersprüchen, denen wir in den Daten begegnen, gerecht zu werden.

Andere Beispiele kann man in der Biologie, der Medizin, der Werkstoffwissenschaft und in anderen wissenschaftlichen Disziplinen finden. In der Physik stellen die neuesten Forschungen sogar die alte Erkenntnis, daß nichts sich schneller als das Licht fortbewegen kann, in Frage. Diejenigen unter uns, die sich für die Grenzen der Wissenschaft interessieren, und im besonderen jene, die das Geheimnis der UFOs erforschen, stehen vor einer ähnlichen Herausforderung. Vor vierzig Jahren, als europäische und amerikanische Zeitungen eine wahre Flut von Berichten über seltsame Himmelsobjekte veröffentlichten, schien es, daß das Phänomen in relativ kurzer Zeit erklärt werden könnte. Da so viele verläßliche Zeugen nicht zur selben Zeit halluzinieren konnten, mußten die Objekte entweder (1) eine weit fortgeschrittene menschliche Technologie oder (2) extraterrestrische Objekte darstellen.

Mit fortschreitender Zeit wurde die erste Erklärung immer unwahrscheinlicher: Radaraufzeichnungen und Berichte von Piloten aus allen Ländern zeigten deutlich, daß diese Erscheinungen die ausgereiftesten menschlichen Fluggeräte weit übertrafen.
So bleibt nur die extraterrestrische Hypothese. Wenn man die hohe Wahrscheinlichkeit, daß es Leben im Weltraum gibt, betrachtet, stellt sich die Frage, warum wir nicht von Wesen anderer Planeten besucht werden sollten. Unsere eigene Technologie hat bereits die Schwelle zum Weltraum erreicht. Vielleicht werden wir bald eingeladen, in den »Galaktischen Klub« einzutreten.
Gruppen von Wissenschaftlern fingen an, Fälle zu sammeln und Informationen auszutauschen. Das Militär führte eigene Untersuchungen durch, die durch Regierungsinstitutionen geheim gehalten wurden. Die wissenschaftliche Gemeinschaft, die so vom direkten Zugang zu den wertvollsten Daten ausgeschlossen war, blieb diesem Forschungsgebiet gegenüber reserviert. Trotzdem wurden in den 60er und 70er Jahren ein paar ernsthafte Untersuchungen angestellt. In Frankreich definierte das GEPAN-Projekt in Toulouse eine eindeutige Methodologie für den Umgang mit ungewöhnlichen Berichten und dokumentierte einige bemerkenswerte Fälle, aber letzten Endes erwies sich seine Arbeit als ergebnislos. In den USA gipfelte das Projekt *Blue Book* in einer zweijährigen Studie der Universität von Colorado, die den Schluß zog, daß das Phänomen von keinerlei Interesse für die Wissenschaft sei, obwohl das Untersuchungsteam nicht einmal die Fälle, die es studiert hatte, erklären konnte.
Ohne eine breit angelegte akademische Anstrengung fiel eine große Menge der harten Arbeit von Feldforschung und Dokumentation engagierten Amateuren und einigen wenigen Wissenschaftlern zu, die ohne finanzielle Unterstützung in einem losen internationalen Netzwerk zusammenarbeiteten. Professor Hynek, ein Astronom, der der amerikanischen Luftwaffe ein Vierteljahrhundert lang als wissenschaftlicher Berater zur Verfügung stand, verglich diese Gruppe von Leuten, die an den Grenzen der Wissenschaft standen, mit dem »Unsichtbaren College«,

welches so viel für den Fortschritt der objektiven Naturforschung in der vorwissenschaftlichen Ära tat, zu einer Zeit, als solche Bestrebungen von engstirnigen Traditionalisten in Machtpositionen verboten wurden.

Was diese mutigen Forscher an Erkenntnissen sammelten, löste das Problem nicht. Im Gegenteil, wie im Fall der modernen Astronomie oder der Biologie, führte die Ansammlung von Wissen das Forschungsgebiet in einen Zustand der Kontroverse und der Verwirrung, der bis heute anhält.

Wie dieses wichtige Buch zeigt, sind die Beweise für dieses bemerkenswerte ungeklärte Phänomen nun unzweifelhaft. Aber es ist nicht klar, ob die Objekte, die von Zeugen beschrieben werden, wirklich außerirdischen Ursprungs sind. Die Hypothese von den Besuchern aus dem Weltraum ist eine von mehreren möglichen Hauptstoßrichtungen der Forschung, aber sie ist nicht die einzige. Sie versäumt es, einige überraschende Tatsachen zu berücksichtigen, die noch nicht bekannt waren, als die Forschungen vor vierzig Jahren begannen. Objekte, die auf demselben Fleck erscheinen und wieder verschwinden, ihre Formen dynamisch ändern und topologische Regeln verletzen, sind keine »Raumschiffe« im gewöhnlichen Sinne. Ein Phänomen, welches Raum und Zeit sowie das Bewußtsein von menschlichen Zeugen zu beeinflussen imstande ist, kann nicht einfach als ein technologisches Problem behandelt werden. Es stellt eine viel größere Herausforderung dar, als irgend jemand von uns ursprünglich erwartet hatte.

Seit neuestem wirft eine Welle von Entführungsberichten aus den USA ein neues Licht auf die Vielschichtigkeit der menschlichen Wahrnehmung und auf den potentiellen Einfluß des Phänomens auf das menschliche Verhalten. Dies ruft nach der Einbringung von Fachkenntnissen jenseits der Astronomie, der Physik oder der Antriebstechnik. Sogar Aufzeichnungen von volkstümlichen Erzählungen müssen wohl in einem anderen Licht betrachtet und untersucht werden.

Nach der Lage der Dinge gibt es einen dringenden Bedarf für ein Buch, das einen Überblick über die Daten und eine Diskussion der verschiedenen Hypothesen, die in den kommenden Jahren geprüft werden, bietet. Das UFO-Phänomen repräsentiert eine Gelegenheit, den Stand der Wissenschaft zu erweitern und kritisches Denken bei einer verwirrenden Serie von abnormen Beobachtungen, die wir weder widerlegen noch erklären können, anzuwenden. Dies ist ein Bereich, wo eine skeptische, rationale Annäherung vonnöten ist, aber nur in Verbindung mit der natürlichen Neugier eines nach allen Seiten hin offenen Geistes. Es müssen Richtlinien erstellt werden, die dazu dienen, zwischen zuverlässigen Fällen und den Zeitungsenten, die nur zu oft in den Boulevardzeitungen und anderen Medien verbreitet werden, zu unterscheiden.

Dies ist die Absicht dieses Buches. Es wird eine Schlüsselrolle darin spielen, einer neuen Generation von Forschern und Lesern eine Abschätzung unseres gegenwärtigen Wissensstandes und, noch wichtiger, unseres Unwissens zu bieten.

San Francisco, 12. November 1995 *Dr. Jacques Vallée*

Dr. Jacques Vallée besitzt einen Universitätsabschluß in Astronomie und schloß 1967 sein Doktorat in Computerwissenschaften an der Northwestern-Universität in den USA ab. Er war ein Principal Investigator (PI) bei Computernetzwerkprojekten des Verteidigungsministeriums, ist Autor mehrerer wissenschaftlicher Arbeiten sowie dreier Bücher über Hochtechnologie und mehrerer UFO-Bestseller.

Sein Interesse am UFO-Phänomen wurde geweckt, als er Zeuge wurde, wie Astronomen an einem großen Observatorium Filmspuren von unbekannten Objekten zerstörten. An der Northwestern-Universität war Dr. Vallée ein naher Vertrauter von Prof. Dr. J. Allen Hynek, dem damaligen wissenschaftlichen Berater des Luftwaffen-UFO-Projektes *Blue Book.* Seine Forschungsreisen führten ihn um die ganze Welt.

Am 27. November 1978 nahm Dr. Vallée mit Prof. Hynek und anderen Wissenschaftlern an einer Konferenz unter der Leitung des damaligen UNO-Generalsekretärs Dr. Kurt Waldheim bei den Vereinten Nationen in New York teil, um die UNO zu überzeugen, daß sie ein Komitee für die UFO-Forschung einrichten sollte. Dr. Vallée diente Steven Spielberg als Vorbild für den französischen Wissenschaftler, den François Truffaut in Spielbergs Welterfolg »Unheimliche Begegnung der Dritten Art« spielte. Er ist außerdem Mitglied im wissenschaftlichen Rat der *Society for Scientific Exploration.*

Einleitung

Ein Jahr ist es nun her, daß wir unser Buch *UFO-Geheimhaltung* auf den Markt brachten. Wir wollten der Öffentlichkeit mitteilen, daß die Großmächte die UFO-Angelegenheit, im Gegensatz zu den Massenmedien, sehr ernst nehmen. Wir glauben, daß uns dieses Anliegen sehr gut gelungen ist, da wir eine Unmenge an Briefen bekamen, in denen uns die Leser zu der komplexen Lektüre gratulierten. Daß es manche Autoren mit der Wahrheit nicht immer so ernst nehmen, zeigen die Entwicklungen rund um den Roswell-Zwischenfall. So wurde bei der Fernsehsendung *RTL-Extra* behauptet, daß Johannes v. Buttlar weiß, daß es vor 1949 *kein* Mogul-Ballon-Projekt gab und diese von der Luftwaffe vorgeschlagene Erklärung für den Roswell-Zwischenfall deshalb nicht stimmen kann. Diese Aussage ist natürlich ein Unsinn. Auch wenn wir mit der Mogul-Erklärung für den Roswell-Zwischenfall nicht einverstanden sind, gab es 1947 dieses Projekt.
Die große Menge an bisher kaum bekanntem Material ermutigt uns, weitere Fakten über das UFO-Phänomen einer größeren Öffentlichkeit zugänglich zu machen. Wir haben im ersten Buch über die konspirativen Aspekte des UFO-Phänomens berichtet und zu beweisen versucht, daß es ein Komplott von geheimdienstlicher und militärischer Seite gibt. Wie schwerwiegend dieses Komplott ist, kann man zur Zeit nicht genau sagen. Eines ist jedenfalls klar: Vertuscht wird in dieser Angelegenheit sehr viel!
Das ist auch der Grund dafür, warum gegenwärtig mehrere einflußreiche Personen die UFO-Angelegenheit in den amerikanischen Präsidentschaftswahlkampf einzubringen versuchen. So startete zum Beispiel 1993 der amerikanische Multimilliardär Laurence Rockefeller mit seinem Berater in UFO-Angelegenheiten, Dr. Scott Jones, eine Initiative, um die Clinton-Administration dazu zu bewegen, von den Militärs geheimgehaltene UFO-

Informationen freizugeben. Rockefeller ist ein langjähriger Gönner der wissenschaftlich orientierten UFO-Forschungsorganisationen und Mitglied bei der *Society for Scientific Exploration*. Seinen Berater Dr. Scott Jones könnte man als graue Eminenz in der UFO-Forschung bezeichnen. Er ist promovierter Politologe, war Commander der US-Navy, Vize-Marineattaché in New Delhi, Mitarbeiter des Marine-Geheimdienstes, der Defense Nuclear Agency, der Defense Intelligence Agency und des Heeresgeheimdienstes. Außerdem war Dr. Jones ein langjähriger Assistent des amerikanischen Senators Clairborne Pell aus Rhode Island. Gegenwärtig ist Dr. Scott Jones MUFON-Spezialist in Regierungsangelegenheiten.

Im März 1993 trafen Laurence Rockefeller, Dr. Scott Jones, Dr. Bruce Maccabee und andere Spitzen der UFO-Forschung den wissenschaftlichen Berater von US-Präsident Bill Clinton, Dr. John Gibbons, um ihn über die UFO-Situation zu informieren. Im Februar 1994 traf sich Rockefeller mit Dr. Gibbons zu einem weiteren Gespräch im Weißen Haus in Washington. Danach wurde Dr. Gibbons beauftragt, alle verfügbaren Informationen über das UFO-Phänomen zusammenzutragen. Präsident Clinton wurde daraufhin klar, daß die CIA und andere Behörden nicht mit offenen Karten spielen, da die von der CIA eingeholten Informationen nicht mit denen der zivilen Wissenschaftler übereinstimmten.

Am 17. April 1995 unterzeichnete Präsident Clinton trotz Widerständen aus Geheimdienstkreisen eine Exekutivorder betreffend klassifizierter Informationen zu Fragen der nationalen Sicherheit. Diese Order trat am 16. Oktober 1995 in Kraft: Geheimgehaltene Dokumente, die älter als 25 Jahre sind, werden dadurch automatisch freigegeben. Natürlich gibt es auch hier gewisse Klauseln, die es den Geheimdiensten gestatten, Dokumente zurückzuhalten. Es werden aber trotzdem Millionen ehemals klassifizierter Dokumente freikommen, darunter befinden sich auch UFO-Dokumente aus dem Zeitraum 1947–1970. Man darf gespannt sein, was diese Dokumente enthüllen werden.

In der Zwischenzeit haben sich in der Untersuchung über den Roswell-Zwischenfall sehr viele Neuigkeiten ergeben. Zuerst tauchten Anfang 1995 angeblich originale Filme auf, die Ausschnitte von Autopsien der bei Roswell geborgenen UFO-Insassen zeigen sollen. Dr. Lammer sah am 19. August 1995 bei der 8. Internationalen BUFORA UFO-Konferenz in Sheffield etwa 35 Minuten von diesen Filmen. Zur Zeit der Drucklegung dieses Buches (Januar 1996) kann man noch nicht eindeutig feststellen, ob die Filme eine geschickt gemachte Fälschung darstellen oder ob sie wirkliche Autopsien von Lebewesen zeigen.
UFOs können vielseitige Spuren in ihrer Umgebung hinterlassen, Zeugen verstrahlen, verbrennen oder für Allergien verantwortlich sein. Magnetfeldänderungen, Radarechos oder Landespuren im Boden geben objektiv Zeugnis von einem Vorgang, der sich um uns herum ereignet, ohne daß wir dessen richtig gewahr werden. Es sind gerade die meßbaren Effekte, welche immer mehr Naturwissenschaftler davon überzeugen, höchst brisanten Erkenntnissen auf der Spur zu sein. Falls man nachweisen kann, daß UFOs bleibende Spuren hinterlassen, liegt es nahe, daß sich Nahbegegnungen mit UFO-Insassen und UFO-Entführungen nicht nur im Kopf der Zeugen abspielen.

Dr. Helmut Lammer und *Dipl.-Ing. Oliver Sidla,*
Januar 1996

I

Probleme bei der Erfassung des UFO-Phänomens

»Die Fakten, die für eine Realität von fliegenden Untertassen sprechen, sind eindeutiger als die der meisten verurteilten Kriminellen. Ted Phillips sammelte über 4000 physikalisch meßbare Landespuren in über 66 Ländern. Das sind Fälle, wo ein UFO am Boden gesehen wurde, bevor es wegflog. Man findet an den Landestellen klare, physikalisch meßbare zurückgelassene Spuren wie verbrannte Kreise oder Ringe, verwirbelte Vegetation, ausgetrocknete Erde sowie viele andere Spuren. Wenn ein Finger- oder ein Fußabdruck vor Gericht als physikalischer Beweis gilt, dann sind die physikalisch meßbaren UFO-Landespuren schon längst ein Beweis für deren Realität.«

Stanton T. Friedman, Atomphysiker und UFO-Forscher. Friedman arbeitete bei mehreren streng geheimen Projekten der amerikanischen Regierung mit

1 Statistische Untersuchungen des UFO-Phänomens

Die Beobachtung unerklärlicher Himmelsphänomene läßt sich bis in unsere Vorzeit zurückverfolgen. Viele der für die Gelehrten der Frühzeit und des Mittelalters unerklärbaren Phänomene konnten im Laufe der Jahre auf physikalisch erklärbare Naturphänomene zurückgeführt werden. Kometen, Feuerkugeln und Meteoriten wurden lange Zeit für Unheilsboten gehalten. Noch in diesem Jahrhundert glaubten viele Einwohner Europas, daß die vor Ausbruch des Zweiten Weltkrieges beobachteten Polarlichterscheinungen Boten des kommenden Krieges waren. Erst in den vierziger Jahren unseres Jahrhunderts wurde entdeckt, daß die von der Sonne ausgehende Korpuskularstrahlung Polarlichter auslöst.

Seit Aufkommen des technischen Zeitalters können viele für den Laien unerklärliche Lichterscheinungen auf menschliche Ingenieurskunst zurückgeführt werden. Im täglichen Leben völlig vertraute Dinge, wie etwa landende Flugzeuge oder Hubschrauber, können in bestimmten Situationen völlig fremdartige optische Erscheinungen hervorrufen. Ein von der Sonne angestrahlter Ballon kann von einem Laien ebenfalls mit einem metallischen Flugkörper verwechselt werden. Experimente im Weltraum können selbst für nicht eingeweihte Fachleute verblüffende Erscheinungen am Himmel verursachen. So können zum Beispiel Strontium- und Bariumwolken, die von Raketen in der Stratosphäre ausgesetzt werden, seltsame Lichterscheinungen auslösen. In die Erdatmosphäre eindringende Raketentrümmer können beim Verglühen ebenfalls unheimliche Lichterscheinungen verursachen. Aus Informationsmangel sind die meisten Wissenschaftler der Meinung, daß sich alle unerklärbaren Erscheinungen auf die vorher genannten Erklärungen reduzieren lassen.

Daß dies nicht so ist, zeigte eine 1956 von der amerikanischen Luftwaffe durchgeführte Studie.[1,2] Diese erste wissenschaftliche Analyse des Projektes *Blue Book* wurde von Wissenschaftlern des Battelle Memorial-Institutes vorgenommen und eine kurze Zusammenfassung davon als *Blue Book*-Report-14 veröffentlicht. Dieser Report war die umfangreichste statistische UFO-Studie, die vom Militär in Auftrag gegeben wurde. Zwischen dem 1. Juni 1947 und dem 31. Dezember 1952 wurden beinahe 4000 UFO-Sichtungen untersucht und ausgewertet. Da jedoch etwa 1800 Fälle zu ungenaue Angaben hatten, wurden 2200 Fälle für die Auswertung herangezogen. Die von den Battelle-Wissenschaftlern untersuchten Berichte wurden in *identifizierte, unbekannte* und *ungenügende Informationen* unterteilt. Des weiteren wurde die Qualität der Berichte als *exzellent, gut, zweifelhaft* und *schlecht* klassifiziert.

Im Gegensatz zu der Meinung vieler Astronomen, wie Dr. Donald Menzel (der allerdings ein Berater des amerikanischen Geheimdienstes National Security Agency [NSA][3] war), Dr. Carl Sagan und anderer, umfaßte die Gruppe der als *exzellent* bezeichneten unerklärbaren Sichtungen einen größeren Prozentsatz als diejenigen, die mit *schlecht* bezeichnet wurden. Ein weiterer Widerspruch, daß nämlich alle unerklärlichen Beobachtungen von schlecht geschulten Beobachtern stammen, konnte ebenfalls widerlegt werden. Die Battelle-Studie zeigte, daß die qualifiziertesten Beobachter auch die besten Berichte und deshalb wirklich etwas Unbekanntes lieferten. Die schlechtesten Berichte kamen hingegen von den unqualifiziertesten Beobachtern. Von den 434 als *unbekannt* klassifizierten Beobachtungen wurden 71 Sichtungen (19,7 %) als *exzellent* eingestuft. Interessant ist auch, daß im Vergleich mit zivilen Beobachtern doppelt so viele als *exzellent* klassifizierte Sichtungsmeldungen von Militärpersonal stammten und sich nur 3 % der Fälle als Schwindel erwiesen.

Eine weitere Untersuchung von *Blue Book*-Report-14 bezog sich auf die Frage, wie ähnlich sich *Unbekannte* (U) und *Bekannte* (B) Flugobjekte seien. Die Wissenschaftler verglichen bestimmte Charakteristika (Farben, Geschwindigkeiten, Beobachtungsdauer, Formen und Helligkeiten) beider Gruppen mit einer statistischen

Methode (*Chi-Quadrat-Test*: $\chi^2 = \sum [(B-U)/U)$. Beim χ^2-Test wird die Abweichung zweier Datengruppen von der statistischen Ähnlichkeit angegeben. Wenn der χ^2-Wert »Null« ist, sind die Eigenschaften beider Gruppen statistisch ident. Wächst der χ^2-Wert an, dann nimmt die statistische Ähnlichkeit beider Gruppen ab. Es ist möglich, daß der χ^2-Wert für ein einziges Charakteristikum zufällig hoch ist und eine Differenz zwischen *Bekannten* und *Unbekannten* Flugobjekten vortäuscht. Es kann aber als unwahrscheinlich angesehen werden, daß die χ^2-Werte für fünf unabhängige Charakteristika zufällig groß sein würden.[4]

Die Tests beim *Blue Book*-Report-14 ergaben für alle fünf unabhängigen Charakteristika hohe χ^2-Werte und legen eine verborgene Ursache für diese Ergebnisse nahe. Der Physiker Dr. Bruce Maccabee weist darauf hin, daß psychologisch bedingte Beobachtungsungenauigkeiten niemals alle fünf Charakteristika gleichzeitig beeinflussen können. Es ist interessant, daß in den Presseverlautbarungen der amerikanischen Luftwaffe diese statistischen Tests wohlweislich verschwiegen wurden. Erst durch Geheimdienstdokumente, die durch das FOIA-Gesetz (Gesetz zur Informationsfreiheit) an die Öffentlichkeit gelangten, wurde bekannt, daß das Projekt *Blue Book* nur eine Filterfunktion inne hatte und Geheimagenten innerhalb des Projektes alle UFO-Berichte, die die nationale Sicherheit betrafen, an eine Stelle innerhalb des Air Defense Command (ADC) weiterleiteten. Wie wir in unserem Buch *UFO-Geheimhaltung* aufzeigten, hatte das Air Defense Command ein viel geheimeres UFO-Projekt im Einsatz.[5] Man kann davon ausgehen, daß dorthin die besseren Berichte, Fotos und Filme gelangten und diese von den Wissenschaftlern des Battelle-Institutes daher nicht untersucht werden konnten, denn diese Berichte sind noch heute als geheim eingestuft. In neuerer Zeit wurden die Ergebnisse der Battelle-Wissenschaftler von einer Abteilung der französischen Raumfahrtbehörde Centre Nationale d'Etudes Spatiales (CNES) bestätigt.[6] Die Wissenschaftler der CNES konnten 38 % der von ihnen untersuchten UFO-Berichte nicht erklären. Auch bei dieser Studie waren die Fälle mit den

CLASSIFICATION BY NUMBER OF GENDARMERIE REPORTS ANALYSED

SUMMARY OF RESULTS 1974 - 1978

CATEGORY	DEFINITION	NUMBER	%
A	IDENTIFIED	23	3.3
B	PROBABLY IDENTIFIED	153	22
C	IMPOSSIBLE TO ANALYZE	239	35
D	UNIDENTIFIED	263	38
	TOTAL	678	

Certain phenomena observed in the upper atmosphere are sighted by many individuals and give rise to numerous similar witness reports. Each of these "multiple" cases is counted once only.

CATEGORIES A AND B (partial results)

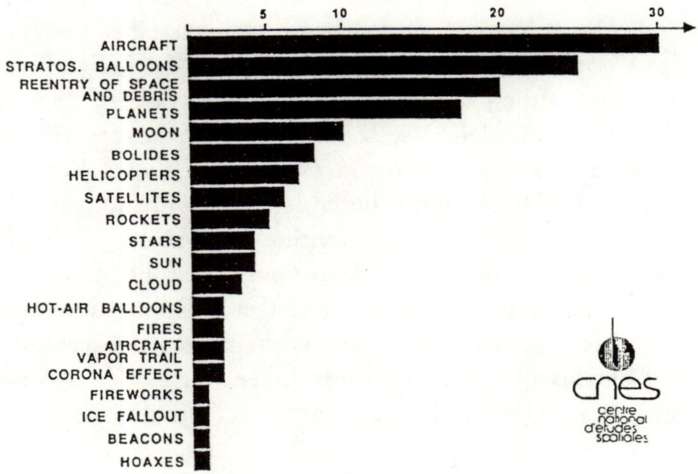

Abb. 1: Klassifikation der von der französischen Raumfahrtbehörde CNES untersuchten sehr guten UFO-Sichtungen. Anhand der oberen Tabelle erkennt man, daß 38 % der Sichtungen unaufgeklärt blieben, obwohl sich die Fälle mit ungenügenden Daten nicht darunter befinden. Das Histogramm darunter gibt die Verwechslungen und Täuschungen an. Schwindel (Hoax) macht den geringsten Bruchteil der aufgeklärten UFO-Sichtungen aus.

meisten Zeugen und Details nicht zu lösen. Viele unserer Kollegen wollen dies jedoch nicht wahrhaben und verhalten sich in der UFO-Angelegenheit wie die Kardinäle des 15. Jahrhunderts, die sich weigerten, durch Galileis Fernrohr die Jupitermonde zu betrachten, da sie um ihr religiöses Weltbild bangten.
Der Astronom und Plasmaphysiker Professor Dr. Peter Sturrock vom Center for Space Science and Astrophysics an der renommierten Stanford-Universität führte 1977 eine Befragung über das UFO-Phänomen unter den Mitgliedern der Amerikanischen Astronomischen Gesellschaft durch.[7,8,9] Professor Sturrock erhielt von 2611 ausgeschickten Fragebögen 1356 zurück. Davon antworteten 34 Astronomen anonym. Nur 13 Teilnehmer waren gegenüber dem UFO-Phänomen sehr kritisch eingestellt, 50 Teilnehmer gaben sehr positive Statements ab, 34 wollten sich in Zukunft mit UFOs befassen und sieben investierten ihre Freizeit in die UFO-Forschung. Auf die Frage, ob man das UFO-Phänomen wissenschaftlich untersuchen sollte, antworteten 23 % mit *sicherlich,* 30 % mit *vielleicht,* 27 % mit *möglicherweise,* 17 % mit *eher nicht* und 3 % mit *sicher nicht.* Anhand dieses Resultates sieht man, daß 53 % der Teilnehmer dem UFO-Phänomen aufgeschlossen gegenüberstehen. Eine weitere Analyse der Umfrageergebnisse zeigte, daß die älteren Astronomen dem Phänomen eher skeptischer gegenüberstehen als die jüngeren Kollegen. Je länger sich ein Wissenschaftler mit den vorhandenen Informationen über UFOs auseinandersetzte, desto eher war er der Meinung, daß man das UFO-Phänomen wissenschaftlich untersuchen sollte.
UFO-Bücher, die von wissenschaftlichen Kollegen geschrieben werden, beeinflussen andere Wissenschaftler positiv. Artikel über UFOs, die in Zeitungen oder Magazinen erscheinen, beeinflussen die Wissenschaftler hingegen negativ. Anhand dieses Resultates kann man erkennen, daß viele Journalisten ihre Sorgfaltspflicht nicht hinreichend wahrnehmen, wenn sie über UFOs oder ähnliche Phänomene schreiben. Viele Reporter beginnen zu *fabulieren* und zu *diffamieren.* Da die meisten Wissenschaftler ihr Wissen über das

UFO-Phänomen aus den Zeitungen erhalten, darf man sich nicht wundern, wenn sie nichts Konkretes zum Thema wissen.
Ein weiteres interessantes Ergebnis war, daß diejenigen Wissenschaftler, die sich intensiv und lange mit dem UFO-Phänomen auseinandergesetzt haben, sich von der Schwindel-, Naturphänomen- und geheimen Test-Hypothese distanzierten. Sie gaben den exotischen Hypothesen, wie bisher noch nicht erklärbaren Naturphänomenen, von einer fremden Intelligenz gesteuerten Geräten oder anderen Ursachen, mehr Gewicht. 62 Teilnehmer waren selbst Zeugen eines ihnen unerklärlichen Phänomens. Die meisten Astronomen beobachteten in der Nacht Lichtobjekte, Lichtpunkte, Lichtformationen und diffuse Lichter, die sie sich nicht erklären konnten. Vier Teilnehmer beobachteten diskusförmige Flugobjekte und fünf beschrieben andere Formen. 16 Beobachtungen wurden am Tag gemacht. Davon sahen sieben Teilnehmer diskusförmige Flugobjekte. Schlußendlich waren über 80 % der Teilnehmer gewillt, zur Lösung des UFO-Phänomens beizutragen, und 75 % der Wissenschaftler wollten weitere seriöse Informationen über UFOs. Diese von Professor Sturrock durchgeführte Untersuchung ist mit einer 1973 durchgeführten Untersuchung des American Institute of Aeronautics and Astronautics kongruent. Interessanterweise waren die Ansichten der Astronomen positiver als die der Luft- und Raumfahrtingenieure.
Wenn man 20–30 % unerklärliche UFO-Berichte erhält, sollte sich jeder vernünftige Mensch die Frage stellen, wer oder was sich hinter diesem Phänomen verbirgt. Wissenschaftler, die sich nicht scheuen, dem Unbekannten entgegenzusehen, stehen vor der schwierigen Aufgabe, die Spreu vom Weizen zu trennen.

2 *UFO-Klassifikationen nach Dr. Rutledge*

Es stellt sich natürlich die Frage, welche Phänomene die Verursacher dieser unerklärlichen UFO-Berichte sind. Im Gegensatz zur herrschenden Lehrmeinung gibt es auch heute noch einige Phänomene, für deren Erklärung noch keine theoretischen Modelle entwickelt wurden. Zu diesen zählen: Kugelblitze, die in geschlossene Räume eindringen können,[10, 11] Erdlichter oder Plasmen, die zum Teil durch tektonischen Streß oder piezoelektrische Effekte erzeugt werden,[12] sowie paranormale Lichterscheinungen, die über religiösen Kultstätten beobachtet (Medjugorje, Lourdes ...), fotografiert und sogar gefilmt wurden.[13] Neben diesen unerklärbaren Naturphänomenen gibt es aber auch Beobachtungen von materiellen, sich nicht auf konventionelle Weise fortbewegenden Flugobjekten. Der Physikprofessor Dr. Harley D. Rutledge von der Southeast Missouri State University teilt die UFO-Phänomene deshalb in zwei Klassen ein:[14]

Klasse A: Unidentifizierbare Flugobjekte, die Strukturen aufweisen und mit ihrer Umgebung in physikalische Wechselwirkung treten.

Klasse B: Lichtphänomene, die keine nennenswerten physikalischen Wirkungen auf die Umgebung ausüben und meistens nachts gesehen werden.

Zu UFOs der *Klasse B* gehören die vorher erwähnten Erdlichter, Kugelblitze, die noch unerklärte atmosphärische Phänomene sind, sowie paranormale Lichtphänomene, die mit dem Beobachter scheinbar in Wechselwirkung treten können. Solche paranormalen Lichterscheinungen sind Lichter, die an religiösen Orten und in der Umgebung von Personen mit paranormalen Fähigkeiten auftreten. Einige Forscher vermuten, daß die Erdlichter geophysikalisch erklärbar sind. Der Psychologe Michael A. Persinger und der Geophysiker Gyslaine F. Lafuniere von der Laurentian-Universität, Ontario in Kanada, haben die Theorie aufgestellt, daß die Erdlichter durch tektonische Spannungen im Erdinneren verursacht werden.[12, 15] Piezoelektrische Effekte könnten an der Erdoberfläche sehr hohe Spannungen erzeugen. Diese wiederum könnten Plasmen (zum Leuchten angeregte Luftmoleküle) hervorrufen. Diese Plasmen müßten über geoaktiven Zonen häufiger beobachtet werden als in weniger aktiven Gebieten. Michael Persinger vermutet, daß diese elektrischen Entladungen das Gehirn von Zeugen beeinflussen können und Halluzinationen hervorrufen. Der Forscher Paul Devereux schließt sich dieser Theorie an, nur macht er für die Leuchterscheinungen nicht piezoelektrische Effekte, sondern Triboluminieszens verantwortlich.[16] Triboluminieszens tritt bei der Reibung zweier mineralischer Flächen auf.

Einige Befürworter der *Tectonic Strain-Theorie* (TST) gehen sogar soweit, UFO-Entführungserlebnisse mit pathologisch-halluzinatorischen Wahrnehmungsstörungen von Erdlicht-Zeugen zu erklären.[17] Bis jetzt gibt es jedoch keine wissenschaftlich belegten Untersuchungen, die nachweisen, daß das Gehirn durch elektromagnetische Felder stimuliert werden kann und z. B. ein komplexes UFO-Entführungsszenario im Kopf des Zeugen simuliert. Gegner der TST erhalten keine Antwort auf die Frage, weshalb nicht auch starke Magnetfelder in der Nähe von Umspannstationen oder Untergrundbahnen Halluzinationen hervorrufen. Der kanadische Geophysiker Chris Rudkowski fand heraus, daß es auch mit der Korrelation zwischen Erdbeben und beobachteten Lichterscheinungen Probleme gibt.[18] Extreme Verfechter der TST korrelieren sogar UFO-Erscheinungen, die weiter als 700 Kilometer von einer Erdbebenzone entfernt sind. Es gibt noch keine wissenschaftlichen Forschungsergebnisse, mit denen man nachweisen kann, wieso seismische Energie mehrere hundert Kilometer fortbewegt wird, dann in die Atmosphäre gelangt und danach Luftmoleküle zum Leuchten anregt. Wie auch immer, die TST ist sicher eine interessante Theorie, die aber nur einen Teil des Sichtungsspektrums abdeckt.

Professor Rutledge führte in den USA zwischen 1973 und 1980 das Projekt *Identification* durch.[14,19] Er hatte 620 freiwillige Helfer, die mit 58 fahrbaren Bodenstationen mobil einsetzbar waren. Viele Beobachter waren Fachleute für die verschiedensten optischen Phänomene. Sie setzten verschiedene Arten von Fotoapparaten, Teleskopen, elektromagnetischen Frequenzanalysatoren und Schalldetektoren ein. Die Beobachtungen wurden in Gebieten durchgeführt, in denen man UFOs der *Klasse B* beobachtet

hatte. Die Wissenschaftler observierten den Himmel 24 Stunden pro Tag. Während der sieben Jahre wurden 123 UFOs der *Klasse B* und 34 UFOs der *Klasse A* beobachtet. Die Flugbahnbestimmungen wurden durch Radargeräte unterstützt. Die Wissenschaftler konnten mehr als 700 Fotos anfertigen, die Lichtspuren von unbekannten Phänomenen zeigen. UFOs der *Klasse B* sind überwiegend orange, rote oder weiße Lichtkugeln, die ihre Helligkeit variieren, ihre Flugbahnen abrupt ändern, nach einigen Sekunden erlöschen und manchmal wieder auftauchen. Ähnliche Projekte wurden mit Erfolg in Texas (Projekt *Starlight International*[20]) und in Norwegen (Projekt *Hessdalen*[21]) durchgeführt. Anhand dieser Projekte erfuhr man, daß diese Phänomene – anders als bei anderen Naturphänomenen (z. B. Kugelblitzen) – nicht zeitlich statistisch gleichverteilt über die Jahre an einem bestimmten Ort anzutreffen sind.
Wenn man UFOs der *Klasse B* auf bis jetzt noch nicht verstandene oder untersuchte Naturphänomene zurückführen kann, stellt sich die Frage, ob sich für UFOs der *Klasse A* ebenfalls eine irdische bzw. natürliche Erklärung finden läßt. Viele Skeptiker behaupten, daß UFOs der *Klasse A* geheime Projekte des Militärs darstellen. Tatsächlich experimentierte die amerikanische Luftwaffe schon sehr früh mit untertassenförmigen Flugkörpern.[22] In den 40er Jahren entwickelte Chance Vought von Stratford Connecticut die XF 5U-1. Dieses unbemannte Flugobjekt sah aus wie ein fliegender Pfannkuchen und sollte von Schiffen aus eingesetzt werden. Eine Weiterentwicklung der XF 5U-1 war die bemannte V-173. 1947 beschloß die amerikanische Marine, die Tests mit diesen Prototypen einzustellen. Die Marine legte sich auf herkömmliche Flugzeugtypen fest. Die von Kenneth Arnold und anderen Zeugen beobachteten Flugobjekte flogen viel zu schnell, als daß man sie mit den vorher erwähnten Prototypen, die niemals über ihre Testphase hinauskamen, verwechseln konnte. Diese Tatsachen lassen sich auch in mittlerweile freigegebenen Dokumenten der U.S.-Luftwaffe nachlesen.
Im Rahmen eines Vertrages mit der kanadischen Regierung

plante die britische Firma Avro-Aircraft Mitte der 50er Jahre eine fliegende Untertasse, die sich in der Luft vertikal und horizontal fortbewegen konnte. Nach mehreren Problemen zog sich die kanadische Regierung von dem Projekt zurück. Nach Ausstieg der Kanadier wurde dieses Projekt 1954 von den Amerikanern unter strengster Geheimhaltung weitergeführt. Anhand von freigegebenen Dokumenten weiß man, daß dieses Projekt unter der Bezeichnung *Weapon System 606 A* lief. Das Resultat dieser Forschungen war das VZ-9V Avrocar, ein untertassenförmiges Flugobjekt mit einem Durchmesser von 5,4 Metern. Die auf beschränktem Raum durchgeführten Testflüge mit diesem Flugobjekt verliefen aber so katastrophal, daß die Luftwaffe das Projekt 1961 einstellte. Gegenwärtig sind mehrere diskusförmige unbemannte Vehikel (UAV) sowie andere unbemannte Flugkörper (Drohnen) in Planung bzw. im Einsatz. Die Firma Sikorsky Aircraft stellte 1988 ihren Cypher der Öffentlichkeit vor. Ein anderes UAV ist die M200X von Moller International. Diese sehr kleinen, aber wendigen, diskusförmigen Flugobjekte werden vom Militär für Aufklärungsflüge eingesetzt. Die amerikanische Luftwaffe, die Central Intelligence Agency (CIA) und das National Reconnaissance Office (NRO) testen diese futuristischen Flugobjekte in AREA-51, Nevada. Eines dieser von der Advanced Projects Research Agency (APRA) gesponserten Programme ist eine Drohne, die in 19,5 Kilometer Höhe unbemerkt, mit den neuesten elektronischen Sensoren bestückt, einen Bereich zwischen 1600 und 3000 Kilometern überblickt. Eine andere Drohne mit der Bezeichnung *Tier III-minus* besitzt eine Spannweite von 30 Metern und hinterläßt am Radarschirm höchstens ein Signal von der Größe eines Nadelstiches.[23] Es zeichnet sich ab, daß diese relativ billigen UAVs und Drohnen für die militärische Luftraumaufklärung eine immer größere Rolle spielen werden. Wenn man dem Physiker Robert Lazar glaubt, soll die amerikanische Regierung im Sektor S4 von AREA-51 sogar abgestürzte, *nicht irdische* UFOs der *Klasse A* untersuchen bzw. versuchen, die Geheimnisse ihrer Antriebe zu lösen. Es gibt mehrere Indizien in

Form von offiziellen Dokumenten, Briefen und Aussagen ehemals hochrangiger Wissenschaftler, die nahelegen, daß mehr hinter diesen Gerüchten steckt. Es wäre aber auch durchaus möglich, daß die Gerüchte über Bergungen von UFOs der *Klasse A* vom U.S.-Militär bewußt in Umlauf gebracht wurden, um unter diesem Deckmantel UAVs und Drohnen zu entwickeln und zu testen. Da die Flugeigenschaften von UAVs und Drohnen nicht imstande sind, die beobachteten und zum Teil gefilmten Flugmanöver (Zickzack-Bewegungen mit großen Geschwindigkeiten, Sprünge über dem Himmel...) von Objekten der Klasse A zu erklären, liegt es nahe, daß man die Herkunft dieser Geräte auf eine uns unbekannte überlegene Intelligenz zurückführt. Da die meisten UFO-Beobachtungen nachts stattfinden und UFOs sehr oft leuchten, sind uninformierte Naturwissenschaftler der Meinung, daß *alle* unerklärbaren UFO-Beobachtungen auf UFOs der *Klasse B* zurückzuführen sind und UFOs der *Klasse A* nicht existieren oder auf die vorher beschriebenen Geheimprojekte der Militärs zurückzuführen sind.
Diese Wissenschaftler stellen ihre Behauptungen auf, ohne daß sie einen Einblick in die als *hervorragend* klassifizierten UFO-Berichte genommen haben. Die Anzahl dieser Berichte, bei denen nicht nur die Zeugen absolut zuverlässig waren, sondern wo auch physikalische Wechselwirkungen der Objekte mit der Umgebung registriert wurden, belief sich 1993 in der Datensammlung UNICAT von Dr. Willy Smith vom *Hynek Center for UFO Studies* (CUFOS) in Chicago auf bereits 852. Bei allen diesen Fällen kann man eine sozio-psychologische Erklärung ausschließen. Bei der Auswertung der UNICAT-UFO-Fälle kommt ein anderes Bild zum Vorschein, als so mancher Skeptiker zu wis-

CR	NO	RO	%
XX			70.6
	XX		26.3
		XX	2.4
XX	XX		0.7

Abb. 2: Die Ergebnisse einer Auswertung der UNICAT-Datenbank von Willy Smith. Die Erklärung der Tabelle wird im Text gegeben.

sen glaubte.[24] Dr. Willy Smith teilte die beobachteten Flugobjekte in zwei Kategorien ein:
CR = craft (konstruiertes Fluggerät?): Anwesenheit eines strukturierten Objektes.
NO = lights only (Lichterscheinung): Kein Hinweis auf einen festen Gegenstand.
Die Tabelle in Abbildung 2 stellt eine Zusammenfassung der von UNICAT erhaltenen Resultate dar. Es ist interessant, daß es zu keiner Überlappung der Parameter bzw. Kategorien kommt und daß 70,6 % der UNICAT-Fälle auf strukturierte unbekannte Flugobjekte zurückzuführen sind. Nur 26,3 % der als *hervorragend* klassifizierten UFO-Beobachtungen stellen Lichterscheinungen dar, ohne Hinweise auf einen festen Gegenstand zu finden. 2,4 % der beobachteten UFOs wurden nur mittels Radargeräten registriert (*RO = radar only*), und nur 0,7 % der Objekte entsprachen beiden Kategorien. Das wichtigste Resultat dieser Untersuchung ist, daß eine große Mehrheit der UFO-Sichtungen in Dr. Smiths Datensammlung auf UFOs der *Klasse A* zurückzuführen ist und von intelligenten Wesen konstruiert erscheint. Wieso diese unbekannten Flugobjekte in der Nacht meistens von einer leuchtenden Lufthülle umgeben sind, ist nicht bekannt. Möglicherweise hängt die Ionisierung der Luft mit dem Antrieb der unbekannten Flugobjekte zusammen. Es gibt aber auch Berichte von erfahrenen Flugzeugpiloten, die von UFO-Begegnungen berichten, bei denen das unbekannte Flugobjekt von einer externen Lichtquelle (Mondlicht, Straßenbeleuchtung...) beschienen wurde, also nicht von selbst leuchtete. Dies wiederum könnte bedeuten, daß mögliche Insassen von UFOs die Beleuchtung ihres Flugobjektes beeinflussen könnten. Anhand dieser Beispiele sieht man, daß die von Professor Rutledge eingeführte Klassifikation des UFO-Phänomens nur eine Einteilung zwischen Lichtphänomenen und strukturierten und scheinbar konstruierten Flugobjekten darstellt.

3 *UFO-Nahbegegnungen*

Der Astronom Professor Dr. J. Allen Hynek war während der 50er und 60er Jahre bei der amerikanischen Luftwaffe als Berater des Projektes *Blue Book* angestellt, um UFO-Sichtungen kritisch zu untersuchen. Anfangs war Dr. Hynek ein eingefleischter Skeptiker, der alle UFO-Sichtungen wegerklärte. Im Laufe der Zeit kamen ihm aber Fälle unter, die ihn vom Gegenteil überzeugten. Nach Einstellung des Projektes *Blue Book* verließ er die Luftwaffe und gründete in den 70er Jahren in Chicago das Center for UFO Studies (CUFOS). Dr. Hynek und die CUFOS-Wissenschaftler interessierten sich hauptsächlich für UFO-Nahbegegnungen. Von UFO-Nahbegegnungen spricht man, wenn sich das beobachtete Flugobjekt nicht weiter als etwa 150 Meter vom Zeugen entfernt befand. Bei so einer kleinen Entfernung vom UFO kann man Verwechslungen mit bekannten Phänomenen (Planeten, Flugzeuge ...) mit Sicherheit ausschließen. Um UFO-Nahbegegnungen besser erfassen zu können, erstellte Dr. Hynek ein nach ihm benanntes Klassifikationssystem:

CE1 = Close Encounters of the First Kind: Bei UFO-Nahbegegnungen der ersten Art spricht man von der Sichtung eines unbekannten Flugobjektes.

CE2 = Close Encounters of the Second Kind: Bei UFO-Nahbegegnungen der zweiten Art hinterläßt das UFO physikalische Spuren in seiner Umgebung. Solche Spuren können in Form von Verbrennungen an Böden, radioaktiver Strahlung, chemischen Reaktionen, gravitativen Wechselwirkungen, elektrostatischen und elektromagnetischen Effekten an Fahrzeugen und Elektrogeräten auftreten. Der UFO-Forscher Ted Phillips hatte 1981 bereits mehr als 2000 Berichte über UFO-Landungen gesammelt, in denen deutliche physikalische Spuren in der Umgebung zurückgeblieben waren.[25] Die biochemischen Veränderungen an Pflanzen, die 1981 nach einer UFO-Landung in Trans-en-Provence, Frankreich, auftraten, wurden von Wissenschaftlern untersucht und im *Journal of Scientific Exploration* veröffentlicht.[26] Im September 1992 wurde nach dem Erscheinen eines diskusförmigen UFOs bei Gulf Breeze, Florida, eine Erhöhung der magnetischen Feldstärke festgestellt. Der Navy-Physiker Dr. Bruce Maccabee verglich die in Gulf Breeze erhaltenen Resultate mit anderen Magnetfeldstörungen, die nach UFO-Sichtungen anderswo auftraten, und präsentierte die Resultate im April 1993 bei einem Kongreß der American Physical Society. Die Ergebnisse dieser Untersuchungen sind auch im *Journal of Scientific Exploration* für jeden Interessierten nachzulesen.[27]

CE3 = Close Encounters of the Third Kind: Bei UFO-Nahbegegnungen der dritten Art beobachtet der Zeuge die Insassen des UFOs. Am meisten Kopfzerbrechen bereiten den Wissenschaftlern UFO-Nahbegegnungen dieser Kategorie. Wenn man aber akzeptiert, daß UFOs der *Klasse A* konstruierte Geräte darstellen, kann man Zeugenberichte über UFO-Insassen nicht automatisch als Unsinn abtun. Die beiden UFO-Forscher Ted Bloecher und der Plasmaphysiker Dr. David Webb von der zum Großteil aus Wissenschaftlern bestehenden UFO-Forschungsorganisation Mutual UFO-Network (MUFON) hatten bis zum Jahre 1978 bereits mehr als 2000 Berichte über UFO-Insassen in ihrem EDV-Katalog HUMCAT gesammelt.[28] Überraschenderweise wurden in rund 20 % der Fälle normale Menschen neben UFOs gesehen, in rund 70 % waren die UFO-Insassen kleine (1 bis 1,20 Meter große) graue Wesen mit großen haarlosen Köpfen und sehr großen schwarzen Augen. In den restlichen 10 % wurden unterschiedliche Gestalten beobachtet. Die menschliche Erscheinungsform mancher UFO-Insassen verblüffte besonders die Wissenschaftler unter den UFO-Forschern und könnte ein Hinweis sein, daß *diese* UFO-Insassen keine Außerirdischen sind. Nach derzeitigem Wissen ist es unwahrscheinlich, daß sich in einem anderen Planetensystem Wesen entwickelt haben, die uns Menschen gleichen und die sich in unserer Stickstoff-Sauerstoff-Atmosphäre ohne Schutzanzug wohl fühlen.[29] Diese Erkenntnisse sind einer der Gründe, daß die meisten Wissenschaftler sich nicht mit der Problematik der UFO-Insassen auseinandersetzen.

Gegenwärtig in Planung befindliche Projekte der amerikanischen Weltraumbehörde NASA und der europäischen Weltraumbehörde ESA könnten diese Meinungen revidieren. Beide Forschungsinstitutionen wollen in der nahen Zukunft herausfinden, ob es erdähnliche Planeten in unserer Galaxis (Milchstraße) gibt. Die Suche nach erdähnlichen Planeten wird sicher mehr Erfolge bringen als die Suche nach Signalen von außerirdischen Intelligenzen (SETI) mittels Radioteleskopen. In den USA rief vor kurzem die NASA das Programm ASEPS (Astronomical Studies of Extrasolar Planetary Systems) ins Leben. Aber auch in Europa setzt man auf die Suche nach erdähnlichen Planeten.[30] Die ESA hat in ihrem Programm *Horizon 2000+* mit Sicherheit das interessanteste Projekt in Planung. Das ESA-Projekt *DARWIN* soll nicht nur der Erde ähnliche Planeten finden, sondern sogar feststellen, ob sie auch von *uns* ähnlichen Lebewesen bewohnt werden. DARWIN besteht aus im Weltraum stationierten Interferometern, die aus zwei oder mehreren Infrarotteleskopen gebildet werden. Diese Teleskope haben einen Durchmesser von 1–2 Meter und sind 10–30 Meter voneinander entfernt.

Sonnenähnliche Sterne besitzen Temperaturen um 5000 Grad Kelvin und strahlen ihr Licht im sichtbaren Wellenlängenbereich ab. Planeten mit Temperaturen von einigen 100 Grad Kelvin strahlen hingegen hauptsächlich im infraroten Bereich des Spektrums. Deshalb beobachtet DARWIN nur diesen Teil des elektromagnetischen Spektrums. Bei einer Wellenlänge von zehn Mikrometern ist die Erde der hellste Körper im Sonnensystem. Im sichtbaren Spektralbereich hingegen strahlt die Erde zehn Millionen mal schwächer als die Sonne. Die DARWIN-Interferometer werden so stationiert, daß sie vom ankommenden Sternenlicht nur elektromagnetische Wellen im infraroten Bereich durchlassen. Die anderen Wellenlängenbereiche des Spektrums werden durch destruktive Interferenz ausgelöscht. Dadurch wird es leichter, das Signal eines erdähnlichen Planeten zu registrieren bzw. vom Zentralgestirn zu trennen. Hat man einen Planeten entdeckt, wird nach Ozonabsorptionslinien im infraroten Bereich gesucht. Wenn man eine starke Ozonkonzentration feststellt, kann man daraus schließen, daß der Planet größere Mengen von Sauerstoff aufweist. Da Sauerstoff mit anderen Atmosphärenbestandteilen sehr schnell chemische Reaktionen eingeht, kann man daraus schließen, daß der Sauerstoff ohne Zufuhr längst aus der Atmosphäre verschwunden sein müßte. Seine Anwesenheit würde hingegen bedeuten, daß der Sauerstoff über biologische Aktivität nachgeliefert wird und daß der entdeckte Planet außerirdische Lebensformen beheimatet.

Wenn ein von DARWIN entdeckter Planet Lebensformen beherbergt, muß er ähnlich wie unsere Erde entstanden sein und sich in einer ähnlichen Entfernung zum Zentralgestirn befinden. Die Zusammensetzung von Planetenatmosphären ergibt sich aus der kosmischen Häufigkeit der im Universum vorhandenen Elemente bzw. aus Planetenentstehungsmodellen der Astrophysik. Das wiederum würde bedeuten, daß der erdähnliche Planet neben dem entdeckten Sauerstoff auch große Mengen an Stickstoff aufweist. Daneben würde die Atmosphäre noch Anteile von Kohlendioxid, Methan und anderen Spurengasen besitzen. Für die Antwort, ob außerirdische Intelligenzen in der Erdatmosphäre ohne Schutzanzüge atmen können, muß man den Anteil des vorhandenen Sauerstoff-Stickstoff-Verhältnisses klären.[31] Wäre der Sauerstoffanteil auf der Erde um 50 % geringer als der Anteil in Meereshöhe, hätte sich keine Technologie entwickelt, da man bei dieser Phase kein offenes Feuer entzünden kann. Bei zu geringem Sauerstoffanteil in der Atmosphäre könnte sich keine schützende Ozonschicht bilden, und DARWIN würde keine Ozonabsorptionslinien im Spektrum entdecken. Wäre der Sauerstoffanteil hingegen um 20 % höher als in Meereshöhe, könnten Blitzentladungen oder offene Feuer Brände über die ganze Erdoberfläche auslösen und den Lebensraum auf dem Planeten vernichten.

Auf der Erde gibt es bewohnte Gebiete im Hochgebirge, bei denen der Sauerstoffanteil um 30 % geringer ist als auf der Höhe des Meeresspiegels. Der Spielraum für eine Sauerstoff-Stickstoff-

Atmosphäre auf einem erdähnlichen Planeten ist für sauerstoffatmende Lebensformen daher nicht sehr groß. Das wiederum würde bedeuten, daß sich sauerstoffatmende außerirdische Lebensformen möglicherweise auch auf unserer Erde wohl fühlen könnten. Ein erdähnlicher Planet mit einer ähnlichen Atmosphäre würde immer noch nicht erklären, wieso diese Lebensformen uns Menschen ähnlich sehen. Es gibt natürlich auch *keinen* zwingenden Grund, daß dies nicht so ist. Nichthumanoide, z. B. fisch- oder quallenförmige, hochintelligente Lebensformen könnten möglicherweise ihren Heimatplaneten niemals verlassen, da sie aufgrund ihrer Anatomie keine Raumfahrzeuge bauen können. Es ist deshalb nicht auszuschließen, daß nur humanoide Lebensformen Transportmittel bauen können, um ihren Heimatplaneten verlassen zu können.
Die außerirdische Hypothese ist jedoch nur eine von mehreren anderen Hypothesen über Herkunftsmöglichkeiten von UFOs der *Klasse A* und deren Insassen. Weitere Alternativen wären, daß diese Wesen von Paralleluniversen anderer Dimensionen oder aus der Zukunft stammen. Spekulationen über Paralleluniversen ergeben sich aus der Quantentheorie.[32] Das würde bedeuten, daß neben unserem Universum unendlich viele andere, die kausal von unserem getrennt sind, existieren. Es würde sich in jedem Augenblick eine große Anzahl von Universen von unserem abspalten, um jedes mögliche Quantenstadium eines Partikels einnehmen zu können. Die Universen, die sich von unserem nur in einem Bruchteil unterscheiden, wären von Wesen bewohnt, die uns sehr ähneln. Andere Welten, die sich schon vor langer Zeit von unserem Universum abgespalten haben, würden von Wesen bewohnt sein, die sich von uns sehr stark unterscheiden. Wenn UFO-Insassen von Parallelräumen stammen, müßten sie keine großen Entfernungen im Weltraum zurücklegen.[33] Es ist heute sicher zu früh, um sagen zu können, von wo die beobachteten UFO-Insassen herstammen. Dr. Hynek kam jedenfalls zur Überzeugung, daß kein Wissenschaftler Daten verwerfen sollte, nur weil sie ihm nicht gefallen.

Bei einer statistischen Auswertung von 1176 in Bodennähe gesichteten UFOs aus aller Welt und der Statistik über 100 UFO-Nahbegegnungen in Spanien und Portugal betrug der Anteil der Fälle, bei denen Insassen beobachtet wurden, rund ein Drittel.[34] Im Jahre 1954 wurde Frankreich von einer UFO-Welle (Flap) heimgesucht. Bei diesem Flap wurden Flugobjekte der *Klasse A* beobachtet. Die Zeugen berichteten auch von UFO-Landungen und den typischen kleinwüchsigen UFO-Insassen neben ihren Flugobjekten. Im Jahre 1957 analysierte der französische Forscher Aimé Michel anhand der vorhandenen Presseberichte diese Sichtungswelle. Er fand heraus, daß die UFO-Nahbegegnungen entlang gerader geographischer Linien stattfanden. Die statistische Wahrscheinlichkeit, daß fünf Beobachtungen von UFO-Flugpfaden entlang einer geraden Linie stattfinden, beträgt 1:700 000.[35] Aimé Michel fand einige Flugpfade, die durch sechs Beobachtungen entlang gerader Linien definiert wurden. Die Soziologin Ann Druffel kam bei der Untersuchung eines UFO-Flaps in Süd-Kalifornien zu einem ähnlichen Resultat.[36] Diese Ergebnisse lassen darauf schließen, daß die Zeugen nicht halluziniert haben, auch wenn sie UFO-Insassen sahen. Da diese Wesen nicht auf den Zeugen zukamen, um sich mit ihm zu unterhalten oder ihm irgend etwas zu übergeben, darf man CE3-Fälle nicht mit den unglaublichen Geschichten der UFO-Kontaktler oder UFO-Spiritisten vermischen.

4 *Fälle mit außergewöhnlicher Fremdartigkeit*

Im Laufe der Jahre stießen die UFO-Forscher vermehrt auf äußerst bizarre Fälle, bei denen die herkömmlichen Klassifikationen von UFO-Nahbegegnungen nicht mehr ausreichten. Die Rede ist dabei von der Tatsache, daß in den letzten drei Jahrzehnten immer mehr Personen behaupten, einen ungewollten Kontakt mit UFO-Insassen gehabt zu haben. Sie berichten des weiteren, daß sie von den UFO-Insassen in ihr Flugobjekt entführt und darin einer Untersuchung unterzogen wurden. Wir sind auf das Entführungsphänomen in unserem Buch *UFO-Geheimhaltung* eingegangen und werden uns in einem weiteren Kapitel dieses Buches ebenfalls damit auseinandersetzen. Diese Entführten (Abduzierten) sind für die Psychologen, Psychiater und Ärzte, unabhängig von ihren Geschichten oder Erlebnissen, zunächst einmal Patienten, die der Hilfe bedürfen. Die New Yorker Psychiaterin Dr. Rima Laibow hat mindestens einhundert UFO-Abduzierte behandelt. Sie stellte fest, daß diese Personen ein schweres Trauma von ihrer UFO-Nahbegegnung davongetragen hatten und deshalb höchstwahrscheinlich nicht nur phantasierten.[37]

Dr. Laibow und andere Psychiater stellten an den Entführungsopfern alle Anzeichen einer klassischen posttraumatischen Streßstörung (PTSS) fest. Eine PTSS tritt nur nach einem *real* erlebten, für das Opfer furchtbaren Erlebnis auf. Es ist bemerkenswert, daß die gleichen Symptome bei Personen auftreten, die Vergewaltigungs- oder Kriegserlebnisse überstanden haben. Hunderte Protokolle von Patienten, die UFO-Nahbegegnungen hatten, zeigen auf, daß sich UFO-Insassen für unsere Begriffe meistens relativ kaltblütig verhalten und völlig uninteressiert an menschlichen Gefühlen sind. Der Astronom und Informatiker Dr. Jacques Vallée hat in Brasilien mit Personen sprechen können, die regelrechte UFO-Attacken überlebten. Zwischen 1962 und 1982 starben in Brasilien neun Menschen, die von UFO-Strahlen getroffen wurden.[38] Wir werden in einem späteren Kapitel auf diese Vorfälle eingehen. Was diese Geschichten für Skeptiker so unglaublich macht, sind zur Zeit physikalisch nicht erklärbare Ereignisse. Zu diesen Erlebnissen gehören paranormale Effekte, Levitation, Durchdringung von fester Materie, außerkörperliche Erfahrungen (OBE) sowie die völlige Kontrolle von unbeteiligten Personen und Tieren. Es hat den Anschein, daß die Opfer der UFO-Insassen eine Transformation in deren Realität erfahren. UFO-Forscher sprechen von einer sogenannten *Reality Transformation* – einer Abkoppelung von unserer Realität.

Anhand eines weiteren Falles, der eine außergewöhnliche Fremdartigkeit aufweist, wollen wir zeigen, daß die Intelligenz hinter dem UFO-Phänomen möglicherweise *Zeitmanipulationen* durchführen kann. Am Morgen des 25. April 1977 hatten sechs chilenische Soldaten unter dem Kommando von Corporal Armando Valdes in der Pampa Lluscuma, einer Gebirgsgegend nahe der kleinen Stadt Putre, eine UFO-Nahbegegnung, die ihr Leben veränderte. Um 03:50 Uhr beobachtete ein Wachsoldat, wie ein helles Flugobjekt etwa 500 Meter vom Lager entfernt hinter einem Hügel landete. Die Soldaten bewaffneten sich und machten sich in Richtung des UFOs auf den Weg. Sie behaupteten, daß einige Schafe, die sich in der Umgebung des UFOs befanden, wie paralysiert waren. Des weiteren funktionierte das Funkgerät der Soldaten nicht mehr. Corporal Valdes ging, trotz Protest seiner Untergebenen, wie von einem inneren Zwang getrieben auf das Flugobjekt zu. Bald darauf verschwand Corporal Valdes im hellen Licht des UFOs. Nach 15 Minuten kehrte Valdes aus dem UFO zu seinen Kameraden zurück.

Er war aber unansprechbar und fiel dann ohnmächtig zu Boden. Um 07:00 Uhr erlangte Corporal Valdes wieder das Bewußtsein. Was die Soldaten am meisten verwunderte, war die Tatsache, daß ihr Vorgesetzter einen Fünf-Tage-Bart trug, obwohl er sich am Vortag glatt rasiert hatte. Die Armbanduhr des Corporals zeigte 04:30 Uhr an, doch der digitale Kalenderzähler zeigte das Datum 30. April 1977 – fünf Tage weiter. Man könnte den Vorfall so interpretieren, daß für Corporal Valdes die Zeit schneller ablief als für seine Kameraden, die sich außerhalb des UFOs befanden. Die Soldaten brachten Corporal Valdes nach Putre, wo ein Lehrer ihn interviewte und das Gespräch auf Band aufzeichnete. Danach verbot der Armeechef Corporal Valdes und seinen Kameraden, über den Vorfall zu sprechen.[39] Die vorher beschriebenen Vorfälle machen klar, wie komplex sich das UFO-Phänomen in unserer Realität manifestiert und wie schwierig es ist, eine umfassende Klassifikation für dieses Phänomen zu finden. Aus diesem Grund verfeinerte und erweiterte Dr. Jacques Vallée die UFO-Nahbegegnungsdefinitionen von Dr. J. Allen Hynek.

5 *Ein umfassendes Klassifikationssystem von UFO-Nahbegegnungen*

Das Auftreten von UFO-Nahbegegnungen mit außergewöhnlicher Fremdartigkeit veranlaßte den Astronom Dr. Jacques Vallée, 1990 ein Klassifikationssystem zu erstellen, das auch diese Fälle berücksichtigt. Das System von Dr. Vallée umfaßt vier Gruppen (AN = Anomalie, FB = UFO-Vorbeiflug, MA = UFO-Flugmanöver, CE = UFO-Nahbegegnung) mit je fünf Kategorien (Sichtung [1], physikalische Effekte [2], fremde Wesen [3], Transformation in eine andere Realität [4], bleibende oder tödliche Verletzungen [5]).

AN1: Sind Anomalien, die keine bleibenden physikalischen Effekte verursachen (z.B. amorphe Lichter oder unerklärliche Explosionen ...).

AN2: Sind Anomalien, die bleibende physikalische Effekte verursachen (z.B. Materialisationen von Gegenständen, flachgedrücktes Gras, Poltergeist-Phänomene ...).

AN3: Sind Anomalien, bei denen fremde Wesen beobachtet werden (z.B. Geisterscheinungen, Yeti, kryptozoologische Tiere ...).

AN4: Sind anomale Erlebnisse von Personen, die behaupten, eine Begegnung mit fremden Wesen in einer anderen Daseinsebene gehabt zu haben (Nahtoderfahrungen, außerkörperliche Erfahrungen, Visionen, religiöse Mirakel ...).

AN5: Bei diesem anomalen Erlebnis bekommt der Zeuge bleibende Verletzungen ab, wird getötet oder geheilt (z.B. spontane Selbstverbrennung, unerklärbare Wunden, permanente Heilung ...).

FB1: Bezeichnet einen Vorbeiflug eines UFOs.

FB2: Bezeichnet den Vorbeiflug eines UFOs, wobei in der Umgebung physikalische Spuren zurückbleiben.

FB3: Bezeichnet den Vorbeiflug eines UFOs, bei dem der Zeuge fremde Wesen an Bord beobachtet.

FB4: Bezeichnet den Vorbeiflug eines UFOs, bei dem der

Zeuge in die Realität des Objektes oder deren Insassen versetzt wurde.
FB5: Bezeichnet einen Vorbeiflug eines UFOs, bei dem der Zeuge bleibende Verletzungen abbekommt oder stirbt.
MA1: Bezeichnet den Vorbeiflug eines UFOs, bei dem das Flugobjekt ein unkonventionelles Flugmanöver durchführt (Sprünge am Himmel, Zickzack-Flugmanöver ...).
MA2: Hier bleiben zusätzlich zu dem unkonventionellen Flugmanöver physikalische Spuren in der Umgebung zurück.
MA3: Hier werden zusätzlich zu dem unkonventionellen Flugmanöver Wesen an Bord des UFOs beobachtet.
MA4: Hier findet zusätzlich zu dem unkonventionellen Flugmanöver und der Beobachtung von fremden Wesen eine Realitätstransformation des Zeugen statt.
MA5: Hier erleidet der Zeuge zusätzlich zu dem unkonventionellen Flugmanöver bleibende oder tödliche Verletzungen.
CE1: Entspricht der klassischen UFO-Nahbegegnung der ersten Art.
CE2: Entspricht der klassischen UFO-Nahbegegnung der zweiten Art. Hier hinterläßt das UFO physikalische Spuren in seiner Umgebung. Solche Spuren können in Form von Verbrennungen an Böden, radioaktiver Strahlung, chemischen Reaktionen, gravitativen Wechselwirkungen, elektrostatischen und elektromagnetischen Effekten an Fahrzeugen, Flugzeugen und Elektrogeräten auftreten.
CE3: Bei der UFO-Nahbegegnung der dritten Art beobachtet der Zeuge die Insassen des UFOs.
CE4: Bei UFO-Nahbegegnungen der vierten Art wird der Zeuge von den UFO-Insassen in das UFO entführt. Dabei findet eine Transformation in deren Realität statt, und der Zeuge ist den UFO-Insassen hilflos ausliefert. Diese Begegnung entspricht den klassischen UFO-Entführungen.
CE5: Bei UFO-Nahbegegnungen der fünften Art wird der Zeuge bleibend verletzt oder sogar getötet.
Diese von Dr. Jacques Vallée erstellte Klassifikation erlaubt es

den UFO-Forschern, eine detaillierte Einteilung des UFO-Phänomens vorzunehmen und physikalische oder paranormale Effekte zu trennen oder zu kombinieren.[40] In den folgenden Kapiteln werden wir genauer auf die CE1-5-Fälle eingehen. Dabei betrachten wir unter anderem militärische UFO-Nahbegegnungen, da man diese zusätzlich zu den Zeugenaussagen mittels Dokumenten, die über das FOIA-Gesetz an die Öffentlichkeit kamen, untermauern kann.

II

Physikalische Spuren

»Eine der anspruchsvollsten Herausforderungen bei der Studie ungewöhnlicher Phänomene ist die Frage nach ihrer Reproduzierbarkeit, oft eine Voraussetzung dafür, daß eine Studie wissenschaftlich genannt werden kann. Einen anderen kritischen Aspekt stellt die Gültigkeit von Zeugenaussagen dar, für deren Einschätzung es eigene Zweige der Wissenschaft gibt. Die Problematik hat zu einigen berühmten Kontroversen darüber geführt, was Wissenschaft eigentlich ist und was Zeugenaussagen überhaupt wert sind.«

Prof. Dr. Michel Bounias, Biochemiker an der Universität Montfavet in Frankreich

1 *UFOs lassen sich registrieren*

Wenn UFOs tatsächlich existieren, sollten sie manchmal auch Spuren hinterlassen. Die Landung eines unbekannten Objektes sollte doch zumindest in einigen Fällen Eindrücke im Boden oder Reste von Strahlung zurücklassen. Genau um diese Eigenschaften wollen wir uns in diesem Kapitel kümmern. Unter dem Begriff »Spuren« soll hier alles an physikalisch/chemisch/biologisch/elektrisch meßbaren Effekten verstanden werden, was von der Wissenschaft heute erfaßt werden kann.

2 *Beeinflussung von Autos*

Wer den Spielfilm *Unheimliche Begegnung der 3. Art* von Steven Spielberg kennt, kann sich vielleicht an die unheimliche Szene erinnern, in welcher der Protagonist mitten in der Nacht im Auto unterwegs ist. Plötzlich beginnt der Motor zu stocken, und im Wagen gehen die Lichter und das Radio aus. Dann erscheinen auf einmal seltsame Lichter im Rückspiegel, die sich nach wenigen Sekunden als tieffliegendes UFO entpuppen. Der Drehbuchautor hat in diesem Fall sicherlich Rat bei professionellen UFO-Forschern geholt (Dr. J. Allen Hynek war tatsächlich Berater von Steven Spielberg bei den Dreharbeiten), denn die eben beschriebene Szene scheint einen sehr starken Bezug zu tatsächlichen Ereignissen zu haben.
Eine kurze Fallstudie soll dazu dienen, die typischen Elemente einer UFO-Nahbegegnung mit Kraftfahrzeugen zu charakterisieren. Dieses Beispiel ist auch deshalb von besonderem Interesse für die UFO-Forscher, weil ein Automechaniker direkter Betroffener war.[1] Der Zeuge war gerade mit seiner Frau in der Nacht unterwegs, als die beiden ein sehr helles Licht sahen, welches auf das Fahrzeug zukam. Der Empfang des Autoradios wurde in die-

sem Augenblick schlechter, und der Motor begann zu stocken. Kurz danach wurde es im Inneren des Fahrzeuges sehr heiß, schließlich versagte der Motor total. Der Mann stieg aus und bemerkte, daß sich ein Objekt direkt über ihm befand. Gleichzeitig verspürte er ein seltsames Prickeln am ganzen Körper, so als ob er elektrisch aufgeladen worden wäre. Bei einem Versuch, den Motor wieder in Gang zu bringen, bat der Zeuge seine Frau, den Starter zu betätigen. Die Kolben drehten sich zwar, aber der Motor sprang nicht an, statt dessen sah der Zeuge Funken von den Zündkerzen zum Motorgehäuse springen – er hatte so etwas in seiner Praxis noch nie erlebt. Als ein zweites Fahrzeug auf der Straße erschien, verschwand das UFO mit hoher Geschwindigkeit, der Motor des Zeugen ließ sich daraufhin anstandslos starten.

Solche und ähnliche Fälle wurden von UFO-Forschern schon zu Hunderten gesammelt, erst langsam beginnt man, diese Daten auch gewinnbringend auszuwerten. Von besonderer Bedeutung ist hierbei, daß die Autos und deren Motoren gleichsam als Meßinstrumente dienen können. Denn wenn UFOs tatsächlich Effekte auf Kraftfahrzeuge haben, müßte es aus den beobachteten Wirkungen möglich sein, Rückschlüsse auf die Eigenschaften der Quelle der Störungen ziehen zu können. Die (indirekt) bestimmten Parameter (magnetische Feldstärken, elektrostatische Potentiale) könnten uns vielleicht eines Tages erlauben, sogar Hypothesen über mögliche Funktionsweisen, etwa der Antriebsmechanismen der UFOs, zu entwickeln. Im allgemeinen werden die Effekte an Kraftfahrzeugen in drei verschiedene Klassen eingeteilt:

1. Der Motor wird gestört und stirbt ab.
2. Der Motor kann nach der Störung nicht mehr gestartet werden, solange sich das UFO in der Nähe befindet. Normalerweise läßt sich der Motor wieder in Betrieb setzen, nachdem sich das Objekt entfernt hat, in den seltensten Fällen gibt es dauerhafte Schäden
3. Der Motor setzt sich von selbst wieder in Betrieb, sobald das UFO fortfliegt. Dieses Phänomen war bisher völlig unverständ-

lich und unglaubwürdig – wie sollte ein Motor, nachdem er abgestorben ist, ohne fremdes Zutun wieder zu arbeiten beginnen?
Besonders Punkt 3 hat immer wieder dazu beigetragen, die Effekte von UFOs auf Kraftfahrzeuge als maßlose Übertreibung oder sogar Unsinn abzutun. Die Überlegungen von James Campbell könnten jedoch neues Licht auf das Phänomen werfen. Der oben wiedergegebene Bericht von einer UFO-Sichtung mit gleichzeitigem Motorausfall und eine Beobachtung des Zeugen haben ihn veranlaßt, eine interessante Hypothese zu entwickeln. Der Mechaniker hatte bemerkt, daß beim Startversuch Funken zwischen den Zündkerzen und der Innenwand der Motorbehausung hin und her flogen. Der Zündmechanismus eines Motors erzeugt sehr hohe elektrische Ladungen mittels einer Spule und gibt diese über den Verteiler an die einzelnen Zündkerzen im richtigen Augenblick weiter. Die dabei auftretenden hohen Spannungen von 15 000 bis 20 000 Volt werden über isolierte Kabel zum Motor geleitet. Unter normalen Umständen ist Luft ein sehr schlechter Leiter für elektrischen Strom, diese Tatsache trägt dazu bei, daß die Leitungskabel vom Verteiler zu den Zündkerzen keine Kurzschlüsse mit dem nahe gelegenen Motorblock aufbauen. Wenn jedoch, so die Hypothese, die Leitfähigkeit der Luft aus irgendeinem Grund plötzlich höher ist als sonst, könnte damit die Isolierung der Zündspannung von der Umgebung zusammenbrechen und auf diese Weise einen Kurzschluß erzeugen. Die abgeleitete Ladung würde damit nicht mehr die Zündkerzen betreiben, sondern nutzlos in die Umgebung entweichen.
Es ist wirklich möglich, daß die Leitfähigkeit der Luft drastisch ansteigt – nämlich dann, wenn die in ihr enthaltenen Atome ionisiert sind. In diesem Zustand sind die Elektronen von den Atomkernen losgelöst und können sich frei bewegen. Der Fluß von Elektronen stellt aber nichts anderes als elektrischen Strom dar!
Damit ist die Hypothese von James Campbell beinahe vollständig: Die Funken, welche der Mechaniker beobachtet hat, rühren daher, daß die Zündspannung für den Motor über die Zündkabel in die Umgebung abgeleitet wurde. Schuld daran ist die man-

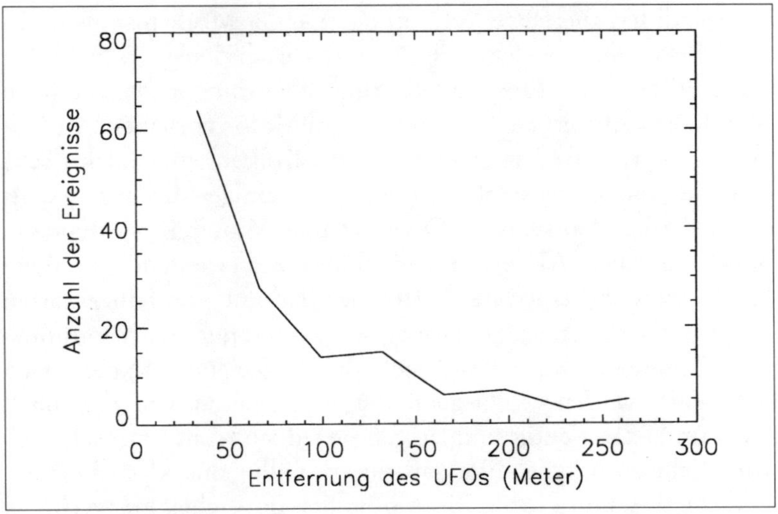

Abb. 3: Die Anzahl der UFO-Zwischenfälle, bei denen Automotoren beeinflußt wurden, aufgetragen über die Entfernung der UFOs.

gelnde Isolierung der Kabel, ausgelöst durch ionisierte Luft. Man muß jetzt nur noch versuchen, einen Mechanismus zu finden, der die Luftmoleküle im Inneren der Motorhaube ionisieren kann. Am ehesten kommen dafür noch Formen von kurzwelliger Strahlung in Frage, Mikrowellen beispielsweise besitzen genügend Energie, um Atome zu ionisieren. Daß es vermutlich wirklich eine Strahlungsquelle ist, welche die Ursache für die Motorstörungen darstellt, läßt sich durch eine relativ einfache Statistik unterstützen.[2]

Wenn man die Anzahl der UFO-Zwischenfälle mit Effekten auf Kraftfahrzeugmotoren über die Entfernung aufträgt (dargestellt im Diagramm der Abbildung 3), läßt sich recht deutlich erkennen, daß die entsprechende Kurve etwa quadratisch abnimmt. Dies würde man aber erwarten, wenn sich im Zentrum (dem UFO) eine Strahlungsquelle befinden würde. Laborversuche sollten die Frage klären können, ob der von Campbell vorgeschlagene Mechanismus in der Praxis funktionieren würde.

Campbell hat auch eine Vermutung, wie der Mechanismus funktionieren könnte, welcher die Motoren nach dem Verschwinden des UFOs wieder zum Laufen bringt. Die Energie, welche beim plötzlichen Absterben der Maschine im Motor vorhanden ist (das komprimierte Treibstoffgemisch im Kolben und elektrische Energie vom Unterbrecher), könnte für einige Minuten gespeichert werden. Falls das UFO nur wenige Minuten anwesend ist, würde bei einem Aktivieren der Zündkerzen (wenn der erwähnte Kurzschluß vorbei ist) der Motor sich dadurch von selber starten können. Diese Erklärung ist aber, wie gesagt, nur eine Vermutung von Campbell und müßte noch durch geeignete Experimente überprüft werden. Falls auch die Hypothesen von Campbell nicht im Detail richtig sind, zeigen sie jedoch recht eindrucksvoll, wie leicht es möglich ist, daß zuerst völlig unerklärliche Phänomene durch originelle Ideen plötzlich ihr Geheimnis verlieren können.

Obwohl, wie bereits erwähnt, die Anzahl der UFO-Zwischenfälle, die Autos betreffen, schon in die Hunderte gehen, ist es immer noch sehr mühevoll, die vorhandenen Daten zu analysieren. Die Ursache ist darin zu suchen, daß die bekannten Fälle nicht in einer einzigen Datenbank gesammelt wurden, sondern über viele Länder und Organisationen verteilt sind. Dr. Mark Rodeghier und andere haben in den letzten Jahren damit begonnen, diesem Umstand abzuhelfen und eine Datenbank mit den bekannten Fällen zu erstellen.[2,3] Aufbauend auf diesen Arbeiten hat der Psychologe Donald Johnson begonnen, in den gut dokumentierten Fällen mit statistischen Methoden Muster zu suchen.[4] Er hat 200 Fälle aus der UFOCAT-Datenbank herangezogen, in denen Autos, Lastwagen oder Motorräder beteiligt waren. Die Zwischenfälle ereigneten sich zwischen den Jahren 1949 und 1978. Von den Zeiträumen vorher und nachher gab es zum Zeitpunkt der Studie zwar genügend Fälle, keiner davon war bis dato jedoch gut genug dokumentiert, um die strengen Auswahlkriterien von Johnson erfüllen zu können. Maßgebend war dabei das Vorhandensein von quantitativen Daten über Zeitdauer der Sich-

tung, (geschätzte) Entfernung des Objektes und seine (geschätzte) Größe. Unter den 200 Fällen waren 66 mit einem Totalausfall des Motors, 15, bei denen der Motor nur gestört wurde, und 119, in denen andere Teile des Kraftfahrzeuges beeinflußt wurden, aber nicht der Motor selbst. Johnson wertete die Daten nun aus, indem er die drei Größen (Sichtungsdauer, Entfernung, Objektgröße) einer sogenannten *Clusteranalyse* unterzog.
Bei diesem Verfahren wird durch mathematische Methoden versucht, diejenigen Fälle zu einer Gruppe zusammenzufassen, die alle ähnliche Eigenschaften besitzen. Anschaulich kann man sich diesen Vorgang so vorstellen, daß die drei Größen als Koordinaten im Raum interpretiert werden. Jeder Sichtungsfall wird so als Punkt im Raumgitter abgebildet. Falls es Zusammenhänge zwischen den Berichten geben sollte (was Johnson ja feststellen wollte), müßten die Punkte *Cluster,* also Punktwolken, im Raum bilden. Ähnliche Eigenschaften würden bewirken, daß die Punkte (die Fälle mit den charakterisierenden Eigenschaften) an ähnlichen Stellen im Raum abgebildet werden. Die Analyse von Johnson hat nun ergeben, daß sich die 200 Fälle in sieben verschiedene *Cluster* unterteilen lassen.
Es gibt also in seiner Datensammlung grob sieben verschiedene Typen von UFO-Nahbegegnungen, die sich alle durch bestimmte ähnliche Eigenschaften auszeichnen. Die Tabelle in Abbildung 4 listet jeden der gefundenen *Cluster* mit einer kurzen Beschreibung seiner wesentlichen Merkmale auf. Die meisten der Fälle lassen sich in den *Cluster 5* einordnen, der durch seine speziellen Merkmale sozusagen die klassische UFO-Nahbegegnung repräsentiert. Die darin beschriebenen UFOs sind typischerweise neun bis zehn Meter im Durchmesser, sie befinden sich in ungefähr 25 Meter Entfernung vom Auto, und die Sichtung dauert etwa fünf Minuten. Es ist erwähnenswert, daß sich die sieben Gruppen recht gut von einander trennen lassen, das heißt jeder der gefundenen *Cluster* ist in sich konsistent, und es gibt sehr wenige zweideutige Ereignisse. Wenn man neben den drei quantitativen Eigenschaften, die für die *Clusterbildung* herangezogen

Cluster 1	kleine Objekte, sehr nahe beim Auto, Sichtungsdauer etwa 3min
Cluster 2	12 – 20m große Objekte, mittelgroße Entfernung zum Auto, 15 – 20min Sichtungsdauer
Cluster 3	6m große UFOs, Entfernung etwa 90m, Sichtungsdauer unter 1min
Cluster 4	sehr geringe Entfernung zum Auto, mittelgroße Objekte, 1h Sichtungsdauer, die Objekte dieser Klasse landen in 45% der Fälle, Entführungen
Cluster 5	9 – 10m große Objekte, Sichtungsdauer 5min, Entfernung durchschnittlich 25m, der typische Nahbegegnungsfall
Cluster 6	sehr große, zigarrenförmige Objekte, Sichtungsdauer einige Minuten
Cluster 7	sehr kleine UFOs (1m und kleiner), Sichtungsdauer 45min, natürliche Phänomene als Erklärung wahrscheinlich

Abb. 4: Eine kurze Beschreibung der sieben Merkmals-Cluster, die Donald Johnson bei einer Analyse von UFO-Nahbegegnungen gewonnen hat.

wurden, die qualitativen Aspekte der Sichtungen eines *Clusters* betrachtet, lassen sich einige sehr interessante und bemerkenswerte Beobachtungen machen. Es gibt zwischen den *Clustern* statistisch signifikante Unterschiede für einige Merkmale der Sichtung und der UFOs: weiße oder bunte Objekte, metallische Oberfläche, Beschaffenheit der Form, Verhaltensweise des Objektes, Beeinflussung des Motors. Beispielsweise treten Lichtstrahlen und ein brummendes Geräusch in den allermeisten Fällen immer mit den scheibenförmigen UFOs zusammen auf. Die Störungen der Automotoren können ebenfalls mit einer bestimmten Klasse von UFOs in Zusammenhang gebracht werden, es scheint also, als ob die Objekte ihre Kontrolle über die Motoren selektiv einzusetzen vermögen. Mit anderen Worten könnte man sagen: *UFOs, die sich äußerlich gleichen, verhalten sich auch sehr ähnlich.*

3 *UFO-Landespuren*

Trotz vieler berichteter UFO-Landungen gibt es (offiziell) immer noch kein einziges Stück Materie mit nachgewiesenem nicht-irdischen Ursprung. UFO-Forschern war es bis jetzt nur möglich, diejenigen indirekten Spuren von UFOs zu untersuchen, die diese bei ihren kurzen Aufenthalten auf der Erdoberfläche hinterlassen haben könnten. Dazu zählen Bodeneindrücke, Verbrennungen, Verstrahlungen und biologische Veränderungen an Pflanzen. Die Zahl der bekannten Fälle geht in die Tausende, davon sind jedoch nur einige sehr gut untersucht und dokumentiert worden.[5]

Viel zu selten gelingt es den Forschern wirklich, Beweismaterial und Daten zu sammeln, um seriöse Untersuchungen betreiben zu können. Einen bemerkenswerten Versuch in dieser Richtung hat

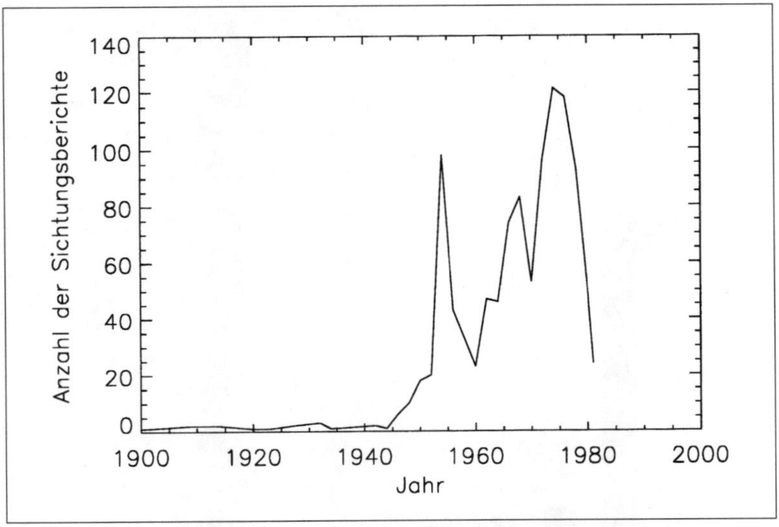

Abb. 5: Die Anzahl der UFO-Nahbegegnungen mit physikalischen Spuren von den Jahren 1902 bis 1980. Obwohl die Zahl der Ereignisse manchmal sehr stark schwankt, ist doch eine deutliche Zunahme der Fälle im Laufe der Jahre erkennbar.

Ted Phillips aus den USA unternommen. Der Berufsfotograf untersucht seit 15 Jahren UFO-Zwischenfälle, bei denen die Objekte Spuren in der Umgebung hinterlassen haben. Während dieser Zeit hat er Material von über 2100 Nahbegegnungen in 64 Ländern (!) gesammelt und mehr als 500 davon selbst untersucht.[6] Die statistische Auswertung der Datensammlung von Phillips spricht für sich:
Die Abbildung 5 listet die Anzahl der Fälle von den Jahren 1902 bis 1981 auf. Von einigen Ausnahmen abgesehen ist der Trend in Richtung zunehmender Sichtungsaktivität gut erkennbar – und das trotz aller Versuche, das UFO-Phänomen tot zu reden. In der Tabelle von Abbildung 6 sind die Länder mit den häufigsten Sichtungsberichten aufgelistet. Die USA steht hier an erster Stelle, gefolgt von Frankreich und Australien. Es ist bekannt, daß diese Länder UFOs offener gegenüberstehen, daher dürften die Zahlen in der Tabelle damit erklärbar sein, daß mehr Zeugen nach einer Sichtung an die Öffentlichkeit gehen bzw. sich an Wissenschaftler wenden. Die durchschnittliche Nahbegegnung

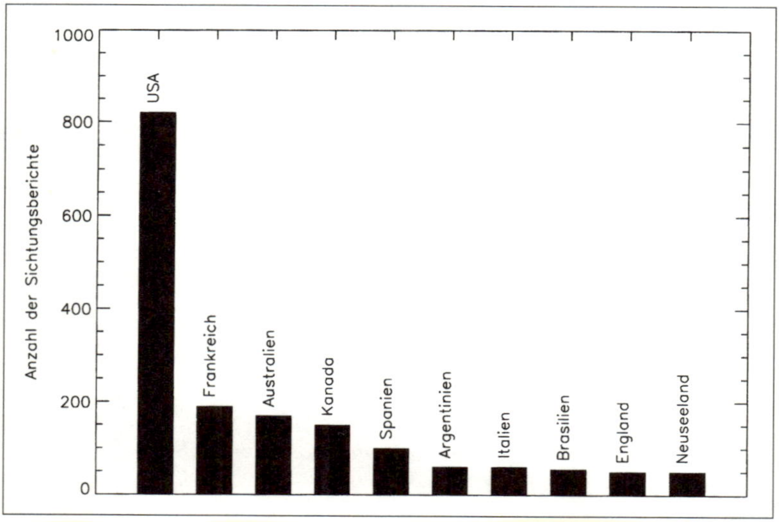

Abb. 6: Die Länder mit den häufigsten UFO-Nahbegegnungen.

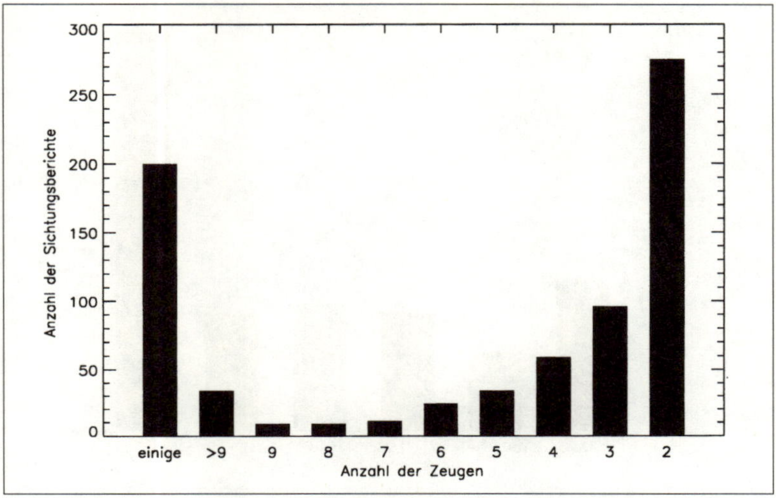

Abb. 7: Die Anzahl der Zeugen bei UFO-Nahbegegnungen. Die Tabelle zeigt auf, daß es für eine beachtliche Zahl von Sichtungen zwei Zeugen und mehr gibt.

der zweiten Art wird am häufigsten von zwei Personen beobachtet, die aus etwa nur 20 Meter Entfernung das UFO sehen. Die Sichtungen haben am häufigsten die Dauer von ein bis fünf Minuten. Die Abbildungen 7, 8 und 9 geben detaillierter über die diesbezüglichen Auswertungen von Phillips Auskunft. Interessanterweise gibt es in sehr vielen Fällen mehr als einen Zeugen, Erklärungsversuche müssen diese Tatsache berücksichtigen. Die Effekte, mit welchen UFOs auf ihre Umgebung einwirken, und deren relative Häufigkeit, sind in der Abbildung 10 aufgelistet.

Das Spektrum der Einflüsse reicht von Schäden an Bäumen bis hin zu Radioaktivität und Verbrennungen an Personen. In manchen Fällen werden auch UFO-Insassen beobachtet, etwa zwei Drittel davon werden als klein beschrieben, 20 % als durchschnittlich groß (im Vergleich zur menschlichen Anatomie), der Rest erscheint den Zeugen als überdurchschnittlich groß. Man beachte, daß die Tendenz bei Entführungsberichten ebenfalls

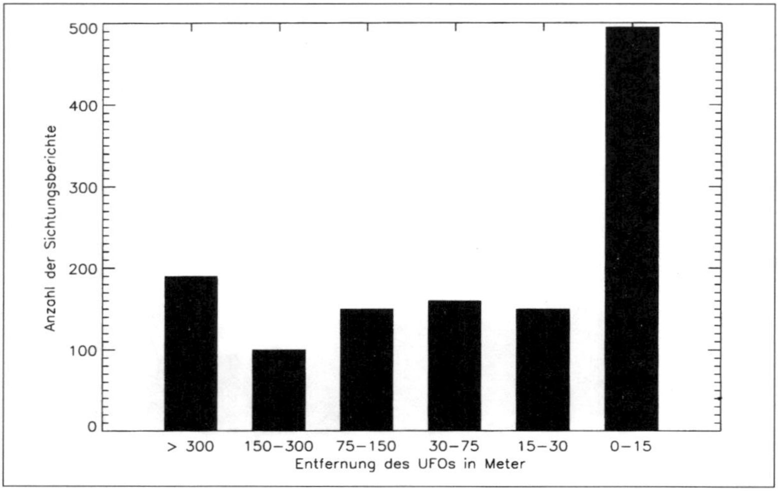

Abb. 8: Das obige Diagramm listet auf, in welcher Entfernung UFOs beobachtet werden. In den meisten Fällen (ungefähr 500) sind die Objekte näher als 15 Meter! (Auswertung von Ted Phillips)

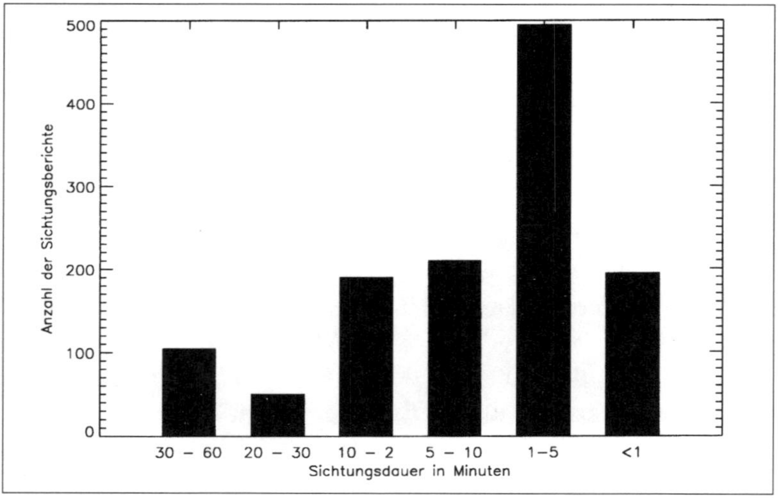

Abb. 9: Die Verteilung der Sichtungsdauer bei UFO-Nahbegegnungen. Die häufigsten UFO-Nahbegegnungen dauern nach diesen Auswertungen von Ted Phillips zwischen 1 und 5 Minuten.

Baumschäden	713
Radioaktivität	69
Abdrücke am Boden	63
Gerüche	40
Flüssigkeiten	31
Verbrennungen an Zeugen	24
Schäden an Autos	19
Schäden an Gebäuden	7

Abb. 10: Die verschiedenen Effekte, welche UFOs nach den Ermittlungen von Ted Phillips in ihrer Umgebung hinterlassen haben.

deutlich in Richtung kleinerer UFO-Insassen liegt. Als vorläufige Schlußfolgerung seiner Daten bemerkt Phillips, daß:

1. Die UFOs im durchschnittlichen Sichtungsfall von mehreren Zeugen gleichzeitig gesehen werden, als massive, konstruierte Geräte erscheinen (und nicht etwa als Leuchtphänomene der Klasse B) und unter intelligenter Kontrolle zu stehen scheinen.
2. Für die von ihnen hinterlassenen Spuren seiner Ansicht nach in vielen Fällen keine herkömmlichen natürlichen Erklärungen zu finden sind.
3. Es bisher zu wenige detaillierte wissenschaftliche Untersuchungen gibt.

Die Auswertung von Ted Phillips kann natürlich nicht als absolut genommen werden, die umfangreiche Datensammlung sollte jedoch zumindest das Interesse der sogenannten etablierten Forschung wecken. Als ein Beispiel für einen sehr interessanten Sichtungsfall, den Phillips in seine Sammlung aufgenommen hat, wollen wir hier das Erlebnis von Ronald Johnson wiedergeben.

Der Sohn eines Farmers aus Delphos in Kansas war eines Abends im November 1971 gerade dabei, sich um die Schafe auf der Farm zu kümmern. Er hörte auf einmal einen polternden Ton, daraufhin sah er plötzlich ein strahlend helles Objekt erscheinen. Die Oberfläche des UFOs schillerte in allen möglichen Farben und so hell wie der Lichtbogen eines Schweißgerätes. Es berührte nicht den Boden, sondern schwebte etwa 60 cm über dessen Oberfläche. Der junge Ronald war ziemlich verängstigt, als er das Objekt in etwa 25 Meter Entfernung zwischen den Bäumen stehen sah. Seine

Augen schmerzten, wenn er das UFO direkt ansah, dennoch konnte er dessen ungefähre Größe mit etwa drei Meter Durchmesser und drei Meter Höhe angeben. Neben der visuellen Erscheinung konnte der Junge auch einen ratternden Ton, wie von einer alten Waschmaschine, feststellen. Nach kurzer Zeit der Beobachtung erhellte sich die Unterseite des UFOs, und es begann schräg mit hoher Geschwindigkeit aufzusteigen. Als es über einen nahe gelegenen Stall flog, änderte sich der von ihm ausgehende Ton, es klang jetzt wie ein Düsenjet. In diesem Augenblick verlor Ronald für kurze Zeit sein Sehvermögen vollständig, nach kurzer Zeit konnte er jedoch wieder sehen und das Objekt in großer Entfernung am Südhimmel wiedererkennen. Der Junge rannte nun sofort ins elterliche Haus, um Herrn und Frau Johnson von seiner Beobachtung einer fliegenden Untertasse zu berichten. Er war offensichtlich sehr aufgeregt und verängstigt, deshalb ging sein Vater nach draußen, um nach dem UFO zu sehen. Herr Johnson sah tatsächlich ebenfalls das helle Licht am Himmel, er rief daraufhin seine Frau, welche die Beobachtung bestätigte.

Nachdem die Erscheinung am Himmel vorbei war, ging die Familie zu dem Ort, wo Ronald das UFO schweben gesehen hatte. An derjenigen Stelle am Boden sahen die Johnsons einen leuchtenden Ring am Boden. Herr und Frau Johnson berührten die Stelle, sie war aber kalt. Ihre Oberfläche fühlte sich an, als ob sie verkrustet oder kristallisiert worden wäre. Als physiologischen Effekt konnte Frau Johnson bemerken, daß ihre Fingerspitzen (mit denen sie den Boden berührt hatte) taub wurden, ebenso ein Fleck auf ihrem Fuß, der mit dem leuchtenden Material in Berührung gekommen war. Nachdem die Johnsons bei der lokalen Presse von dem Ereignis Meldung gemacht hatten, erfuhr auch Ted Phillips von diesem Fall. Zusammen mit dem Sheriff des Ortes befragte er die Zeugen eingehend. Zusätzlich nahm Phillips Bodenproben, die später in mehreren Labors untersucht wurden. Ein Foto der Landestelle mit dem hellen Ring am Boden ist im Bildteil des Buches zu finden.

Ein Ereignis, bei dem eine sehr interessante Sichtung gemacht wurde, aber die Wissenschaft wieder nur begrenzte Möglichkeiten zu Nachforschungen hatte, soll im folgenden Abschnitt beschrieben werden. Der Fall ging als *Zamora*-Sichtung in die Annalen der UFO-Forschung ein. Im Jahr 1964 gegen 17:50 Uhr am Nachmittag beobachtete der Polizist Lonnie Zamora im amerikanischen Bundesstaat New Mexico eine seltsame Lichterscheinung am Horizont. Seine anschließenden Erlebnisse sind Gegenstand mehrerer Telexe zwischen dem FBI und dem Strategic Air Command (SAC) in Albuquerque, ebenfalls New Mexico. Die erste Nachricht vom SAC an das FBI faßt den Zeugenbericht in den knappen Worten eines Militärangehörigen zusammen (das Dokument wurde durch die FOIA-Prozedur freigegeben). Die schwarzen Balken in der Übersetzung entsprechen den zensierten Stellen im Dokument:

»Die Information wurde ungefähr am 24. und 25. April 1964 erhalten, von Person [redacted], die als nüchtern und seriös angesehen wird. [redacted] Socorro, New Mexico, bemerkte um 17:50 Uhr, während er sich südlich von Socorro befand, eine Flamme am südwestlichen Himmel, die er überprüfen wollte, weil er dachte, daß ein Dynamitlager explodiert sei.

Während er sich in einer verlassenen Gegend ungefähr 1,5 Kilometer südlich von Socorro bewegte, bemerkte er an einer tiefer gelegenen Stelle ungefähr 270 Meter entfernt ein weißliches Objekt, das aussah wie ein verkehrt daliegendes Auto. Zwei Personen in weiß erscheinenden Overalls befanden sich neben dem Objekt.

Der Zeuge begab sich dann an einen Platz ungefähr 30 Meter vom Objekt entfernt und ca. sieben bis acht Meter höher. Keine Personen sichtbar. Er hörte zwei oder drei laute dumpfe Schläge im Abstand von weniger als einer Sekunde, dann stieg das Objekt mit einem Donnern und bläulichen und orangefarbenen Flammen senkrecht in die Höhe, dann stoppten der Lärm und die Flammen, und das Objekt schoß in sehr hoher Geschwindigkeit in einer geraden Linie davon, um über den entfernten Bergen zu verschwinden.

[redacted] ziemlich erschrocken, funkte seine Beobachtungen an [redacted], [redacted] erschien daraufhin rasch am Sichtungsort, er bemerkte vier unregelmäßige Stellen am Boden, die schwelten, und vier gleichmäßig eingedrückte Stellen mit einem Durchmesser von 40 mal 40 Zentimetern, mit einem mittleren Abstand von vier Metern.

[redacted] sagt, das Objekt war oval, ähnlich wie ein Football, möglicherweise sechs Meter lang, es hatte ein ungefähr 75 Zentimeter hohes und 60 Zentimeter langes Zeichen in der Mitte aufgemalt. Es gab keine anderen Zeugen für das Donnern, die Flammen oder das Objekt selbst.«

Ein Zeuge hatte also ein ungewöhnliches Flugobjekt gesichtet, das dem ersten Anschein nach vielleicht ein militärisches Gerät war, dann aber durch seine ungewöhnlichen Flugeigenschaften aus dem Rahmen fiel. An der Stelle, an der das UFO gesichtet worden war, fand ein bald darauf eintreffender Angehöriger der nahe gelegenen Basis vier verbrannte Stellen am Boden sowie Eindrücke, die offensichtlich von Landefüßen stammten. Das SAC vermutete in seinem Bericht, daß das Objekt vielleicht mit der militärischen Operation *Cloud Gap* (Zweck unbekannt) zusammenhängen könnte, die gerade im betreffenden Gebiet stattfand. Dem war aber nicht so, denn das Office for Special Investigation (OSI) in Albuquerque konnte in seinen Nachforschungen keinen Hinweis dafür finden. Das SAC schrieb wörtlich in einer Nachricht an das FBI:

»OSI, Kirtland Air Force Basis, Albuquerque, New Mexico, am 24. April 1964, teilt mit, daß es die Beobachtungen von [redacted] aus Socorro, New Mexico, nicht erklären kann.«

Statt dessen beschrieb es in seinem Telex an das FBI, datiert mit dem 27. April 1964, noch einen weiteren Sichtungsfall aus La Madeira, den es mit der Beobachtung vom 24. April 1964 in Zusammenhang brachte: Ein Bauernsohn beobachtete am Abend auf dem Hof seines Vaters in 100 Meter Entfernung ein Objekt, das aussah »wie ein Butangas-Tank«. Es war etwa vier bis fünf Meter hoch und von blauen Flammen umgeben, die aus Öffnungen an der Wand zu kommen schienen. Am nächsten Tag fand er an der Stelle, an der er das Objekt beobachtet hatte, eine verbrannte, kreisrunde Stelle am Boden sowie vier rechteckige Eindrücke mit einem Durchmesser von 30 Zentimetern. Zusätzlich fand er mehrere glatte, kreisförmige Eindrücke, die einen Durchmesser von sieben Zentimetern hatten. Das FBI schickte einen Agenten nach La Madeira, um die Angelegenheit näher zu untersuchen. Der FBI-Mann befragte den Zeugen eingehend und kam zu dem Schluß, es mit einem seriösen Beobachter zu tun zu haben. Der Agent begab sich nach Socorro, um auch den Bericht von der ersten Sichtung zu überprüfen. Er fand die oben beschriebenen Spuren am Boden, zusätzlich interviewte er auch den ersten Zeugen eingehend. Wieder wurde die Aussage als wahr befunden.

Im vorher beschriebenen Fall wurde zwar die Beobachtung eines UFOs durch Zeugenaussagen dokumentiert und das Ereignis von einer geschulten Person auf ihren Wahrheitsgehalt hin geprüft, es fand aber keine detaillierte wissenschaftliche Untersuchung der Landespuren statt. Dadurch wurde vielleicht wertvolles Beweismaterial außer acht gelassen und vergeudet. Mehr Glück hatten hingegen europäische Forscher bei einem Fall in Frankreich, der berühmten »Trans-en-Provence«-Sichtung, die im Jahr 1981 stattfand: Am 9. Januar 1981 erhielt die Gendarmerie in Draguignan einen Anruf aus dem nahe gelegenen Dorf Trans-en-Provence, daß ein unbekanntes seltsames Objekt bei seiner Landung gesichtet worden war.[7] Bei dem Zeugen handelte es sich um den Pensionär Renato Nicolai, der mit seiner Frau seit einigen Jahren auf einem Anwesen in Trans lebte.

Der Mann war gerade mit Arbeiten an einer Wasserpumpe hinter seinem Haus beschäftigt, als seine Aufmerksamkeit um etwa 17:00 Uhr auf einen seltsamen schwachen Pfeifton gelenkt wurde. Er drehte sich daraufhin in Richtung des Geräusches und sah in 70 Meter Entfernung ein Objekt in Höhe der umgebenden Baumwipfel niedergehen. Das Objekt hatte nach seiner Beschreibung die Form eines Rotationsellipsoides mit einem schmalen

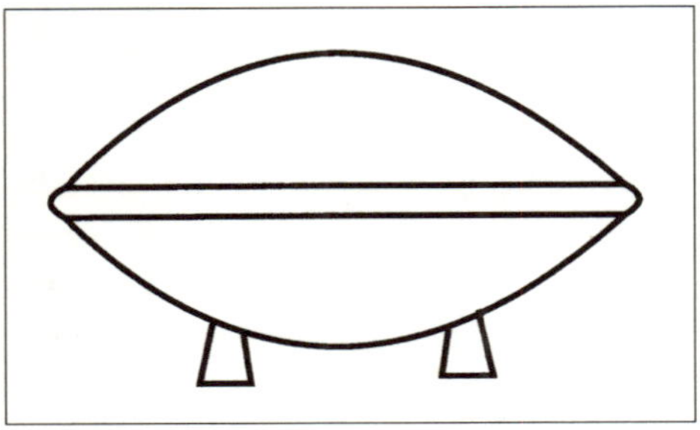

Abb. 11: Das UFO, so wie es Nicolai in seiner »Trans-en-Provence«-Sichtung beschrieben hat.

Ring am Äquator (Abbildung 11). Erstaunt bewegte sich Nicolai in Richtung des Fluggerätes, während dieses mitten auf einem schmalen Weg auf der Erdoberfläche aufsetzte. Nachdem er sich hinter einer kleinen Hütte in 30 Meter Entfernung vom Objekt positioniert hatte, konnte Nicolai beobachten, wie es für kurze Zeit scheinbar regungslos am Boden verharrte. Es erhob sich daraufhin wieder einige Meter in die Luft und verschwand danach mit großer Geschwindigkeit in Richtung Nordosten. Für einen kurzen Augenblick konnte Nicolai auf der Unterseite des Objektes vier düsenförmige Öffnungen erkennen, aus denen jedoch zu keiner Zeit Flammen oder Rauch (wie bei einem Raketentriebwerk) ausgestoßen wurden. Ihm fiel nur auf, daß das Gerät etwas Staub aufwirbelte, als es wieder in die Luft stieg. Als das seltsame Objekt verschwunden war, begab sich Renato Nicolai an den Ort des Landeplatzes. Er entdeckte dort ungewöhnliche Spuren am Boden, die seither in verschiedenen Labors in Frankreich und den USA eingehend analysiert worden sind.

Als auffälligstes Merkmal hinterließ das Objekt eine kreisförmige Spur (einen Abdruck) mit etwa zwei Meter Durchmesser. Entlang dem Radius dieses Kreises befanden sich gegenüberliegend zwei 80 Zentimeter lange und 10 Zentimeter dicke Bereiche, die den Eindruck machten, als ob an dieser Stelle der Boden (ein unasphaltierter, schmaler Feldweg) abgeschliffen worden wäre (siehe Abbildung 12). Mehr als 40 Tage nach dem Ereignis war die Spur am Boden immer noch sichtbar. Die Gendarmerie von Draguignan besuchte das Anwesen von Herrn Nicolai, dabei entnah-

men die Beamten mehrere Boden- und Pflanzenproben zum Zwecke einer Laboranalyse. Zudem wurde eine Sonderabteilung der Französischen Weltraumbehörde CNES informiert, die *Unidentified Aerospace Study Group* (GEPAN). Die Forscher dieser Gruppe untersuchen nach strengen wissenschaftlichen Maßstäben ungewöhnliche atmosphärische Erscheinungen. Normalerweise würde GEPAN einer Sichtung, wie sie Herr Nicolai gemacht hatte, nicht weiter nachgehen, aber dieses besondere Ereignis bot die seltene Möglichkeit, einen Zeugenbericht (die Sichtung des Objektes) mit physikalischen Spuren, die es hinterlassen hatte, zu vergleichen. Nachdem die Fachleute bei GEPAN sich durch ausführliche Gespräche mit dem Zeugen von dessen Glaubwürdigkeit überzeugt hatten, konnten sie sich an eine Analyse der Landestelle machen. Zu diesem Zweck wurden am 23. Februar 1981 weitere Bodenproben entnommen und für weitere Untersuchungen an Labors der CNES in Toulouse weitergereicht.
Die optische Kontrolle der Oberflächenstücke ergab, daß die Eindrücke im Boden wahrscheinlich durch eine kombinierte mechanisch-thermische Belastung entstanden waren. In einem weiteren Schritt wurde eine physikalisch-chemische Analyse des Materials vorgenommen. Dabei versuchten Wissenschaftler eines

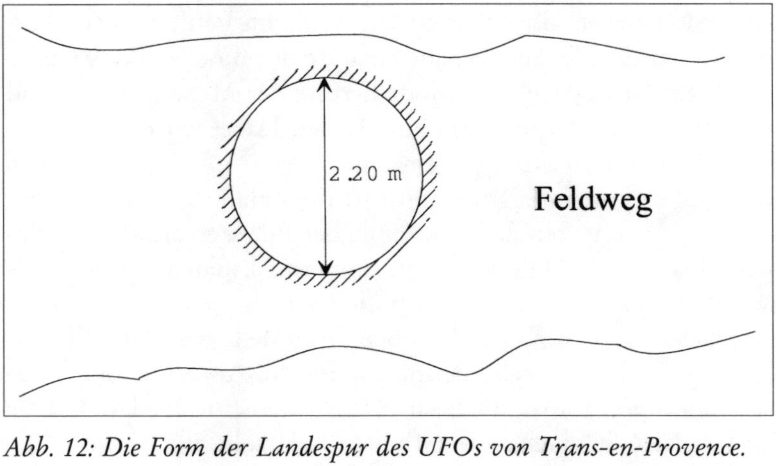

Abb. 12: Die Form der Landespur des UFOs von Trans-en-Provence.

Laboratoriums in Boussens herauszufinden, ob sie Materialien bzw. organische Stoffe finden würden, die bei der Verwendung üblicher technischer Geräte auftreten sollten. Es fanden sich jedoch weder Verbrennungsrückstände von Motoren noch andere metallische Verunreinigungen. Damit war klar, daß die Landespur am Boden von keinem landwirtschaftlichen Gerät, beispielsweise einem Traktor, erzeugt worden war.

Die Paul Sabatier-Universität in Toulouse fand in Proben von der Landestelle Substanzen, die in einer Referenzprobe einige Meter entfernt nicht auftraten. Der erste vorläufige Schluß aufgrund der Laboruntersuchungen war, daß die betreffende Landestelle chemische und physikalische Änderungen durchgemacht hatte. Als Ursache dafür wurden mechanische und thermische Belastungen als wahrscheinlich angenommen. Doch es sollte noch wesentlich interessanter werden, denn der Biochemiker Michel Bounias nahm eine eingehende Untersuchung der Pflanzen und des Erdbodens von der Landestelle vor.[8] Er veranlaßte, daß Proben direkt von der Landestelle und für Kontrollzwecke einige Meter daneben entnommen wurden. Das geschah 4, 15, 40 und 730 Tage nach dem Ereignis. Damit konnte Bounias einerseits Unterschiede zwischen exponierten Stellen (der eigentlichen Landespur) und nicht beeinflußtem Gelände feststellen und andererseits untersuchen, ob sich die Landestelle im Laufe der Zeit verändern würde. Die hochgenaue Analyse des Biochemikers wurde durch eine mathematische Modellierung der Meßergebnisse und anschließende Interpretation unterstützt. Dabei wurden mehrere bedeutsame Entdeckungen gemacht:

1. Bounias konnte signifikante (vom Zufall deutlich abweichende) Änderungen der Biochemie der Pflanzen auf der Landestelle beobachten. Die Konzentration von Lipiden, freien Aminosäuren und Enzymen war deutlich verschieden von den Werten, welche in den Kontrollproben festgestellt wurden. Die Abbildung 13 demonstriert beispielsweise die Abnahme der Konzentration von fotosynthetischen Pigmenten auf der Landestelle im Vergleich zu einer unbeeinflußten Kontrollstelle.

Substanz	Landestelle (nmol/kg)	Kontrollstelle (nmol/kg)
Chlorophyll A	0.58 ± 0.13	0.87 ± 0.19
Chlorophyll B	0.45 ± 0.10	0.62 ± 0.14

Abb. 13: Die Konzentrationen von Chlorophyll A bzw. Chlorophyll B in den Blättern junger Pflanzen waren an der Landestelle in Trans-en-Provence systematisch niedriger als an Kontrollstellen in nicht kontaminiertem Boden. Die obige Tabelle listet die Konzentrationen in Einheiten von Nanonmol/kg auf.

2. Es gab signifikante Änderungen in den funktionalen Zusammenhängen der Konzentrationen von fotosynthetischen Pigmenten und Aminosäuren. Aufgrund bestimmter Stoffwechselvorgänge in den Pflanzen gibt es gewisse Beziehungen zwischen den Mengen an fotosynthetischen Produkten der Pflanze und ihren freien Aminosäuren. Im Fall von Störungen, die durch interne oder externe Quellen verursacht sein können, ist es möglich, daß sich diese relativen Häufigkeiten verändern. Genau das wurde von Bounias festgestellt. Die Proben, welche 730 Tage nach der Sichtung gesammelt worden waren, zeigten normale Häufigkeitsverhältnisse, so wie sie unter natürlichen Bedingungen auftreten sollten. Ungefähr zwei Jahre, nachdem das Objekt seine Spuren hinterlassen hatte, war seine Wirkung also praktisch nicht mehr meßbar. Die Pflanzenproben, die 40 Tage nach dem Ereignis eingeholt worden waren, zeigten im Gegensatz dazu krasse Abweichungen von der Norm, die Konzentrationsverhältnisse waren hier genau umgekehrt!
3. Es wurde festgestellt, daß die Konzentration einzelner biochemischer Produkte der Pflanzen in einem gewissen funktionalen Zusammenhang mit der Entfernung vom Epizentrum der Landestelle stand. Bei den fotosynthetischen Pigmenten, bei denen dieser Effekt am deutlichsten auftrat, bedeutet das, daß deren Konzentration in Richtung der Landestelle signifikant abnimmt. Diese Abnahme könnte durch Faktoren wie elektromagnetische Strahlung verursacht worden sein. Dafür spricht, daß die Kon-

zentration der Pigmente vom Quadrat der Entfernung von der Strahlungsquelle abhängt.
Was ist nun die Schlußfolgerung aus der Analyse von Bounias? Der Wissenschaftler kommt aufgrund der Ergebnisse seiner Messungen zu dem Schluß, daß sich mit Sicherheit etwas Ungewöhnliches am Ort der Landestelle ereignet haben muß. Die untersuchten Pflanzen zeigen eindeutige Veränderungen, die mit Abstand von der Landestelle und der Zeit variieren. Obwohl Bounias vermutet, daß elektromagnetische Strahlung für die Veränderungen verantwortlich sein könnte, hat er die exakte Natur des betreffenden Phänomens nicht bestimmen können. Die Aussagen des Zeugen Renato Nicolai sind aufgrund der vorliegenden Daten ernst zu nehmen. Seine Sichtung zusammen mit den wissenschaftlichen Belegen sind ein sehr starkes Indiz dafür, daß tatsächlich etwas Ungewöhnliches in Trans-en-Provence passiert ist.

4 *Zeugnisse von UFO-Landungen in der ehemaligen UdSSR*

Nach dem Zusammenbruch der ehemaligen Sowjetunion und der Öffnung des Landes war die Hoffnung groß, auch im Ostblock wertvolles Material über UFO-Begegnungen sammeln zu können. Es gab zwar schon einige UFO-Forscher aus der Sowjetunion; die meisten von ihnen hatten jedoch einen zweifelhaften Ruf. So herrschte und herrscht noch immer unter den UFO-Forschern des Westens die Ansicht vor, alles an Information aus den ehemals kommunistischen Ländern nur unter größter Vorsicht und Skepsis zu betrachten. Langsam bauen sich diese Barrieren jedoch ab, und einige Forscher aus den USA versuchen, Kontakte mit dem früheren Feind aus Zeiten des Kalten Krieges aufzubauen. Zu diesen Personen gehört der Journalist und Dokumentarfilmer George Knapp, der vor einigen Jahren durch seine Ermittlungsarbeit im Fall Bob Lazar berühmt wurde.

George Knapp unternahm im Jahr 1993 eine Reise in die frühere Sowjetunion, um die Suche nach interessantem UFO-Material aufzunehmen.[9] Er war dabei geleitet von zwei Ideen. Erstens erwartete er sich Aufschlüsse über UFO-Ereignisse im *Westen*, denn er glaubte (zu Recht), daß der sowjetische Geheimdienst über alle UFO-Aktivitäten des Westens wahrscheinlich bestens Bescheid wußte. Falls er daher Zugang zu Teilen dieser Informationen bekommen würde, so wäre es vielleicht auch möglich, etwas über die Aktivitäten der USA zu lernen. Die zweite Überlegung von Knapp war, nur zu solchen Personen Zugang zu suchen, die im Westen unbekannt waren. Knapp wollte seine Informanten selbst finden, auf diese Weise wollte er Geschäftemachern keine Gelegenheit bieten, ihm falsche Informationen zu verkaufen.

In der Tat hatte diese Überlegung von Knapp einen größeren Erfolg als erwartet, denn im nachhinein stellte sich heraus, daß einige der renommiertesten Wissenschaftler Rußlands sich nur deshalb auf den Kontakt mit Knapp eingelassen hatten, weil dieser keinerlei Beziehungen zu den bunten Vögeln der UFO-Forschung des Landes hatte. Im Laufe seiner Reise lernte Knapp russische Wissenschaftler in herausragenden Positionen kennen. Namen wie Dr. Nikolai Kaopranov oder General Boris Sokolov sind hier im Westen praktisch unbekannt, sie spielen und spielten jedoch eine um so größere Rolle in der ehemaligen Sowjetunion. General Sokolov übergab George Knapp Dokumente einer UFO-Forschungsinitiative, die seit 1978 innerhalb der Sowjetunion besteht. Jede Sichtung, welche von einer militärischen Einheit gemacht wurde, gelangt über Informationskanäle an eine Auswertungsstelle. Das russische Verteidigungsministerium erhoffte sich bei Beginn der Studie, im Laufe der Zeit technisch-wissenschaftliche Vorteile gegenüber dem Westen zu erlangen. Nicht zuletzt wollte man dadurch hinter das Geheimnis der *Stealth*-Technologie der USA kommen.

Als Ergebnis wurden im Laufe der Jahre Tausende von Sichtungsberichten gesammelt, viele der Ereignisse fanden in der unmittelbaren Nähe von Militärbasen statt. Neben diesen UFO-Nahbegegnungen entdeckte Knapp auf seiner Reise auch Fälle, die UFO-Landespuren beinhalten. Dr. Rem Verlamov, Professor am Moskauer Institut für Technologie, glaubt, daß es genügend Beweise für UFOs gibt, um wissenschaftliche Studien zu finanzieren. Der Professor hat sich auf die Untersuchung von Landespuren spezialisiert. Im Fall einer neuen Sichtung unternimmt er mit anderen Fachleuten eine Untersuchung der angeblichen Landestelle direkt vor Ort. So fand beispielsweise am 7. Januar 1990 laut Zeugenaussagen die Landung eines UFOs über dem gefrorenen Mzha-Fluß in der Ukraine statt. Das Objekt hatte zwar keinen direkten Bodenkontakt, schwebte aber minutenlang knapp über dem Eis. Das Objekt hinterließ dabei einen kreisförmigen Ring mit mehreren Metern Durchmesser auf der Eisoberfläche. Die Struktur schien richtiggehend in die Oberfläche hineingefräst worden zu sein. An weiteren vermuteten Landestellen hat Dr. Verlamov ähnliche biologische Effekte gefunden wie schon seine Kollegen im Westen. Die Auswertung von Datenmaterial aus dem Osten hat gerade erst begonnen, aber es wird immer klarer und offensichtlicher, daß das Phänomen der physischen Wechselwirkungen der UFOs mit ihrer Umgebung weltweit aufzutreten scheint.

III

UFO-Nahbegegnungen der 4. Art

»Wie viele Freunde, Therapeuten, Beamte, Ärzte oder Bekannte würden es auch nur im entferntesten in Betracht ziehen, daß das, was ein Entführter sagt, wahr ist? So muß für die Entführten ein Teil ihres Lebens - der erstaunendste, der unerträglichste, der unverständlichste - geheim bleiben und unausgesprochen.«

Andrea Pritchard, Herausgeberin der MIT-Entführungs-Proceedings in ihrem Vorwort

»Stellen Sie sich vor, daß Sie durch Mauern gehen können. Sie müßten sich nicht darum kümmern, ob die Türen Ihres Hauses offen sind. Sie könnten Ihre Wohnung durch die Wände betreten und das Haus durch die rückwärtigen Mauern wieder verlassen. Oder stellen Sie sich vor, Sie haben die Gabe, die inneren Organe eines Menschen zu operieren, ohne seinen Körper öffnen zu müssen. Welches Wesen könnte solche gottähnlichen Fähigkeiten besitzen? Die Antwort: Ein Wesen von einer höher-dimensionalen Welt.«

Prof. Dr. Michio Kaku, theoretischer Physiker an der Universität von New York

1 Die Entführungskonferenz am MIT

Wahrscheinlich die interessanteste Form von UFO-Nahbegegnung stellt immer noch das Entführungs-Phänomen dar. Es gibt inzwischen viele Menschen auf der ganzen Welt, die behaupten, von Insassen der fliegenden Untertassen entführt worden zu sein. Bei diesen Vorgängen werden die betroffenen Personen meistens in der Nacht in das Innere eines UFOs gebracht und dort offensichtlich einer medizinischen Untersuchung bzw. Manipulation unterworfen. Danach (Minuten bis Stunden später) werden die Entführten wieder an ihren Ausgangsort zurückgebracht. Die meisten Menschen können sich an ihre seltsamen Erlebnisse nicht mehr erinnern, einige der Entführten kommen jedoch aufgrund von verschiedensten Erfahrungen darauf, daß ihnen etwas Seltsames zugestoßen sein muß.

Entweder bemerken sie, daß ihnen auf unerklärliche Weise Zeit abgeht, nämlich genau diejenige Zeitspanne, welche sie während ihrer Entführung abwesend waren. Bei vielen Betroffenen gibt es jedoch auch andere Spuren, die die Entführungen hinterlassen haben. Dabei können die Nacheffekte angefangen von Alpträumen bis hin zu Narben und blutenden Verletzungen im Rachenraum reichen. In unserem Buch *UFO-Geheimhaltung* wurden die Vorgänge während einer Entführung schon sehr detailliert besprochen.[1] Wir wollen in diesem Kapitel versuchen, die Hintergründe dieses seltsamen Phänomens genauer zu ergründen. Es stellt sich insbesondere die Frage nach dem Realitätsstatus der Berichte von den Betroffenen. Dabei soll ein Schwerpunkt auch auf der Berücksichtigung der Psychologie der Entführungen liegen, zusammen mit den damit verbundenen Erklärungsmöglichkeiten.

Im Jahr 1992 hat ein beinahe historisches Ereignis in der Geschichte der UFO-Forschung stattgefunden. Viele namhafte Forscher haben sich damals am *Massachusetts Institute of Technology*

(MIT) zu einer bisher einmaligen Konferenz getroffen. Es ging darum, den gegenwärtigen Stand der Entführungsforschung festzustellen und in freier, wissenschaftlicher Atmosphäre das bisherige Wissen kritisch zu begutachten. Als Ergebnis dieser Konferenz wurde 1995 eine beinahe 700 Seiten starke Zusammenfassung der Vorträge aller Beteiligten herausgegeben. Dieser Band repräsentiert momentan den aktuellsten Stand der Entführungsforschung. Zu Wort kommen unter anderem Psychologen, Psychotherapeuten, Astronomen, Physiker, Mediziner und einige Betroffene selbst. Stellvertretend für die Problematik und Thematik, welche bei der Konferenz behandelt wurde, soll hier die Geschichte von John und Jesse erzählt werden.

Die beiden Männer haben seit ihrer frühen Kindheit Entführungserlebnisse, welche ihr weiteres Leben nachhaltig beeinflußt haben. Der folgende Bericht enthält viele Komponenten einer typischen Entführung. Eine der Besonderheiten an diesem speziellen Fall ist zusätzlich, daß es zwei übereinstimmende Aussagen von Personen gibt, die sich erst unter Hypnose wieder an Einzelheiten erinnern konnten. Die Tatsachen von multiplen Entführungen (gleichzeitige Entführung von mehreren Personen) müssen korrekte Erklärungsmodelle ebenso berücksichtigen wie viele andere seltsame Eigenschaften des Phänomens, die in der Folge noch beschrieben werden sollen. Es soll auch untersucht werden, welche Rolle der Experte spielt, der die Hypnose durchführt. Dies ist insofern von Bedeutung, als der Befrager den Zeugen seine eigenen Vorstellungen auf subtile Weise aufdrängen könnte und diese quasi veranlaßt, seine persönlichen Ideen nachzuerzählen. Dies könnte etwa die Übereinstimmung der Geschichte von John und Jesse hervorgebracht haben:[2]

Ihre ersten Begegnungen hatten die beiden Brüder im Alter von fünf (Jesse) und vier (John) Jahren. Die beiden spielten gerade in einem Sandkasten im Haus ihrer Eltern, das sich in Rogersville, Tennessee, befindet. Jesse beschrieb einen Mann mit einem Beil in der Hand, den er am Fuß eines Hügels unweit von seinem Spielplatz entfernt sah. An diesem Punkt endet die bewußte Erinnerung von Jesse, alle weiteren Informationen danach wurden durch eine Hypnoseregression erhalten. Der Zeuge beschrieb kleine dunkle Männchen mit großen Köpfen und Augen, die um ihn herum standen. Ins Innere eines UFOs gebracht, schilderte Jesse die bekannten Untersuchungsprozeduren inklusive dem Mind Scan (Gedankensondierung):

»Fünf von ihnen sind da. Dieses Wesen auf der rechten Seite ... er hat... ohhh... Oh! Er hat einen Stab! Er ist jetzt bei meinen Füßen. Er ist dort mit diesem langen, langen Stab! Ich weiß nicht, was er jetzt macht, aber der große Kerl auf der linken Seite starrt immer hinunter auf meine Füße! Und dann schaut er... ohhh!! Dann schaut er geradewegs mich an! Mitten ins Gesicht! Er mustert mich. Er starrt mich einfach an, ganz tief...«

Jesse erzählte, daß er immer wieder die Gestalt einer Gottesanbeterin sah, eine Form von Wesen, von der auch andere Entführte manchmal (jedoch relativ selten) berichtet hatten.[1] In dieses Alter, in welchem Jesse seine ersten Entführungserlebnisse hatte, fällt eine weitere sehr interessante Beobachtung. Unter der Haut auf seinem linken Schienbein »entstand« eine kleine Erhebung, die ihm während seines ganzen weiteren Lebens Schmerzen und Probleme bereitete. Nach einem chirurgischen Eingriff konnte an dieser Stelle ein kleines, glasartiges Objekt entfernt werden. Es war von länglicher, dreiecksförmiger Gestalt mit einem bienenwabenähnlichen, sechseckigen Muster auf seiner Oberfläche.

Unabhängig von der Untersuchung der Erlebnisse von Jesse wurde auch sein jüngerer Bruder John befragt. Dessen bewußte Erinnerungen entsprachen recht genau denen von Jesse, und während einer Hypnosesitzung konnte auch er sich an weitere Details erinnern. John berichtete, wie er seinen größeren Bruder im UFO sah, aber nicht zu ihm gehen durfte. Einen seiner fremden Begleiter beschrieb er folgendermaßen: »Er sieht aus wie ein Käfer! Ein großer Käfer! Er hat große Augen! Große Augen und einen wirklich kleinen Mund.«

2 *Die Rolle von Hypnose bei der Beschaffung von Entführungserinnerungen*

Die Ereignisse während eines klassischen Entführungsfalles bleiben einem Menschen solange verborgen, bis die verdeckten Erinnerungen durch eine oder mehrere Hypnosesitzungen ans Tageslicht gebracht werden. So oder ähnlich stellt sich den meisten an der UFO-Forschung Interessierten die Situation bei der Beschaffung der mehr als unglaublichen Erinnerungen von einer Entführung dar. Die Rolle der Hypnose wird dabei als das notwendige und einzige Mittel betrachtet, mit welchem verborgene Bilder und Eindrücke des (Unter-)Bewußtseins ans Tageslicht geholt werden können. Für das bessere Verständnis der folgenden Abschnitte ist es notwendig, zuerst einmal zu klären, was Hypnose eigentlich ist und wie sie funktioniert.

Die *British Medical Association* definiert Hypnose etwa folgendermaßen: »Hypnose ist ein vorübergehender Zustand veränderter Aufmerksamkeit, in dem verschiedene Phänomene spontan oder als Reaktion auf verbale oder andere Reize auftreten können.« Was bedeutet das nun? Die Geschichte der Hypnose beginnt um das Jahr 1840. Damals verwendete ein Jahrmarktsgaukler namens Braid Vorstufen der Hypnose, um sein Publikum zu unterhalten und seinen Lebensunterhalt zu verdienen. Bis zum Ende des 19. Jahrhunderts wurde die Technik verfeinert und allmählich als Standardwerkzeug in der Psychotherapie eingesetzt. Obwohl also nun schon über hundert Jahre bekannt und im Einsatz, weiß heute noch niemand wirklich, was der Zustand Hypnose eigentlich darstellt. Es gibt bisher nur Modelle davon, was den Zustand der Hypnose vom normalen Tagesbewußtsein unterscheidet, aber bisher keine Theorie, welche die Hypnose einheitlich erklärt. Wir wissen, daß es drei verschiedene Tiefengrade für den Hypnosezustand gibt. Während einer Hypnosesitzung schwankt der Zustand der Person normalerweise ständig zwischen diesen Ebenen hin und her.

Wenn jemand hypnotisiert wird, beginnen sich gewisse Änderungen in seinem Körper und seinem Gehirn zu entwickeln. Die geistige Aktivität tritt in den Vordergrund, gleichzeitig mit einer Abnahme der körperlichen Aktivität. Es tritt ein Dominanzwechsel der Gehirnhemisphären auf. Waren bisher das logische Denken und der Verstand maßgebend im Verhalten, beginnt jetzt die Gefühlswelt Überhand zu nehmen, das geht so weit, daß die Person ihre Gefühlswelt gar nicht mehr kontrollieren *möchte*. Die Kritikfähigkeit nimmt ab, und die Suggestibilität nimmt gleichermaßen zu. Zwar ist bewußtes Lügen möglich, jedoch verrät die Gestik die Absichten der hypnotisierten Person, weil diese ihren Körper nicht mehr vollkommen unter Kontrolle hat. Die Hypnose kann also als Lügendetektor für die geistige Aktivität dienen. Wenn der Therapeut nach einem bestimmten Erlebnis sucht und es findet, simuliert das Gehirn den Zustand der gerade induzierten Periode. Die Person wird beispielsweise wieder infantil oder ändert ihre Stimmlage, wenn sie in ihre Kindheit zurückversetzt wird.

Wir wissen nicht, warum jetzt vergessen geglaubte Erinnerungen plötzlich wieder greifbar sind, sicher ist nur, daß der Geist sich in diesem Zustand ins Unbewußte begibt und sich dort umherbewegt. Experimente zum Lokalisieren von Informationen können gelingen oder auch nicht, das hängt auch vom Experimentator und dessen Einstellungen ab. Er beeinflußt durch seine Ausstrahlung die nunmehr sehr sensible hypnotisierte Person, die auch verbale Information wesentlich intensiver interpretiert als im normalen Tagesbewußtsein.

Den Kritikern und Skeptikern nach ist der Einsatz von Hypnose verantwortlich für die ganze Unbill im Zusammenhang mit Entführungsgeschichten. Ihrer Meinung nach stellt diese Technik erst überhaupt die Quelle für das Phänomen dar! Personen in einem veränderten Bewußtseinszustand, der durch Hypnose hervorgerufen worden ist, sind sehr leicht beeinflußbar. Sie lassen ihren Gedanken und Phantasien freien Lauf, ohne diese kritisch zu begutachten. Sie erfinden Details, die nicht vorhanden waren, und lassen dadurch die Grenze zwischen Fiktion und Realität ver-

schwinden. Niemand kann beurteilen, welches Stück Gedächtnisinhalt auf wahren Begebenheiten basiert oder gerade erfunden worden ist – Phantasie und Realität werden zu einem einheitlichen, plausiblen Kunstwerk an Erinnerungen verwoben. Dazu kommt noch, daß sowohl der Hypnotherapeut als auch der angeblich Entführte unter einem gewissen Erfolgszwang stehen. Der eine möchte unbedingt einen Entführungsfall rekonstruieren, der andere sucht Antworten auf Erlebnisse, die weitab jenseits seines Vorstellungsvermögens liegen, die aber für ihn scheinbar zur Realität geworden sind. Aus diesem Kreis von Wissensdrang und der Suche nach einer Lösung von Problemen entstehen für die Kritiker des Phänomens genau die richtigen Bedingungen, um eine Entführungsepisode entstehen zu lassen. Wir wollen an dieser Stelle untersuchen, inwieweit die Befürchtungen der Skeptiker zutreffen und ob unser gesamtes Wissen über Entführungen tatsächlich nur den Phantasien von UFO-Forschern und angeblichen Entführten (über deren Gesundheitszustand man sich in weiterer Folge Gedanken machen sollte) zuzuschreiben ist.
Obwohl, wie in der Literatur beinahe ausschließlich angenommen wird, Details einer Entführung hauptsächlich durch Hypnose erhalten werden, stellt dies nicht die einzige Informationsquelle für den UFO-Forscher dar. Der Folklorist Dr. Thomas Bullard filterte während einer Studie aus etwa 300 Fällen 104 heraus, die eine besonders hohe Qualität und Zuverlässigkeit aufwiesen. Etwa 25 % der Zeugen konnten sich bewußt an einen Großteil ihrer Erlebnisse erinnern.[3] Einige erinnerten sich nach einiger Zeit spontan an die Vorkommnisse, bei anderen kehrte die Erinnerung Stück für Stück wieder. Das bedeutet aber, daß in vielen Fällen gar keine psychologische Technik angewendet werden muß, um die seltsamen Vorgänge während einer Entführung rekonstruieren zu können. In den restlichen 75 % der Fälle war die Hypnose auch nicht das einzige Mittel, um den Zeugen Details zu entlocken, vielmehr konnten sich die meisten an viele Details schon vor ihren Regressionen erinnern.
Zur Bestätigung der Resultate Bullards zeigte eine vergleichende

Untersuchung, daß zwischen den Berichten, die unter Hypnose erhalten wurden, und denen aus freier Erinnerung kein signifikanter Unterschied bestand.[4] Zu ähnlichen Ergebnissen kommt auch Dr. David Webb, der seit vielen Jahren Entführungsberichte sammelt und auswertet.[5] Aus seiner umfangreichen Datenbank, der sogenannten HUMCAT, suchte Webb sich 129 Fälle aus, die gewisse Mindestanforderungen an Qualität und Dokumentation erfüllten. Er teilte diese Fälle in vier verschiedene Klassen ein:

1. Information wurde hauptsächlich durch Hypnose erhalten.
2. Information wurde teilweise durch Hypnose erhalten.
3. Hypnose wurde zwar eingesetzt, führte aber zu keinen zusätzlichen Informationen.
4. Hypnose wurde überhaupt nicht verwendet.

Die Auswertung der 129 Fälle ergab nun, daß in einem Drittel der Fälle die grundlegenden Fakten über eine Entführung ohne den Gebrauch von Hypnose erhalten wurden, in 4 % der Fälle trug Hypnose nur unwesentlich zu einem Bericht bei (die Tabelle der Abbildung 14 listet Webbs Ergebnisse detailliert auf). Die Untersuchung von Webb steht also recht gut in Übereinstimmung mit den Ergebnissen von Bullard. Beide Studien scheinen daher das Argument, daß Entführungen reine Phantasieprodukte von UFO-Forschern sind, zu entkräften. Dennoch sollte man die Rolle des Hypnotiseurs auf dem Weg entlang der Tiefen des Gedächtnisses nicht unterschätzen. Auch in der Wissenschaft existiert so etwas wie absolute Objektivität und Neutralität nicht, so gerne dies auch manchmal von angesehenen Vertretern der Naturwissenschaften behauptet wird.

Der UFO-Forscher ist, wie jedes Subjekt, von gewissen Erwartungen und Vorstellungen bewegt, welche bewußt oder unbewußt einen Entführten hin zu gewissen Antworten leiten können. Von besonderer Wichtigkeit ist dabei, auf welche Art und Weise Fragen gestellt werden. Die Entführten sind in ihrem Zustand des veränderten Bewußtseins besonders leicht beeinflußbar, und eine ungeschickte Wortwahl kann falsche Antworten geradezu provozieren. Wenn der Hypnotiseur beispielsweise die

Alle Information über Hypnose erhalten	53%
Information teilweise über Hypnose erhalten	10%
Hypnose erbrachte wenig zusätzliche Information	4%
Hynose wurde nicht angewendet	33%

Abb. 14: Wieviel Information über Entführungserlebnisse wird über die Technik der Hypnose erhalten? Die Tabelle listet die Ergebnisse der Untersuchung von David Webb auf, der die Rolle von Hypnose für die Rekonstruktion der Ereignisse untersucht hat. Auffallend ist, daß 33 % ohne *den Einsatz von Hypnose untersucht wurden, die Zeugen also ohne größere Anstrengungen ihre traumatischen Erinnerungen ans Tageslicht bringen konnten.*

Frage stellt »Haben die Wesen blonde, braune, schwarze oder rote Haare?«, dann verleitet er seinen Entführten schon dazu, sich eine der Möglichkeiten auszusuchen. Falls der Betroffene statt dessen etwa die Antwort gibt »Nein, ... nein sie haben überhaupt keine Haare ...« kann diese Information als relativ zuverlässig angenommen werden, weil hier offensichtlich keine Beeinflussung durch den Befrager stattgefunden hat. (Der Experte hätte die Frage neutral formulieren müssen, wie etwa: »Haben die Wesen Haare?«) Der bekannte Skeptiker und UFO-Entlarver Philip Klass meint, daß solche mehr oder weniger subtilen Manipulationen der Befrager sich unweigerlich auf die Antworten der angeblichen Zeugen auswirken müssen. Er folgert weiter, daß sogar die Persönlichkeit des Hypnotiseurs auf die Geschichte der Entführten einen Einfluß haben soll. Die kleinen Grauen sollen sich bei manchen Befragern immer als gutmütig herausstellen, bei anderen aber eher ihre böse Seite zeigen.

Eine Studie, die Dr. Thomas Bullard diesbezüglich durchgeführt hat, kann die Behauptungen von Klass nicht unterstützen.[4] Die Ergebnisse von vier verschiedenen Hypnotiseuren mit jeweils mehreren Fallstudien zeigten, daß keiner der Zeugen in eine bestimmte Richtung gedrängt wurde. Innerhalb der möglichen Bandbreite stieß jeder der Fachleute auf eine Mischung von freundlichen/unfreundlichen Wesen, und keiner der Entführten hatte einseitige Erlebnisse, die auf eine Führung seitens des Befragers hindeuteten. Jede der Geschichten war weitestgehend kongruent mit dem Durchschnitt der »Standardfälle« und wies keine Besonderheiten auf. Dennoch, die Anwendung von Hypnose hat in der psychologischen Fachliteratur keine besondere Unterstützung gefunden.[6] Generell wird davon ausgegangen, daß durch die Verwendung dieser Technik kaum mehr Details als bei Tagesbewußtsein erlangt werden können. Viel von dem Material, das durch Hypnose zustande kommt, sei außerdem höchst unzuverlässig und ungenau. Die Tendenz von Patienten, Pseudo-Erinnerungen für wahr zu halten und sich vom Hypnotiseur leiten zu lassen, sei gefährlich hoch.

Diese allgemeine Lehrmeinung basiert auf Laborexperimenten, die unter kontrollierten Bedingungen das Erinnerungsvermögen von Versuchspersonen getestet haben. In krassem Gegensatz dazu steht jedoch die Beliebtheit von Hypnose bei der Rekonstruktion von Tatbeständen und Unfällen bei der Polizei (zumindest in den USA).[7] Martin Reiser führte dazu während eines Zeitraumes von fünf Jahren eine Studie am *Los Angeles Police Department* durch. Er sammelte 519 Fälle (Morde, Vergewaltigungen, Raub) von 1975 bis 1980. In 80,6 % der Fälle wurde Hypnose verwendet, um möglichst viele detaillierte Informationen von Zeugen zu erhalten. Davon wurden 66 % von den Polizisten als äußerst wertvoll angesehen. In 50 % der Fälle konnte die Genauigkeit der Hypnoseerinnerungen nicht überprüft werden, aber für die restliche Hälfte war dies im nachhinein möglich. Es ergab sich, daß in 90,7 % der Fälle die Daten, welche durch Hypnose allein erhalten wurden, korrekt waren![8]

Wodurch kann man sich die Diskrepanz zwischen den Laborexperimenten und den Fallstudien aus dem realen Leben erklären? Der Forscher Stuart Appelle ist der Meinung, daß der Unterschied in der Art der Erinnerungen einerseits und in der Art des Vergessens andererseits besteht. In den Labors der Experimentalpsychologen wird hauptsächlich neutrales und *für die Versuchsperson unbedeu-*

tendes Material für die Studien verwendet (beispielsweise Listen von Wörtern). Dieses Gedächtnismaterial hat nicht sehr viel mit den traumatischen, erschreckenden Inhalten zu tun, die während einer angeblichen Entführung auf einen Zeugen einwirken. Dazu kommen noch die viel dramatischeren Umstände, unter denen ein Entführter seine Erlebnisse hat. Die zwei Situationen psychologisches Labor/Untersuchungstisch in einem UFO sind nicht einfach vergleichbar, deshalb sind die entsprechenden Ergebnisse der Laborstudien nur sehr beschränkt auf die Entführungserinnerungen anwendbar. Der zweite Punkt betrifft, wie schon oben gesagt, die Mechanismen, welche ein Vergessen von bestimmten Erlebnisinhalten bewirken. Stuart Appelle meint, daß möglicherweise ein großer Unterschied darin besteht, wie das Bewußtsein eines Menschen Gedächtnisinhalte im Labor vergißt und wie dies während einer Entführung passiert (beispielsweise könnten hierbei Aspekte der Mind Control eine Rolle spielen).
Zur Bewertung von Hypnose hinsichtlich ihrer Brauchbarkeit für die Informationsbeschaffung ist sicherlich noch sehr viel Forschungsarbeit notwendig. Erste Studien scheinen langsam Früchte zu tragen, dennoch verfügt die Forschung heute immer noch über zu wenige Daten aus fundierten Analysen, um verläßliche Aussagen treffen zu könne. Jedenfalls scheinen die Behauptungen von Skeptikern, daß diese Technik allein für das Entführungsphänomen verantwortlich sei, aufgrund von Studien mit gegenteiligen Ergebnissen nicht haltbar zu sein.

3 *Entführungserlebnisse von Kindern*

Eine ernsthafte Theorie der Entführungen muß sich neben den vielen bekannten Schwierigkeiten auch mit einem ganz besonderen Aspekt des Phänomens auseinandersetzen. Es handelt sich dabei nämlich um die Beobachtung, daß schon Kleinkinder davon berichten, in das Innere von UFOs gebracht worden zu sein. In der Tat ist schon seit langer Zeit bekannt, daß viele erwachsene Abduzierte den Beginn ihrer Entführungserlebnisse in die Zeit ihrer frühen Kindheit legen. Es wäre daher nur logische Konsequenz, daß auch heutzutage Kinder von Entführungen berichten würden – genau das passiert auch. Die Geschichte von Jonathan soll hier nur stellvertretend für die vielen Zeugnisse von Kindern sein, die bisher gesammelt worden sind.

Der fünfjährige Bub lebt mit seiner Mutter in Kalifornien; er erzählte der Therapeutin Deborah Truncale seine nächtlichen Erlebnisse: Alle übrigen Familienmitglieder waren schon schlafen gegangen, als er sich aus dem Bett schlich, um ein Videospiel einzuschalten. Er lag gerade bäuchlings mitten im Wohnzimmer, als auf einmal zwei Wesen durch die Wand ins Zimmer kamen (auch in den Entführungsberichten von Erwachsenen kommen die Fremden immer wieder ohne Mühe durch massive Wände). Jonathan hatte zuerst Angst, aber die eine »Frau« beruhigte ihn, und zusammen schwebten sie durch das geschlossene Fenster in ein UFO (dieses Motiv wird ebenfalls immer wieder von Erwachsenen mitgeteilt). Auf einem Tisch wurde etwas an seinem Fuß manipuliert, danach erinnert sich Jonathan nur mehr daran, wie er in das Wohnzimmer zurückschwebte und etwas Süßes zu essen bekam.

Als Deborah Truncale dem Jungen Zeichnungen von einem grauen Wesen mit großen schwarzen Augen zeigte, antwortete er lebhaft »Meine Freunde, das sind meine Freunde!«.[9] Die Geschichte von Jonathan weist sehr viele Gemeinsamkeiten mit den Abduktionsberichten von Erwachsenen auf. Es erscheint sehr schwer möglich, daß das Kind alle Einzelheiten aus seiner Umgebung aufgeschnappt oder gar nur geträumt oder phantasiert hat. Es besteht die allgemeine Auffassung, daß Kinder sehr schwer zwischen Realität und Phantasie unterscheiden können und daher keine geeigneten Zeugen von Abduktionserlebnissen sind. Sie seien außerdem sehr leicht durch externe Quellen, wie die Medien, beeinflußbar und würden dazu neigen, deren Inhalte in ihren Berichten zu reproduzieren.

Zu einer ganz anderen Meinung kommt wiederum die Psychologin Deborah Truncale. Sie hat beobachtet, daß wesentliche Unterschiede in der Art bestehen, wie Kinder ihre Abduktionserlebnisse einerseits und erfundene Geschichten andererseits mitteilen. Truncale beobachtet ihre jungen Zeugen sehr genau, während diese von ihren Erlebnissen berichten. Sie hat dabei wesentliche Unterschiede in Sprechweise, Mimik und Gestik beim Reproduzieren eines Abduktionserlebnisses bzw. beim Erzählen einer erfundenen Geschichte festgestellt. Budd Hopkins, einer der ersten Entführungsforscher überhaupt, machte im Laufe seiner Untersuchungen ganz ähnliche Erfahrungen. Um feststellen zu können, ob Kinder vielleicht schon einmal Entführungserlebnisse gehabt haben, hat er einen kleinen Test entworfen, mit dessen Hilfe er auf spielerische Weise seine jungen Probanden mit den fremden Wesen konfrontieren kann.[10]

Hopkins hat ein Kartenset, bestehend aus zehn verschiedenen Motiven (ein Polizist, ein Clown, ein Junge etc. und ein »kleiner Grauer«), entworfen. Wie bei einem Spiel sollen die Kinder mitteilen, ob sie die Figuren auf den Karten erkennen. Der »kleine Graue« soll dabei als Auslöser dienen, um dem Forscher relevante Erfahrungen mitzuteilen. Budd Hopkins hat diesen Test noch nicht sehr lange verwendet, aber seine Ergebnisse damit sind teilweise recht dramatisch. Als beispielsweise der dreieinhalbjährige Sohn einer Psychiaterin die Karten zu sehen bekam, antwortete er folgendermaßen:

»Santa Claus, Batman, Clown, Polizist, das ist der Mann mit den großen Augen, von dem ich dir erzählt habe, Mami, er kommt in der Nacht ins Zimmer. Und Mami, wir gehen durchs Fenster hinaus, und wir gehen hinauf ins blaue Licht, und wir kamen in diesen Raum, und ich sah dich auch oben in diesem Raum, Mami. Du warst auf einem Tisch, und du hattest keine Kleider an.«

Abgesehen davon, daß die anwesende Mutter von dieser Aussage schockiert war, ist die Ähnlichkeit mit klassischen Entführungsgeschichten nicht von der Hand zu weisen. Der Dreieinhalbjährige sah seine eigene Mutter auf einem Untersuchungstisch liegen, während er selber im UFO war.

Viel wichtiger als die Bedeutung von Kindern als Zeugen einer Entführung ist, daß sie durch das Phänomen selbst psychische Schäden (Traumata) erleiden können.[11] Gleich wie bei Opfern von Kindesmißhandlungen oder Unfällen muß die Aufgabe von Psychologen und Therapeuten in erster Linie darin bestehen, den Betroffenen zu helfen. Erst dann kann vielleicht daran gedacht werden, Informationen für Forschungszwecke zu erhalten.

4 *Anatomie einer Entführung*

Nachdem wir uns damit beschäftigt haben, welche Probleme bei der Datensammlung von UFO-Forschern zu bewältigen sind, wollen wir uns in diesem Abschnitt detailliert mit den Ergebnissen dieser Bemühungen auseinandersetzen. Als erstes scheint die Frage interessant zu sein, wie viele Entführungsfälle es bisher etwa gegeben und wie viele man davon schon einer genauen Analyse unterzogen hat. Dan Wright hat seit dem Beginn einer MUFON-Initiative zur Auswertung und Analyse von Abduktionsberichten etwa 95 individuelle Berichte gesammelt.[12, 13] Dabei wurden alle wichtigen Faktoren einer Entführung wie Ort, Zeit usw. ermittelt und statistisch ausgewertet. Der Forscher Dr. David Webb hat zusammen mit seinem Kollegen Ted Bloecher begonnen, CE3-UFO-Begegnungen in einer elektronischen Datenbank, genannt HUMCAT, zu sammeln. Bis heute hat er rund 2500 Fälle dort abgespeichert, nicht alle davon jedoch sind Entführungen. Webb teilt die CE3-Erlebnisse in mehrere verschiedene Klassen ein, von der einfachen Sichtung bis hin zu den Entführungen gibt es mehrere Stufen (A–G), je nach der Intensität des Kontaktes Mensch–UFO-Insasse. Die Gruppe G umfaßt die eigentlichen Entführungen, sie ist mit etwa 15 % oder 375 Fällen in der HUMCAT-Sammlung vertreten. Die Tabelle der Abbildung 15 listet die Anzahl der Fälle von 1900 bis 1980 auf. Interessanterweise hat es offensichtlich Entführungen schon vor 1950 gegeben, eine Beobachtung, die eine Theorie für die Erklärung

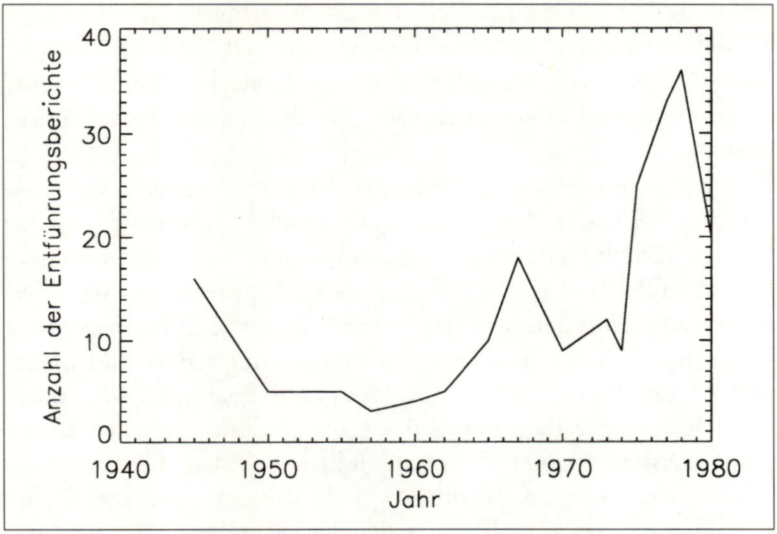

Abb. 15: Anzahl von Entführungsberichten nach Auswertungen von David Webb zwischen den Jahren 1950 und 1980. Die ansteigende Tendenz ist klar erkennbar. (Alle Berichte vor 1950 wurden als ein einziger Meßwert im Jahr 1945 in das Diagramm mit aufgenommen.)

des Phänomens berücksichtigen muß. Zu ganz ähnlichen Ergebnissen kommt auch Dr. Thomas Bullard.[14]

Übereinstimmend ist bei den Datensammlungen von Webb und Bullard, daß die Anzahl der Entführungen rapide zuzunehmen scheint. Ob dies tatsächlich ein Hinweis darauf ist, daß mehr Menschen von UFO-Insassen entführt werden, ist im Augenblick nicht zu beurteilen. Es bestehen für die Zunahme der Abduktionsberichte noch mehrere andere Möglichkeiten. Es wäre denkbar, daß sich heute nur viel mehr der Betroffenen an ihre Erlebnisse erinnern können, so als würde gleichsam wie durch einen Zeitschalter der Gedächtnisinhalt durch einen uns unbekannten Mechanismus freigegeben. Andererseits sind vielleicht auch nur immer mehr Menschen bereit, ihre Erfahrungen mitzuteilen, weil sie durch das große Medieninteresse und die ernsthaften Bemühungen einiger Fachleute dazu ermutigt worden sind. Schließlich besteht noch die Möglichkeit, daß Entführungen so etwas wie eine sich verstärkende Massenhysterie darstellen, diese Alternative wird in einem eigenen Abschnitt etwas später diskutiert.

In der Datensammlung von HUMCAT sind etwa 60 % der Fälle aus den USA, der Rest stammt aus Ländern, die rund um den Globus verteilt sind. Jenny Randles hat in ihrer Sammlung ungefähr 100 CE3 und CE4 vereint, etwa 60 davon stellen ihrer Meinung nach Entführungen dar.[15] Keith Basterfield aus Australien hat bisher 20 Fälle in seinem Heimatland registriert und untersucht.[16] Die Psychologin Gilda Moura aus Brasilien findet unter etwa 3000 UFO-Begegnungen 29, die als Entführungen eingestuft werden können.[17] Schlußendlich dürften bis heute in Deutschland etwa 25 Entführungsfälle bekannt sein. Die Wahrscheinlichkeit ist sehr hoch, daß auch in anderen Ländern das Entführungsphänomen auftritt, nur wird es dort nicht als solches erkannt, beispielsweise durch die Verwechslung mit einer spirituellen/mystischen Erfahrung.

Insgesamt gesehen dürfte sich die Anzahl der bekannten und gut untersuchten Fälle auf etwa 1500 belaufen. Absolute Zahlen können in diesem Zusammenhang nicht gegeben werden, da bisher noch kein vollständiger Versuch unternommen wurde, eine umfassende Statistik zu erstellen.[18] Berichten mehr Männer oder mehr Frauen davon, entführt worden zu sein? Die derzeitigen Erkenntnisse weisen darauf hin, daß die Häufigkeitsverteilung unter den Geschlechtern variieren kann. In den USA stellen Frauen etwa zwei Drittel bis drei Viertel der Entführten, in anderen Ländern kann sich das Verhältnis wesentlich von diesen Werten unterscheiden. Die Abbildung 16 gibt die Auswertung des Forschers Richard Hall wieder.[19] Die Fallstudien von Prof. David Jacobs scheinen zu bestätigen, daß in den USA mehr Frauen als Männer vom Abduktionsphänomen berichten.[20] Ob diese Tendenz eine wirkliche Verteilung der Häufigkeiten darstellt oder auf soziale/psychologische Effekte zurückführbar ist, läßt sich derzeit noch nicht feststellen. Vielleicht liegt der Grund einfach nur darin, daß Frauen über ihre Probleme offener und leichter reden können als Männer. Wir können uns nun auf den eigentlichen Entführungsvorgang, soweit dieser in ein Schema gebracht werden kann, konzentrieren.

Wie zu vermuten war, treten etwa 80 % der Entführungen in der Nacht auf. Der Grund dürfte darin liegen, daß die »Täter« im Dunkeln wesentlich unbehinderter arbeiten können als bei Tageslicht. Eine andere Erklärungsmöglichkeit wäre darin zu suchen, daß das Phänomen mit Träumen oder anderen psychologischen Mechanismen in Zusammenhang gebracht werden kann, die vermehrt in der Nacht auftreten. Man denke nur an die Bilder und Eindrücke, die vermehrt in der Phase kurz vor dem Einschlafen im Gehirn produziert werden. Jenny Randles kommt in einer Untersuchung auf ähnliche Zahlen, ihre Erkenntnisse sind in Abbildung 17 dargestellt. Es ist hier nicht weiter verwunderlich, daß die meisten Entführten auch direkt aus ihren Schlafräumen »geholt« werden, Entführungen direkt im Freien folgen an zweiter Stelle, und Fahrzeuge als Orte des seltsamen Geschehens treten am seltensten auf.[18]

Die Dauer des typischen Abduktionserlebnisses kann von mehreren Minuten bis zu mehreren Stunden reichen (es gibt auch Ausnahmen wie etwa Travis Walton, der für mehrere Tage nachweislich verschwunden war).[1] Die Betroffenen berichten üblicherweise davon, daß ihre Erfahrungen etwa ein bis zwei Stunden dauern. Diese Erkenntnis steht leicht im Widerspruch zu den

Land	Anzahl der Berichte	Männer	Frauen
Australien	25	40%	60%
England	43	47%	53%
Brasilien	28	75%	25%
USA	43	28%	72%

Abb. 16: Nicht in jeder geographischen Region gibt es gleich viele Entführungsberichte von Männern und Frauen.

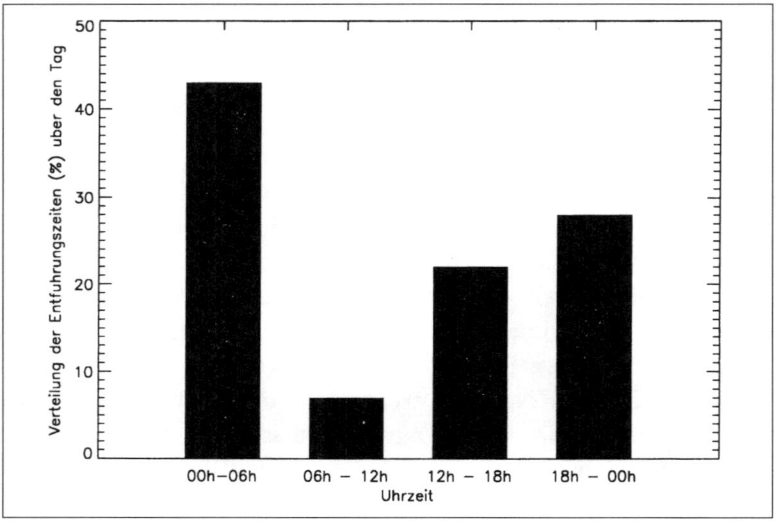

Abb. 17: Die Verteilung von Entführungserlebnissen über die Tageszeiten. Bei weitem die meisten Ereignisse finden in der Nacht statt.

oben erwähnten psychologischen Mechanismen, die beim Einschlafen eine Rolle spielen, denn diese Phasen dauern immer nur wenige Minuten. Es ist hier jedoch zu berücksichtigen, daß die angegebene Dauer einer Entführung meistens nur eine subjektive Einschätzung der Abduzierten darstellt und deshalb als sehr ungenau einzuschätzen ist. Ausnahmen stellen natürlich Erlebnisse dar, bei denen die »fehlende Zeit« zufällig sehr genau festgestellt worden ist.

Nachdem die unabhängige Bestätigung eines Berichtes immer noch von anderen Beteiligten stammt, ist es interessant, festzustellen, ob es auch Entführungsfälle mit mehreren Zeugen gibt. Aus der Studie von Bullard geht zwar hervor, daß etwa 90 % der Personen nur alleine entführt werden, es hat aber jeder der befragten Forscher Fälle in seinem Archiv, die zwei oder mehr gleichzeitige Abduktionen beinhalten. Von den restlichen 10 % stellt der überwiegende Teil Doppel-Entführungen dar, nur ganz wenige Fälle mit Mehrfachentführungen sind bekannt.

Obwohl die Mehrheit der Betroffenen, etwa 80 bis 90 %, die »kleinen grauen Wesen« als die Hauptbeteiligten während einer Entführung nennen, werden immer wieder auch andere Erscheinungsformen gesichtet. Ungefähr 10 % der Beobachtungen teilen sich in Reptiloide, Insektenartige, Humanoide, Nordische, Exotische (Monster) und Roboter auf. Etwa 20 % der »UFO-Besatzungen« werden als gemischt zusammengesetzt beobachtet, es sind dort also mehrere verschiedene der oben genannten Typen vertreten.

Die britische UFO-Forscherin Jenny Randles hat in einer Studie die Häufigkeitsverteilungen der Wesen mit dem geographischen Ort ihres Auftretens korreliert. Die Abbildung 18 läßt erkennen, daß die Beschreibungen der Wesen ganz offensichtlich von Land zu Land unterschiedlich sind. In England werden etwa gleich viele »Humanoide« wie »Nordische« Typen berichtet, während in den USA die »kleinen Grauen« bei weitem die Mehrheit bilden. In Europa hingegen werden etwa 50 % »kleine Graue« und etwa 25 % der »Nordischen« Wesen beobachtet. Worauf diese Verteilung zurückzuführen ist, läßt sich nicht beantworten. Mögliche Erklärungen könnten in kulturellen Unterschieden liegen (dies würde eine psychologische/soziale Erklärung als Basis voraussetzen), oder es könnte sein, daß die Fremden sich ihre Arbeitsgebiete untereinander aufteilen (wenn dem Entführungsphänomen eine objektive Realität zugrunde liegen würde).

Der UFO-Forscher Dan Wright ist mit seinem *Abduction Tran-*

Region	menschenähnlich	nordisch	kleiner Grauer
England	44%	35%	12%
USA	12%	6%	73%
Europa	15%	25%	48%

Abb. 18: Nicht in jedem Land werden die »Entführer« gleich beschrieben. Die obige Tabelle gibt die Häufigkeitsverteilung der verschiedenen Morphologien für einige geographische Regionen wieder (nur die wichtigsten Typen sind angeführt).

scription Project im Begriff, eine umfassende Statistik der bekannten Abduktionsfälle zu erstellen. Abbildung 19 zeigt eine Auswertung seiner Datenbank bezüglich der (Haut)Farbe der Wesen. Mit überwiegender Mehrheit werden die Entführer als grau oder weiß bezeichnet, nur etwa 5 % der Berichte sprechen von grünen Erdbesuchern. Sie sind, wiederum nach der Studie von Bullard, meistens in enganliegende, uniformartige Overalls gekleidet oder scheinen gar keine Kleidung zu tragen. Zwischen dem Zeitpunkt, an dem die Betroffenen von den Wesen »abgeholt« und wieder zurückgebracht werden, erleben sie die unterschiedlichsten Dinge. Etwa 80 % der Zeugen berichten von Untersuchungen medizinischer/psychologischer Art. In etwa 10 % der Fälle haben die Abduzierten Erlebnisse mit dem sogenannten »Kleinkind-Motiv«. Es handelt sich dabei um Begegnungen mit Babys oder hybriden Kindern (eine Mischung aus Mensch und Fremdem), jeweils im Beisein der Entführer.[1] Etwa 20 % der Zeugen werden in eine Art Konferenzraum geführt, um dort Lektionen oder Unterweisungen zu erhalten. Der Zweck dieser Übungen ist nicht bekannt. Während dieser Aktivitäten oder manchmal auch zu einem anderen Zeitpunkt kommunizieren die Wesen mit den Entführten.

Das Diagramm von Abbildung 20 zeigt, mit welcher relativen Häufigkeit verschiedene Kommunikationsmethoden angewandt

Hautfarbe	Anzahl der Beobachtungen
Grau, Grau-Weiß	38
Weiß	19
Dunkel (Schwarz)	18
Fleischfarben	10
Blau, Blaugrau	8
Grün, Graugrün	7
Gelb	1

Abb. 19: Die typische Hautfarbe der »Entführer«, so wie sie von den Abduzierten beschrieben wird. Die Daten stammen vom Abduction Transcription Project *von Dan Wright.*

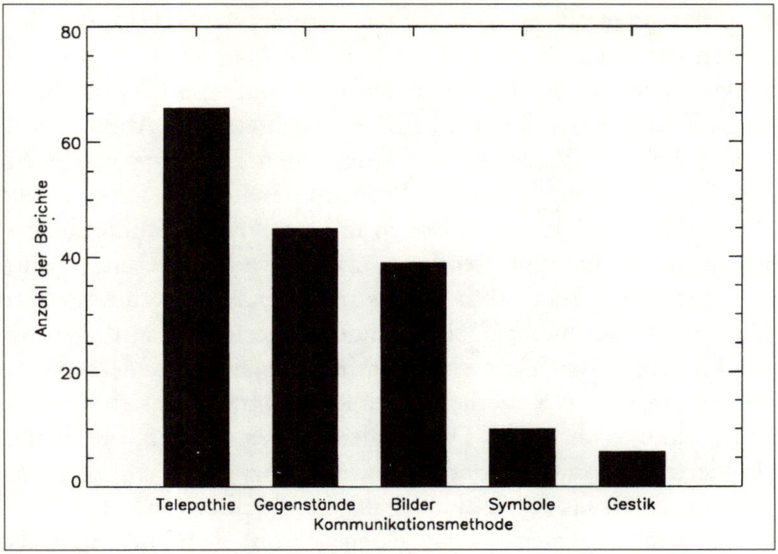

Abb. 20: Die verschiedenen von den Entführern verwendeten Kommunikationsmethoden. Mehrfachnennungen sind bei dieser Auswertung möglich, daher ergibt die Summe mehr als 100 %. Die Kategorie Objekte *faßt alle Berichte zusammen, in denen die Entführten Gegenstände zu sehen bekamen oder einen Rundgang durch das UFO machen durften.*

werden (nach der Studie von Dan Wright). Bilder oder »Filme« scheinen die am meisten benutzten Methoden zu sein, dies liegt wahrscheinlich daran, daß der menschliche Geist am besten mit visueller Information umgehen kann (der Mensch ist ein »Augentier«). Nachdem alle Aktivitäten des eigentlichen Entführungserlebnisses abgeschlossen sind, werden die Personen wieder an ihren Ursprungsort zurückgeführt. Die wenigen indirekten Hinweise, wie fehlende Zeit oder manchmal kleine Narben an bestimmten Körperstellen, sind die einzigen Hinweise auf ein ungewöhnliches Erlebnis. Dan Wright konnte in seiner Studie bestimmen, mit welcher Häufigkeit bestimmte Nacheffekte einer Entführung auftreten. Von 95 Individuen bemerkten 29, also 30 %,

Beeinflussungen ihres körperlichen Befindens. Bei 37 % der Befragten trat Nasenbluten auf, 34 % hatten Narben, 17 % spürten Kopfschmerzen und 11 % erlebten nach einer Entführung Heilungseffekte. In den letzteren Fällen berichteten die Abduzierten davon, daß die Wesen einen chirurgischen Eingriff vornahmen oder ein ernstes medizinisches Problem beseitigten.

Obwohl die Anzahl der Personen in Dan Wrights Studie sicherlich nicht für eine umfassende repräsentative Auswertung reicht, sind doch die erkennbaren Trends in seiner Analyse interessant. Was ist der Sinn dieser doch relativ detaillierten Quantifizierung der Einzelkomponenten einer Entführung, insbesondere dann, wenn niemand mit Sicherheit sagen kann, um was es sich bei diesem Phänomen handelt? Die vergleichenden Studien, bei denen Hunderte Fälle miteinander in Zusammenhang gebracht werden, erlauben einerseits Rückschlüsse auf den Realitätsstatus des Phämomens im allgemeinen. Sie geben sowohl den Forschern als auch den interessierten Laien den Rückhalt und einigermaßen das Vertrauen, nicht hinter einem Phantom herzujagen. Denn obwohl jede einzelne Abduktion ihre speziellen Charakteristika in bezug auf den Entführten aufweist (dies umfaßt die persönlichen Empfindungen des einzelnen als auch dessen Erfahrungen mit den fremden Wesen), ist es die Ähnlichkeit in vielen Aspekten der Berichte, welche auf einen tatsächlichen Vorgang und nicht auf ein Phantasieprodukt von UFO-Gläubigen hinweist.

Für die Klärung der Frage, was die Abduktionsberichte wirklich bedeuten, muß jedes noch so kleine Detail beachtet werden, gleich wie bei der Auflösung eines Kriminalfalles. Mit Hilfe detaillierter Studien kann man nicht nur Schlüsse aus den Entführungen selbst ziehen, sondern auch feststellen, ob die untersuchenden Wissenschaftler selbst einen Einfluß auf die Ergebnisse haben. (Als Beispiel dazu wurde im vorigen Abschnitt schon der Einfluß der Hypnotiseure auf die Erzählungen der Subjekte untersucht.) Wir können aufgrund vorläufiger Ergebnisse zwar nicht erkennen, was Entführungen wirklich sind, wir können jedoch immerhin mit einigermaßen großer Sicherheit feststellen, was sie nicht sind. Darum werden wir uns im nächsten Abschnitt dieses Kapitels kümmern.

5 *Erklärungsversuche*

Die große Frage nach dem Ursprung, der Quelle für die Entführungsberichte kann bis heute nicht einmal auch nur ansatzweise beantwortet werden. Die Komplexität des menschlichen Geistes erlaubt keine einfachen Erklärungen für ein Phänomen, dessen Tiefe wir noch nicht einmal abschätzen können. Es tauchen immer wieder neue Aspekte in den Abduktionsberichten auf, die unser Verständnis für diese Vorgänge zwar einerseits zu erweitern scheinen, andererseits aber mindestens ebenso viele Fragen aufwerfen. Einige dieser Aspekte betreffen die Rolle des Militärs im Zusammenhang mit Entführten, eine andere Richtung betrifft parapsychologische Erfahrungen, die viele Entführte zu haben scheinen. Dennoch, Fachleute auf der ganzen Welt versuchen sich an einer Auflösung des Rätsels. Wir wollen an dieser Stelle einen Überblick darüber geben, welche realistischen Erklärungsmodelle es bisher gibt bzw. was dafür spricht, daß Entführungen tatsächlich so stattfinden, wie es von den Zeugen behauptet wird. Eine vernünftige Theorie der Entführungen muß für folgende Punkte plausible Antworten geben können:

1. Die Kongruenz der Entführungsgeschichten untereinander. Die betroffenen Personen berichten in verblüffender Übereinstimmung von Untersuchungen und Vorgängen an Bord von UFOs. Darunter sind auch Details, die in der Öffentlichkeit nicht bekannt sind (von den UFO-Forschern geheimgehalten), die also die Abduzierten nicht von einer fremden Quelle erhalten haben können.
2. Physikalische Beweise, dazu zählen Narben ebenso wie Implantate.
3. Entführungsberichte von Kleinkindern.

4. Die Häufung von UFO-Sichtungen in der Umgebung und zu der Zeit, in der eine Entführung stattgefunden hat.
5. Belege dafür, daß Entführte tatsächlich für eine gewisse Zeitspanne abwesend sind, beispielsweise der Fall von Travis Walton.[1]

An erster Stelle gilt es einmal zu hinterfragen, welche Gründe die Abduzierten haben könnten, ihre Geschichten zu erzählen. Das heißt, es gilt festzustellen, ob diese Personen sich irgendwie von ihren Mitmenschen (dem Rest der Bevölkerung) unterscheiden und vielleicht sogar krank sind. So meinen einige Psychologen, daß UFO-Sichtungen nur von Personen herrühren, die sich selbst als minderwertig empfinden, daher frustriert sind und sich selbst negativ gegenüberstehen.[21] Dagegen spricht aber, daß viele der Entführten aus hohen gesellschaftlichen Schichten stammen, also kaum von diesem Symptom betroffen sein können. Die Ergebnisse von einigen psychologischen Studien zeigen deutlich, daß generell zwischen dem Gesundheitszustand von Personen mit Abduktionsberichten und dem Rest der Bevölkerung kein Unterschied besteht.

Nicholas Spanos hat mit drei anderen Fachkollegen zu diesem Thema eine wissenschaftliche Arbeit im *Journal of Abnormal Psychology* veröffentlicht.[22] Es ging dabei um einen exakten Vergleich zwischen Personen, die behaupteten, eine UFO-Nahbegegnung erlebt zu haben, und zwei Vergleichsgruppen von Personen, die noch nie eine UFO-Sichtung gehabt hatten. Die Personen der ersten Vergleichsgruppe wurden durch Zeitungsanzeigen gefunden, die Vertreter der zweiten Gruppe waren Psychologie-Studenten, die sich freiwillig für einen Persönlichkeitstest gemeldet hatten (also gar nicht genau wußten, zu welchem Zweck der Test gemacht wurde). Alle Personen wurden einer Vielzahl von Tests unterworfen, welche unter anderem die psychische Gesundheit, Intelligenz, Vorstellungskraft und Hypnotisierbarkeit überprüfen sollten. Das Ergebnis der Fachleute von Nicholas Spanos' Arbeitsgruppe ist relativ eindeutig. Die Forscher kommen zu dem Schluß, daß die Gruppe der Personen mit

Bezug zum UFO-Phänomen in keinem der Tests schlechter abgeschnitten hat als die Vergleichsgruppe. Im Gegenteil, die Bewertungen für die psychische Gesundheit fielen teilweise sogar besser aus als beim Rest. Eines der Resümees von Spanos lautet: »Kurz gesagt, diese Ergebnisse liefern keinerlei Unterstützung für die Hypothese, daß Personen mit UFO-Sichtungen psychologisch gestört sind.« [22]
Die beiden Wissenschaftler Kenneth Ring und Christopher Rosing von der psychologischen Abteilung der Universität Connecticut bestätigen die Testergebnisse von Nicholas Spanos durch eigene Untersuchungen. Nach Auswertung der Fragebögen von 264 Individuen (davon 97 Personen mit UFO-Begegnungen, 39 Personen, die an UFOs interessiert sind, 74 Personen, die eine Nahtod-Erfahrung durchgemacht hatten, und 54, die an solchen Erfahrungen interessiert waren) kamen Ring und Rosing zu dem Schluß, daß die Gruppe der Menschen mit den UFO-Entführungserlebnissen psychologisch nicht vom Rest der Befragten abwich. Was die beiden Psychologen jedoch feststellten, war, daß diejenigen Personen mit einem UFO-Erlebnis generell sensitiver für Erlebnisse übernatürlicher Art waren und eine höhere Rate von Fällen mit Kindesmißbrauch aufwiesen als die Vergleichsgruppe.[23]
Als Zusammenfassung ihrer Untersuchung meinen die beiden Forscher, daß wahrscheinlich nicht jeder sofort von einer UFO-Begegnung berichten wird, sondern daß sich die Betroffenen in einigen Merkmalen vom Bevölkerungsdurchschnitt abheben. Dabei stellt sich jedoch die Frage, ob diese Unterschiede der Auslöser für die Abduktionsberichte waren oder ob die Entführungen erst diese Abweichungen erzeugt haben (unter der Annahme, daß den Berichten eine materielle Realität zugrunde liegt). Gedanken über die psychologischen Aspekte des Entführungsphänomens haben sich auch Experten der deutschen MUFON-CES gemacht. Sechs Zeugen, die behaupteten, Abduktionen mitgemacht zu haben, wurden vom Psychologen Siegfried Streubel mittels des sogenannten Rorschachtests untersucht.[24]

Mit dieser Testmethode läßt sich ermitteln, ob Personen in der Vergangenheit einen schweren Schock, ausgelöst durch ein externes Ereignis, erlebt haben. Von den sechs Zeugen wurde eine Person als schizophren erkannt, es war also möglich, zwischen Gesunden und geistig Erkrankten zu trennen. Das Ergebnis des Rorschachtests bei den restlichen fünf Personen ist eindeutig. Streubel hat bei den psychologischen Profilen der Abduzierten eine signifikante Abweichung vom Profil einer Normalperson feststellen können. Mit anderen Worten, die Entführten zeigten Symptome eines traumatischen Erlebnisses, das mit ihrer UFO-Begegnung in Zusammenhang steht. Es war also möglich, festzustellen, daß etwas mit den Personen passiert ist, aber es läßt sich keine Aussage darüber machen, ob das traumatisierende Ereignis nur für das subjektive Empfinden der Personen stattgefunden hat (man könnte sagen, eingebildet war) oder tatsächlich auf realen Begebenheiten basiert.

Interessant ist, daß die Person mit Schizophrenie sich signifikant von den fünf Abduzierten unterschied. Es war daher möglich, eindeutig zwischen nicht Abduzierten, der geistig erkrankten Person und den abduzierten Personen mit dem Rorschachtest zu unterscheiden. In seiner Schlußfolgerung empfiehlt Streubel den Test als eine der Möglichkeiten, zwischen Personen mit Entführungserlebnissen und Schwindlern differenzieren zu können. Es ist an dieser Stelle vielleicht auch interessant, festzustellen, welche Unterschiede zwischen einer klassischen Entführungsgeschichte und einer künstlichen, erfundenen Geschichte bestehen. Die britische UFO-Forscherin Jenny Randles berichtet darüber in einem ihrer Vorträge am MIT. In einer kleinen Studie mit neun weiblichen und elf männlichen Testpersonen versuchte sie herauszufinden, wie sich jemand eine Entführung vorstellen würde, der bisher keinerlei Kontakt mit dem UFO-Phänomen gehabt hat. Das Ergebnis dieses kleinen Tests ist beinahe schon vorherzusehen. Die Geschichten der 20 Personen sind untereinander so verschieden, wie man es bei Menschen mit normal ausgeprägter Phantasie erwarten würde. Insbesondere bei den Erzählungen über die Vorgänge im UFO selbst berichtete *keine* der Testpersonen von medizinischen Untersuchungen!

Die amerikanische Psychologin Dr. Rima Laibow, die sich in ihrer klinischen Praxis schon seit Jahren mit dem PTSS beschäftigt und einige Erfahrung mit Abduzierten aufzuweisen hat, kommt sogar zu noch brisanteren Schlußfolgerungen.[25] Sie weist darauf hin, daß das PTSS nach der Definition des offiziellen Handbuches für Diagnose und Statistik (DSM III) unbedingt mit einem erlebten, realen Trauma verbunden sein muß. (Anders gesagt, ohne externes Ereignis tritt PTSS nicht auf.) Beispiele für solche traumatischen Erlebnisse wären etwa Mordattacken, sehr schwere Unfälle oder Kriegsereignisse. Dr. Rima Laibow, und nicht nur sie alleine, hat aber festgestellt, daß PTSS nun auch bei angeblich Abduzierten auftritt, im Widerspruch zur gängigen Lehrmeinung. So wie schon Siegfried Streubel in seinen Tests belegen konnte, leiden die Personen, die behaupten, entführt worden zu sein, an den Nachwirkungen ihrer (von der Ursache her) unbekannten Erlebnisse. Manche der Betroffenen haben Schlafprobleme oder sogar körperliche Erkrankungen als Resultat der Entführungen. Auch im Mechanismus, wie diese Entführungstraumata von den Betroffenen bewältigt werden, sieht sie ein starkes Argument für objektive Vorgänge.

Aus der Schule der Therapie ist bekannt, daß die Schäden, die ein externes Trauma in der Psyche einer Person anrichten kann, durch das Aufarbeiten und Nachvollziehen der Geschehnisse wieder in Ordnung gebracht werden können. Das Opfer einer Vergewaltigung kann seine Ängste vor der Dunkelheit zum Beispiel dadurch bewältigen, daß es mit dem Therapeuten in der Sicherheit der Praxis seine Erlebnisse noch einmal bespricht. Hingegen ist das bei Ängsten, die durch innere Ursachen entstehen, völlig anders gelagert. Ein Kind, das vor der Dunkelheit Angst hat, kann nicht einfach dadurch geheilt werden, daß es dem Therapeuten erzählt, sich im Dunkeln vor bösen Monstern zu fürchten. Hier muß der Psychotherapeut statt dessen hinter die *Symbolik* der bösen Monster schauen und die inneren Ursachen für die Ängste des Kindes in dessen Unterbewußtsein suchen.

Dr. Rima Laibow belegt, daß PTSS, welches durch angebliche Entführungen hervorgerufen wird, von der Behandlung her mit normalem PTSS (also dem ersten der gerade beschriebenen Mechanismen) vergleichbar ist. Es sieht also wieder so aus, als ob das Entführungsphänomen von einem externen Ereignis zu stammen scheint und nicht als subjektives Erlebnis gedeutet werden kann. Es gibt damit relativ deutliche Hinweise darauf, in welcher Richtung wir eine Erklärung für das Entführungsphänomen vielleicht finden können. Tatsächlich scheint es so, daß wir es mit *real* stattfindenden Ereignissen zu tun haben könnten. Dennoch muß jeder andere Hinweis auf eine Aufklärung des Rätsels ernst genommen werden.

Wie wir schon eingangs erwähnt haben, ist die menschliche Psyche einfach zu komplex und undurchschaubar, als daß uns eine Erklärung leichtfallen würde. Einen Versuch, die Abduktionsberichte als Phantasieprodukte von Personen mit einem bestimmten psychologischen Profil zu erklären, hat der UFO-Forscher Keith Basterfield unternommen. Er hat den Begriff der »Fantasy Prone Personality (FPP)« zusammen mit Robert Bartholomew 1988 als erster im Zusammenhang mit Entführungsberichten genannt. Von vielen der Zweifler wurde die Arbeit von Basterfield als die Lösung für das Entführungsrätsel hochgehalten.

Anfang der 80er Jahre entdeckten die amerikanischen Psychologen Theodore Barber und Sheryl Wilson einen neuen Persönlichkeitstyp, den sie FPP nannten. Es handelt sich dabei um Personen (in der entsprechenden Studie waren nur Frauen vertreten) mit ganz bestimmten Erlebnissen bzw. psychologischen Eigenschaften (wir nennen hier nur einige): Alle waren ausgezeichnet hypnotisierbar, 60 % berichteten von Scheinschwangerschaften, 65 % hatten ausgeprägte Phantasiebilder, die sie für echt hielten, die meisten von ihnen glaubten als Kinder an Feen und andere Fabelwesen, 73 % berichteten davon, schon einmal Geister gesehen zu haben. Die Forschungsergebnisse anderer Psychologen lassen darauf schließen, daß ungefähr 4 % der amerikanischen Bevölkerung Ähnlichkeiten mit diesem Persönlichkeitstyp aufweisen. Keith Basterfield erkannte nun in seiner Arbeit aus dem Jahr 1988 einige sehr starke Korrespondenzen zwischen den klassischen FPP-Typen und den Personen, die von Entführungen sprachen. Unter anderem sind auch Entführungsopfer ausgezeichnet hypnotisierbar (eine Eigenschaft, die nur auf einen kleinen Teil der Bevölkerung zutrifft), es gibt Berichte von falschen Schwangerschaften, und den Betroffenen erscheinen ihre Erlebnisse ebenfalls als äußerst real.

Nachdem Basterfield weitere Untersuchungen vorgenommen hatte, war ihm klar, daß die Entführungsopfer keinesfalls psychisch erkrankt waren,[26] er stellte jedoch auch fest, daß die meisten der von ihm untersuchten Individuen mindestens eine der Eigenschaften aufwiesen, die typisch für FPP sind. Er ermutigte daraufhin die UFO-Forscher, weiteres Datenmaterial zu sammeln und die Hypothese zu untersuchen, ob die Entführungsberichte auf FPP zurückzuführen sind, also nur reine Phantasiegebilde darstellen. Das war das erste Mal, daß eine fundierte, falsifizierbare, wissenschaftliche Hypothese für das Entführungsphänomen entwickelt war. Einige Forscher lehnten die Hypothese von vornherein ab, andere (vor allem die Skeptiker) sahen daraufhin endlich ein Licht am Ende des Tunnels. Nur wenige machten sich wirklich daran, in Basterfields Hypothese Arbeit zu investieren. Darunter waren auch Kenneth Ring und Christopher Rosing. Sie stellten allerdings fest, daß die FPP-Hypothese auf UFO-Entführungsopfer *nicht* zutraf, obwohl sich diese Gruppe von Personen vom Rest der Bevölkerung unterschied.[26]

Eine zweite Studie vom *Allen Hynek Center For UFO Studies* (CUFOS) kam zu dem selben Resultat.[27] Damit mußte Keith Basterfield seine FPP-Hypothese als gescheitert ansehen. Obwohl dieses Faktum inzwischen in mehreren Fachzeitschriften veröffentlicht wurde, geistert die FPP-Erklärung immer noch in den Theorien einiger Skeptiker umher. Wir müssen damit im Augenblick jedoch die unbefriedigende Situation akzeptieren, daß es derzeit keinen vernünftigen bekannten psychologischen Mechanismus gibt, der das Entführungsphänomen als subjektives Erleben (vergleichbar mit Halluzinationen) erklären kann. Im Gegenteil, viele der heutigen Erkenntnisse sprechen für die reale objektive Existenz der Entführungserlebnisse. So versuchen wir uns trotzdem noch einmal daran, Entführungserlebnisse auf herkömmliche Weise zu erklären. In der Fachliteratur werden immer wieder herkömmliche Alternativen zum UFO-Szenario entwickelt, und wir wollen uns an dieser Stelle zwei Überlegungen genauer ansehen.

Manchmal werden von einigen Zweiflern und Skeptikern die Entführungsgeschichten als sogenannte »Massenhysterien« bezeichnet. Ausgelöst durch Reportagen in den Medien sollen viele Menschen panisch mit dem bekannten Entführungssyndrom auf die vermeintliche »Gefahr aus dem Weltraum« reagieren. Es gibt in der Geschichte der Sozialpsychologie und Soziologie einige gut untersuchte Fallbeispiele, die unter die Kategorie »Massenhysterie« einzuordnen sind. Streng genommen unterscheidet man jedoch zwei verschiedene Klassen von Massen-Phänomenen. Die eine krankhafte und bedeutendere Form stellt eine Art Massenpsychose (MP) dar, die andere Form wird als Massen-Täuschung bezeichnet.

In einer Episode, die 1968 stattfand, glaubten 59 Frauen einer Fabrik mit 62 Angestellten, daß sie von kleinen Insekten gestochen würden. Die sollten sich in den Textilien, die in der Fabrik hergestellt worden waren, befinden. Die Aufregung dauerte einige Tage, die Betroffenen klagten über Hautreizungen, Kopfschmerzen und einige andere körperliche Beeinträchtigungen. Obwohl kein objektiver Beweis für das Vorhandensein der Insekten gefunden wurde, beharrten die Frauen auf ihrer Vorstellung. Allgemein werden einige charakteristische Merkmale für die Umstände anerkannt, unter denen eine Massen-Psychose bzw. -Hysterie auftreten kann bzw. die eine solche kennzeichnen:

1. Die Symptome der MP sind häufig Ohnmacht, Übelkeit, Hautausschläge oder Kopfschmerzen. In den meisten Fällen treten diese Erscheinungen in Kombination auf.

2. Die betroffenen Personen befinden sich alle im gleichen Umfeld, beispielsweise in einer Fabrikhalle, im Großraumbüro.
3. Die MP tritt bei Personen auf, die Routinearbeiten erledigen, ohne die Möglichkeit, aus ihrem Arbeitskreislauf auszubrechen.
4. Die meisten Betroffenen sind weiblich.
5. Das MP-Phänomen dauert selten länger als einige Wochen, danach ebbt die Hysterie ab, und die Zustände normalisieren sich wieder.
6. Das MP-Syndrom nimmt sich eine allgemein bekannte Gefahr zum Anlaß, beispielsweise Gas, Umweltgifte oder Insekten.
7. Personen, die sozialen Streß erleben, sind für MP anfällig.
8. Das MP-Syndrom verbreitet sich am schnellsten unter Personen, die sich sehr gut kennen (Freunde, Kollegen am Arbeitsplatz).[28]

Die Betrachtung der acht gerade erwähnten Punkte macht es offensichtlich, daß es sich beim Entführungsphänomen sehr wahrscheinlich nicht um eine Massenhysterie handeln kann. Die notwendigen Umstände für MP und die tatsächlichen Verhältnisse des Entführungsszenarios sind einfach zu verschieden, um auch nur grob in Einklang gebracht werden zu können.

Der zweite Erklärungsversuch basiert auf etwas exotischeren Annahmen als die MP-Hypothese. Der UFO-Forscher Albert Budden versucht, alle übernatürlichen Phänomene inklusive der Entführungen durch die um sich greifende elektromagnetische Umweltverschmutzung zu erklären.[29] Elektrische Anlagen in Häusern, Starkstromleitungen, Fernsehsender, alle diese technischen Einrichtungen verstrahlen die Umgebung menschlicher Behausungen. Nach der Meinung von Budden reagieren sensible Personen auf diese Felder mit allergischen Symptomen. Dabei kann es sich um rein körperliche Auswirkungen wie Ausschläge, Migräne oder Asthma handeln, oder es treten, wie gesagt, psychologische Erscheinungen in den Vordergrund. Albert Budden findet Erklärungen für alle Phänomene, die der herkömmlichen Wissenschaft Kopfzerbrechen bereiten. Poltergeistphänomene finden ebenso wie Erdlichter und UFOs am Tageshimmel einen Platz in seiner Theorie. Obwohl heute der Einfluß von starken elektromagnetischen Feldern auf Lebewesen allgemein akzeptiert wird, scheinen die Überlegungen von Budden doch etwas weit hergeholt. Die angesprochenen Phänomene scheinen einfach zu komplex, um rein durch »allergische« Reaktionen im weitesten Sinne hervorgerufen zu werden.

In diesem Abschnitt des Buches wurde ein breiter Überblick darüber vermittelt, welche verschiedenen Meinungen und Erkenntnisse es derzeit über den Ursprung des Entführungsphänomens gibt. Trotz aller Versuche bleibt das Rätsel ungelöst, es bietet sich neben der schon bekannten UFO-Theorie momentan keine weitere plausible Möglichkeit einer Erklärung dieses komplexen Phänomens an.

IV

Die Schattenseite des UFO-Phänomens

»Die Beobachtung eines großen ovalen Objektes über diesem Gebiet war kein Einzelfall. Ebensowenig war es der Zusammenhang zwischen der Sichtung und den ungeklärten physikalischen und physiologischen Effekten inklusive der tragischen Folgen für die Zeugen. Bis jetzt ist die UFO-Literatur über solche Vorfälle zum größten Teil schweigsam, da sie von den Skeptikern und auch den UFO-Gläubigen bestritten werden.«

Dr. Jacques Vallée, Astronom und Informatiker, über UFO-Nahbegegnungen der 5. Art

1 *UFO-Nahbegegnungen der 5. Art*

Von Nahbegegnungen der 5. Art spricht man, wenn das mit dem UFO oder seiner Besatzung in Berührung kommende Lebewesen Schäden wie unerklärliche Narben, Verbrennungen, Verstrahlungen oder sogar tödliche Verletzungen erlitten hat.[1] Diese unangenehmen Umstände erklären auch die Tatsache, wieso über diese Fälle in der UFO-Literatur wenig oder fast gar nichts berichtet wird. Die Skeptiker wollen diese Vorfälle ebensowenig wahrhaben wie die bedingungslos Gläubigen an die Brüder und Schwestern aus dem Weltraum. Viele Laienforscher, die sich nicht wissenschaftlich mit den Fakten des vorhandenen Phänomens auseinandersetzen, glauben, daß die UFO-Besatzungen über uns Erdenbürger wachen und uns beschützen. Dieser Glaube ist wissenschaftlich völlig unbegründet und hat soziologische Ursachen. Man könnte ihn als eine Art Selbstschutz dem Unbekannten gegenüber auffassen.

Hier können aus Platzgründen nur einige Fälle von weltweit auftretenden Nahbegegnungen der 5. Art vorgestellt werden. Vielen seriösen UFO-Forschern wird mit der Zeit jedenfalls immer bewußter, daß das UFO-Phänomen neben den Entführungen noch eine weitere unangenehme Komponente besitzt. Es sollen hier nur UFO-Begegnungen der 5. Art (FB5, MA5 und CE5) behandelt werden. Anomalien der 5. Art (AN5) wie etwa Selbstheilung, spontane Selbstentzündung oder Stigmatisierung können auf paranormale oder psychologische Ursachen zurückgeführt werden. Die Narben, die bei Begegnungen der 5. Art auftreten, haben auch nichts mit den kleinen löffelförmigen Narben oder den Schnitten, die manche Personen nach einer angeblichen UFO-Entführung vorfinden, gemeinsam. CE5-Narben werden zum Beispiel durch Verbrennungen oder Verstrahlungen einer externen Ursache hervorgerufen. Diese Ursachen können in diesem Fall eine vom UFO ausgehende Wärmequelle sein, ein

Strahl, der vom UFO auf das Opfer gerichtet wird, oder Verletzungen, Allergien und seltsame Krankheiten, die bei dem Opfer nach einer Nahbegegnung oder Entführung auftreten.

Der Mediziner Dr. Berthold E. Schwarz stieß 1966, als er mehrere UFO-Vorfälle in New Jersey, USA, untersuchte, auf einen interessanten Fall.[2] Der 22 Jahre alte Forstarbeiter Jerry H. Simonds befand sich am 16. Oktober 1966 auf einem Campingurlaub im Split Rock Reservoir in Neufundland. Als er zwischen 04:30 Uhr und 05:00 Uhr früh mit seinem Auto vom Fischen zum Lager zurückkehrte, bemerkte er, wie sein Fahrzeug in ein sehr helles orange-rotes Licht getaucht wurde. Kurz danach stellte Simonds sein Auto ab und sah aus dem Fenster. Er behauptete, daß er einen von Licht umhüllten Diskus mit einem Umfang von ungefähr acht Metern über seinem Auto schweben sah. Wenig später bekam er es mit der Angst zu tun und wollte dem Objekt mit seinem Auto entkommen. Das Objekt folgte dem Fahrzeug lautlos in Baumhöhe entlang der Straße. Danach schilderte Simonds bei seinem Gespräch mit Dr. Schwarz, daß jedesmal, wenn das Objekt über seinem Wagen schwebte, die Elektrik versagte und der Motor schließlich abstarb. Jedesmal, wenn sich das mysteriöse Flugobjekt etwas seitlich oder hinter dem Fahrzeug befand, funktionierte die Elektrik wieder, und er konnte ein Stück weiterfahren. Simonds behauptete, daß sich dieser Vorgang dreimal wiederholte. Nach ungefähr 15 Minuten ließ das UFO von ihm ab und verschwand.

Simonds fuhr danach zur Polizeistation im nahe gelegenen Newark Water Shed, Neufundland, und meldete sein Erlebnis Superintendent Thomas Byrnes. Als Simonds und ein Polizist aus dem Police Office kamen, startete das Auto plötzlich von selber, obwohl sich der Startschlüssel in der »Aus«-Position befand. Nachdem er den Startschlüssel mehrmals vor und zurück bewegte, starb der Motor wieder ab. Einige Wochen nach dem Zwischenfall explodierte der Motor und war danach nicht mehr zu reparieren. Die Polizisten, Arbeitskollegen und Bekannten von Simonds bestätigten Dr. Schwarz gegenüber, daß er nach seiner UFO-Begegnung sehr aufgeregt und erschrocken war. Dr. Schwarz fand, als er die lokalen Tageszeitungen durchsuchte, heraus, daß es am 15. Oktober 1966 in der Nähe vom Split Rock Reservoir drei weitere UFO-Beobachtungen von anderen Zeugen gab.

Einige Tage nach dieser unheimlichen Nahbegegnung der zweiten Art (MA2) stellte sich heraus, daß der Alptraum für Simonds noch nicht zu Ende war. Simonds bekam Schwächeanfälle und litt plötzlich an Gewichtsverlust. Er wurde schließlich am 17. Januar 1967 ins Montclair Community Hospital eingeliefert. Er litt an Müdigkeit, Entzündungen, Muskelschwäche, Schläfrigkeit, Fieberanfällen und Frösteln. Außerdem nahm er über 17 Kilogramm ab. Die Symptome traten zum ersten Mal kurz nach seiner angeblichen UFO-Nahbegegnung auf, hielten drei bis vier Tage an und vergingen danach wieder. Sie kehrten aber jeden darauffolgenden Monat wieder. Die Ärzte fanden keine überzeugende Erklärung für Simonds plötzlich auftretende Schwächeanfälle, nahmen aber seine UFO-Nahbegegnung ebenfalls nicht ernst, obwohl er bis zum 15. Oktober 1966 keine derartigen Beschwerden hatte. Am 19. September 1967 wurde er wieder von einem praktischen Arzt und einem Nervenarzt untersucht. Die ausgiebigen Untersuchungen der beiden Ärzte brachten wiederum keine neuen Erkenntnisse über seine Krankheit. Danach beschloß man, Simonds ins National Institute of Health für spezielle Untersuchungen einzuweisen. Dazu sollte es aber nicht mehr kommen, da die Symptome plötzlich verschwanden und Simonds wieder komplett gesund wurde. Ein Elektroenzephalogramm, das sechs Wochen nach seinem Krankenhausaufenthalt gemacht wurde, war völlig normal.

Simonds kontaktierte Dr. Schwarz am 25. Juli 1985 und teilte ihm mit, daß er seit seiner UFO-Nahbegegnung vor 20 Jahren an immer wiederkehrenden Alpträumen und Schlafproblemen litt. Dr. Schwarz führte Simonds unter Hypnose zum Zeitpunkt seiner UFO-Nahbegegnung zurück. Er erinnerte sich, wie er von mehreren humanoid aussehenden Wesen untersucht und ihm ein

Implantat in seinen Kopf eingesetzt wurde. Wie es scheint, wurde Simonds während seiner Sichtung, ähnlich wie Betty und Barny Hill oder viele andere Personen, vom Auto aus in ein UFO entführt und Untersuchungen unterzogen. Simonds' Fall ist deshalb interessant, da er alle Nahbegegnungen, angefangen von der Sichtung eines UFOs (CE1), physikalische Effekte (CE2), eine Begegnung und Entführung von fremden Wesen (CE3, CE4) und physiologische Effekte (CE5) abdeckt. Er hatte Glück im Unglück, da seine Entzündungen und körperlichen Probleme nicht dauerhaft anhielten.

Ein ähnlicher Fall ereignete sich in New South Wales, Australien.[3] Der 52jährige Frank Burke fuhr am Abend des 17. April 1981 entlang einer Straße zwischen dem Kangaroo Valley und Nowra. Nach einer Weile bemerkte er, daß ihm ein Licht folgte. Zuerst dachte Burke, daß dieses Licht von einem hinter ihm herfahrenden Auto mit eingeschaltetem Fernlicht stammte. Nachdem ihn das Licht zwei Meilen verfolgte, beschleunigte es plötzlich, hob vom Boden ab und flog über sein Fahrzeug. Ein intensives Licht schien vom Unterteil des mysteriösen Objektes, beleuchtete das Fahrzeug und das umliegende Gelände. Burke kam es vor, als ob sein Auto zu schweben begann, während er die Bergstraße entlang fuhr. Als die Straße wieder zu fallen begann, kam ihm ein anderes Fahrzeug entgegen, und das UFO flog mit sehr großer Geschwindigkeit in den nächtlichen Himmel. Burke fühlte eine enorme Wärme, als sich das Objekt über seinem Auto befand. Er bemerkte auch ein Läuten in seinen Ohren und eine schwere Verbrennung an seinem linken Unterschenkel. Ein auf dem Beifahrersitz liegender Kassettenrecorder war zerschmolzen.

Einige Tage nach seiner UFO-Nahbegegnung traten bei Burke mehrere medizinische Probleme auf. Seine Fingernägel verfärbten sich und fielen ab, er litt an Gewichtsverlust, er bekam einen Ausschlag auf seinem Unterschenkel, seine Augen wurden lichtempfindlich, er sah manchmal doppelt, sein Blutdruck begann zu steigen, sein Urin verfärbte sich, er hatte öfter Nasenbluten und

Probleme mit seinen Ohren. Außer diesen körperlichen Problemen wurde Burke auch noch nervenkrank. Pete Mazzola vom New Yorker *Scientific Bureau of Investigations* unterzog Burke einem Lügendetektor-Test, den er sehr gut bestand. Im Laufe der Jahre sind UFO-Forscher weltweit auf ähnliche Fälle wie die von Simonds und Burke gestoßen und mußten dabei feststellen, daß die physiologischen Effekte noch weit schlimmer sein können.

2 *Tony Burfield*

Der 40jährige Tony Burfield aus Bridgewater in der englischen Grafschaft Somerset bekam jedesmal schreckliche Schmerzen, wenn jemand ein Elektrogerät in seiner Nähe in Betrieb nahm. Wenn seine Frau ihren Staubsauger einschaltete, bekam er starke Kopfschmerzen und ein Gefühl, als ob ihm jemand seine Zähne aus dem Mund herausdrücken würde. Außerdem spürte Burfield zusätzlich einen metallischen Geschmack in seinem Mund, öfter ein Brennen in seinem Körper. Tony Burfield war auch gegen fast alle Nahrungsmittel allergisch und konnte sich deshalb nur mehr von Tomaten und Orangen ernähren.[4]
Tony Burfields Probleme begannen nach einem Spaziergang in der Nähe seines Hauses in den Quantock Hills im Mai 1988.[5] Ungefähr zu Mittag beobachtete er einen seltsamen dunklen Punkt am Himmel. Tony Burfield wurde nervös, als er bemerkte, daß dieser Punkt immer größer wurde und sich ihm näherte. Er behauptete, daß ein großes, von Lichtern umgebenes und mit Luken bestücktes massives Flugobjekt ungefähr 15 Meter über ihm schwebend zum Stillstand kam. Burfield glaubte, hinter einer der Luken ein Wesen erkennen zu können, das ihn beobachtete. An die darauffolgenden Ereignisse kann er sich nur mehr schwer oder in Bruchstücken erinnern. Am Ende seiner Begegnung fühlte Burfield, wie eine große Wärme durch seine Hände strömte. Er konnte aber keine Brandwunden an seinem Körper

entdecken. Tony Burfield kam es vor, als ob das ganze Ereignis nur fünf Minuten dauerte. Mitarbeiter der British UFO Research Association (BUFORA) fanden aber heraus, daß Burfield einen fehlenden Zeitabschnitt von ungefähr zwei Stunden hatte. Wie es scheint, wurde auch er in das UFO entführt, Untersuchungen unterzogen und nach etwa zwei Stunden wieder abgesetzt.
Zunächst erzählte Tony Burfield nur seiner Frau Sue von seinem unheimlichen Erlebnis in den Quantock Hills. Da er sich vor seinen Bekannten und anderen Leuten nicht lächerlich machen wollte, beschlossen sie, die Geschichte für sich zu behalten. Während der nächsten Monate begann er an schlimmen Migräneanfällen und großem Durst zu leiden. Bald danach bekam er auch schreckliche Schmerzen, wenn jemand ein Elektrogerät in seiner Nähe in Betrieb nahm. Manchmal fühlte er sich, als ob er elektrostatisch aufgeladen wäre, ein anderes Mal wieder, als ob er innerlich verbrennen würde. Seit 1990 bekam Burfield auch eine Allergie gegenüber Wasser. Er konnte seither nicht mehr in einer Badewanne baden und sich deshalb nur mehr mit einem feuchten Lappen waschen. Seine Nahrungsmittelallergie begann ebenfalls 1990. Tony verlor innerhalb von drei Jahren über 20 Kilogramm an Gewicht und wurde immer schwächer. Er verlor seine Arbeit und konnte sich nicht mehr selbständig ankleiden.[4, 5]
Seine Frau Sue mußte sich mittlerweile ganztägig um ihn kümmern. Im Oktober 1990 kontaktierte Sue das britische Verteidigungsministerium, das den Fall wiederum an die britische UFO-Forschungsorganisation BUFORA weiterleitete. Der UFO-Forscher Ken Phillips fand heraus, daß Tony Burfield an denselben Beschwerden litt wie andere Opfer von UFO-Nahbegegnungen. BUFORA und andere UFO-Forschungsorganisationen untersuchen öfter Fälle, in denen ein Opfer nach einer UFO-Nahbegegnung an brennenden Schmerzen am Körper und einem großen Durstgefühl leidet. Diese Symptome verschwinden aber üblicherweise innerhalb einiger Wochen oder Monate nach dem UFO-Zwischenfall wieder. Die anderen Symptome von Tony Burfield sind zum Glück unüblich. Tony wurde 1990 für sechs Monate in

eine psychiatrische Klinik gebracht. Dort konnte man ihm aber auch nicht helfen. Die Psychologen, Neuropsychiater und Ärzte waren ratlos und konnten Burfield nur mit schmerzstillenden Mitteln kurzzeitig behandeln. Tony selbst glaubt, daß er bei seiner UFO-Nahbegegnung radioaktiv verstrahlt wurde.
Dr. Jill Wilkinson vom National Radiological Protection Board meint, daß die Krankheit nicht auf eine radioaktive Verstrahlung zurückzuführen sei. Sie meint, daß Tony Burfield überempfindlich gegenüber nichtionisierender Strahlung sei, wie sie etwa von Elektrogeräten ausgeht. Wir kontaktierten im Frühjahr 1994 Ken Phillips, der uns mitteilte, daß es Tony Burfield mittlerweile gesundheitlich wieder besser geht. Für ihn fiel die Begegnung mit einem UFO jedenfalls nicht so glimpflich aus wie bei dem Forstarbeiter Simonds oder dem Australier Burke.

3 Der Cash-Landrum-Zwischenfall

Am frühen Abend des 29. Dezember 1980 fuhren die 51jährige Geschäftsfrau Betty Cash, ihre 57jährige Freundin und Gehilfin Vickie Landrum und deren Enkel Colby Landrum mit ihrem Auto in der Nähe von Huffman, Texas, nach Hause. Die Straße, die sie damals benützten, liegt abgelegen und wird gewöhnlich nur von Anrainern befahren. Das Gebiet ist trotz seiner Nähe zu Houston nur dünn besiedelt sowie mit Eichen und Kiefern bewaldet und mit Seen und Sümpfen durchsetzt. Nach etwa 30 Minuten bemerkte Colby ein helles Objekt, das etwa fünf Kilometer vor ihnen über den Bäumen schwebte. Als sie sich dem Flugobjekt näherten, wurde es immer größer und schwebte vor ihnen über die Straße.
Das unbekannte Flugobjekt war um ein Vielfaches größer als ein Auto und sah aus wie ein feuriger *Diamant*. Von der Unterseite des UFOs kamen in unregelmäßigen Abständen Feuerstrahlen. Zwischen den Feuerstößen ließ sich das UFO auf etwa sieben bis zehn Meter Höhe herabfallen, um dann wieder auf seine ur-

sprüngliche Höhe zu steigen. Betty stellte den Wagen ungefähr 60 Meter vor dem Objekt ab. Nachforschungen konnten nicht genau klären, ob sie den Motor ausschaltete oder ob er einfach abstarb. Danach stiegen die drei aus ihrem Fahrzeug, um sich das mysteriöse Objekt genauer anzusehen. Das UFO erleuchtete den Wald taghell. Die vier Ecken des *Diamanten* waren laut ihrer Beschreibungen nicht spitz, sondern abgestumpft. Entlang der Mittellinie befanden sich blaue Lichter, und in Intervallen waren relativ laute Piepgeräusche zu hören.[6]

Vickie Landrum, eine engagierte Christin, glaubte, wie sie selbst sagte, weder an die Existenz außerirdischen Lebens noch an UFOs. Als sie vor dem leuchtenden Objekt stand, erwartete sie den Erlöser und blickte deshalb intensiv in das strahlende Licht. Durch diesen Irrglauben erlitt sie, wie sich später herausstellte, eine schwere Schädigung des Augenlichtes. Nach einigen Minuten bekam es Colby mit der Angst zu tun und wollte wieder ins Auto. Er brachte schließlich seine Großmutter dazu, zu ihm ins Fahrzeug zu kommen. Betty Cash konnte sich von dem Geschehen nicht trennen. Sie blieb in helles Licht getaucht vor dem Auto schutzlos stehen. Die vom UFO ausgehende Hitze verbrannte Teile ihrer Haut. Selbst unter dem Ring an ihrem Finger konnte man später noch Brandspuren entdecken. Nach einigen Minuten stieg das UFO wieder höher und flog davon.[7]

Plötzlich hörten die Zeugen Geräusche, welche von mehreren Hubschraubern stammten. Tatsächlich tauchten aus allen Richtungen kommend mehrere Hubschrauber auf. Laut Betty schienen sie das UFO einkreisen zu wollen. Das UFO war jedoch innerhalb weniger Sekunden hinter den Bäumen verschwunden. Betty startete ihr Auto und fuhr auf der Straße in Richtung Dayton weiter. Nach ungefähr fünf Minuten schauten sich die drei noch einmal nach dem Objekt um und konnten es noch immer deutlich erkennen. Das Objekt erschien jetzt wie ein länglicher Lichtkegel und strahlte die umliegende Gegend inklusive der Hubschrauber an. Sie zählten 23 Hubschrauber, viele davon waren mit zwei Rotoren, vier Rädern und einem Aufbau am

Heck ausgestattet. Einige der Hubschrauber konnten später als CH-47 Chinooks identifiziert werden.[8] Die anderen waren wesentlich kleiner, dafür aber schneller, und hatten nur einen Rotor. Sobald sich das UFO und die Hubschrauber entfernt hatten, fuhren sie nach Hause.

Nachdem Betty Vickie und Colby zu Hause abgesetzt hatte, wurde ihr furchtbar übel. Innerhalb der nächsten Stunden begann sich ihre Haut wie nach einem Sonnenbrand zu röten. Ihr Hals schwoll an, und in ihrem Gesicht, auf der Kopfhaut und den Augenlidern bildeten sich Blasen, die schließlich aufplatzten. Betty befand sich am Morgen am Rande eines Komazustandes. Vickie und Colby Landrum hatten mit ähnlichen körperlichen Problemen zu kämpfen. Betty Cashs Zustand verschlechterte sich weiter. Nach drei Tagen mußte sie in ein Krankenhaus gebracht werden. Im Krankenhaus wurde Betty wie ein Verbrennungsopfer behandelt. Als ihr auch noch die Haare ausfielen, erzählte Colby einem Arzt von ihrer seltsamen Begegnung mit dem UFO. Die Behandlungen wurden erschwert, da alle drei Patienten an starken Kopfschmerzen und an Sehstörungen litten.[9]

Die drei Opfer wurden eingehend, voneinander getrennt, über ihr schreckliches Erlebnis befragt. Es ergaben sich keine Widersprüche. Alle drei beschrieben das UFO und die Hubschrauber gleich. Man fand heraus, daß es sich zum Großteil um Hubschrauber des Typs CH-47 Chinook gehandelt hatte. Als man aber bei der Flughafenverwaltung in Houston, Texas, nachfragte, erfuhr man, daß in diesem Gebiet keine Hubschrauber dieses Typs in Betrieb gewesen waren. Alle Luftwaffenstützpunkte in der Umgebung von Houston behaupteten ebenfalls, daß sie um diese Zeit keine Hubschrauber im Einsatz hatten. Als man die Straße aufsuchte, fand man Brandspuren im Asphalt, die Plastik- und Gummiteile an Betty Cashs Auto waren ebenfalls beschädigt. Interessant ist, daß Untersuchungsteams von MUFON und CUFOS herausfanden, daß Betty Cash, Vickie und Colby Landrum nicht die einzigen Zeugen waren, die das UFO und die Hubschrauber sahen. Ein dienstfreier Polizist aus Dayton sah mit seiner Frau ebenfalls viele CH-47 Hubschrauber. Als der Vorfall in der Öffentlichkeit bekannt wurde, meldeten sich weitere Zeugen bei den Untersuchungsteams, die das UFO und die Chinooks gesehen hatten. Man fand auch heraus, daß schon am Vortag Hubschrauber im Zusammenhang mit UFO-Sichtungen beobachtet wurden. Einige Monate nach dem Vorfall war Vickie Landrum bereit, sich von Dr. Leo Sprinkle von der Universität Wyoming in Hypnose versetzen zu lassen. Dr. Sprinkle fand jedoch keine Hinweise auf eine Entführung. Betty Cash ließ sich nicht hypnotisieren, da die Ärzte eine zu große Belastung für ihr Herz befürchteten.

Im Februar 1981 überstiegen die Kosten ihrer medizinischen Behandlung bereits 10 000 US-Dollar.[10] Danach bekam Betty Cash Brustkrebs. Eine darauf folgende Amputation ihrer Brust verhinderte zunächst das Schlimmste. Einige Monate später beliefen sich die Behandlungskosten der drei Opfer auf 20 Millionen US-Dollar. Betty Cash, Vickie und Colby Landrum verklagten daraufhin die amerikanische Regierung auf Schadenersatz. Es lag natürlich nahe, daß die Regierung mehr über diesen Vorfall wußte, als sie zugab, da trotz Entgegnungen Militärhubschrauber beteiligt gewesen waren. Die Anwälte von Betty Cash, Vickie und Colby Landrum begründeten ihre Forderungen mit zwei Punkten.[11]

In Punkt 1 wurde angenommen, daß sich das UFO im Besitz, in Betrieb oder in Kontrolle des Beklagten (in diesem Fall die Regierung der USA) befand. Wenn dies der Fall war, dann ist es auf die Fahrlässigkeit des Beklagten zurückzuführen, daß dieses Objekt über eine öffentliche Straße flog. Des weiteren wurden die Beklagten beschuldigt, die Kläger nicht über diese Gefahr aufgeklärt bzw. gewarnt zu haben. Das Militär hätte jedenfalls den Klägern helfen sollen, unternahm aber nichts.

In Punkt 2 wurde davon ausgegangen, daß sich das UFO nicht im Besitz, in Betrieb oder in Kontrolle des Beklagten befand. Der Anwalt Peter Gersten stellte fest, daß in diesem Fall den Klägern ebenfalls das Recht auf Schadenersatz zustünde, da die Beklagten aufgrund der Hubschrauber über die Existenz dieses Flugobjek-

UNITED STATES DISTRICT COURT
FOR THE SOUTHERN DISTRICT OF TEXAS

BETTY CASH, VICKI LANDRUM, INDIVIDUALLY
AND AS GUARDIAN AD LITEM OF
COLBY LANDRUM

Plaintiffs,	) Amended Complaint
v.	) Civil Action, File Number H-84-34
UNITED STATES OF AMERICA	)
Defendant.	)

FIRST COUNT

1. This action arises under the Federal Tort Claims Act, 28 USC 1346 (b) , 2671 et seq., as hereinafter more fully appears. Before this action was instituted, the claims set forth herein was presented to the Department of the Air Force on December 20, 1982. Final denial of these claims, by the Department of the Air Force, was issued on September 2, 1983 and this suit was commenced within six months of said denial.

2. Plaintiff Betty Cash resides at 209 48th Street, Birmingham, Alabama. Plaintiff Vicki Landrum is the grandmother of Colby Landrum and both plaintiffs reside at 506 West Clayton, Dayton, Texas within the Jurisdiction of this Court.

3. During all times herein-after mentioned, defendant owned and operated military CH-47 double rotary type helicopters and an experimental aerial device of a hazardous nature.

Abb. 21: Die von einem UFO verstrahlten Opfer Betty Cash, Vicki Landrum und Colby Landrum verklagten die amerikanische Regierung auf 20 Millionen US-Dollar Schadenersatz, da sie neben dem UFO große Militärhubschrauber des Typs CH-47 sahen.

4. On the evening of December 29, 1980 plaintiff Betty Cash was driving an automobile with two passengers, plaintiffs Vicki and Colby Landrum. At approximately 9:00 pm on FM Road 1485, 7 miles outside of New Caney, Texas, plaintiffs observed a large unconventional aerial object which was emitting a glow and flames. Plaintiff Betty Cash was forced to stop her automobile when the aerial object blocked the road. The plaintiffs exited the automobile and observed the object as it hovered at treetop level approximately 135 feet from them. The plaintiffs experienced intense and excruciating heat emanating from the object. After several minutes plaintiffs returned to the vehicle and the aerial object ascended. Plaintiffs then observed the ob ject together with many military appearing helicopters, includin several CH 47s double rotary type. The helicopters appeared to be escorting and/or safeguarding the object.

5. At all times hereinbefore mentioned defendant did not use proper care and skill in failing to warn or protect plaintif from said experimental aerial device which was clearly hazardous in nature.

6. At all times hereinbefore mentioned, defendant negligen tly, carelessly, and recklessly allowed said experimental aerial device to fly over a publicly used road and come in contact with plaintiffs.

7. Solely by reason of defendant's carelessnes and neglegence as aforesaid, plaintiff Betty Cash experienced the followi symptoms and injuries: Erythema, acute photophthalmia, impaired vision, dystrophic changes in the nails, stomach pains, nausea,

Abb. 22: Zweite Seite der Anklageschrift, in der die Nahbegegnung mit dem UFO und den CH-47 Hubschraubern beschrieben wird. In Punkt 7 werden die schweren Strahlenschäden von Betty Cash beschrieben.

vomiting, diarrhea, anorexia, loss of energy, lethergy, scarring and loss of pigmentation, excessive hair loss and hair regrowth of a different texture and cancer and removal of right breast. The extent of permanent disability is unknown at this time and the plaintiff's condition is subject to deterioration. The plaintiff has suffered and continues to suffer great pain of body and mind and incurred expenses for medical attention and hospitalization in the sum of TEN MILLION ($10,000,000.00) DOLLARS

8. The aforesaid injuries were caused soley by the defendant, its agents, servants or employees and without any negligence on the part of the plaintiff contribuing thereto.

9. If the defendant were a private person, it would be liable to the plaintiff in accordance with the law of Texas.

WHEREFORE plaintiff Betty Cash demands judgement against def dant, in the sum of TEN MILLION ($10,000,000.00) DOLLARS and costs

<u>SECOND COUNT</u>

10. Plaintiff Vicki Landrum repeats and realleges each and all of the allegations contained in paragraphs 1 through 6 as well as those contained in paragraph 9 of the First Count of this complaint with like effect as if herein fully repeated.

11. As a result of the above mentioned incident, plaintiff Vicki Landrum, experienced the following symptoms and injuries: Photophthalmia, greatly diminished vision, stomach pains, diarrhea anorexia, ulceration of the arms, scarring and loss of pigmentatio anychomadesis, hair loss and regrowth of a different texture. The extent of permanent disability is unknown at this time and the plaintiff's condition is subject to deterioration.

Abb. 23: Dritte Seite der Anklageschrift, in der die Opfer die Summe von 10 Millionen US-Dollar von ihrer Regierung fordern und weitere Schäden aufgezählt werden.

The plaintiff has suffered and continues to suffer great pain of body and mind and has incurred expenses for medical attention and hospitalization in the sum of FIVE MILLION ($5,000,000.00) DOLLAR

12. The aforesaid injuries were caused solely by the def dant, its agents, servants, or employees, and without any negligence on the part of the plaintiff contributing thereto.

WHEREFORE Plaintiff Vicki Landrum demands judgement agai defendant in the sum of FIVE MILLION ($5,000,000,00) DOLLARS, and costs.

<u>THIRD COUNT</u>

3. Plaintiff Colby Landrum repeats and realleges each and all of the allegations contained in paragraphs 1 through 6 as well as those contained in paragraph 9 of the First Count of this Complaint with like effect as if herein fully repeated.

14. As a result of the above mentioned incident plaintif Colby Landrum experienced the following symptoms and injuries: erythema, eyes swollen and watery, progressive deterioration of vision, stomach pains, diarrhea, anorexia, weight loss, and an increase in tooth decay. At the time of the incident, the plaintiff became terrified and hysterical. He suffered from nightmares for several weeks thereafter and continues to display extreme anxiety and fear at the sight of helicopters. The extent of permanent disability in unknown at this time and the plaintiff's condition is subject to deterioration. The plaintiff has suffered and continues to suffer great pain of body and of mind exacarbated by his age, and has incurred expense for medical attention and hospitalization in the sum of FIVE MILLION ($5,000,000.00) DOLLARS.

Abb. 24: Vierte Seite der Anklageschrift, in der Vicki Landrum und Colby Landrum je 5 Millionen US-Dollar von ihrer Regierung fordern und weitere Schäden aufgezählt werden.

15. The aforesaid injuries were caused solely by the defendant, its agents, servants, or employees, and without any neglegence on the part of the plaintiff contributing thereto.

WHEREFORE Plaintiff Colby Landrum demands judgement against defendant in the sum of five million dollars and costs.

Signed: ______________________
Peter A. Gersten
Attorney in Charge
27 N. Broadway
Tarrytown, N.Y. 10591
(914) 631-1100

Abb. 25: Fünfte Seite der Anklageschrift, in der Colby Landrum eine Summe von 5 Millionen US-Dollar von seiner Regierung fordert.

tes Bescheid wußten und den Klägern ebenfalls keine Warnung zukommen ließen bzw. ihnen nicht zu Hilfe kamen. Gersten folgerte, daß, wenn das UFO wirklich ein unbekannter Eindringling war, die amerikanische Regierung (aufgrund der Präsenz vieler Militärhubschrauber) wußte bzw. wissen hätte müssen, daß UFOs seit zumindest 35 Jahren eine Gefahr für die Bevölkerung darstellen. Da die Kläger Steuern zahlen und die Regierung für ihren Schutz verantwortlich ist, haben sie auch ein Recht zu wissen, wer oder was sie verletzt hat.

Der Prozeß zog sich über vier Jahre hin und wurde 1986 ohne Vorteile für die Kläger eingestellt. Hochrangige Fachleute der amerikanischen Weltraumbehörde NASA, der Luftwaffe und der Marine bezeugten vor Gericht, daß ihre Behörden kein Objekt, wie es Betty Cash, Vickie und Colby Landrum beschrieben, in Betrieb noch in Besitz hatten. Für Richter Ross Sterling war nach den Aussagen der Experten trotz mehrerer unabhängiger Zeugen, die die Militärhubschrauber und das UFO gesehen hatten, der Fall erledigt. Heute haben Betty Cash, Vickie und Colby Land-

UNITED STATES DISTRICT COURT
FOR THE
SOUTHERN DISTRICT OF TEXAS
HOUSTON DIVISION

BETTY CASH, VICKI LANDRUM, INDIVIDUALLY AND AS GUARDIAN AD LITEM OF COLBY LANDRUM Plaintiffs, v. UNITED STATES OF AMERICA, Defendant.	)	CIVIL ACTION NO. H-84-348

AFFIDAVIT OF VICE ADMIRAL ROBERT F. SCHOULTZ, USN

AFFIANT, being first duly sworn, states upon his oath as follows to wit;

THAT, I am Vice Admiral Robert F. Schoultz, United States Navy, Deputy Chief of Naval Operations (Air Warfare).

THAT, in this position I am responsible for the supervision of all naval aviation programs, planning, and requirements and the management of aviation-related activities at the service headquarters level for the United States Navy.

THAT, I have knowledge of all aircraft types owned and operated by the United States Navy and their characteristics.

THAT, I have reviewed a document, entitled "MORE DEFINITE STATEMENT", submitted by plaintiffs in this action and attached to and incorporated in this affidavit as Exhibit A.

I also declare that the CH-47 Helicopter was not in the inventory of the United States Air Force on or about December 29, 1980.

I declare under penalty of perjury that the foregoing is true and correct. Executed on 31 May 1984.

William E. Krebs

WILLIAM E. KREBS, Colonel, USAF
Chief, Tactical Aeronautical
Systems Division
DCS Systems, Air Force Systems
Command

Abb. 26: Der Colonel der USAF und Leiter der Tactical Aeronautical Systems Division DCS Systems, Air Force Systems Command, William E. Krebs, teilt dem Gericht mit, daß sich zur gegebenen Zeit keine CH-47-Militärhubschrauber in der Luft befanden und ihm das von den Zeugen angegebene Flugobjekt unbekannt ist, obwohl ihm alle von der Navy eingesetzten Flugzeugtypen bekannt sind.

rum Krebs.[7,9] Was wirklich in der abgelegenen Gegend bei Huffman, Texas, vorging, wird ein Geheimnis bleiben. Daß das Militär ein streng geheimes Flugobjekt über öffentliches Gelände geflogen haben soll, ist nicht sehr wahrscheinlich. Wie wir in unserem Buch *UFO-Geheimhaltung* gezeigt haben, finden solche Testflüge immer in Gebieten statt, in denen die Öffentlichkeit ausgesperrt wird. Eine andere Möglichkeit wäre, daß das UFO vom Militär auf Radar geortet wurde. Vielleicht nahm man an, daß das UFO in Probleme geraten war und abzustürzen drohte. Die Hubschrauber könnten eine Bergungsmannschaft gewesen sein, die, nachdem das UFO wieder verschwunden war, zu ihren Stützpunkten zurückgekehrt waren. Es ist offensichtlich, daß die amerikanische Regierung aus Gründen der nationalen Sicherheit die Zukunft und wahrscheinlich auch das Leben von Betty Cash, Vickie und Colby Landrum geopfert hat.

Es ist interessant, daß sich am Abend des 6. August 1987 in Italien ein ähnlicher Vorfall zutrug.[7] Drei Männer fuhren mit ihrem Auto ebenfalls auf einer vom Verkehr abgelegenen Straße in Pordenone. Plötzlich schwebte ein diskusförmiges Flugobjekt über dem Fahrzeug. Bald darauf starb der Motor ab. Das UFO hüllte das Auto und die umliegende Gegend in ein helles Licht. Ähnlich wie beim Cash-Landrum-Zwischenfall stiegen die drei Männer aus ihrem Fahrzeug aus, um das leuchtende Objekt besser betrachten zu können. Nach einer Weile bekamen sie es aber mit der Angst zu tun und stiegen wieder ins Auto ein. Danach verschwand das UFO, und sie konnten ihr Fahrzeug wieder starten. Sie erreichten nach zehn Minuten die Stadt San Daniele, die 90 Kilometer vom Ort ihrer UFO-Nahbegegnung entfernt lag. Es bleibt unerklärlich, wie sie diese Strecke in so kurzer Zeit zurücklegen konnten. Alle drei Männer litten nach ihrem Erlebnis an Übelkeit und Bindehautentzündung, wurden aber zum Glück nicht so stark verstrahlt wie Betty Cash, Vickie und Colby Landrum. Die italienischen UFO-Opfer konnten natürlich auch kein Schmerzensgeld einfordern, da der Verursacher ihrer Schäden unidentifiziert blieb.

4 Von UFOs ausgesendete Strahlen

Bei den vorher behandelten Fällen waren die Schäden, die an den Opfern auftraten, ein Nebeneffekt einer UFO-Entführung oder einer Nahbegegnung und nicht absichtlich vom UFO oder dessen Besatzung herbeigeführt. In den folgenden Abschnitten werden einige Fälle vorgestellt, bei denen die Opfer scheinbar bewußt von gebündelten Strahlen, die vom UFO ausgingen, getroffen wurden.

Ein solcher Fall ereignete sich am 20. Mai 1967 in Kanada. Der 51jährige Mechaniker Stephen Michalak aus Winnipeg, Manitoba, untersuchte gerade eine Quarzader in den Whiteshells, als er auf das Geschnatter mehrerer Wildgänse aufmerksam wurde.[7, 12] Als er sich umsah, bemerkte er zwei hell leuchtende Objekte am Himmel. Kurze Zeit später landete eines der UFOs in der Nähe auf einem flachen Felshügel. Das zweite schwebte ungefähr drei Minuten über ihm und flog dann lautlos fort. Michalak beobachtete eine Öffnung am oberen Ende des gelandeten Objektes, das seine Farbe von rot bis leicht grau änderte. Er beobachtete, wie ein helles Licht von der Öffnung austrat. Michalak spürte, wie Wellen, bestehend aus warmer Luft, auf ihn auftrafen. Er konnte außerdem ein hohes summendes Geräusch wahrnehmen. Michalak näherte sich schließlich dem seltsamen Objekt. Er wollte in die Öffnung des UFOs sehen, konnte sein Vorhaben aufgrund des unerträglichen Lichtes aber nicht ausführen. Bei einer genaueren Untersuchung des Objektes kam Michalak mit dem Licht in Berührung. Er stellte fest, daß die Oberfläche des mysteriösen Objektes aus einer Stahl-ähnlichen Substanz bestand.

Michalak behauptete des weiteren, daß das Material sehr heiß war und er die Oberfläche des Objektes nicht berühren konnte. Bevor das UFO wieder abflog, fühlte Michalak einen brennenden Schmerz in der Umgebung seiner Brust, und sein Unterhemd und T-Shirt fingen Feuer. Er wurde von einem gebündelten Strahl aus dem UFO getroffen. Als das UFO abhob, konnte er sehen, daß das Gestein am Landeplatz des UFOs wirbelförmig angeordnet war. Kurz danach bekam Michalak Brechreizanfälle, brennende Schmerzen und Schweißausbrüche. Es traten auch Sehprobleme auf, so daß er Schwierigkeiten hatte, aus dem Wald zu finden. In den darauffolgenden Tagen litt er an Gewichtsverlust, Allergien und Ausschlag. Untersuchungen an der angeblichen Landestelle zeigten auf, daß die Vegetation in einem Umkreis von ungefähr 15 Metern komplett zerstört worden war.

Der Vorfall von Stephen Michalak blieb kein Einzelfall. Ein halbes Jahr später sah die Amerikanerin Maryellen Kelley im amerikanischen Bundesstaat Illinois vor ihrem Haus in einer Höhe von etwa 15–20 Metern ein großes, orangefarbenes UFO vorbeifliegen. Gleichzeitig wurde sie von einem Strahl getroffen und bekam schwere Kopfschmerzen, die auf keine Behandlung ansprachen. Danach begann sich ihr Gesicht zu röten, Hände und Beine wiesen Verbrennungen auf. Ihre Augen waren binnen kurzer Zeit blutunterlaufen und ihr Sehvermögen beeinträchtigt. Sie litt außerdem an Schmerzen am linken Ohr, Nasenbluten, Stechen in der Brust und an übermäßigem Durst. Die Folgen ihrer UFO-Sichtung hielten längere Zeit an, obwohl die Begegnung nur von kurzer Dauer gewesen war.[13]

Am 2. November 1968 wurde ein französischer Arzt, der mit dem Namen Dr. X in die UFO-Literatur einging, von seinem 14 Monate alten Sohn um 04:00 Uhr geweckt. Als er nach ihm sah, bemerkte er seltsame Lichter außerhalb des Kinderzimmers. Er beruhigte seinen Sohn und sah danach auf dem Balkon nach dem Rechten. Dr. X sah deutlich zwei diskusförmige Scheiben vor seinem Haus schweben, die einen weißen Lichtstrahl zu Boden sandten. Diese Strahlen beleuchteten das darunter liegende Gelände, so daß man den Rasen und die Büsche sehen konnte. Plötzlich schienen beide Objekte miteinander zu verschmelzen und kamen auf ihn zu. Der weiße Strahl war nun auf das Nachbarhaus gerichtet und begann sich langsam auf Dr. X zuzubewegen. Bevor die Objekte verschwanden, streifte ihn der Strahl. Laut Dr. X dauerte diese ganze Episode zehn Minuten. Er

weckte sofort seine Frau und erzählte ihr von seinem unglaublichen Erlebnis. Nebenbei sah er, daß die Narbe einer Kriegsverletzung verschwunden war und er keine Schmerzen in seinem Unterschenkel mehr hatte. Am 8. November besuchte ihn der französische UFO-Forscher Aimé Michel. Dr. X litt wie viele andere Opfer von UFO-Nahbegegnungen unter Gewichtsverlust und Schmerzen im Unterleib. Am 17. November bemerkte er, wie sich die Haut um den Nabelbereich verfärbte. Am nächsten Tag fand er um seinen Nabel eine Rötung in Dreiecksform vor. Diese Rötung trat auch bei seinem Sohn auf, es dauerte mehrere Jahre, bis sie schließlich verschwand. Ein Dermatologe untersuchte diese roten Flecken und stellte fest, daß die Zellen der Haut abstarben. Dieser Fall ist deshalb interessant, da er neben den schon bekannten Effekten auch eine spontane Heilung aufweist. Die Rötung an Dr. X's Nabel trat zuletzt am 11. November 1985 auf und wurde von Ärzten genauestens untersucht.[14]
Eine ähnliche rautenförmige Rötung der Haut trat bei einem zwanzigjährigen Texaner im Januar 1979 auf.[13] Er wurde ebenfalls von einem Strahl getroffen, der aus einem UFO kam. Die rautenförmige Rötung der Haut war noch mehrere Monate nach der UFO-Nahbegegnung zu sehen. Der Fall des Texaners ähnelte dem des 19jährigen Eero Lammi aus Finnland, der auch von einem Lichtstrahl getroffen wurde, den ein UFO auf ihn gerichtet hatte. Eero Lammi fiel daraufhin bewußtlos zu Boden und trug Verbrennungen an der Brust davon. Der UFO-Forscher Bob Pratt untersuchte einen Vorfall in Brasilien, bei dem ein 34jähriger Mann und seine 33jährige Frau auf ihrem Motorrad fahrend von einem UFO in Angst und Schrecken versetzt wurden.[7] Nachdem ein hell scheinendes Objekt oberhalb ihres Motorrads auftauchte, starb der Motor, ähnlich wie bei den Autos der vorher erwähnten Fälle, ab. Das UFO bestrahlte beide etwa zwei Minuten lang mit einem Licht. Danach verschwand das Flugobjekt, und das Ehepaar konnte sein Motorrad wieder starten. Sie fuhren etwa zwei Kilometer auf der Straße weiter, bis das UFO erneut über ihnen auftauchte. Nach einigen Sekunden verschwand es aber wieder. Das

Ehepaar fuhr weitere sieben Kilometer, und das UFO erschien ein drittes Mal über den beiden. Bei dieser Begegnung fiel eine Art Feuerball aus dem Objekt und explodierte ohne Lärmentwicklung vor den beiden. Am nächsten Tag bemerkte die Frau Brandblasen auf ihrem Gesicht, die sie auf den Strahl bei der ersten Begegnung mit dem UFO zurückführte.
Ein anderer interessanter Fall ereignete sich in der Nähe von Cape Giradeau im amerikanischen Bundesstaat Missouri. Am Morgen des dritten Oktobers 1973 fuhr der Lastwagenfahrer Eddie D. Webb mit seiner Frau auf einer wenig befahrenen Landstraße bei Cape Giradeau.[15] Ungefähr um 06:00 Uhr bemerkte Webb, daß hinter dem Lastwagen helle, in den Farben des Regenbogens leuchtende Lichter auftauchten. Als Eddie Webb in seinen Seitenspiegel sah, bemerkte er, daß der rückwärtige Teil des Lastwagens in ein helles Licht gehüllt war. Das Ehepaar Webb bekam nach dieser Entdeckung Angstgefühle und war beunruhigt. Da er im Spiegel nichts mehr sehen konnte, öffnete Webb das Fenster seines Lastwagens und blickte nach hinten. Er sah ein silbernes Objekt, das einer Zwiebel ähnelte und entlang dem Zentrum regenbogenfarbene Lichter besaß. Plötzlich schoß ein roter Strahl aus dem Objekt und traf Eddie Webb im Gesicht. Danach hielt er den Lastwagen an, er ist sich aber nicht mehr sicher, ob nicht der Motor abstarb. Eddie Webb hatte Schmerzen im Gesicht und in seinen Augen. Seine Frau brachte ihn, nachdem das UFO verschwand, ins Krankenhaus bei Cape Giradeau. Im Krankenhaus stellte man fest, daß Eddie Webbs Brille Schmelzspuren aufwies. Ein anderer Zeuge sah das UFO ebenfalls und meldete seine Sichtung bei der Polizei. Eddie Webb wurde nach einer Woche wieder aus dem Krankenhaus entlassen, verlor aber 15 % seiner ursprünglichen Sehleistung.
Am 23. April 1976 wurde der brasilianische Geschäftsmann und Farmer Luis Fernandes Barros von dem Strahl eines UFOs getroffen.[16] Barros litt kurz nach seiner Begegnung mit dem UFO ebenfalls an den vorher mehrmals erwähnten Schwächeanfällen und Krankheitssymptomen. Er erzählte den Ärzten, da er Angst

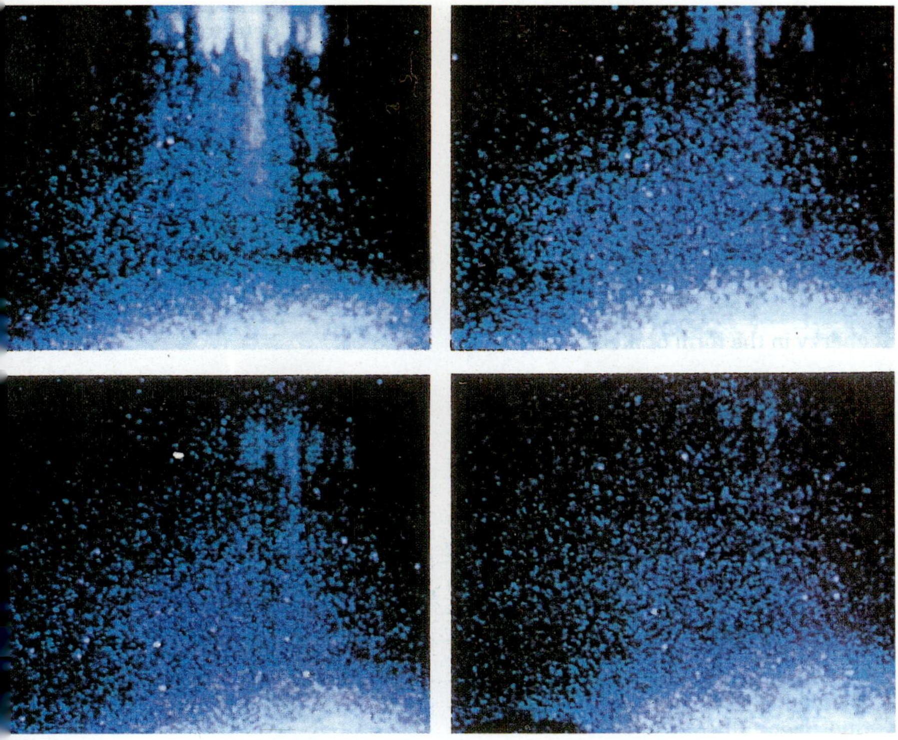

1

Dieses Foto zeigt ein ganz seltenes Naturphänomen, das möglicherweise für so anche UFO-Sichtung verantwortlich gemacht werden kann. Die sogenannten prites *wurden 1989 das erste Mal von Wissenschaftlern beobachtet.* Sprites *sind ine Blitze, sie entstehen oberhalb von stürmischen Wolken und können sich bis zu) Kilometer über der Erdoberfläche ausbreiten. Ihr Entstehungsmechanismus ist zur eit noch ungeklärt. 1993 konnten* Sprites *zum ersten Mal von einem NASA-Flugzeug ıs fotografiert werden.*

2

Diese seltene Aufnahme zeigt eine ariumwolke, die von einer Rakete aus in ie Atmosphäre ausgesetzt wurde. Solche xperimente können selbst für nicht ein-eweihte Fachleute verblüffende Erschei-ungen verursachen.

3 

3 Dieses Foto zeigt einen Halo mit Nebensonnen, ein ganz seltenes Naturphänomen. Bei diesem Foto wurde die tiefstehende Sonne durch eine Straßenlaterne ausgeblendet. Die Nebensonnen werden hervorgerufen durch die am häufigsten vorkommenden Eiskristalle in Cirruswolken, nämlich von Plättchenkristallen (© Prof. Dr. Gustavo Procobelli).

4 »Dark Star« heißt die neueste Entwicklung aus der schwarzen Welt des Pentagons. Die für Spionagezwecke konstruierten, radarunsichtbaren und unbemannten Flugkörpe gewinnen für die Militärs immer größere Bedeutung. Durch ihr außergewöhnliches Flugverhalten und Aussehen können solche Flugobjekte durchaus mit UFOs der Klasse A verwechselt werden.

4 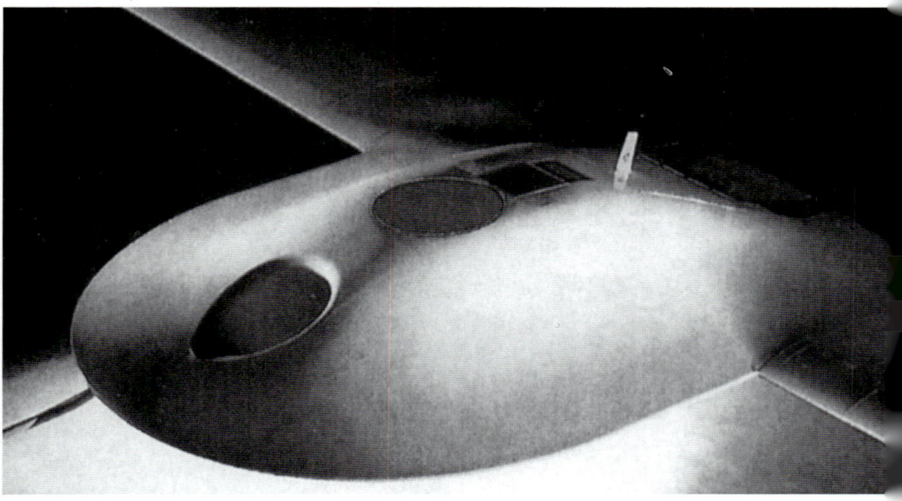

5

; Dieses Bild zeigt eine Drohne mit der Bezeichnung »Tier III-minus«. Sie besitzt eine 'lügelspannweite von etwa 30 Meter und hinterläßt am Radarschirm höchstens ein ;ignal von der Größe eines Nadelstiches. Die amerikanische Luftwaffe, die Central ntelligence Agency (CIA) und das National Reconnaissance Office (NRO) testen diese uturistischen Flugkörper über geheimen Testgebieten wie der AREA-51 in Nevada © Popular Science).

Dieses große UFO der Klasse B wurde 1956 vom Royal Canadian Air Force-Piloten '. J. Childerhose in einer Höhe von etwa 10 Kilometern fotografiert, als er über die 'ocky Mountains flog.

6

7 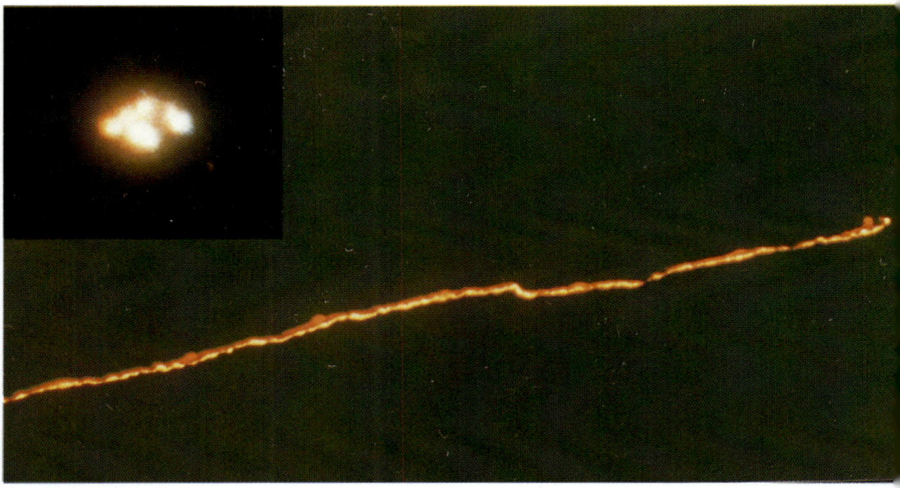

7 Diese UFOs der Klasse B wurden in Arendal, Norwegen, 1981 im Rahmen von Projekt Hessdalen *aufgenommen. Solche Lichtobjekte treten seit 1981 auf und können länger als eine Stunde ruhig verharren, langsam herumfliegen, auf große Geschwindigkeit beschleunigen. Einmal wurde ein Objekt mit einer Geschwindigkeit von 8,5 Kilometer pro Sekunde beobachtet und mit dem Radar registriert (© Project Hessdalen).*

10 (rechte Seite) Dieses vom FBI aufgenommene Foto zeigt die verbrannten Sträucher an der Stelle, an der Sheriff L. Zamora bei Socorro, New Mexico, einen ovalen Flugkörper landen sah. Der Fall wurde vom FBI und von Soldaten des Projektes Blue Book *untersucht. Man fand bis heute keine natürliche Erklärung für diese UFO-Nahbegegnung.* ▷

8 Dieses Foto zeigt einen Mitarbeiter von Projekt Hessdalen *und einige Geräte, die zum Detektieren und Analysieren von UFOs verwendet werden. 1996 soll eine automatische Meßstation mit einem Laser Imaging Radar (LIDAR), einer Infrarotkamera, Video- und Fotokameras, seismischen und Magnetfeldmeßgeräten, Radar, optischen und elektromagnetischen Spektrum-Analysegeräten, einem Registriersystem und meteorologischen Geräten zum Einsatz kommen (© Project Hessdalen).*

8 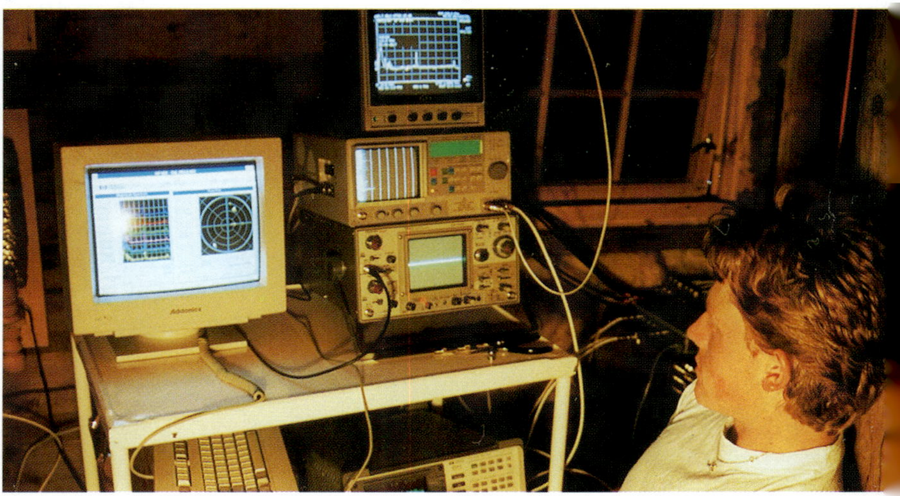

9 Dieser Ring aus weißlicher, kristalliner Erde blieb 1971 nach einer beobachteten UFO-Landung in Delphos, Kansas, zurück. Eine Analyse ergab, daß eine unbekannte Energieform den Boden beeinflußt hat. Die beobachteten Effekte konnten nicht nur auf eine große Temperatureinwirkung zurückgeführt werden.

9

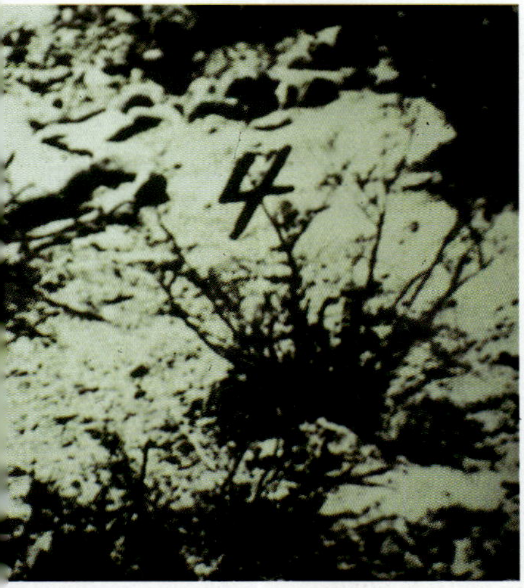

11 Im Mai 1967 hatte der Kanadier Stephen Michalak in der Nähe von Falcon Lake, etwa 120 Kilometer von Winnipeg, eine UFO-Nahbegegnung. Michalak trug Verbrennungen auf Gesicht, Brust und Bauch davon und litt in der Folge unter Übelkeit, Erbrechen, Gewichtsverlust, Schwächezuständen, Durchfall, Schwindel und Gedächtnisstörungen. Auf dem Foto sind Verbrennungen auf dem Bauch von Stephen Michalak zu sehen.

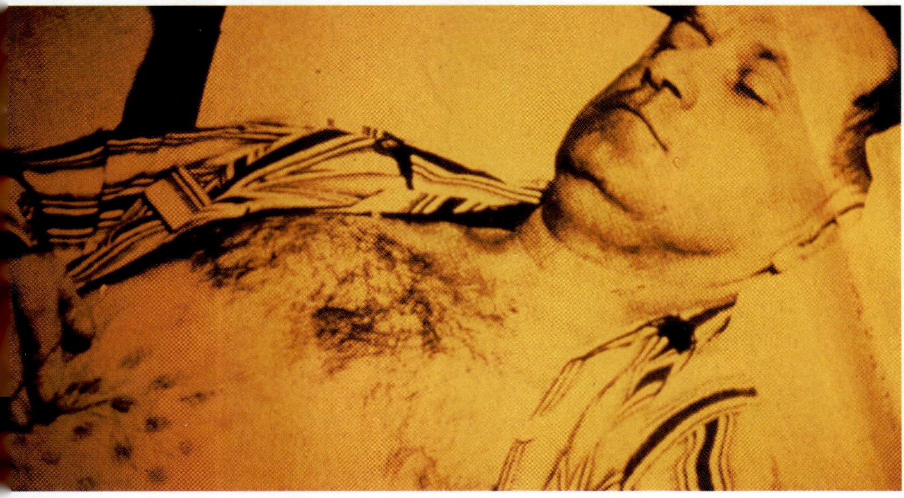

11

12

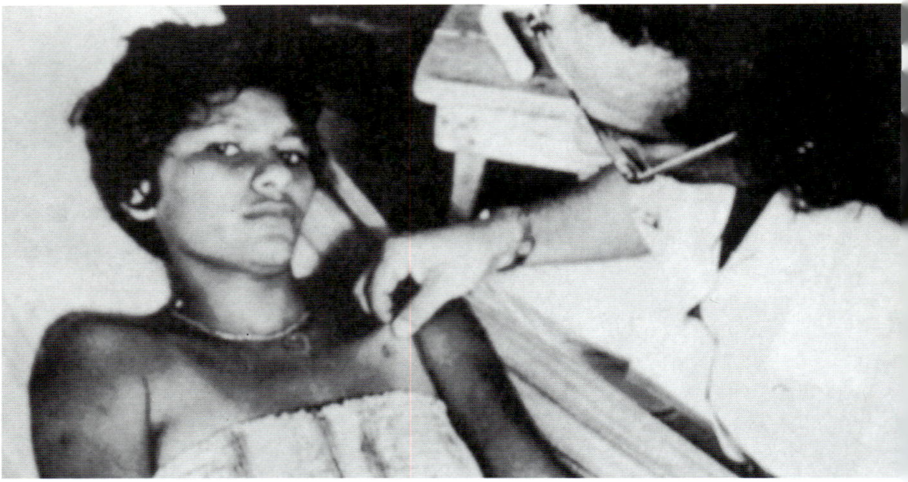

12 Dieses Foto zeigt eine brasilianische Frau, die das Opfer einer regelrechten UFO-Attacke wurde. Ein unbekanntes Flugobjekt richtete einen Strahl auf die Frau und verletzte sie schwer. Die Brust rötete sich, und es erschienen zwei Narben. Eine Narbe ist auf der linken Brustseite zu sehen. Kurze Zeit später litt die Frau an Übelkeit und in der Folge unter Schwächezuständen. Dr. Jacques Vallée fand während einer Expedition nach Brasilien mehrere ähnlich gelagerte Fälle. (© Dr. Jacques Vallée).

13

13 Im Dezember 1980 hatten die beiden Frauen Betty Cash, Vickie Landrum und der Junge Colby Landrum auf einer einsamen Landstraße in Texas eine Nahbegegnung mit diesem diamantförmigen Flugobjekt. Die Zeugen wurden schwer verstrahlt und leiden noch heute an den Folgen dieses Zwischenfalles.

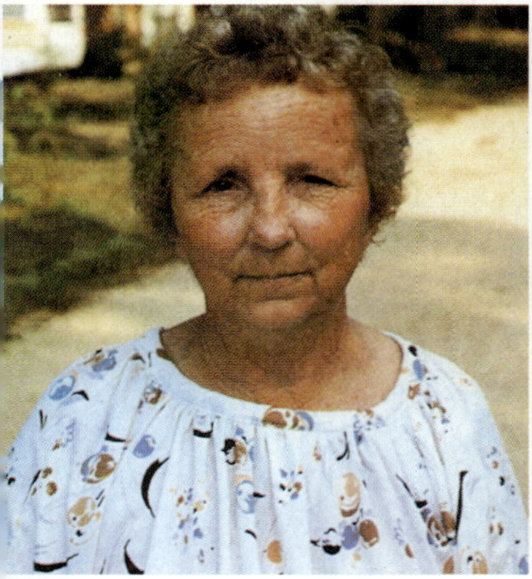

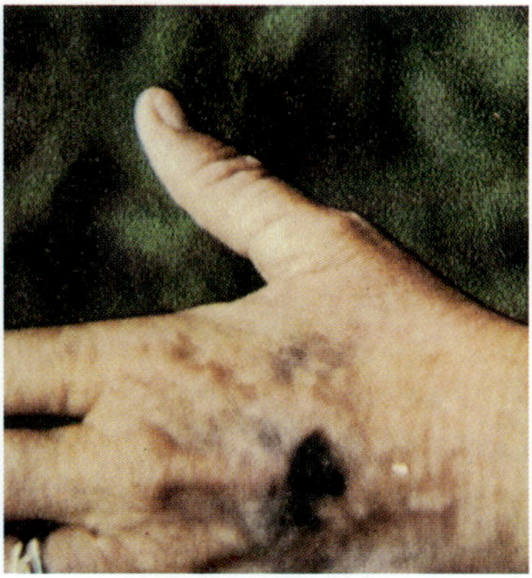

15

14 Vickie Landrum, die bei einer UFO-Nahbegegnung schwer verletzt wurde. Noch eineinhalb Jahre nach diesem Zwischenfall waren auf Vickies Gesicht um die Augenpartien bleibende Spuren vorhanden.

15 Eine schwere Verbrennung auf Vickie Landrums Handrücken.

16 Dieses Foto zeigt den schwer gezeichneten Tony Burfield, der 1988 nach einer UFO-Nahbegegnung in Somerset, England, elektrohyperaktiv wurde und eine Nahrungsmittel- und Wasserallergie entwickelte. Tony Burfield bekam furchtbare Schmerzen, wenn in seiner Nähe ein Elektrogerät in Betrieb genommen wurde. Außerdem konnte er sich auf Grund seiner Allergien nicht mehr waschen und fast keine Nahrungsmittel zu sich nehmen. Wie uns der UFO-Forscher Ken Phillips mitteilte, geht es Herrn Burfield gegenwärtig gesundheitlich wieder besser (© Newsteam).

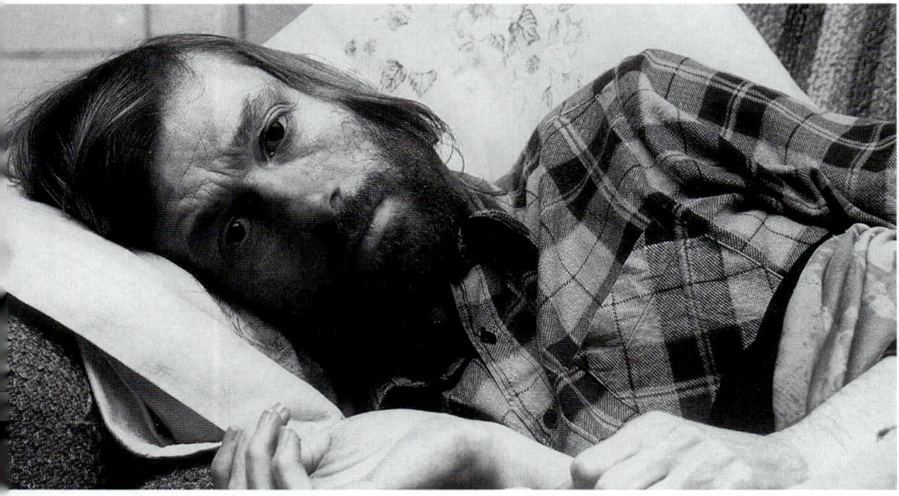

16

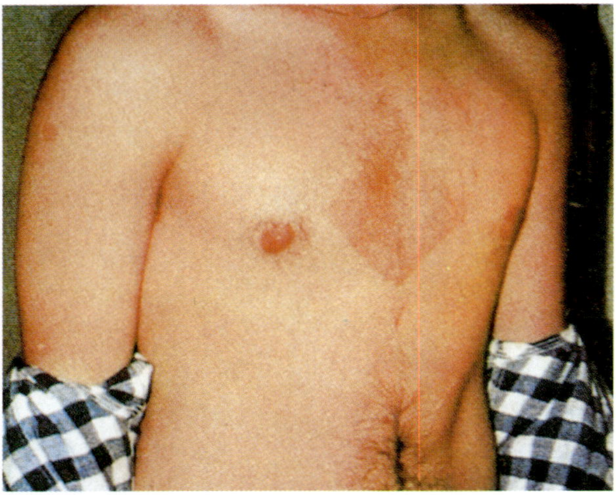

17

17 Im Januar 1979 wurde ein 20jähriger Texaner in Tyler, Texas, von einem Lichtstrahl getroffen, den ein UFO auf ihn gerichtet hatte. Auf seinem Brustkorb war noch monatelang eine große rautenförmige Verbrennung zu erkennen.

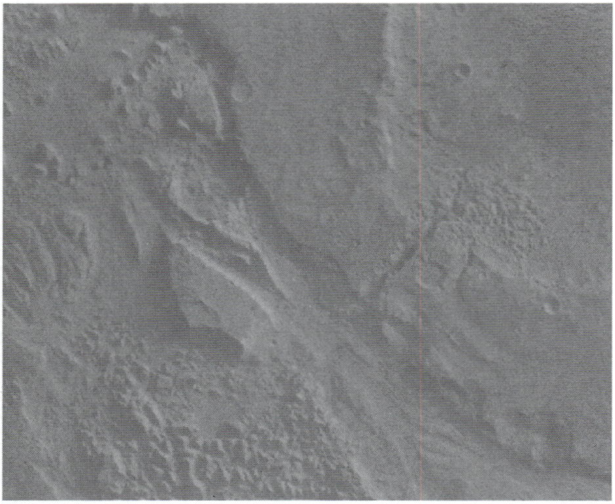

18a

18a,b Die Methode der Kontrastverstärkung, erklärt an einem Foto der amerikanischen Marssonde Viking 2. *Die Bilder dieser Sonde waren relativ kontrastarm und zeigten im Original wenig Details (oben). Durch die Anpassung der Grauwerte im Bild (unten) gelang es, die Qualität der Aufnahmen wesentlich zu verbessern.*

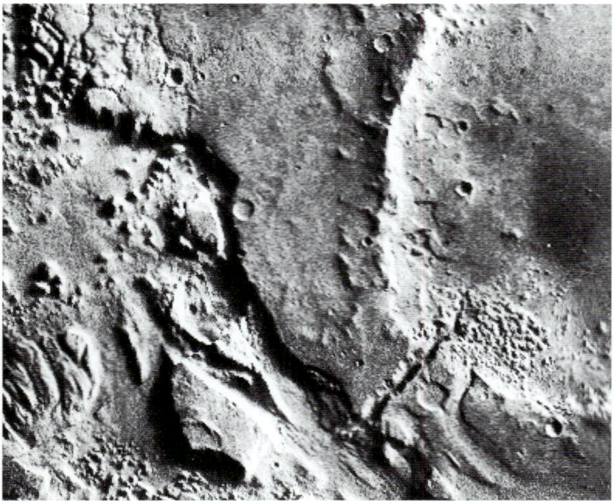

18b

hatte, sich lächerlich zu machen, nichts von seinem Erlebnis. Erst als es ihm schlechter ging, vertraute er sich Dr. Megalhes an. Dieser stellte eine Veränderung in Barros' Gehirn fest. Nach drei Monaten bekam er Sprachstörungen, und sein Haar begann sich weiß zu verfärben. Nach einem halben Jahr ähnelte der Geisteszustand Barros' dem eines zweijährigen Kindes. Der UFO-Forscher Bob Pratt besuchte ihn 1986 und fand ihn in einem geistesabwesenden Zustand vor.
Die vorher beschriebenen Fälle waren für die Betroffenen schlimm genug. Wenn sie bei ihrer Aussage blieben, handelten sie sich von den Skeptikern meistens Hohn und Spott ein, obwohl sie zum Teil bleibende körperliche Schäden davongetragen hatten und medizinische Protokolle vorweisen konnten. Trotzdem hatten sie aber noch Glück im Unglück im Vergleich zu den anderen UFO-Opfern, deren Begegnungen der 5. Art tödlich ausgingen.

5 Tödliche UFO-Nahbegegnungen

Der Astrophysiker Dr. Jacques Vallée untersuchte im Juli 1988 mehrere UFO-Zwischenfälle in Brasilien, die den vorher beschriebenen ähnlich waren. Ihn beunruhigte sehr, daß er auch auf Fälle stieß, bei denen die Begegnung mit UFOs tödlich ausfiel. Jacques Vallée machte 1988 eine Forschungsreise an die nördliche Küste Brasiliens.[14, 17] Das Gebiet um Parnarama ist bekannt für viele UFO-Sichtungen. Vallée schätzte, daß es in dieser Gegend zu ungefähr 500 Sichtungen kam. Er interviewte mehr als 50 Zeugen und sah medizinische Protokolle sowie Narben, die von UFOs verursacht wurden. Vallée stieß auch auf Fälle, bei denen UFOs Strahlen auf Menschen gerichtet hatten. Viele Männer gehen in dieser Gegend der Jagd nach, manche der Jäger fürchten sich seit den UFO-Nahbegegnungen jedoch so sehr, daß sie heute den Urwald meiden. Mehrere Opfer hatten ähnliche Beschwerden wie die vorher beschriebenen Fälle. Anfang der achtziger Jahre ereigneten sich die ersten Todesfälle,

über die auch in den lokalen Medien und in einer amerikanischen Zeitung berichtet wurde.
Vallée interviewte den damaligen Polizeioffizier von Parnarama, Leutnant Magela. Leutnant Magela behauptete, daß er während seiner Dienstzeit zwischen 1981 und 1982 ebenfalls leuchtende vollmondgroße Objekte gesehen hatte. Er mußte mehrere Fälle untersuchen, bei denen Menschen von UFOs verletzt wurden oder bei der Flucht vor einem UFO zu Sturz kamen und sich selbst verletzten. Der Todesfall, den Magela untersuchte, betraf den damals 40 Jahre alten Jäger Raimundo Souza. Souza war im August 1981 mit seinem Kompagnon Anastasio Barbosa auf einem Jagdausflug im Wald. Barbosa sagte damals aus, daß plötzlich ein leuchtendes Flugobjekt vor ihnen erschien und einen Strahl auf sie richtete. Barbosa kletterte von seiner Hängematte und versteckte sich bis zum Morgen in den Büschen. Er beobachtete, wie das UFO herumkreiste und nach einiger Zeit verschwand. Am Morgen entdeckte er den toten Körper seines Jagdgefährten. Der Leichnam von Souza lag unter seiner Hängematte und wies mehrere rötliche Flecken auf. Barbosa behauptete, daß sich die Flecken an den Händen, am Torso, aber nicht im Gesicht befanden. Leutnant Magela wurde zur Untersuchung des Leichnams gerufen. Er bestätigte ebenfalls, daß die Flecken kreisförmig und glatt waren. Die Größe der Flecken variierte zwischen 2,5 und 6 Zentimetern. Leutnant Magela glaubt, daß Souza nicht von den Strahlen, die die Flecken verursachten, gestorben ist. Er meint vielmehr, daß Souza eine Herzattacke erlitten hatte und vor Schreck gestorben war. Magela begründet seine Vermutung damit, daß andere Opfer, die überlebten, auch diese Flecken aufwiesen.
Dr. Jacques Vallée fand unter Mitwirkung eines einheimischen Forschers heraus, daß außer Raimundo Souza noch vier weitere Jäger in der Region um Parnarama unter ähnlichen Umständen starben. Die überlebenden Zeugen dieser UFO-Zwischenfälle sagten übereinstimmend aus, daß die toten Jäger von Lichtstrahlen getroffen wurden. Diese Strahlen wurden von rechteckförmigen, sehr hell leuchtenden Flugobjekten auf die Opfer gerichtet.

Nebenbei bemerkten alle, daß sie ein surrendes Geräusch, ähnlich dem eines Transformators, hörten. Manche der Opfer starben erst einige Tage, nachdem sie vom UFO attackiert wurden. Daß die brasilianische Luftwaffe die UFO-Sichtungen jedenfalls sehr ernst nimmt, kann man anhand einer Anweisung aus dem Jahre 1973 erkennen. Sie lautet:
»Es ist für das Fernsehen, Radio, Zeitungen und andere Medien verboten, UFO-Informationen ohne vorangehende Zensur der brasilianischen Luftwaffe zu verbreiten.« [18]
Anhand dieser Anweisung sieht man, daß UFO-Informationen, die die nationale Sicherheit gefährden, ähnlich wie in den USA unter Geheimhaltung stehen. Die Nordküste Brasiliens wurde 1977 von einer UFO-Welle heimgesucht. Der brasilianischen Luftwaffe gelang es damals sogar, einige UFOs zu fotografieren.[14] Mitte der achtziger Jahre wurden in den USA Dokumente der Defense Intelligence Agency (DIA) freigegeben, die beweisen, daß die USA die UFO-Vorfälle in Lateinamerika ebenfalls genau verfolgte.[19] Vallée und andere Forscher fanden heraus, daß es im afrikanischen Staat Kenya und in Kolumbien zu ähnlichen tödlichen UFO-Attacken kam. Diese Vorfälle sind vor allem deshalb bedenklich, da die Opfer nicht zufällig verstrahlt wurden, sondern von der Intelligenz, die hinter den Objekten steht, praktisch ermordet wurden.

6 *Schadensursachen*

Daß die vorher beschriebenen UFO-Opfer gefährlichen Strahlungen ausgesetzt waren, steht außer Zweifel. Von Strahlenschäden spricht man, wenn in Keim- und Körperzellen Veränderungen durch energiereiche (ionisierende) Strahlung hervorgerufen werden. Die Veränderungen in den Keimzellen (Mutationen) sind nicht rückgängig zu machen. Durch Transplantation von Knochenmark kann man bei Veränderungen von Körperzellen Heilungserfolge erzielen. Das Spektrum der verschiedenen elektromagnetischen Wellen reicht von den langwelligen Radiowellen bis hin zu den sehr kurzwelligen Gammastrahlen. Die kurzwelligen Gamma-, Röntgen- und ultraviolette Strahlen werden auch als ionisierende Strahlungen bezeichnet. Die längerwellige Infrarotstrahlung, Mikrowellen, Fernseh- und Radiowellen werden als nichtionisierende Strahlungen bezeichnet.

Die bei den Opfern auftretenden Symptome wie Hautverbrennung, Übelkeit, Erbrechen, Durchfall, Haarausfall, Kopfschmerzen, Müdigkeit, Gewichtsverlust und ähnliche Beschwerden könnten durch ionisierende Strahlung verursacht werden.[20] Rötungen an der Haut könnten durch Mikrowellen, Röntgenstrahlen oder ultraviolette Strahlen hervorgerufen werden. Die Schädigungen an den Augen könnten bis auf Fernseh- und Radiowellen von allen anderen Strahlungsarten verursacht werden. Sie treten am häufigsten im Zusammenhang mit Ultraviolettstrahlung auf, wurden aber auch schon nach Mikrowelleneinwirkung beobachtet. Mikrowellen schädigen den Organismus in ähnlicher Weise wie die ionisierenden Strahlungen. Die bei Betty Cash, Vickie und Colby Landrum auftretenden Symptome (Hautempfindlichkeit, Magenschmerzen, Gewichtsverlust, Appetitverlust, Sehbeeinträchtigung, Haarausfall, Krebs ...) könnten ebenfalls auf Mikrowellen zurückzuführen sein.

Aufgrund der bei UFOs der *Klasse A* beobachteten Flugmanöver kann man darauf schließen, daß diese Flugobjekte eigene Gravitationsfelder erzeugen, die in Wechselwirkung mit dem Erdgravitationsfeld einen Auftrieb hervorrufen. Diese dynamischen Gravitationsfelder wiederum sollten elektromagnetische Felder induzieren. Physiker der MUFON-CES fanden heraus, daß dieses dynamische Gravitationsfeld nicht eine einfache Sinusschwingung, sondern ein gepulstes Feld sein sollte.[21] Interessant ist, daß die Frequenz der Grundwelle wahrscheinlich im Bereich zwischen Mikrowellen und Infrarotstrahlung liegt. Die von der Gravitationspulsstrahlung erzeugte elektromagnetische Strahlung würde hochangeregte Elektronen freisetzen. Diese Elektronen regen die das Objekt umgebenden Luftmoleküle zur Emission von Licht an. Diese Emissionen würden auch die leuchtende Lufthülle um UFOs erklären. UFO-Opfer wie Betty Cash, Vickie und Colby Landrum haben ihre Schäden von dieser Mikrowellenstrahlung, die vom UFO ausging, erhalten.

Der britische UFO-Forscher Albert Budden untersuchte mehrere UFO-Nahbegegnungen, bei denen die Opfer Allergien und elektrische Überempfindlichkeit entwickelten.[22] 1993 veröffentlichte die Weltgesundheitsorganisation (WHO) eine Studie, bei der festgestellt wurde, daß die Umweltbelastung durch elektromagnetische Felder immer mehr ansteigt. Die WHO-Studie stellte fest, daß Leute, die in der Nähe von sogenannten *Hot Spots* (Hochspannungsleitungen, Umspannungsstationen, militärische Funkeinrichtungen ...) wohnen, eine elektrische Überempfindlichkeit entwickeln können.[23] Andere Ursachen elektrischer Überempfindlichkeit können Stromschläge, Blitzschläge, Kugelblitz-Nahbegegnungen, Erdlicht-Nahbegegnungen oder elektrische Unfälle sein.

Wenn eine elektrisch überempfindliche Person in einem elektromagnetischen Feld eine Substanz oder ein Nahrungsmittel zu sich nimmt, auf welche/s sie allergisch reagiert, kann diese Allergie zu einem späteren Zeitpunkt wieder auftreten, wenn sich die Person in einem Feld mit derselben Frequenz befindet. Der Körper scheint sich an die Frequenz des elektromagnetischen Feldes, dem die Person ausgesetzt war, während sie das Nahrungsmittel zu sich nahm, erinnern zu können. Wenn diese Person eine Allergie gegenüber einer bestimmten Frequenz entwickelt und in diesem Feld Zigarettenrauch ausgesetzt ist, kann sie auch allergisch gegen Zigarettenrauch werden. Versuche des Gehirnspezialisten Dr. Wilder Penfield zeigten, daß Personen, deren Gehirn mittels schwacher elektrischer Ströme stimuliert wurde, Halluzinationen bekamen.[22] Es ist deshalb möglich, daß elektrisch überempfindliche Personen visionäre Halluzinationen oder seltsame Gefühle entwickeln können, wenn sie einer bestimmten Frequenz eines elektromagnetischen Feldes ausgesetzt sind. Der UFO-Forscher Albert Budden meint, daß elektrisch überemp-

findliche Personen unter bestimmten Umständen Halluzinationen entwickeln können, die sogar UFO-Entführungsszenarien beschreiben.[22, 24]
Bei Buddens Theorie würden sich die UFO-Entführungen nur in den Köpfen der Entführten abspielen. Diese Theorie ist interessant und sollte bei manchen Visionen und Erscheinungen nicht außer acht gelassen werden. Es ist auch möglich, daß eine elektrisch überempfindliche Person, die sich mit UFO-Literatur beschäftigt (oder zufällig einen Film, in dem eine UFO-Entführung vorkommt, sieht), eine Pseudo-Entführung durch imaginäre UFO-Insassen erlebt. Es ist aber für die sehr gut untersuchten UFO-Entführungsfälle (z. B. Entführungen, an denen mehrere Personen beteiligt sind...) auszuschließen, daß diese traumatischen Erlebnisse durch elektrische Überempfindlichkeit ausgelöst werden. Es ist eher der Fall, daß Personen, die eine UFO-Nahbegegnung hatten, *danach* eine *elektrische Überempfindlichkeit* und als Folgewirkung *Allergien* entwickeln. Anhand dieser interessanten Forschungsergebnisse können wir UFO-Nahbegegnungen zu den Auslösern von elektrischer Überempfindlichkeit zählen. Der vorher behandelte Fall von Tony Burfield beschreibt die Reihenfolge eines solchen Szenarios sehr gut (1. UFO-Nahbegegnung, 2. Strahlungseinwirkung, 3. Entwicklung von elektrischer Überempfindlichkeit, 4. Entwicklung von Allergien).
Anfang der achtziger Jahre wurde vom amerikanischen Militär ein Programm mit dem Namen *Non-Lethal Defense* (nichtletale Verteidigung) ins Leben gerufen. Der Leiter dieser an den Los Alamos-Laboratorien in New Mexico durchgeführten Projekte ist der im Ruhestand befindliche U.S. Army Colonel Dr. John B. Alexander.[25] Interessant ist, daß sich Dr. Alexander in seiner Freizeit ebenfalls mit dem UFO-Phänomen befaßt und so wie die Autoren auch Mitglied bei der *Society for Scientific Exploration* ist. Sein Konzept der nicht-letalen Verteidigung umfaßt zwei Gruppen, die wiederum in mehrere Projekte unterteilt sind.[26] Die Gruppe *Anti-Material Non-Lethal Technologies* hat

die Aufgabe, Waffen zu entwickeln, mit denen man elektrische und mechanische Systeme funktionsunfähig machen kann, ohne daß man sie zerstört. Die zweite Gruppe mit der Bezeichnung *Anti-Personal Non-Lethal Technologies* beinhaltet Waffensysteme, die dem Menschen Schaden zufügen, ihn aber nicht töten. Eine Waffe dieses Arsenals beruht auf *High-Power Microwaves* (HPM) (hochleistungsfähige Mikrowellen). Dr. Keith Floring, ein Fachmann auf diesem Gebiet, behauptet, daß diese HPM das Nervensystem des Opfers vorübergehend beeinflussen können. Bei einem Interview mit dem renommierten *Wall Street Journal* am 4. Januar 1993 sagte der Laserexperte Dr. Myron Wolbarsht von der Duke-Universität, daß die U.S. Special Forces mit Leichtigkeit die inneren Organe ihrer Gegner zum Kochen bringen können.[27] *Very Low Frequency* (VLF) *Sound* mit Frequenzen zwischen 20 und 35 Kilohertz kann ebenfalls Übelkeit, Erbrechen und Schmerzen im Bauch oder Unterleib hervorrufen. Es liegt daher der Verdacht nahe, daß bei den Fällen, in denen ein UFO bewußt einen Strahl auf die Opfer richtete, ebenfalls gepulste Mikrowellen verwendet wurden.

Der britische *Guardian* berichtete am 25. August 1985, daß die U.S. Army in San Salvador unbemannte fliegende Vehikel (Drohnen) für Aufklärungszwecke einsetzte und dabei eines verlor.[28] Es ist natürlich nicht auszuschließen, daß unter diesen exotischen militärischen Programmen Drohnen entwickelt werden, die auf einen potentiellen Gegner gepulste Mikrowellen abstrahlen. Wie im ersten Kapitel erwähnt, könnten solche Drohnen oder UAVs von Laien mit UFOs der *Klasse A* verwechselt werden, da diese Flugobjekte ebenfalls unkonventionelle Flugmanöver ausführen können. Da man davon ausgehen kann, daß sich diese Waffentypen heute noch in einem Entwicklungsstadium befinden und CE5-Fälle seit 50 Jahren dokumentiert sind, kann mit Sicherheit ausgeschlossen werden, daß *alle* CE5-Opfer Versuchskaninchen von militärischen Tests waren. Der Luft- und Raumfahrtingenieur John Schuessler präsentierte eine Sammlung von CE5-Fällen beim MUFON-Symposium 1995 in Seattle, Washington.

Er entwickelte einen Katalog, in dem die CE5-Fälle nach Art der Schäden und Verletzungsgrade gesammelt und klassifiziert sind. Die Forschungsorganisation MUFON hat auf seine Anregung hin einen medizinischen Rat gebildet, der aus Ärzten, Pathologen, Biologen etc. besteht.

V

UFO-Nahbegegnungen mit Flugzeugen

»... kubanische Radarstationen meldeten ein unbekanntes Flugobjekt (Bogey), das sich von Nordosten dem kubanischen Festland annäherte.
Als das Flugobjekt kubanischen Luftraum in einer Höhe von zehn Kilometern durchflog, wurden zwei Mig-21-Abfangjäger gestartet. Die Flugzeuge wurden auf fünf Kilometer an das Flugobjekt herangelotst. Ein Pilot (Wing Leader) berichtete, daß das Flugobjekt wie eine helle metallische Kugel aussah, die keine sichtbaren Oberflächenmerkmale besaß. Das kubanische Luftwaffenhauptquartier befahl dem Wing Leader, seine Waffen scharf zu machen und auf das Objekt zu feuern. Der Wing Leader meldete zur Bodenstation, daß seine Waffen scharf seien und er das Objekt auf seinem Radarschirm hätte. Kurz darauf teilte der andere Pilot der Bodenstation mit, daß das Flugzeug des Wing Leaders explodiert war ...«

Ausschnitt eines Dokumentes einer in Key West stationierten Spezialeinheit der amerikanischen Luftwaffe, die 1967 den Funkverkehr zweier kubanischer Mig-21-Piloten abhörte und miterlebte, wie eine Maschine offenbar von einem UFO, das beschossen werden sollte, zerstört wurde

1 UFO-Flugzeugzwischenfälle während und nach dem Zweiten Weltkrieg

Die bisher vorgestellten UFO-Nahbegegnungen beschränkten sich auf Zwischenfälle am Boden. Da UFOs sich die meiste Zeit im Luftraum aufhalten, liegt es nahe, daß sie auch von Flugzeugen aus beobachtet werden bzw. Flugzeuge Nahbegegnungen mit UFOs in der Luft haben. Dr. Richard Haines arbeitete zwischen 1967 und 1988 teilweise in leitender Position beim NASA-Ames-Forschungszentrum der amerikanischen Weltraumbehörde und war bei den Projekten *Gemini, Apollo, Skylab* und der Space Station *Freedom* wissenschaftlich beschäftigt. Da Dr. Haines auch Professor in experimenteller Psychologie ist, betreute er viele Flugzeugpiloten. Dabei fand er heraus, daß sehr viele Piloten UFO-Beobachtungen hatten, aber aus Angst, ihre Fluglizenz zu verlieren, ihren Vorgesetzten nichts sagten. Nachdem ihm viele Piloten ihre Erlebnisse anvertrauten, begann sich Dr. Haines für UFO-Sichtungen von Piloten zu interessieren.

Aus seinen Forschungsergebnissen geht hervor, daß sich die Berichte von den erdgebundenen UFO-Beobachtungen nicht unterscheiden. Viele Flugzeugbesatzungen hatten ihre UFO-Sichtung über längere Zeiträume, in sehr großen Höhen und mit sehr hoher Geschwindigkeit. Deshalb kann man bei Flugzeugbesatzungen viele herkömmliche Erklärungen von vornherein ausschließen. Zu solchen Erklärungen zählen Ballone, ferngesteuerte Modelle und Drachen. Meteore, Raketenstarts oder Wiedereintritte von Raumflugkörper sind im allgemeinen nicht imstande, die beobachteten Flugmanöver zu erklären. Dr. Haines untersuchte auch Berichte von Zwischenfällen, die *vor* den anfänglichen UFO-Luftwaffenprojekten *Sign, Grudge* und *Blue Book* stattgefunden hatten. Bei UFO-Beobachtungen, die von Flugzeugen aus gemacht werden, hat man oft die komplette Besatzung als Zeugen. Dieses Faktum ist deshalb von Bedeutung, da

mehrere Personen eine optische Täuschung oder Naturphänomene viel leichter erkennen können als ein einzelner Zeuge.
Dr. Haines fand zwischen 1942 und 1952 283 UFO-Beobachtungen, die von Flugzeugbesatzungen gemeldet wurden.[1] Die Mehrzahl der Berichte stammt von den Luftwaffenprojekten *Sign*, *Grudge* und *Blue Book*. Von den untersuchten Sichtungen wurden 93 % von amerikanischen und der Rest von anderen Flugzeugbesatzungen gemeldet. Da die für die Untersuchung verwendeten Daten von Projekten stammen, die über amerikanischem Gebiet stattfanden, wird für den Laien der Eindruck erweckt, daß nur amerikanische Flugzeugbesatzungen UFO-Nahbegegnungen haben. Man kann davon ausgehen, daß sich weltweit ähnliche Statistiken erstellen lassen. In China werden chinesische Flugzeugbesatzungen mehr UFO-Sichtungen melden als Besatzungen fremdländischer Fluglinien. Von den untersuchten Vorfällen stammen 68 % der Meldungen von Militärflugzeugen, 20 % von kommerziellen und der Rest von privaten Flugzeugen. Anhand dieses Ergebnisses sieht man, daß die Militärs häufiger mit dem UFO-Phänomen konfrontiert werden als die zivile Bevölkerung. Vor Inkrafttreten von Projekt *Sign* wurden vor allem während des Zweiten Weltkrieges UFOs beobachtet.
Piloten aller am Krieg beteiligten Nationen meldeten Sichtungen von kleinen, hell leuchtenden Flugobjekten, die unter dem Namen *Foo Fighters* in die Geschichte eingingen.[2] Die Piloten der alliierten Steitkräfte vermuteten, daß diese Flugkörper von den Deutschen oder den Japanern stammten. Da diese unbekannten Flugobjekte niemals Angriffe flogen, nahmen viele Piloten an, daß sie zur psychologischen Kriegsführung der Gegner gehörten. Die alliierten Nachrichtendienste fanden aber bald heraus, daß diese Flugobjekte nicht von den Deutschen entwickelt wurden. Es wurde auch bekannt, daß die deutsche Luftwaffe unter der Leitung von Professor Georg Kamper ein Projekt *Uranus* zur Untersuchung dieser Flugobjekte ins Leben gerufen hatte. Die Deutschen vermuteten, daß die *Foo Fighters* eine neue Entwicklung der alliierten Streitkräfte waren. Einige dieser Sichtungen konnten auf her-

kömmliche Art erklärt werden, beispielsweise durch statische Elektrizität, Kugelblitze oder Reflexe von Eiskristallen, die sich an Unregelmäßigkeiten der Cockpit-Fensterscheiben gebildet hatten. Im Januar 1992 stellte die amerikanische UFO-Forschungsorganisation Citizens Against UFO Secrecy (CAUS) *Foo Fighters* betreffende FOIA-Anträge an das U.S. Air Force Historical Research Center des Luftwaffenstützpunktes Maxwell in Alabama.[3] Nach einigen Monaten bekam CAUS einige vormals als SECRET klassifizierte Dokumente von der Luftwaffe frei. Die Dokumente handelten von *Foo Fighter*-Sichtungen, die von amerikanischen Piloten über Deutschland beobachtet wurden. Interessant ist, daß die Militärs keine zufriedenstellende Erklärung bezüglich dieses Phänomens fanden. Da die *Foo Fighters* von *allen* am Krieg beteiligten Streitkräften beobachtet wurden und bis heute keine Erklärung gefunden wurde, kann man sie als Vorgänger der modernen UFO-Ära bezeichnen.

Eine von Dr. Haines durchgeführte Analyse der Sichtungshäufigkeit ergab, daß während des untersuchten Zeitraumes pro Monat im Durchschnitt 23 UFO-Sichtungen von Flugzeugbesatzungen gemeldet wurden. Die durchschnittliche Sichtungsdauer betrug etwa 7,3 Minuten. Für ein Flugzeug, das sich mit einer Geschwindigkeit von 250 Kilometer pro Stunde geradlinig fortbewegt, entspricht dieser Sichtungsdauer eine Strecke von 30 Kilometern. Bekannte Naturphänomene, wie einstürzende Meteore, kann man oft nur halb solange beobachten. Die meisten UFO-Beobachtungen fanden abends zwischen 20:00 und 21:00 Uhr statt. Zwischen 21:00 und 22:00 Uhr nahm die Häufigkeit der Beobachtungen wieder ab. Das Histogramm in Abbildung 27 zeigt die Verteilung der Zeugenanzahl gegenüber der Zahl der Sichtungen. Interessanterweise berichteten einige Flugzeugbesatzungen, daß elektromagnetische (EM) Störungen an ihren Flugzeugen auftraten.

Diese Störungen beinhalteten:[1]

1. Abnormales Verhalten von gyromagnetischen und magnetischen Kompassen.

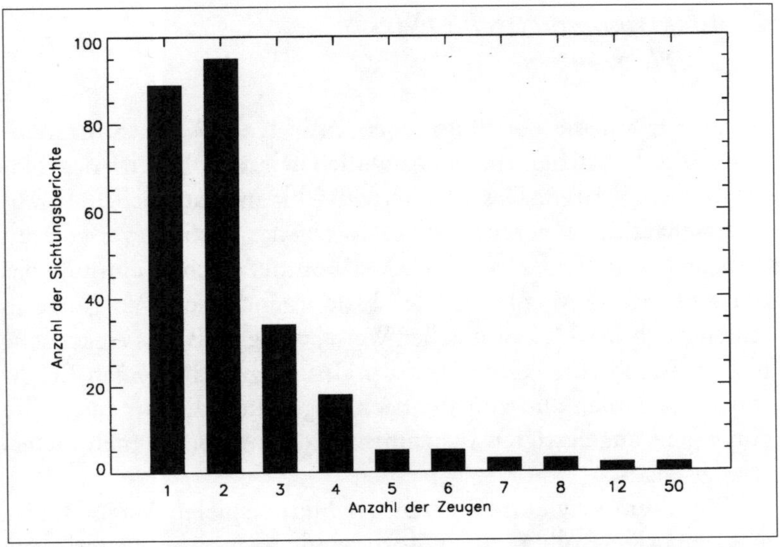

Abb. 27: Die Anzahl der Zeugen während UFO-Nahbegegnungen mit Flugzeugen nach einer Studie von Dr. Richard Haines.

2. Störungen an den Navigationssystemen und den Funkeinrichtungen.
3. Zeitweise Ausfälle der Stromversorgung.
4. Versagen der Cockpit-Instrumente.
5. Zeitweise Ausfälle der Waffensysteme.

Bei drei Flugzeugen fielen die Motoren während der UFO-Begegnung aus. Den Besatzungen gelang es zum Glück, sie wieder in Betrieb zu nehmen, nachdem die UFOs verschwunden waren. Da diese Störungen nur auftraten, wenn sich unidentifizierbare Flugobjekte in der Nähe befanden, kann man daraus schließen, daß UFOs selbst hohe elektromagnetische Felder induzieren und es zu störungsauslösenden Interferenzen zwischen den Flugzeugen und dem UFO kommen kann.

2 *Elektromagnetische Effekte an Flugzeugen*

Bevor wir auf die bei Flugzeugen auftretenden elektromagnetischen Effekte näher eingehen, wollen wir den Begriff des Magnetfeldes erklären. Das Magnetfeld fehlt im natürlichen Erfahrungsschatz des Menschen. Er besitzt weder ein Sinnesorgan, mit dem er Magnetfelder wahrnehmen könnte, noch beeinflußt das ihn umgebende Magnetfeld der Erde irgendwelche Vorgänge in seiner Erlebniswelt in ähnlicher Weise, wie es z. B. das elektrische Feld während eines Gewitters tut. Unsere grundlegenden Erfahrungen stammen alle von Beobachtungen her, die wir mit Hilfe von eigens angefertigten Instrumenten (Kompaß, Magnetometer) erlangt haben.

Im Weltraum sowie im Inneren der Sterne spielen Magnetfelder eine wichtige Rolle. Immer dort nämlich, wo die Materie aus elektrisch geladenen Teilchen, aus Ionen und Elektronen besteht, ist die Magnetfeldrichtung gegenüber anderen Richtungen ausgezeichnet; und dort, wo das Magnetfeld vergleichsweise stark ist, zwingt es den Teilchenbewegungen auch seine Richtung auf. In unserer näheren Umgebung trifft dies für das tiefe Erdinnere wie auch für die Ionosphäre und Magnetosphäre zu. In diesen Gebieten haben auch die natürlichen Magnetfelder, die wir in unserem neutralen Bereich nahe der Erdoberfläche beobachten, ihre Quellen. Gauß führte 1832, um ein reproduzierbares Maß für die Intensität des magnetischen Feldes zu gewinnen, die magnetischen Kenngrößen auf mechanische zurück. Als Träger des Magnetismus nahm er sogenannte magnetische Polstärken an, die sich formal analog zum Newtonschen Gravitationsgesetz mit einer Kraft abstoßen oder anziehen, je nachdem, ob sie gleiche oder ungleiche Vorzeichen haben. Gauß legte die nach ihm benannte Einheit der Polstärke mit $cm^{3/2}gr^{1/2}sec^{-1}$ fest. Die Kraftwirkung, die solch ein Polstärkenpaar auf einen positiven Einheitspol ausübt, nennt man *magnetische Feldstärke*. Die magnetische Feldstärke beträgt an der Erdoberfläche in Äquatorgegend etwa *0,31 Gauß*. Nach

diesem kurzen Ausflug in die Geophysik wollen wir uns wieder dem UFO-Problem zuwenden.
UFO-Zwischenfälle mit Flugzeugen, bei denen Änderungen der elektrischen und der magnetischen Feldstärken auftreten, sind deshalb interessant, da man anhand der Störungen Rückschlüsse auf physikalische Parameter (Energien, Helligkeiten, Strahlung...) des UFOs ziehen kann. Einer der interessantesten EM-Fälle ereignete sich 1976 in der Nähe von Teheran im Iran. Nachdem mehrere Einwohner seltsame Flugobjekte sahen und ihre Beobachtung dem Mehrabad Tower meldeten, wurde ein F-4-Abfangjäger der Luftwaffenbasis Sharhraki zur Aufklärung in die Luft geschickt. Anhand eines Dokumentes der amerikanischen Defense Intelligence Agency (DIA), das der Mathematiker Charles Huffer (MUFON-CES) aufgrund des FOIA-Gesetzes für 2000 Dollar Bearbeitungsgebühr freikaufte, erhielt man einen vollständigen Einblick in diesen spektakulären Fall.[4,5] Als sich die F-4 an ein hell scheinendes Flugobjekt annäherte, fielen im Flugzeug die Instrumente und die Funkverbindung aus. Der Pilot mußte daraufhin seinen Aufklärungsflug abbrechen. Als die F-4 abdrehte, funktionierten die Instrumente und die Funkverbindungen wieder. Bald darauf wurde eine zweite F-4 gestartet, die das unbekannte Flugobjekt weiter verfolgte. Das UFO und die verfolgende F-4 setzten ihren Kurs südlich von Teheran fort, als ein anderes, hell glänzendes Flugobjekt, geschätzte Größe von der Hälfte bis zu einem Drittel der relativen Größe des Mondes, aus dem ursprünglichen UFO herauskam. Laut DIA-Dokument versuchte der F-4-Pilot, eine AIM-9-Rakete auf das UFO zu feuern. Plötzlich funktionierten aber sein Waffenkontrollpult und der Funk nicht mehr. Nach mehreren Flugmanövern vereinigte sich das kleinere Flugobjekt mit dem ursprünglichen UFO. Nach diesem Vorgang erhielt die F-4 ihren Funkkontakt und die Funktionen des Waffenkontrollpultes wieder zurück.
Ronald S. Regeher arbeitete 25 Jahre beim Defense Support Program (DSP) des US-Verteidigungsministeriums. Das DSP betreibt Spionagesatelliten, die ursprünglich russische Interkonti-

nentalraketen (ICBM) aufgrund ihrer Wärmeentwicklung entdecken sollten. Da Ronald Regeher bei den DSP-Satellitensensoren arbeitete, interessierte es ihn, ob diese Satelliten auch UFOs registrieren können.[6] Mittlerweile ist bekannt, daß DSP-Satelliten während der Kuwait-Krise irakische SCUD-Raketen registrierten. Da SCUD-Raketen sehr viel weniger Energie abgeben als ICBMs, sollten sie auch imstande sein, UFOs vom Weltraum aus zu entdecken. Beim Zwischenfall über dem Iran wurde das UFO vom Piloten der F-4 mit einem Durchmesser von neun Metern beschrieben. Das UFO mußte genügend Wärmeenergie abstrahlen, damit die AIM-9-Rakete ansprach. Obwohl die Daten der AIM-9-Raketen geheim sind, kann man die Sensibilität der Infrarotsensoren mit nicht klassifizierten Infrarotsensoren vergleichen. Ronald Regeher verwendete die bekannten Daten, um diese mit der Registrierfähigkeit der DSP-Satelliten zu vergleichen. Da das UFO hell leuchtete, produzierte es um sich selbst eine Schicht ionisierender Luftmoleküle. Die minimale Ionisationstemperatur von Stickstoff in zwölf Kilometer Höhe beträgt etwa 12 000 Grad Kelvin. Regeher verwendete der Einfachheit halber eine sphärische Struktur für das UFO. Die vom Satelliten sichtbare Oberfläche des UFOs wurde auf 66 Quadratmeter geschätzt. Mit den vorhandenen Daten erhält man für diesen Fall eine Strahlungsintensität von etwa 200 Kilowatt/Steradiant. Diese Intensität liegt höher als die von SCUD-Raketen produzierte und reicht mit Sicherheit aus, daß DSP-Satelliten UFOs zumindest im infraroten Spektralbereich registrieren können. Ob das amerikanische Militär DSP-Satelliten einsetzt, um UFOs aufzuspüren, bleibt natürlich Spekulation. Dieses Beispiel zeigt aber, daß man anhand von elektromagnetischen Störungen an Flugzeugen physikalische Größen von UFOs herleiten bzw. bestimmen kann, ob die abgestrahlte Wärmeenergie im detektierbaren Bereich von DSP-Satelliten liegt.

Dr. Haines hat mittlerweile rund 3500 Pilotensichtungen, die bis ins Jahr 1926 zurückgehen, untersucht. In dieser Zeit hatten die Flugzeugcockpits nur einen Luftdruckmesser, durch den man auf

Höhenänderungen schließen konnte. Im Dezember 1966 meldeten zwei Piloten einer finnischen Caravelle eine Formation von ungewöhnlichen Lichtern, die ihr Flugzeug begleitete. Drei Objekte wurden als zigarrenförmig beschrieben. Das Flugzeug und die zigarrenförmigen Flugobjekte wurden von zehn dunklen und zehn hellen, leuchtenden, runden Flugobjekten begleitet. Diese Formation wurde von vier verschiedenen Flugzeugen und deren Besatzungen beobachtet. Laut Besatzung zeigten während dieser Begegnung die beiden Kompaßnadeln der Caravelle in verschiedene Richtungen. Als die UFOs verschwanden, kehrten die Kompaßnadeln in ihre ursprüngliche Position zurück. Dr. Haines fand heraus, daß diese Begegnung keinen Einzelfall darstellte. Für die Beeinflussung von Kompaßnadeln gibt es zwei Erklärungen:[7]

1. Das Vorhandensein von im Flugzeug befindlichen eisenhaltigen Stoffen in der Nähe der Kompasse.
2. Die Beeinflussung der Kompaßnadeln durch ein erhöhtes elektromagnetisches Feld von außen.

Dieses elektromagnetische Feld wird durch relativ große Ströme in der Cockpitregion verursacht. Im vorher erwähnten Fall kann man Punkt eins ausschließen, da sich in der Nähe der Kompasse keine eisenhaltigen Metalle befanden. Von dem Verhalten der Kompaßnadeln kann man auf die Größe der magnetischen Feldstärke (B) schließen. Physikalische Berechnungen ergeben, daß die magnetische Feldstärke mit der Entfernung von der Quelle sehr schnell abnimmt. Würde anhand der Beeinflussung der Kompaßnadel festgestellt werden, daß sie mit einer magnetischen Feldstärke von 0,05 Gauß beeinflußt wurde und sich das UFO in einer Entfernung von etwa 90 Metern befand, würde das UFO ein magnetisches Feld von 500 Gauß erzeugen. Wenn sich das UFO hingegen einen Kilometer entfernt befindet, wäre die hervorgerufene magnetische Feldstärke 50 000 Gauß groß. Diese *vielfach* dem Erdmagnetfeld entsprechenden sehr großen magnetischen Feldstärken sind wichtige Indikatoren für die von UFOs erzeugten Energien.

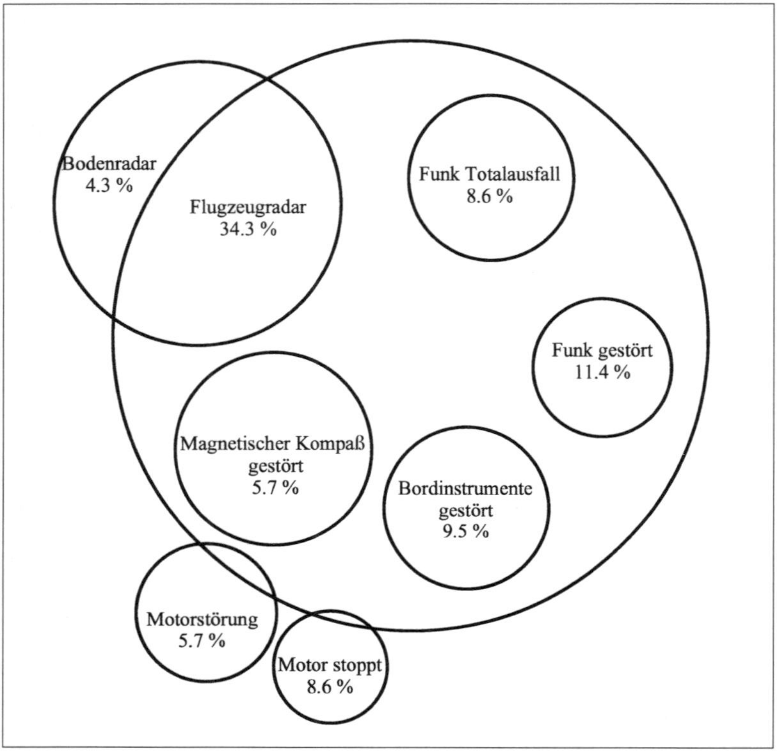

Abb. 28: Die wichtigsten Effekte von UFOs auf Flugzeuge und deren Instrumente.

Die Abbildung 28 zeigt die Anteile der am häufigsten bei Flugzeugen auftretenden EM-Effekte, die Dr. Haines untersuchte. Nach der Radarbeeinflussung treten Funkstörungen am häufigsten auf. Es ist interessant, daß gleich danach Maschinenausfälle auftreten. Bei diesen Fällen ist aber nicht klar, ob der Pilot vor lauter Aufregung wichtige Steuerhandlungen am Flugzeug nicht durchgeführt und damit ein Maschinenproblem ausgelöst hat.

3 *Pilotensichtungen*

Da die meisten Fluggesellschaften UFO-Nahbegegnungen mit Flugzeugen herunterspielen, werden solche Zwischenfälle in den Medien beinahe ignoriert. In vielen Fällen melden die Flugzeugbesatzungen ihre UFO-Sichtung erst gar nicht, da Piloten um ihre Fluglizenz fürchten.[1, 7, 8] Es kam auch schon vor, daß Piloten, die eine UFO-Sichtung bei ihrem Vorgesetzten meldeten, versetzt oder dem Bodenpersonal zugeteilt wurden. Anhand der Statistik weiß man, daß nur 10 % der Leute, die ein UFO sehen, auch eine Meldung machen. Legt man diese Statistik auf die rund 3500 von Dr. Haines untersuchten Fälle um, würde es bedeuten, daß über 30 000 UFO-Zwischenfälle von Piloten nicht gemeldet wurden. Natürlich können auch Piloten Täuschungen erliegen. Bei über 30 000 möglichen Sichtungen ist das aber sicher nicht immer der Fall. Anhand militärischer Quellen weiß man, daß eine große Zahl von Militärpiloten UFO-Sichtungen macht. Militärische UFO-Nahbegegnungen werden aus den bekannten Gründen vor der Öffentlichkeit zurückgehalten. Jedes Jahr werden weltweit ca. 200 UFO-Meldungen von zivilen Piloten an das sogenannte *Confidential Human Factors Incident Reporting System* (CHFIRS) gemacht. Wir wollen nun einige dieser interessanten Fälle schildern.

Der folgende Fall handelt von einer UFO-Begegnung einer TAE Super Caravelle vom 11. November 1979 über den Balearen, Spanien.[10] Die spanische Luftwaffe gab mittlerweile die dazugehörigen Dokumente, die den Fall nun offiziell bestätigen, frei. An Bord des Charterflugzeuges befanden sich 119 Österreicher, die von Salzburg nach Teneriffa flogen. Nachdem das Flugzeug auf Mallorca eine Zwischenlandung machte, kam es zwischen Ibiza und dem spanischen Festland beinahe zu einer Katastrophe. Um 23:00 Uhr erhielten der 34jährige Pilot Francisco de Tejada und sein Co-Pilot Sr. Suazo einen Funkspruch vom Air Control Barcelona, daß ein unbekanntes Radarsignal in der Nähe der Caravelle auszumachen war. Kurz danach war der Funkkanal elektrostatisch gestört. Die Piloten beobachteten zwei sehr hell strahlende rote Lichter neben ihrem Flugzeug. Die Lichter befanden sich am Anfang und am Ende einer dunklen Masse. Danach fing das unbekannte Flugobjekt mit dem Flugzeug zu spielen an. Die Piloten beschrieben die Flugmanöver des Objektes als nicht konventionell und fantastisch. Die Passagiere wurden von der Besatzung aufgefordert, sich anzuschnallen. Man informierte sie aber nicht, daß ein UFO schuld an den Sicherheitsmaßnahmen war. Die Piloten änderten die Flughöhe von 6900 Meter auf 3000 Meter. Da das UFO das Flugzeug verfolgte, beschlossen die Piloten, den nächstliegenden Flugplatz anzufliegen. Dieser Flugplatz war Valencia in Spanien. Als das Flugzeug um Mitternacht in Valencia landete, sahen mehrere Flughafenbedienstete die roten Lichter am Ende der Rollbahn.

Die Fluggäste erfuhren den Grund für die unmittelbare Landung nicht. Sie wurden über Nacht in ein Hotel gebracht. Am darauffolgenden Tag konnten die Urlauber ihre Reise ungestört fortsetzen. Zwei Tage nach dem Zwischenfall fand der UFO-Forscher Juan Benitez vom Direktor der TAE heraus, daß das UFO auch von mehreren Militärflugzeugen beobachtet worden war. Die Flughäfen Barcelona und Valencia hatten das UFO auf ihren Radarschirmen. Des weiteren fand man heraus, daß das Air Defense Command Radar ebenfalls aufzeichnete, wie es in 30 Sekunden einen Sturzflug von 3600 Metern durchgeführt hatte. Nachdem das Flugzeug außer Gefahr war, wurden zwei Mirage-Düsenflugzeuge zum Abfangen des UFOs in die Luft geschickt. Die beiden Mirage hatten jedoch kein Glück und mußten nach Valencia zurückkehren.

Neben einem Zwischenfall in Paraguay, den wir im Kapitel über Radarsichtungen genauer betrachten werden, gab es einen weiteren spektakulären UFO-Zwischenfall am 31. Dezember 1979 in Neuseeland.[11, 12] Auch bei diesem Vorfall gab es eine große Anzahl von Zeugen, zwei Tonbandaufzeichnungen, ungewöhnliche Radarsignale und einen 16-Millimeter-Farbfilm, der von einem professionellen Kameramann angefertigt wurde. Unter den Zeugen befanden sich Pilot William Startny, der Co-Pilot Robert Gurd, zwei Fernsehreporter und ein Kameramann. Kurioserweise drehte die Filmcrew vor diesem Flug eine Dokumentation über Radar-visuelle UFO-Sichtungen, die kurz zuvor an der neuseeländischen Ostküste beobachtet wurden. Niemand an Bord des Flugzeuges konnte ahnen, selbst bald Zeuge einer UFO-Beobachtung zu werden. Die Besatzung des Flugzeuges sah während des Fluges eine größere Anzahl von Lichtern. Zur selben Zeit registrierte die Luftraumüberwachung in Wellington ebenfalls eine größere Anzahl von ungewöhnlichen Radarechos, die in Richtung und Zeit mit den visuellen Beobachtungen übereinstimmten. Danach kam die Fernsehcrew ins Cockpit, um die Lichtobjekte zu filmen. Ein Reporter dokumentierte die Sichtung auf dem vorher erwähnten Tonband. Nachdem das Flugzeug landete, ging die Meldung über diesen Film um die ganze Welt.

Die CBS-Abendnachrichten brachten fünf Minuten über diese UFO-Beobachtung. Daraufhin flog der Marinephysiker Dr. Bruce Maccabee nach Neuseeland, um diese Ereignisse vor Ort zu untersuchen. Dr. Maccabee interviewte alle an der Sichtung beteiligten Zeugen und analysierte mit Hilfe anderer Wissenschaftler die gemachten Filmaufnahmen. Natürliche Erklärungen, wie vom Boden abgestrahlte Navigationslichter, Lichtreflexionen, Flugzeugpositionslichter, astronomische Körper, Drogenschmuggler, geheime militärische Aktivitäten, Meteore, Kugelblitze und sogar Leuchtkäferschwärme konnten als Ursache ausgeschlossen werden. Dr. Bruce Maccabee veröffentlichte nach mehrjährigen Untersuchungen die Analyseergebnisse in der wissenschaftlichen Fachzeitschrift *Journal of Scientific Exploration* mit der Schlußbemerkung, daß die an dem Fall beteiligten Wissenschaftler bis heute keine natürliche Erklärung fanden.

Am 17. November 1986 flog die japanische Maschine Japan Air Lines 747 Cargo Jet durch den nächtlichen Himmel über Nordalaska. Für die 3-Mann-Cockpitcrew von Flug 1628 war der Flug

von Reykjavik, Island, nach Anchorage, Alaska, Routine. Um 18:00 Uhr beobachtete Kapitän Konju Terauchi zwei einem Pfosten ähnliche Lichter etwa 1,6 Kilometer hoch und 30 Grad zu seiner Linken.[13] Terauchi dachte, daß es sich um Militärflugzeuge handeln könnte. So fragte er bei der Luftraumüberwachung in Anchorage nach, ob sich andere Flugzeuge in seiner Nähe befanden. Die Luftraumüberwachung in Anchorage hatte aber nichts auf ihren Radarschirmen. Plötzlich kamen die Lichter ca. 150–300 Meter an das Flugzeug heran. Terauchi sah zwei dunkle Zylinder mit abwechselnd drehenden gelbbraunen Lichtern. Kapitän Terauchi war sich sicher, daß dies keine gewöhnlichen Flugzeugpositionslichter waren. Diese Lichter waren sehr hell und warfen keinen Schatten. Die Besatzung der 747 beobachtete das UFO für 3–5 Minuten. Danach verschwand das UFO, und an seiner Stelle sah Terauchi zwei fluoreszierende Lichter in einer Entfernung von etwa zwölf Kilometern. Er registrierte ein schwaches Echo auf dem Wetterradar. Als die 747 die Erscheinung überholte, beobachtete Terauchi gegen den Schein von Fairbanks Stadtbeleuchtung eine Silhouette in Form eines riesigen mit einem Lichtband umgebenen Balles.
Die Abbildung 29 zeigt die von Terauchi angefertigte Skizze dieser Erscheinung. Auf dieser Zeichnung kann man sehr schön den Größenunterschied zwischen dem UFO und Terauchis Flugzeug erkennen. Da die Luftraumüberwachung in Anchorage ein Radarsignal neben Terauchis Flugzeug registriert hatte, holte man eine Bestätigung bei der militärischen Luftraumüberwachung ein. Die US Air Force bestätigte anfänglich ein schwaches Signal, ähnlich dem von Terauchis Wetterradar. Kurz danach gab man bekannt, daß es vom Radarschirm verschwand. Als die 747 einen Bogen flog, führte das UFO ein ähnliches Flugmanöver aus und folgte dem Flugzeug. Um 18:53 Uhr landete Terauchi seine 747 in Anchorage.
Die Luftfahrtbehörde (FAA) in Anchorage und die JAL führten sofort eine offizielle Untersuchung dieses Falles durch, kamen aber auf keinen grünen Zweig. Reflexionen von anderen Licht-

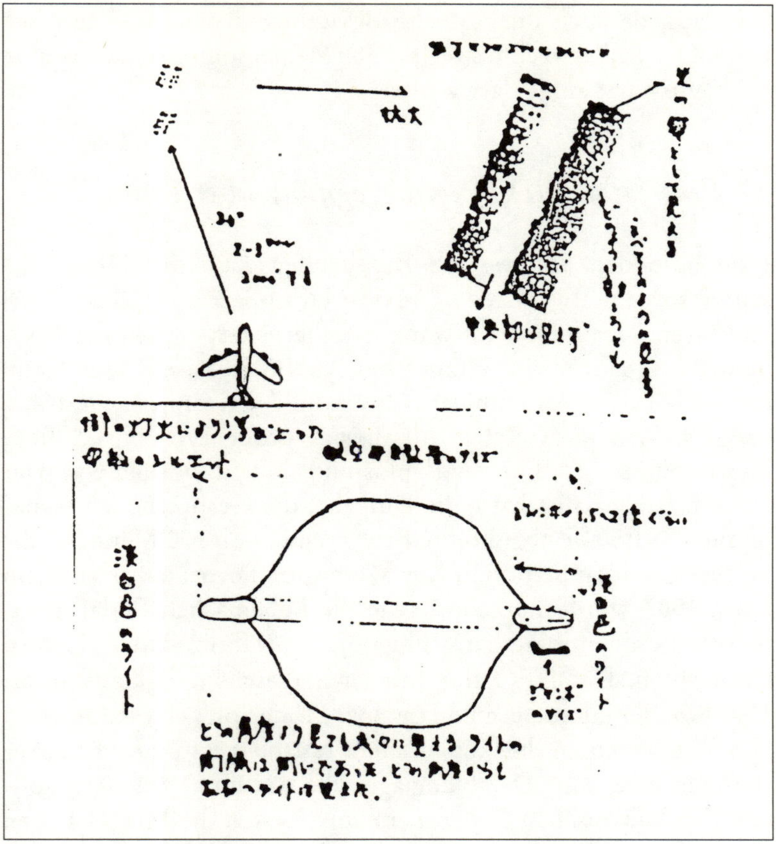

Abb. 29: Diese Skizze wurde von Kapitän Terauchi angefertigt und macht den Größenvergleich zwischen Flugzeug und UFO deutlich.

quellen, Spiegelungen, Temperaturinversionen und ähnliche atmosphärische Störungen wurden in diesem Fall ausgeschlossen. Die amerikanische Luftwaffe behauptete, daß sich die Radarsignale auf elektronische Störungen zurückführen lassen würden. Zivile Radarexperten schlossen dies wiederum aus, da die Signale von drei unabhängigen Radarsystemen zur selben Zeit aufgezeichnet wurden. Die FAA schloß eine Halluzination von Terauchis

Seite aus, da auch die restliche Besatzung dieses UFO gesehen hatte. Der Fall erweckte 1987 großes Medieninteresse und konnte bis heute nicht aufgeklärt werden.

4 *Eine fatale UFO-Nahbegegnung über Kuba*

Eine besonders interessante Begebenheit kam der UFO-Forschungsorganisation Citizen Against UFO-Secrecy (CAUS) 1978 zu Ohren. Der Informant war ein Sicherheitsspezialist der 6947. Security Squadron der Homestead Air Force Base.[14] Der Mann hatte 1978 dem Atomphysiker Stanton T. Friedman anvertraut, daß 1967 ein kubanischer Abfangjäger vom Typ Mig-21 über Kuba von einem UFO zur Explosion gebracht worden war. Der Sicherheitsspezialist hatte die Aufgabe, die Gespräche der kubanischen Luftwaffe abzuhören. Er war einer von 100 Männern, die an der Naval Air Station in Key West ihren Dienst ableisteten. Im März 1967 wurde mitgehört, wie die kubanischen Radaroperateure ein unidentifizierbares Flugobjekt auf ihren Radarschirmen ausmachten. Das UFO flog mit einer Geschwindigkeit von ca. 1000 Stundenkilometern und in einer Höhe von zehn Kilometern von Nordosten an das kubanische Festland heran. Die Kubaner starteten zwei Mig-21-Abfangjäger, die das UFO abfangen sollten. Die kubanischen Radaroperateure lotsten die Mig-21 bis zu fünf Kilometer an das UFO heran. Ein Mig-21-Pilot berichtete, daß das UFO wie eine helle metallische Kugel ohne Hoheitskennzeichen aussah. Da das UFO nicht auf die Abfangjäger reagierte, erteilte die Bodenstation den Piloten den Befehl zum Abschuß des UFOs. Einige Sekunden später hörten die amerikanischen Abhörspezialisten einen Aufschrei bei den Kubanern. Einer der Mig-21-Jets explodierte in der Luft, noch bevor er eine Rakete auf das UFO abfeuern konnte. Kurz danach beschleunigte das UFO, stieg auf über 30 Kilometer Höhe an und verschwand in süd-südöstlicher Richtung nach Südamerika.
Die Amerikaner sendeten sofort einen Bericht zum Hauptquar-

tier der National Security Agency (NSA), da diese Einheit des Air Force Security Services (AFSS) zur NSA gehörte. Innerhalb von Stunden bekam die AFSS den Befehl, alle Aufzeichnungen und Daten zur NSA zu schicken. Die Bediensteten bekamen den Auftrag, den Verlust der kubanischen Mig-21 als *Maschinenschaden* zu bezeichnen. Unter diesen Daten befanden sich auch welche, die für Positionsbestimmungen und Triangulation der Flugzeuge und des UFOs benötigt wurden. Nachdem Stanton Friedman diese Geschichte dem Journalisten Robert Pratt und daraufhin CAUS mitteilte, stellte der UFO-Forscher Robert Todd eine Informationsanfrage aufgrund des FOIA-Gesetzes an die Luftwaffe, CIA, NSA und die Marine. Es fühlte sich aber keine der vorher genannten Behörden für den Fall zuständig. Der CIA-Informationsoffizier Gene F. Wilson schlug vor, Todd sollte sich in dieser Angelegenheit direkt an die kubanische Regierung wenden. Als er daraufhin die NSA davon unterrichtete, daß er die kubanische Regierung in dieser Angelegenheit direkt anschreiben wollte, erhielt Robert Todd den Besuch von FBI-Beamten, die ihn darauf hinwiesen, daß er Spionage-Gesetze verletzen würde, worauf Gefängnis und sogar die Todesstrafe stehen könnten. Die NSA hatte das FBI verständigt und das Telefon von Todd abgehört. Robert Todd fragte, ob denn alle Informationen über diesen Fall klassifiziert wären, worauf ihm einer der Beamten sagte: »Einiges an Informationen ist klassifiziert, das meiste ist Unsinn.« Einige Zeit später rief der Luftwaffen-Major, der für die FOIA-Abteilung verantwortlich war, Todd an und sagte, daß das Kuba-Dokument geheim sei, aber nicht wegen des Vorfalles, der uninteressant wäre, sondern aufgrund der Methoden der Nachrichtengewinnung. Schließlich gab die NSA doch einen Teil des Dokumentes frei. Wir wollen den Lesern die Übersetzung dieses überaus interessanten Dokumentes nicht vorenthalten:

»Im März 1967 berichtete die 6947. Security Squadron mit Sitz auf der Poca Chica Naval Air Station nahe Key West, Florida, von folgendem Zwischenfall. Die Aufgabe der 6947. Security Squadron besteht darin, kubanische Militärgespräche abzuhören.

Kubanische Radarstationen meldeten ein unbekanntes Flugobjekt (Bogey), das sich von Nordosten dem kubanischen Festland näherte. Als das Flugobjekt kubanischen Luftraum in einer Höhe von zehn Kilometern durchflog, wurden zwei Mig-21-Abfangjäger gestartet. Die Flugzeuge wurden auf fünf Kilometer an das Flugobjekt herangelotst. Ein Pilot (Wing Leader) berichtete, daß das Flugobjekt wie eine helle metallische Kugel aussah, die keine sichtbaren Oberflächenmerkmale aufwies. Das kubanische Luftwaffenhauptquartier befahl dem Wing Leader, seine Waffen scharf zu machen und auf das Objekt zu feuern. Der Wing Leader meldete zur Bodenstation, daß seine Waffen scharf wären und er das Objekt auf seinem Radarschirm hätte. Kurz darauf teilte der andere Pilot der Bodenstation mit, daß das Flugzeug des Wing Leaders explodiert sei. Er teilte der Bodenstation mit, daß er keinen Rauch und keine Flammen ausmachen konnte, als das Flugzeug explodierte. Kurz darauf bemerkten die Radaroperateure, daß das Objekt sehr schnell beschleunigte und auf eine Höhe von 30 Kilometer stieg. Zuletzt wurde das Objekt beobachtet, als es in süd-südöstlicher Richtung nach Südamerika verschwand.
Ein Kurzbericht wurde zum Hauptquartier der National Security Agency geschickt. Dieser beinhaltete die Standardprozeduren über einen Verlust eines feindlichen Flugzeuges. Danach wurde der NSA ein weiterer Bericht geschickt. Innerhalb von Stunden erhielten wir den Befehl, alle Daten und Aufzeichnungen, die diesen Zwischenfall betreffen, ins Hauptquartier der NSA zu schicken. Uns wurde mitgeteilt, daß wir als Ursache für den Flugzeugabsturz Maschinenschaden anführen sollten.« [15]
Etwas später wurde Robert Todd von Colonel Johnson benachrichtigt, daß zehn weitere Dokumente über diesen Zwischenfall wegen nationaler Sicherheitsgründe von den FOIA-Regelungen ausgeschlossen sind und nicht freigegeben werden müssen. Diese Ereignisse zeigen auf, daß Robert Todd und die Forschungsorganisation CAUS an einer großen Story waren und daß der Kuba-

In March of 1967, the 6947th Security Squadron based with the Boca Chica Naval Air Station near Key West, Florida recorded this incident. The mission of the 6947th is the monitoring of all Cuban military communications.
Cuban radar installations reported a bogey approaching the Cuban land mass from the north-east. 2 MIG-21 interceptors were scrambled when the bogey crossed Cuban air space at an altitude of approximate 10,000 meters and at a speed approaching Mach. The interceptors were directed to the Bogey by Cuban Ground Control Intercept and were guided to within 5 kilometers of the object. The wing leader reported the object was a bright metallic sphere with no visible markings or appendages. After a futile attempt to contact the object for identification, Cuban Air Defense headquarters ordered the wing leader to arm his weapons and destroy the object. The wing leader reported his missiles armed and his radar locked-on. Seconds later the wing man began screaming to the ground controller that the wing leaders aircraft had exploded. After regaining his composure he further reported that there was no smoke or flame, the aircraft had disintegrated. Cuban radar reported the object quickly accelerated and climbed beyond 30,000 meters and at lastreport was heading south-south east towards South America.
A spot report was sent to National Security Agency headquarters, which is standard procedure in any case involving aircraft loss by an enemy country. NSA is required to acknowledge receipt of such a report, however they didn't and therefore we sent a follow-up report. Within hours we received orders to ship all tapes and pertinent intelligence to the Agency and were told to list the incident in the squadron files as aircraft loss due to equipment malfunction.

Abb. 30: Dokument der 6947. Security Squadron der amerikanischen Luftwaffe. Diese Spezialeinheit hörte 1967 den Funkverkehr zweier kubanischer Mig-21-Piloten ab und erlebte mit, daß eine Maschine offenbar von einem UFO, das beschossen werden sollte, zerstört wurde.

Zwischenfall authentisch war. Diese Geschichte bleibt ein Mysterium, und man kann sich die Frage stellen, wie viele solcher Berichte weiterhin in den Archiven der NSA lagern?

5 *Das Verschwinden von Delta Sierra Juliet*

Der folgende Fall beschreibt eines der größten Rätsel der australischen Luftfahrtsgeschichte.[16] Am Abend des 21. Oktober 1978 verschwand der 20jährige australische Pilot Frederick Valentich mit seiner Cessna über Bass Strait spurlos. Aus seinem letzten Funkspruch kann man schließen, daß Valentich eine UFO-Nahbegegnung in der Luft hatte. Während Frederick Valentich verschwand, wurde Australien von einer großen UFO-Welle heimgesucht. Valentich flog von Melbournes Moorabbin-Flughafen nach King Island an der Küste von Victoria entlang, als er plötzlich einen großen unbekannten Flugkörper in der Nähe seiner Cessna sah. Da er den Melbourner Flugservice anfunkte, gibt es ein offizielles Transkript, das den Vorfall belegt. Wir geben hier die Übersetzung des Gespräches zwischen Frederick Valentich (F.V.) und dem Melbourner Flugservice (M.F.S.) wieder:

»1906:14 F.V.: ›Melbourne, hier ist Delta Sierra Juliet. Gibt es einen bekannten Flugverkehr unter 1500 Meter?‹

M.F.S.: ›Delta Sierra Juliet, kein bekannter Flugverkehr.‹

F.V.: ›Delta Sierra Juliet, es scheint aber ein großes Flugzeug unter 1500 Meter zu sein.‹

1906:44 M.F.S.: ›Delta Sierra Juliet, was für ein Flugzeugtyp ist es?‹

F.V.: ›Delta Sierra Juliet, ich kann es nicht bestätigen, es ist hell, es scheint mir, als wären es Landelichter.‹

1907 M.F.S.: ›Delta Sierra Juliet.‹

1907:31 F.V.: ›Melbourne, hier ist Delta Sierra Juliet, das Flugzeug flog gerade 300 Meter über mir vorbei.‹

M.F.S.: ›Delta Sierra Juliet, roger, ist es ein sehr großes Flugzeug, bestätigt?‹

F.V.: ›Unbekannt, es fliegt sehr schnell, ist da irgendein Air Force-Flugzeug in der Nähe?‹

M.F.S.: ›Delta Sierra Juliet, kein bekanntes Flugzeug in der Nähe!‹

1908:18 F.V.: ›Melbourne, es fliegt nun von Osten an mich heran.‹

M.F.S.: ›Delta Sierra Juliet.‹

1908:41: Funkstille für zwei Sekunden.

1908:48 F.V.: ›Delta Sierra Juliet, es scheint, als ob es mit mir ein Spiel spielt, es fliegt über mir mit zwei- oder dreifacher Geschwindigkeit, ich kann es nicht identifizieren.‹

1909 M.F.S.: ›Delta Sierra Juliet, roger, was ist ihr aktueller Level?‹

F.V.: ›Mein Level ist viereinhalbtausend, vier, fünf, null, null.‹

M.F.S.: ›Delta Sierra Juliet, und sie bestätigen, daß sie das Flugzeug nicht identifizieren können?‹
F.V.: ›Bestätigt.‹
M.F.S.: ›Delta Sierra Juliet, roger, bleiben Sie stand-by.‹
1909:27 F.V.: ›Melbourne, Delta Sierra Juliet, es ist kein Flugzeug, es ist (Funkstille für zwei Sekunden).‹
1909:42 M.F.S.: ›Delta Sierra Juliet, können Sie das Flugzeug beschreiben?‹
F.V.: ›Delta Sierra Juliet, es fliegt nach…, es hat eine längliche Form (Funkstille für drei Sekunden), ich kann es nicht mehr identifizieren, es hat so eine Geschwindigkeit (Funkstille für drei Sekunden). Es ist nun vor mir, Melbourne.‹
1910 M.F.S.: ›Delta Sierra Juliet, roger, und wie groß ist das Objekt?‹
1910:19 F.V.: ›Delta Sierra Juliet, Melbourne, es scheint stationär zu sein. Ich umkreise es nun, aber das Ding kreist oberhalb von mir. Es hat ein grünes Licht und ist metallisch. Es glänzt an der Außenseite.‹
M.F.S.: ›Delta Sierra Juliet.‹
1910:46 F.V.: ›Delta Sierra Juliet, (Funkstille für fünf Sekunden). Es ist verschwunden.‹
M.F.S.: ›Delta Sierra Juliet.‹
1911 F.V.: ›Melbourne, wissen Sie, welche Art von Flugzeug das ist? Ist es ein Militärflugzeug?‹
M.F.S.: ›Delta Sierra Juliet, bestätigt, daß das Flugzeug gerade verschwunden ist.‹
F.V.: ›Sagen Sie es noch einmal.‹
M.F.S.: ›Delta Sierra Juliet, ist das Flugzeug noch in der Nähe?‹
F.V.: ›Delta Sierra Juliet, es (Funkstille für zwei Sekunden) fliegt nun von Südwesten heran.‹
M.F.S.: ›Delta Sierra Juliet.‹
1911:50 F.V.: ›Delta Sierra Juliet, die Maschine bekommt Probleme,…‹
M.F.S.: ›Delta Sierra Juliet, roger, was sind Ihre Absichten?‹
F.V.: ›Meine Absicht ist – ah – nach King Island – ah – Mel-

COMMONWEALTH OF AUSTRALIA DEPARTMENT OF TRANSPORT

AIRCRAFT ACCIDENT INVESTIGATION SUMMARY REPORT

Reference No. V116/783/1047

Publication of this report is authorised by the Secretary under the provisions of Air Navigation Regulations 283 (1)

1. LOCATION OF OCCURRENCE

	Height a.m.s.l.	Date	Time (Local)	Zone
Not known	-	21.10.78	Not known	EST

2. THE AIRCRAFT

Make and Model	Registration	Certificate of Airworthiness
Cessna 182L	VH-DSJ	Valid from 14 February 1968

Certificate of Registration issued to	Operator	Degree of damage to aircraft / Other property damaged
Cephus Day, 33 Reserve Road, Beaumauris. Victoria	SAS Southern Air Services, Northern Avenue, Moorabbin Airport, Victoria	Not known / -

Defects discovered

3. THE FLIGHT

Last or intended departure point	Time of departure	Next point of intended landing	Purpose of flight	Class of operation
Moorabbin	1819 hours	King Island	Travel	Private

4. THE CREW

Name	Status	Age	Class of licence	Hours on type	Total hours	Degree of injury
Frederick VALENTICH	Pilot	20	Private	Not known	150 (Approx.)	Presumed Fatal

5. OTHER PERSONS (All passengers and persons injured on ground)

Name	Status	Degree of injury	Name	Status	Degree of injury

6. RELEVANT EVENTS

The pilot obtained a Class Four instrument rating on 11 May 1978 and he was therefore authorised to operate at night in visual meteorological conditions (VMC). On the afternoon of 21 October 1978 he attended the Moorabbin Briefing Office, obtained a meteorological briefing and, at 1723 hours, submitted a flight plan for a night VMC flight from Moorabbin to King Island and return. The cruising altitude nominated in the flight plan was below 5000 feet, with estimated time intervals of 41 minutes to Cape Otway and 28 minutes from Cape Otway to King Island. The total fuel endurance was shown as 300 minutes. The pilot made no arrangements for aerodrome lighting to be illuminated for his arrival at King Island. He advised the briefing officer and the operator's representative that he was uplifting friends at King Island and took four life jackets in the aircraft with him.

The aircraft was refuelled to capacity at 1810 hours and departed Moorabbin at 1819 hours. After departure the pilot established two-way radio communications with Melbourne Flight Service Unit (FSU).

The pilot reported Cape Otway at 1900 hours and the next transmission received from the aircraft was at 1906:14 hours. The following communications between the aircraft and Melbourne FSU were recorded from this time: (Note: The word/words in brackets are open to other interpretations.)

TIME	FROM	TEXT
1906:14	VH-DSJ	MELBOURNE this is DELTA SIERRA JULIET is there any known traffic below five thousand
:23	FSU	DELTA SIERRA JULIET no known traffic
:26	VH-DSJ	DELTA SIERRA JULIET I am seems (to) be a large aircraft below five thousand

Abb. 31: Dieses Dokument des australischen Department of Transport beschreibt den Fall von Frederick Valentich, der mit seinem Flugzeug, nachdem er ein UFO gemeldet hatte, am 14. Februar 1978 vor der australischen Küste spurlos verschwand.

RELEVANT EVENTS (cont'd)

TIME	FROM	TEXT
:46	FSU	D D DELTA SIERRA JULIET what type of aircraft is it
:50	VH-DSJ	DELTA SIERRA JULIET I cannot affirm it is four bright it seems to me like landing lights
1907:04	FSU	DELTA SIERRA JULIET
:32	VH-DSJ	MELBOURNE this (is) DELTA SIERRA JULIET the aircraft has just passed over over me at least a thousand feet above
:43	FSU	DELTA SIERRA JULIET roger and it it is a large aircraft confirm
:47	VH-DSJ	er unknown due to the speed it's travelling is there any airforce aircraft in the vicinity
:57	FSU	DELTA SIERRA JULIET no known aircraft in the vicinity
1908:18	VH-DSJ	MELBOURNE it's approaching now from due east towards me
:28	FSU	DELTA SIERRA JULIET
:42		// open microphone for two seconds //
:49	VH-DSJ	DELTA SIERRA JULIET it seems to me that he's playing some sort of game he's flying over me two three times at a time at speeds I could not identify
1909:02	FSU	DELTA SIERRA JULIET roger what is your actual level
:06	VH-DSJ	my level is four and a half thousand four five zero zero
:11	FSU	DELTA SIERRA JULIET and confirm you cannot identify the aircraft
:14	VH-DSJ	affirmative
:18	FSU	DELTA SIERRA JULIET roger standby
:28	VH-DSJ	MELBOURNE DELTA SIERRA JULIET it's not an aircraft it is // open microphone for two seconds //
:46	FSU	DELTA SIERRA JULIET MELBOURNE can you describe the er aircraft
1909:52	VH-DSJ	DELTA SIERRA JULIET as it's flying past it's a long shape // open microphone for three seconds // (cannot) identify more than (that it has such speed) // open microphone for 3 seconds // before me right now Melbourne
1910:07	FSU	DELTA SIERRA JULIET roger and how large would the er object be
:20	VH-DSJ	DELTA SIERRA JULIET MELBOURNE it seems like it's stationary what I'm doing right now is orbiting and the thing is just orbiting on top of me also it's got a green light and sort of metallic (like) it's all shiny (on) the outside
:43	FSU	DELTA SIERRA JULIET

Abb. 32: Zweite Seite des Original-Gesprächs zwischen Frederick Valentich und dem Moorabbin-Flughafen in Victoria.

RELEVANT EVENTS (cont'd)

TIME	FROM	TEXT
:48	VH-DSJ	DELTA SIERRA JULIET // open microphone for 5 seconds // it's just vanished
:57	FSU	DELTA SIERRA JULIET
1911:03	VH-DSJ	MELBOURNE would you know what kind of aircraft I've got is it (a type) military aircraft
:08	FSU	DELTA SIERRA JULIET confirm the er aircraft just vanished
:14	VH-DSJ	SAY AGAIN
:17	FSU	DELTA SIERRA JULIET is the aircraft still with you
:23	VH-DSJ	DELTA SIERRA JULIET (it's ah nor) // open microphone 2 seconds // (now) approaching from the southwest
:37	FSU	DELTA SIERRA JULIET
:52	VH-DSJ	DELTA SIERRA JULIET the engine is is rough idling I've got it set at twenty three twenty four and the thing is (coughing)
1912:04	FSU	DELTA SIERRA JULIET roger what are your intentions
:09	VH-DSJ	my intentions are ah to go to King Island ah Melbourne that strange aircraft is hovering on top of me again // two seconds open microphone // it is hovering and it's not an aircraft
:22	FSU	DELTA SIERRA JULIET
:28	VH-DSJ	DELTA SIERRA JULIET MELBOURNE // 17 seconds open microphone //
:49	FSU	DELTA SIERRA JULIET MELBOURNE

There is no record of any further transmissions from the aircraft.

The weather in the Cape Otway area was clear with a trace of stratocumulus cloud at 5000 to 7000 feet, scattered cirrus cloud at 30000 feet, excellent visibility and light winds. The end of daylight at Cape Otway was at 1918 hours.

The Alert Phase of SAR procedures was declared at 1912 hours and, at 1933 hours when the aircraft did not arrive at King Island, the Distress Phase was declared and search action was commenced. An intensive air, sea and land search was continued until 25 October 1978, but no trace of the aircraft was found.

7. OPINION AS TO CAUSE

The reason for the disappearance of the aircraft has not been determined.

Approved for publication	(A. R. Woodward) Delegate of the Secretary	Date 27.4.1982

Abb. 33: Im dritten Teil des Transkripts bestätigt Frederick Valentich kurz vor seinem Verschwinden, daß das unbekannte Flugobjekt oberhalb seiner Delta Sierra Juliet kein Flugzeug ist. Nach diesem Funkspruch wurde der Funkverkehr unterbrochen, und Valentich verschwand mit seinem Flugzeug.

bourne. Dieses seltsame Flugzeug schwebt wieder über mir (Funkstille für zwei Sekunden). Es schwebt und ist *kein Flugzeug.*‹

M.F.S.: ›Delta Sierra Juliet.‹

1912:28 F.V.: ›Delta Sierra Juliet, Melbourne (Funkstille für siebzehn Sekunden) ...‹«[17]

Es wurde keine offizielle Erklärung für die seltsamen Geräusche, die während des letzten Statements des Piloten gehört wurden, abgegeben. Nach Valentichs letztem Funkspruch wurden sofort militärische und zivile Suchflugzeuge in die Luft geschickt, die aber keine Flugzeugtrümmer und auch keine Ölspuren auf der Wasseroberfläche fanden. Am Anfang wollte man den Zwischenfall in der Öffentlichkeit herunterspielen und als gewöhnlichen Flugzeugabsturz ausgeben. Die Wahrheit kam aber bald an die Öffentlichkeit, da mehrere andere Piloten zur selben Zeit in der Luft waren und den Funkverkehr zwischen Valentich und der Flugsicherung in Melbourne mitgehört hatten. Am 23. Oktober wurde der Öffentlichkeit mitgeteilt, daß das Verschwinden von Frederick Valentich mit einem UFO zusammenhing. Man fand heraus, daß die Gegend um Bass Strait schon sechs Wochen vor Valentichs Verschwinden von UFOs heimgesucht wurde. Viele dieser Sichtungen wurden in UFO-Magazinen und Journalen weltweit publiziert. UFO-Forscher fanden heraus, daß zu der Zeit, als Frederick Valentich verschwand, fischförmige und zigarrenförmige Flugobjekte von mehreren unabhängigen Zeugen gesehen wurden.

Im Dezember 1982 meldeten sich zwei Taucher, die behaupteten, die vermißte Cessna am Grund von Cape Otway gefunden zu haben.[18] Die Taucher behaupteten, daß sie sechzehn Fotos von ihr gemacht hätten. Zur selben Zeit wollte der Dokumentarfilmer Ron Cameron eine Dokumentation über Valentichs UFO-Zwischenfall drehen. Ihm wurden die Fotos für rund 10000 US-Dollar angeboten. Cameron nahm das Angebot nicht an. Die Taucher zeigten ihm aber fünf Fotos, die eine unversehrte Cessna am Meeresgrund zeigten. Seltsamerweise war der Pilot aber nicht mehr im Flugzeug. Daraufhin wollte das Department of Aviation eine Bergung einleiten. Man verwarf diese Idee aber wieder, da man den Fall nicht noch einmal aufwärmen wollte. Cameron wollte 1983 der Sache nachgehen, stieß dabei aber auf mehrere Unklarheiten. Wie es mittlerweile scheint, dürfte es sich bei der von den Tauchern erzählten Geschichte um einen Schwindel handeln. Was auch immer Frederick Valentich zugestoßen sein mag, das Transkript zwischen ihm und der australischen Flugsicherung läßt es als sehr wahrscheinlich erscheinen, daß sein Verschwinden mit einer UFO-Nahbegegnung zusammenhing.

VI

UFOs und Radar

»Das erste Manöver des UFOs war so schnell (als es sich hinter dem Abfangjäger bewegte), daß ich es komplett übersah, aber es wurde von den anderen Radaroperateuren beobachtet. Der Pilot des Jägers sagte mir, er würde versuchen, das UFO abzuschütteln. Er versuchte alles – er stieg auf, tauchte nach unten, kreiste usw., aber das UFO verhielt sich, als ob es hinter dem Flugzeug festgemacht worden wäre, es hielt immer den gleichen Abstand. Es war sehr nahe, aber wir konnten die beiden Objekte am Schirm immer voneinander trennen.«

Aus dem Bericht eines Radaroperateurs, der mit vielen anderen Kollegen ein äußerst merkwürdiges Objekt auf seinem Schirm beobachten konnte

1 *Radar kann UFOs registrieren*

Die Detektion und Beobachtung von UFOs durch Radargeräte spielt seit der Erfindung dieser Technologie eine große Rolle. Der Grund liegt vor allem darin, daß die Radargeräte bzw. deren Aufzeichnungen unbestechlich sind und neben visuellen Sichtungen eines unbekannten Objektes die unabhängige Bestätigung für dessen Existenz geben können. Der hohe technische Aufwand, der für moderne Radaranlagen getrieben wird, erlaubt einerseits zwar enorme Leistungen bei der Ermittlung von Objektparametern wie Entfernung, Geschwindigkeit oder Form, aber andererseits bietet die Komplexität der Geräte auch weiten Spielraum für Fehlinterpretationen und Falschklassifikationen.
Die Daten, welche aus Radarbeobachtungen gewonnen werden können, sind nur so gut, wie die Experten, die die aufgezeichneten Signale auswerten. In der Geschichte der Radarentwicklung hat es deshalb immer wieder Fälle gegeben, wo anfangs völlig unerklärliche Phänomene schließlich doch noch auf herkömmlichem Weg erklärt werden konnten. Um die Rolle von Radarbeobachtungen in bezug auf UFOs besser einschätzen und verstehen zu können, werden wir im folgenden Abschnitt kurz auf die Grundlagen und Problematiken des Radars eingehen.

2 *Technische Grundlagen der Radargeräte*

Energie wird in Form von elektromagnetischen Wellen (der Strahlung) durch den Raum transportiert. Die wesentlichen Eigenschaften, welche diese Form von Übertragung kennzeichnen, sind Wellenlänge und Geschwindigkeit. Das herkömmliche Sonnenlicht stellt nichts anderes dar als den gerade erwähnten Strahlungstransport. Die Wellenlänge des Sonnenlichtes liegt dabei zwischen 400 und 650 Nanometern (ein Nanometer entspricht einem Milliardstel Meter), und es wird mit der Geschwindigkeit von ungefähr 300 000 Kilometern pro Sekunde durch den leeren Raum transportiert. Die verschiedenen Wellenlängen des Sonnenlichtes entsprechen unterschiedlichen Farben, die das menschliche Auge wahrnehmen kann. Große Wellenlängen bedeuten dabei rote Farbtöne, kleine Wellenlängen repräsentieren die Teile des blauen Farbspektrums, dazwischen liegen alle anderen Farben. Dem Auge ist es nur deshalb möglich, von der Umgebung einen Sinneseindruck zu erlangen, weil die Sonne als Energielieferant den sie umgebenden Raum (und damit auch die Erde) mit ihrer Strahlung ausfüllt. Teile dieses Lichtes von der Sonne werden von praktisch allen Objekten auf der Erdoberfläche reflektiert und können von Strahlungsempfängern aufgenommen und ausgewertet werden. Die Sonne arbeitet dabei als aktive Beleuchtungsquelle, die jeglichen Empfängern erst das »Sehen« der Umgebung ermöglicht.

So, wie man mit einer Taschenlampe als aktive Lichtquelle im Dunkeln Objekte beleuchtet, sendet auch das Radar Energie in Form von elektromagnetischen Wellen ab. Die bedeutenden Unterschiede liegen bei den einfachen Geräten nur bei der Wellenlänge, die für das Anstrahlen der Objekte verwendet wird.

Wie eingangs erläutert, liegt der Bereich des sichtbaren Lichtes bei einigen hundert Nanometern. Bei kleineren Wellenlängen spricht man von ultraviolettem Licht, bei größeren Wellenlängen von infrarotem Licht, zu dem auch die Wärmestrahlung gehört. Geht man weiter zu noch größeren Wellenlängen, kommt man über die sogenannte ferne Infrarotstrahlung schließlich zu den Wellenlängen, die bei technischen Anlagen für Radargeräte eingesetzt werden. Das Spektrum reicht dabei von etwa einem Zentimeter bis zu 140 Zentimeter Wellenlänge. Ähnlich wie bei den Farben im sichtbaren Licht unterteilt man das Radarspektrum in verschiedene Bereiche, Bänder, die einzelne Frequenzabschnitte benennen.[1] Angefangen beim langwelligsten Teil, dem K-Band, unterscheidet man die K-, X-, C-, S-, L-, UHF- und P-Bänder mit ihren jeweils charakteristischen Frequenz-Abschnitten.

Die Abbildung 34 gibt diese Unterteilung in einem Diagramm nochmals wieder. Kehren wir wieder zur Analogie mit der Taschenlampe zurück, um die Funktionsweise des Radargerätes zu veranschaulichen. Der Strahl der Taschenlampe fällt auf einen Gegenstand und wird von diesem in alle möglichen Richtungen reflektiert. Ein Teil dieser Strahlung fällt in das Auge des Beobachters und kann somit von diesem wahrgenommen werden. Erst die Kombination Sender (Taschenlampe) und Empfänger (Auge)

Frequenzband	Frequenzbereich (GHz)	Wellenlänge (cm)
P-Band	0.225 - 0.39	133.0 - 76.9
L-Band	0.39 - 1.55	76.9 - 19.4
S-Band	1.55 - 3.9	19.4 - 7.69
C-Band	3.9 - 5.75	7.69 - 5.21
X-Band	5.75 - 10.9	5.21 - 2.75
K-Band	10.9 - 36.0	2.75 - 0.83
Q-Band	36.0 - 46.0	0.83 - 0.63

Abb. 34: Die Aufteilung der wichtigsten benutzten Radar-Wellenlängen in sogenannte Bänder. Die Tabelle listet die Frequenzen bzw. Wellenlängen mit den dazugehörigen verwendeten Bezeichnungen auf.

macht das System komplett. Auf genau die gleiche Weise arbeitet auch die Radaranlage. Ein Sender strahlt Energie in Form von Radarstrahlen ab, und ein Empfänger sammelt die reflektierten Echos wieder ein. Ähnlich wie bei der Taschenlampe, die ihr Licht sehr stark bündelt, kann der Radarsender auch nur einen kleinen punktförmigen Bereich seiner Umgebung abtasten, die Messung ist also nur eindimensional. Um ein Bild der Umgebung zu erhalten, muß der Radarstrahl deshalb seine Umgebung kontinuierlich abtasten, um so ein Gesamtbild seiner Umgebung zu erhalten. Damit erhält man das Bild der sich drehenden Radarantenne, die in kurzen Abständen Energieimpulse absendet und die resultierenden Echos kurz darauf wieder empfängt.

Die Rückstrahlung von eventuell abgetasteten Objekten wird weiterverarbeitet und auf einem Sichtgerät dem Radaroperateur präsentiert. Die Echos enthalten vielfältige Informationen, die verwendet werden, um nähere Details über die Eigenschaften des beobachteten Gegenstandes zu erhalten. Wenn man die Zeit *dt* mißt, die zwischen dem Senden des Radarimpulses und dem Empfang des Echos verstreicht, kann man die Entfernung *d* zum Objekt bestimmen. Sie ergibt sich aus dem halben Produkt von *dt* und der Lichtgeschwindigkeit *c*: Distanz = 0,5 * *dt* * Lichtgeschwindigkeit. Moderne Radaranlagen können auch die Geschwindigkeit eines Objektes messen. Wenn dessen Lage im Raum (Entfernung, Richtung) zu zwei aufeinanderfolgenden Zeitpunkten bestimmt wird, läßt sich daraus einfach seine Geschwindigkeit bestimmen. Eine etwas kompliziertere und technisch aufwendigere Methode macht sich den Doppler-Effekt zunutze. Dabei wird die Erkenntnis benutzt, daß sich die als konstant angenommene Frequenz eines Senders scheinbar zu ändern beginnt, wenn sich dieser relativ zu einem ruhenden Empfänger bewegt.

Dieser Effekt ist jedem bekannt, der schon einmal den Signalton eines schnell vorbeifahrenden Zuges gehört hat. Der sich nähernde Zug pfeift in einer höheren Tonlage, wenn er sich auf den Beobachter zubewegt, und in einer tieferen, wenn er sich wieder entfernt. Dieses Prinzip wird bei Doppler-Geschwindigkeitsmessungen angewandt. Sich relativ zum Radargerät entfernende Objekte reflektieren eine leicht zu tieferen Frequenzen verschobene Radarwelle und umgekehrt. Aus der zu messenden Differenz zwischen gesendeter und empfangener Strahlung läßt sich so die Geschwindigkeit eines Zieles relativ zum Beobachter bestimmen. Neben diesen zwei relativ einfach zu bestimmenden Radar-Kenngrößen von Objekten (Entfernung, Geschwindigkeit) wurden im Laufe der Zeit weitere Verfahren zur Klassifikation von Objekten entwickelt (z. B. Polarisation, Rückstrahlvermögen bei unterschiedlichen Frequenzen). Die vielfältigen Möglichkeiten, die moderne Radartechnik heute bietet, haben dazu beigetragen, daß diese Technik in vielen Einsatzgebieten zum Tragen kommt. Aus den ersten rein militärischen Anwendungen wurden zuerst mobile Geräte für die Luftraumüberwachung entwickelt. Schließlich wurde die Techno-

logie auch für zivile Bereiche zugänglich, sie stellt heute ein unentbehrliches Werkzeug in der modernen Luftraumüberwachung wie in der Schiffahrt dar. Radar wird aber auch in der Meteorologie verwendet, um die Dimension und Bewegung von potentiell gefährlichen Wettererscheinungen wie Gewitterzentren zu verfolgen. So hat heute beinahe jedes Großraumflugzeug ein Wetterradar eingebaut, um Lufträume mit möglicherweise gefährlichen Eigenschaften rechtzeitig erkennen und vermeiden zu können.
Radar wird heute aber auch zunehmend in der Fernerkundung durch Satelliten eingesetzt. Sein großer Vorteil gegenüber optischen Verfahren ist nämlich, daß es Wolken, Nebel und Regen größtenteils ungehindert durchdringen kann. Die Beobachtung der Erde durch satellitengestützte Radaranlagen (der Satellit ERS-1 der Weltraumbehörde ESA stellt hierfür ein Beispiel dar) ermöglicht eine kontinuierliche Datenaufnahme, unbehindert von Wetter und den täglichen Variationen der Sonneneinstrahlung. Der technische Aufwand für die Auswertung von Radarsignalen ist heute ohne Computerhilfe nicht mehr zu bewältigen. Das hat dazu geführt, daß ein Radaroperator auf seinem Sichtschirm meistens nicht mehr die Rohdaten seiner Anlage zu sehen bekommt, sondern nur mehr ein künstliches, vorverarbeitetes Bild, das nur mehr Symbolcharakter hat. Der Computer filtert dabei aus den ursprünglichen Echosignalen des Senders nur mehr diejenigen heraus, welche eine bestimmte Bedeutung für die auszuführende Aufgabe haben. Effekte wie Rauschen, kurzzeitige Störungen sowie stationäre Objekte werden aus dem System eliminiert.

3 *Schwierigkeiten bei der Interpretation von Radardaten*

So wie die Strahlung des sichtbaren Lichtes durch das Medium, in dem sie sich bewegt, beeinflußt werden kann, so passiert dies auch mit den Radiowellen. Die Luftschichten, in denen sich Radarwellen ausbreiten, sind im allgemeinen nicht einheitlich.

Temperaturunterschiede, Inhomogenitäten an atmosphärischen Grenzschichten oder Wolken stellen nur einige der Probleme bei Radarmessungen dar. Dazu kommt noch die bereits erwähnte immer weiter steigende Komplexität der Radaranlagen, die eine Fehlbedienung oder sogar Fehler des Systems selbst provozieren kann.[2] Bereits kurz nachdem die Radartechnik im Zweiten Weltkrieg eingeführt wurde, gab es schon Berichte über unerklärliche Radarziele, die nicht identifiziert werden konnten. Erst in den fünfziger Jahren konnte geklärt werden, daß es sich bei den meisten der beobachteten unidentifizierten Objekte um Vogelschwärme handelte, die genügend Rückstrahlvermögen aufwiesen, um von den Empfängern detektiert zu werden.

Diese unbekannten Echos werden in Fachkreisen als »Angels«, Engel, bezeichnet. In der Geschichte der Radarentwicklung wurden solche Angels immer wieder beobachtet – die meisten davon konnten bisher noch erklärt werden: Meistens waren es Temperaturinversionen in der Atmosphäre, die zu den unerwarteten Reflexionen von Radarsignalen führten. Normalerweise nimmt die Temperatur in der Atmosphäre von unten nach oben ab, aber unter bestimmten Bedingungen kann dieses Gesetz durchbrochen werden. Wenn sich beispielsweise wärmere Luftschichten über kältere Bodenschichten bewegen, kann es zu so einer Inversionslage kommen. An der Grenzschicht zwischen beiden Luftmassen entsteht dabei eine Übergangszone, die Radarwellen reflektieren kann. Ein ganz ähnlicher Effekt führt in der Wüste zur berühmten Fata Morgana, wenn der heiße Sandboden die unteren Zentimeter der Luft weit über die Temperatur der darüberliegenden Atmosphäre aufheizt.

Die gar nicht so selten auftretenden Inversionsschichten in der Atmosphäre können daneben auch dazu beitragen, daß die Reichweite von Radarsignalen unerwarteterweise erhöht wird. Wenn das Signal in höheren Luftschichten so reflektiert wird, daß es über den Horizont gelangen kann und wieder in den Empfänger zurückgeworfen wird, dann kann der Radaroperateur plötzlich Ziele auf seinem Schirm ausmachen, die normalerweise weit

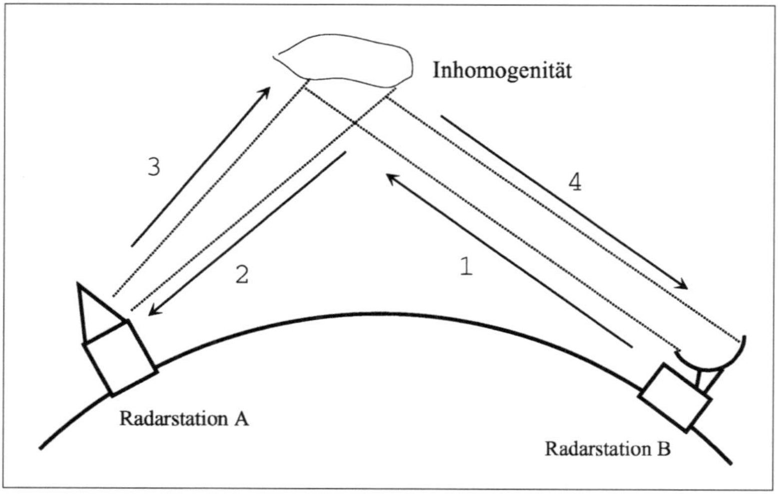

Abb. 35: Eine Radarstation kann ihre Reichweite unerwarteterweise erhöhen, wenn ihre Signale an Inhomogenitäten in der hohen Atmosphäre reflektiert werden. Das Signal gelangt über den Horizont zum sehr weit entfernten Objekt und wird von dort wieder an die Radarstation zurückreflektiert.

jenseits seines Einsatzgebietes liegen. Die Abbildung 35 erklärt diesen Sachverhalt genauer. Sämtliche Entfernungsberechnungen und im Extremfall auch Geschwindigkeitsmessungen werden durch diesen Effekt durcheinandergebracht und liefern keine sinnvollen Werte mehr. Der Radaroperateur ist in einer Ausnahmesituation, ohne sich dessen vielleicht bewußt zu sein. In der Zeit des Kalten Krieges führten solche bislang kaum beachteten Effekte zu Krisensituationen auf beiden Seiten der Mauer. Russische Radarbeobachter konnten nach der Einführung einer neuen empfindlichen Radaranlage immer wieder Zielobjekte auf ihren Schirmen erfassen, die ungewöhnliche Flugeigenschaften aufzuweisen schienen. Die Gefährlichkeit solcher Beobachtungen war in einer Periode des Mißtrauens besonders groß. Was wäre, wenn die unbekannten Ziele eine militärische Aktion der anderen Seite darstellen würden?

Erst detaillierte Untersuchungen zusammen mit Tests ergaben, daß es sich bei dem Phänomen um Reflexion bzw. Streuung von Radarsignalen an Inhomogenitäten in der Atmosphäre handelte. Die Signale einer weit entfernten Radarstation konnten unter bestimmten Bedingungen von anderen Empfängern registriert werden und bildeten so ein unbekanntes Störsignal. Genau dann, wenn zufälligerweise die fremde Sendeantenne in die eigene Richtung zeigte, der Empfänger ebenfalls auf die andere Station gerichtet war und atmosphärische Störungen eine Weiterleitung der Radarsignale über dem Horizont ermöglichten, entstanden die Bilder von unbekannten Zielen. Es handelte sich bei diesem Beispiel um eine Beeinflussung von Radaranlagen untereinander. Diese und andere Erfahrungen zeigen deutlich, wie kompliziert und unübersichtlich sich die Auswertung von Radarsignalen in der Praxis erweisen kann. Diese Tatsache muß bei der Bewertung von ungewöhnlichen Objekten in Betracht gezogen werden, sollte aber andererseits nicht als Standarderklärung für UFO-Sichtungen gelten, solange keine gegenteiligen Beweise vorliegen.

4 Radarunsichtbarkeit

Wir haben uns bisher nur mit den Mechanismen beschäftigt, die es Radaranlagen ermöglichen, Objekte im nahen Luftraum zu registrieren. Es ist in diesem Zusammenhang interessant, sich auch zu fragen, wie man den suchenden Radarstrahlen entkommen kann, ohne erfaßt zu werden. Eine Antwort auf diese Frage ist durchaus von Bedeutung, weil es immer wieder visuelle Sichtungen von UFOs gibt, die eigentlich durch nahe gelegene Radaranlagen bestätigt werden sollten, was aber bei nachträglicher Untersuchung nicht der Fall war. Abgesehen davon, daß es sich bei diesen UFOs um Objekte der *Klasse B* handeln könnte, gibt es vielleicht Methoden, um Radarunsichtbarkeit zu erlangen. Tatsächlich wurde mit der Einführung des Stealth Fighters F-117 und des Stealth-Bombers B-2 in den USA dieses Ziel praktisch erreicht.[3] Die zuständige Forschungsabteilung der Firma Lockheed mit dem Spitznamen *Skunk Works* erreichte es durch zwei Maßnahmen, daß ihre Flugzeuge vom gegnerischen Radar beinahe nicht mehr erfaßt werden können.

Das erste Grundkonzept, das zum Erfolg der Stealth-Flugzeuge beiträgt, ist deren spezielle äußere Formgebung. Das kantige Aussehen des F-117 entsteht durch besondere Konstruktionsmaßnahmen, die bewirken, daß einfallende Radarstrahlen in alle möglichen Richtungen reflektiert werden, nur nicht in die Richtung des Senders. Das Reflexionsverhalten von Oberflächen bezüglich einfallender Radarwellen kann nur mittels aufwendiger Rechenverfahren und damit entsprechend großer Computeranlagen gelöst werden. Während der Entwicklung des zweiten Stealth-Flugzeuges, des B-2-Bombers, entwickelten die Techniker von *Lockheed* bessere Rechenverfahren. Zugleich mit dem Einsatz schnellerer Supercomputer war es ihnen möglich, dem neuen Flugzeug eine einheitlichere, glattere Oberfläche mit den gewünschten Reflexionseigenschaften zu geben. Das erklärt das unterschiedliche Aussehen beider Flugzeuge[4] (eine Abbildung der beiden Stealth-Flugzeuge ist in unserem Buch *UFO-Geheimhaltung* zu finden).

Doch mit der Entwicklung einer besonderen Oberflächenform war die Radarunsichtbarkeit noch nicht perfekt. Die *Skunk Works*-Ingenieure mußten noch speziellere Materialien entwikkeln, mit denen sie die Außenhaut ihrer Flugzeuge beschichteten. Dieses Material ist in der Lage, Radarstrahlen zu absorbieren. Die besondere Schwierigkeit liegt dabei im großen Wellenlängenbereich (1 Zentimeter bis 140 Zentimeter), über den diese Beschichtung wirksam sein muß. Wie man im Golfkrieg feststellen konnte, wurden die technischen Probleme bei Flugzeugen, die Radar-unsichtbar sind, hervorragend gelöst. In diesem Licht erscheint es sehr plausibel, daß es einer uns fremden Technologie ebensogut möglich sein sollte, unserer Luftraumüberwachung zu entgehen. Es stellt sich hierbei nur die Frage, warum dennoch auf der ganzen Welt jährlich Hunderte, wenn nicht sogar Tausende ungeklärte Radarbeobachtungen gemacht werden.

5 *Weltweite Radarbeobachtungen von UFOs*

Der Wissenschaftler Dr. Richard Haines beschäftigt sich schon seit über 20 Jahren mit UFOs. Neben Fotoanalysen interessieren ihn besonders die technischen Aspekte bei UFO-Sichtungen. In einem seiner Vorträge berichtete er auch über Radarbeobachtungen, die von Piloten gemacht wurden.[5] Aus einem Datensatz, der insgesamt 56 Berichte enthält, stammen 15 Fälle, bei denen Radar im Spiel war. Die Tabelle in Abbildung 36 listet diese Begebenheiten auf. Alle Flugzeuge hatten ein deutliches punktförmiges Signal auf ihren Radarschirmen, wurden also wahrscheinlich nicht durch Vogelschwärme, Wolken oder ähnliche natürliche Erscheinungen in die Irre geführt. Spezielles Augenmerk ist auf diejenigen Fälle zu richten, die ungewöhnliche Messungen enthalten. Beispielsweise wurde im Fall der Sichtung vom 22. Januar 1952 ermittelt, daß sich das beobachtete Objekt mit der 20fachen Erdbeschleunigung bewegte. Diesen ungewöhnlich hohen Wert würde kein Mensch über längere Zeit ertragen können, ganz abgesehen davon, daß die Technologie der 50er Jahre kein Flugzeug und keine Rakete mit einem solchen Beschleunigungsvermögen kannte. Eine andere interessante Sichtung hat laut Tabelle am 16. Mai 1987 stattgefunden. Das betreffende Objekt hatte eine Eigengeschwindigkeit von etwa 9000 Stundenkilometern, kein modernes Flugzeug könnte da mithalten.

Detaillierte Fallstudien können immer noch besser als jede Statistik die Brisanz und manchmal auch die Dramatik einer UFO-Sichtung wiedergeben.[6] Anhand einiger Beispiele soll hier aufgezeigt werden, wie eine Radarbeobachtung typischerweise von Piloten oder Bodenpersonal gehandhabt wird. Das erste Ereignis wurde ausführlich im sogenannten *Condon*-Report untersucht. Es handelt sich dabei um eine Radar-visuelle Sichtung, die im Jahr

1956 stattgefunden hat.[7] Beteiligte waren Angehörige der amerikanischen Luftwaffe, die am Haneda-Luftwaffenstützpunkt in der Region um die Bucht von Tokio stationiert waren. Während der Nachtstunden des 5. August beobachteten zwei Bedienstete des Kontrollturmes in östlicher Richtung ein helles Licht, das mit großer Geschwindigkeit seine Höhe änderte, »schneller als jeder Jet«. Beobachter der benachbarten Tachikawa-Basis bestätigten später diese Angaben. Die Operateure vom Haneda-Stützpunkt alarmierten eine Radarstation bei Shiroi, die schließlich ein unbekanntes Ziel über der Bucht von Tokio ausmachen konnte. Ein Untersuchungsbericht zitiert die Beobachtungen der Station:

»Das Objekt konnte nun von unserem Radar erfaßt und verfolgt werden, während es die Bucht von Tokio umkreiste. Obwohl es unmöglich war, seine Geschwindigkeit genau zu erfassen, schätzte Lt. [redacted] seine Geschwindigkeit auf 150 bis 300 Stundenkilometer. Es stoppte manchmal und stand dann still, seine maximale Geschwindigkeit betrug 500 bis 600 Stundenkilometer. Um ungefähr 00:12 Uhr zerbrach das Objekt in drei kleinere Bestandteile mit einem gegenseitigen Abstand von ungefähr 400 Metern.«

Es wurde ein F-94-Flugzeug, ausgerüstet mit einem APG-33-Radar, in die Luft geschickt, um das Ziel zu identifizieren. Der Radaroffizier des Flugzeuges machte nach seinem Einsatz folgende schriftliche Aussage:

»Um 00:15 Uhr bekamen wir von Shiroi die Flugrichtung von 320 Grad. Shiroi hatte ein definitives Radarecho und gab uns die Richtung, um das unbekannte Objekt abzufangen, geschätzte Entfernung etwa sechs Kilometer zu unserem Flugzeug. Um 00:16 Uhr hatte ich Radarkontakt bei zehn Grad rechts, zehn Grad unter dem Horizont, etwa sechs Kilometer entfernt. Das Objekt bewegte sich sehr schnell an uns vorbei ...«

Das unbekannte Flugobjekt wurde demnach sowohl von einer Bodenstation als auch von einem Flugzeug mit Radargeräten erfaßt. Daneben gibt es noch eine unabhängig bestätigte visuelle Sichtung vom Personal des Kontrollturmes bei Haneda. Alle

Fakten scheinen darauf hinzuweisen, daß sich über der Bucht von Tokio ein fremdes Objekt bewegt hat, welches von einem Flugzeug erfolglos gejagt wurde. Dennoch kommt der *Condon*-Report zu dem Schluß, daß es sich bei dem hellen Objekt um den Stern Kapella gehandelt hat. Die Radarechos sollen angeblich durch atmosphärische Effekte hervorgerufen worden sein, die laut Report »selten und ungewöhnlich« sind. Abgesehen davon, daß sich das Bodenpersonal einer amerikanischen Luftwaffenbasis wahrscheinlich kaum durch einen hellen Stern täuschen läßt, gerade wenn dieser Stern auch noch an zwei unabhängigen

Datum	Form des Radar Echos	Geschwindigkeit	Beschreibung
12. Jan 1950	punktförmig	4500 km/h	unbekannt
21. Jan 1951	punktförmig	unbekannt	D
17. Sep 1951	punktförmig	450 km/h	unbekannt
22. Jan 1952	punktförmig	2000 km/h	unbekannt
24. Mär 1952	punktförmig	4600 km/h	unbekannt
26. Mai 1952	punktförmig	20fache Erdbeschl.	unbekannt
24. Dez 1952	punktförmig	unbekannt	unbekannt
13. Mai 1955	punktförmig	270 km/h	P, T
14. Aug 1956	punktförmig	1500 km/h	B, H, R, U
18. Okt 1956	punktförmig	unbekannt	D
11. Jan 1958	punktförmig	1350 km/h	unbekannt
28. Okt 1975	punktförmig	unbekannt	H, P
xx. xxx 1982	punktförmig	1050 km/h	H, K,M
16. Mai 1986	punktförmig	7500 km/h	J

Abb. 36: Die von Richard Haines in einer Studie untersuchten Radar-Sichtungsfälle von Flugzeugen aus. In der Liste sind das Sichtungsdatum, die Form des Radarechos, die Geschwindigkeit des Objektes und seine Bewegungsform eingetragen. Die Bewegung ist durch Buchstaben mit folgender Bedeutung kodiert: B – das Objekt kreist schnell hinter dem Flugzeug; D – Bewegung von oben nach unten; H – schwebte bewegungslos in der Luft; J – flog parallel zum Flugzeug; K – stoppte plötzlich mitten in der Luft; M – sprang von Punkt zu Punkt; P – begleitete das Flugzeug in geringer Entfernung; R – drehte seine Flugrichtung plötzlich um; T – beschleunigte vom Flugzeug weg; U – verschwand plötzlich.

Radargeräten auftauchte, kann der *Condon*-Report keine wirkliche Erklärung abgeben.

Beim nächsten Fall handelt es sich wieder um die Radarbeobachtung von Militärpiloten. Man kann davon ausgehen, daß diese Personen sehr gut ausgebildet sind und über große Erfahrung verfügen. Kein Flieger würde leichtfertig seinen Ruf durch eine unbedachte Aussage ruinieren. Ein UFO konnte visuell und mit Radarunterstützung von mehreren Flugzeugen und einer Bodenstation aus beobachtet werden. Alle Aussagen der Zeugen wurden schriftlich gemacht und mit Name sowie Dienstrang unterzeichnet. Der erste Bericht stammt vom Kopiloten des Flugzeuges ARCHIE-91:

»...Die Crew im vorderen Teil des Flugzeuges wurde auf das Objekt aufmerksam, als es sich in erratischen Bewegungen am Himmel bewegte. Zu diesem Zeitpunkt sichtete ich selbst das Objekt; ich bemerkte, daß es sich in unregelmäßigen Zickzack-Mustern bewegte, in 10:00 Uhr Richtung relativ zu unserem Flugzeug und tief am Horizont. Unsere Flughöhe betrug etwa 5500 Meter... Mein erster Eindruck war, daß es sich dabei sehr wahrscheinlich um den Morgenstern handelte... Als jedoch die Bodenstation ENRAGE informiert wurde und diese den Kontakt bestätigte, begann ich mich zu fragen, ob es wirklich der Morgenstern war.«

Das Interessante an dieser Aussage ist die Überlegung des Kopiloten, ob es sich bei der Sichtung nicht um die Venus zusammen mit atmosphärischen Effekten handelt. Offensichtlich war er mit diesen Phänomenen vertraut, er suchte daher eine Erklärung in dieser Richtung. Die Aussage des nächsten Zeugen scheint aber diese Erklärungsmöglichkeit zu erschweren. Es handelt sich dabei um den Senior-Direktor der Bodenstation ENRAGE:

»Um 07:05 Uhr erhielt ich eine Meldung von ARCHIE-91, einem Flugzeug des Typs KC-97 auf dem Weg zur Basis nach Harmon... ARCHIE-91 berichtete von der Sichtung eines unbekannten Objektes in der Luft zur Linken seines Flugzeuges, etwas oberhalb. Das Objekt bewegte sich mit sehr hoher Geschwindigkeit. Unmittelbar darauf berichtete ARCHIE-29, ein anderes Flugzeug, etwa 30 Kilometer von ARCHIE-91 entfernt, von der Sichtung des gleichen Objektes. Beide Piloten berichteten, daß es keinerlei Wolken in der Umgebung des Objektes gab, die eine Reflexion (eines Sternes etc.) hätten hervorrufen können. Ungefähr um 07:07 Uhr hatte ich Radarkontakt mit einem Objekt in der angegebenen Richtung zusammen mit anderen Zielen, die sich näher zur Station befanden. Das Hauptobjekt schien sich zu diesem Zeitpunkt sehr langsam zu bewegen, exzellenter Radarkontakt konnte dadurch aufrechterhalten werden. Die andere Gruppe von Objekten bewegte sich sehr schnell, manchmal eng beieinander, manchmal in einer Linie aufgereiht. Durch die langsame Rotation der Antenne, die hohe Objektgeschwindigkeit und den sich verändernden Kurs der Objekte war eine Geschwindigkeitsmessung nicht möglich. Es waren schätzungsweise 2000 Stundenkilometer …«

Der Radaroperateur am Boden konnte also die Beobachtungen von ARCHIE-29 und ARCHIE-91 bestätigen, er entdeckte sogar noch weitere ungewöhnliche Objekte auf seinem Schirm, die sich mit extrem hoher Geschwindigkeit bewegten. Im Laufe der Sichtung wurde auch ein Kampfflugzeug in die Luft geschickt. Dessen Radargerät an Bord war jedoch nicht funktionsfähig, und der Pilot konnte auch keinen visuellen Kontakt aufbauen. Weitere vier Aussagen von Zeugen bestätigen die hier nur ausschnittweise präsentierten Aussagen zusammen mit weiteren Details. Die Piloten haben minutiös und möglichst objektiv ihre Beobachtungen wiedergegeben. Bis heute konnte keine plausible Erklärung für diesen Sichtungsfall gegeben werden.

Doch kehren wir jetzt in die Gegenwart zurück. Moderne Instrumententechnik findet heute auch in kleineren Privatflugzeugen ihren Platz und kann bei UFO-Sichtungen eine wichtige Rolle spielen. Die folgende Sichtung hat sich im Jahr 1991 in Paraguay abgespielt, sie enthält viele der bekannten Komponenten einer UFO-Sichtung. Neben der visuellen Bestätigung durch zwei unabhängige Piloten und das Bodenpersonal eines Flughafens gibt es für dieses UFO die Bestätigung durch das Radar der zuständigen Luftraumüberwachung. Daneben wurden die Bordinstrumente eines kleinen Privatflugzeuges durch seine Anwesenheit gestört. Bei diesem Fall treten sehr viele typische Eigenschaften von UFOs auf: helles, strahlendes Licht, sehr hohe Geschwindigkeiten und Beschleunigungen, und nicht zuletzt – das Objekt schien unter intelligenter Kontrolle zu stehen: [8]

Am Abend des 8. Juni 1991 um 18:00 Uhr brach der Privatpilot Cesar Escobar mit seiner kleinen Cessna 210 von Consepcion in Richtung des Flughafens von Asuncion auf. An Bord waren zwei deutsche Passagiere, für einen von ihnen hatte Escobar mehrere Jahre als Pilot gearbeitet. Wie gewöhnlich hörte er während des Fluges den Funkverkehr ab, um über den Standort anderer Flugzeuge in der Gegend auf dem laufenden zu sein. Einige Zeit später fiel ihm das Gespräch zwischen einem Piloten der LAP (der paraguayanischen Luftfahrtgesellschaft) und einem Operateur der Luftraumüberwachung auf. Der LAP-Pilot berichtete davon, daß sich in der Nähe seines Flugzeuges ein weiteres Objekt befand. Die Luftraumüberwachung konnte dieses Objekt deutlich auf dem Radar beobachten, es wurde daher eine Anfrage an bolivianische Kontrolleure gerichtet, ob diese Informationen über das unbekannte Objekt hätten. Die Antwort war negativ. Nach einigen Minuten wurde Cesar Escobar über Funk Zeuge eines ungewöhnlichen Ereignisses.

Der LAP-Pilot berichtete davon, daß sich das helle Licht vor seinem Flugzeug plötzlich mit hoher Geschwindigkeit nach links oben bewegt hatte, dann wieder tiefer ging und sich näherte. Dann verschwand das Objekt: »Am meisten hat mich schockiert, als ich hörte, wie der Pilot berichtete, daß das Objekt gerade auf seine Maschine zuflog und mit unglaublicher Geschwindigkeit darüber vorbeizischte.« Bevor er richtig verstand, was eigentlich vorging, wurde Escobar nun selber Zeuge eines UFO-Vorfalles, denn ein helles bläuliches Licht erschien zu seiner Rechten. Escobar konnte zuerst nicht glauben, daß er dasselbe Objekt sah, welches gerade zuvor noch den anderen Piloten in seinem Bann gehalten hatte. Während seine beiden Passagiere nachfragten, worum es sich bei dem Licht handelte, hörte er durch sein Funkgerät bereits eine Anfrage von der Radarkontrolle. Escobar wurde gefragt, ob er das Objekt klassifizieren könne, denn offensichtlich war auch der Luftraumüberwachung das UFO neben Escobars Cessna aufgefallen (die visuelle Sichtung des Piloten wird von Radaroperateuren bestätigt). Das Objekt begleitete Escobar 25 Minuten lang auf seinem weiteren Flug bis nach Asuncion. Was sich während der Landung abspielte, beschreibt Anibal Gavigan, der Operateur des Kontrollturmes, der Escobar die Landegenehmigung erteilte:

»Ich kann mich an diese Nacht sehr gut erinnern. Es war kalt, und der Himmel war klar und unbedeckt. Ich erhielt einen Anruf von der Radarkontrolle, die mir mitteilte, daß Escobars Flugzeug sich zur Landung vorbereitete und von einem seltsamen Objekt begleitet wurde. Ich sah sofort das helle Objekt, das neben Escobars Maschine flog.«

Gavigan ließ die Lichter auf dem Flugfeld ein- und ausschalten, um das Objekt besser sehen zu können. Während die Lichter aus waren, schwebte das UFO bewegungslos etwa 600 Meter von Gavigan entfernt über der Landebahn. Der Radaroperateur Jose Chavez konnte es deutlich auf seinem Schirm sehen und fragte Gavigan nach einer visuellen Bestätigung, die er auch erhielt. Gavigan beobachtete das Objekt seiner Aussage nach etwa vier bis fünf Minuten bis zum nächsten Ereignis:

»Das helle Licht war absolut bewegungslos, als etwas Spektakuläres passierte. Von dem Ort, wo das Objekt schwebte, schoß ein heller Strahl in Richtung des westlichen Horizontes. Der Strahl war nur für den Bruchteil einer Sekunde sichtbar, so als ob jemand mit einem Stift eine Gerade in die Luft gezeichnet hätte – eine perfekte gelbe Linie, die, soweit man nach Westen sehen konnte, reichte.«

Kurz danach verschwand das UFO:

»Es war wirklich verblüffend. Die Geschwindigkeit des Objektes war unglaublich. Ich war schockiert – ich hatte so ein

Ding noch nie in meinem Leben gesehen. Ich ging sofort hinunter in den Kontrollraum des Towers, wo Chavez verzweifelt nach mir rief. Er fragte mich, ob ich das gesehen hätte, und ich sagte ›ja‹.«

Das Radar von Asuncion macht alle fünf Sekunden eine komplette Rotation, zur Zeit der Beobachtung war es auf eine Maximalentfernung von 210 Kilometern eingestellt. Das UFO verschwand innerhalb einer Umdrehung der Radarantenne komplett aus dem Meßbereich des Gerätes, es bewegte sich in fünf Sekunden also um mindestens 210 Kilometer von der Landebahn weg. Das entspricht einer Geschwindigkeit von 150 000 Stundenkilometern! Nach den Angaben von Gavigan war während des Vorfalles kein Geräusch zu hören. Warum das UFO keinen Überschallknall erzeugt hatte, geschweige denn durch seine hohe Geschwindigkeit nicht in der Luft verglühte, bleibt ungeklärt.

6 *Radarbeobachtungen in Mitteleuropa*

Die Forschungsorganisation MUFON-CES hat vor einiger Zeit eine Gruppe von Fachleuten gebildet, die sich um eine Untersuchung der Radar-Beobachtungen bemüht. Darunter befinden sich sowohl Benutzer von Radargeräten mit langjähriger Erfahrung als auch Ingenieure und Wissenschaftler, die Radargeräte konstruieren. Damit ist sichergestellt, daß die Forschungen auf hohem Niveau betrieben werden. Die Gruppe analysiert Radarsichtungen aus Deutschland, Österreich und der Schweiz, die durch keine herkömmlichen Phänomene erklärbar sind. In diesen Ländern werden regelmäßig Objekte im eigenen Luftraum registriert, die allen Gesetzen der Schwerkraft zu trotzen scheinen. Die Radarziele beschleunigen in unglaublich hohen Raten, ändern ihre Flugrichtung im Zickzack-Kurs und durchdringen den deutschen, schweizerischen und österreichischen Luftraum völlig ungehindert. MUFON-CES hat Kontakte zu Personen in der deutschen und schweizerischen Luftraumüberwachung, die Informationen über die seltsamen Radarkontakte sammeln und weiterleiten. Herr Haas (Pseudonym) von der Schweizer Luftraumüberwachung sammelt seit einigen Jahren (aus eigenem Interesse) ungewöhnliche Radardaten, die in seinem Land registriert werden. Beunruhigt über die große Anzahl von für ihn unerklärbaren Radarzielen hat er sich 1994 an MUFON-CES gewandt, um dort Unterstützung bei der Untersuchung seiner Daten zu bekommen.

Normalerweise ist das schweizerische Radar darauf programmiert, nur diejenigen Objekte auf den Schirmen der zivilen Luftraumüberwachung darzustellen, die innerhalb der Bereiche herkömmlicher Flugzeuge operieren. Unmögliche Flugbahnen oder Geschwindigkeiten führen deshalb normalerweise dazu, daß ungewöhnliche Objekte nicht bemerkt werden. Dennoch werden immer wieder unidentifizierte Objekte erfaßt und manchmal für mehrere Minuten verfolgt, bis sie schließlich aus den Radarsystemen von den Steuerungscomputern entfernt werden.[9] So hat Herr Haas im Laufe der Jahre Hunderte von Radarmessungen gesammelt und archiviert. Die Wissenschaftler von MUFON-CES haben erst 1994 begonnen, die Daten zu sichten, um mit den Auswertungen zu beginnen.

Beispielsweise wurde am 24. November 1992 im Gebiet von Regensburg in sehr großer Höhe ein Objekt gesichtet (aus dem sehr starken Radarecho zu schließen), das von mehreren kleinen Objekten scheinbar umkreist wurde. Eine weitere interessante Beobachtung fand am 7. Juli 1993 über der Zentralschweiz statt. Von 14:20 Uhr bis 14:45 Uhr wurden in der Höhe von elf Kilometern mehrere unidentifizierte Radarechos vermessen, die sich entlang einer geraden Linie (»wie an einer Perlenschnur aufgereiht«) über den Zürichsee bewegten. Bemerkenswert daran ist, daß die Objekte manchmal stehenblieben und sich außerdem gegen die vorherrschende Windrichtung bewegten.[9] Eines haben die Schweizer UFOs und die der anderen Länder fast immer gemeinsam: Sie bewegen sich mit extrem hohen Geschwindigkeiten, sind extrem

wendig und können daher Manöver ausführen, zu denen kein normales Flugzeug in der Lage wäre.
Trotz der ungewöhnlichen Eigenschaften der beobachteten Objektbahnen, der unglaublichen Geschwindigkeiten und Beschleunigungen, die beobachtet werden, scheint sich kaum jemand um die Radardaten zu kümmern. Das Militär ist nur an Radarzielen interessiert, die eine feindliche Bedrohung darstellen könnten. Die Computer der Radargeräte sind daher so programmiert, daß Ziele mit Eigenschaften, welche ein Flugzeug nicht aufweisen kann, einfach ausgefiltert werden (abgespeichert können solche Ereignisse dennoch werden). Das Militär führt also nur seine Aufgabe der Luftraumüberwachung durch und kümmert sich nicht um unidentifizierte Ziele, die es ja gar nicht geben dürfte. Den Wissenschaftlern an Forschungsinstituten sind die Radarbeobachtungen zwar bekannt, jedoch werden aufgrund des schlechten Rufes des UFO-Phänomens keine Untersuchungen vorgenommen, um sich nicht von den Fachkollegen bloßstellen zu lassen.
Eine der wenigen Ausnahmen in der Geschichte der UFO-Forschung stellt in diesem Zusammenhang das belgische Militär dar. Während der Sichtungswelle im Jahr 1989 arbeitete die belgische Luftwaffe eng mit UFO-Forschern der Organisation SOBEPS zusammen, um den Tausenden Meldungen, welche während weniger Monate gemacht wurden, auf den Grund zu gehen. Aus dieser Zeit stammt auch das folgende Beispiel, welches mit November 1989 datiert ist.[10,11] Von einer militärischen Radar-Bodenstation wurde in der Nacht vom 29. auf den 30. November ein seltsames Objekt im belgischen Luftraum erfaßt. Es wurden zwei F-16-Kampfflugzeuge gestartet, die das UFO 75 Minuten lang verfolgen konnten. Die SOBEPS-Forscher hatten Gelegenheit, sich den Inhalt der *Black Box* beider Flugzeuge anzusehen. In diesem Gerät werden alle relevanten Daten des F-16-Flugzeuges abgespeichert, unter anderem auch die Informationen vom Radargerät dieses Flugzeugtyps. Mehrmals während der Verfolgungsjagd des Objektes konnten die Radargeräte ein sogenanntes

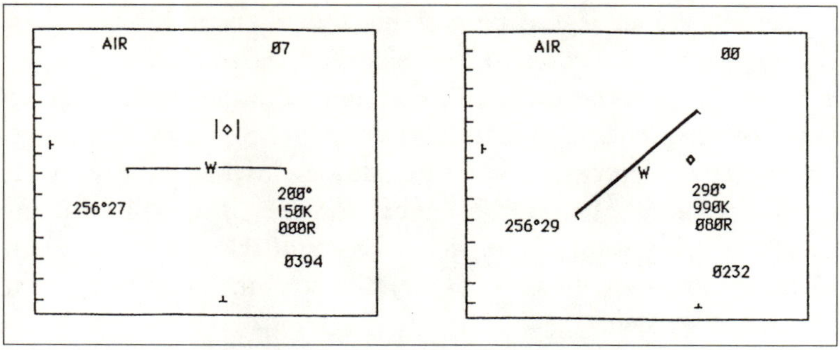

Abb. 37: Die Original-Radaraufzeichnungen der F-16 aus Belgien, die ein UFO verfolgte. Das UFO ist dabei durch ein rautenförmiges kleines Symbol gekennzeichnet. Der Strich in der Bildmitte und das W-förmige Symbol repräsentieren die Lage des Flugzeuges in der Luft. Die Zahlen rechts unten am Radarbild geben von oben nach unten an: die Richtung des Objektes vom Flugzeug aus (200 Grad), die Geschwindigkeit des Objektes (150 Knoten) sowie zwei weitere, klassifizierte Parameter des Objektes, deren Bedeutung unbekannt ist.
Im linken Bild hat das Objekt eine Geschwindigkeit von 150 Knoten (280 Stundenkilometer), im rechten hat es seine Bewegung auf 990 Knoten (1830 Stundenkilometer) beschleunigt.

Lock On erzielen. Das bedeutet, daß es in Richtung des Zieles schwenkt und damit in der Lage ist, genaue Daten wie Geschwindigkeit, Richtung und Höhe des Zielobjektes zu ermitteln. Zusätzlich zu den Zielerfassungen der F-16-Flugzeuge konnte auch die Bodenstation das UFO mehrmals auf ihren Schirmen beobachten.
Seine Geschwindigkeit variierte von ungefähr 55 Stundenkilometer (viel zu langsam für ein Flugzeug) bis zu 1800 Stundenkilometer. Die Piloten – die das UFO nun auf dem Radarschirm erfaßt hatten – berichteten, daß das UFO jedesmal stark beschleunigte und nach unten tauchte, wenn sie auf »Lock on«, also auf automatische Zielverfolgung, schalteten. Es schien dabei Beschleunigungen bis zum 40fachen der Erdbeschleunigung zu erreichen! Es ist bekannt, daß die komplizierten Radaranlagen in

modernen Abfangjägern unter Umständen Phantombilder produzieren können. Professor Meessen aus Belgien erklärt viele der Flugzeug-gestützten Radaraufzeichnungen mit solchen Effekten (konkret: Fehler in den Kalman-Filtern der Signalverarbeitung). In einigen Fällen, wie in dem gerade beschriebenen, gibt es jedoch eine Bestätigung für das Signal von verschiedenen Empfängern, die Fehlerwahrscheinlichkeit ist damit sehr stark reduziert. Dennoch müssen die F-16-Radaraufzeichnungen mit Vorsicht behandelt werden.

VII

Militärische UFO-Nahbegegnungen

»Alle drei Männer warfen sich zu Boden, als sich das Flugobjekt mit einem zickzackförmigen Manöver durch den Wald in Richtung Feld entfernte. Unterwegs streifte es auch einige im Weg stehende Bäume. Die Männer standen auf und näherten sich wieder dem Objekt. Aber es stieg auf und verschwand mit sehr großer Geschwindigkeit.«

Lt. Colonel Charles Halt, USAF,
Deputy Commander RAF Woodbridge,
Suffolk, England

1 *Das Gesetz zur Informationsfreiheit*

Seit der amerikanische Geschäftsmann Kenneth Arnold mit seiner Sichtung von neun diskusförmigen Flugobjekten am 24. Juni 1947 das moderne UFO-Zeitalter einleitete, stellten sich viele Leute die Frage: »Was weiß die amerikanische Regierung über UFOs?« Diese Frage blieb lange Zeit unbeantwortet. Anfragen von der Öffentlichkeit wurden ignoriert oder in Antwortschreiben als nichtig abgetan. Nachdem 1969 das einzige offizielle UFO-Projekt der amerikanischen Luftwaffe, Projekt *Blue Book,* eingestellt wurde, mußte die Öffentlichkeit der US-Regierung glauben, daß sich ihre Behörden aus der Untersuchung der unbekannten Flugobjekte zurückgezogen hatten. Zivilpersonen, die danach eine UFO-Sichtung bei der Luftwaffe meldeten, wurden vom Luftwaffensprecher an Universitäten und private UFO-Forschungsorganisationen verwiesen. Der UFO-Forscher Barry Greenwood stellte sich die Frage, wohin Militärangehörige ihre UFO-Sichtungen meldeten. Als Greenwood bei der Luftwaffe nachfragte, wurden ihm die üblichen nichtssagenden Standardantworten mitgeteilt. Barry Greenwood ließ nicht locker und verständigte daraufhin den Kongreßabgeordneten Edward Markey aus Massachusetts, um über ihn weitere Informationen von der Luftwaffe zu erhalten. Die Nachfrage des Kongreßmannes wurde an die Luftwaffenabteilung für Kongreßangelegenheiten weitergeleitet. Am 20. April 1977 teilte Colonel John Farr Edward Markey mit, daß es eine gemeinsame Army Navy Air Force Publikation (JANAP 146) gibt, die militärische Sichtungen, welche die nationale Sicherheit betreffen, behandelt.[1] Zu solchen Sichtungen gehören laut JANAP 146 unbekannte feindliche Flugzeuge, Raketen, Unterseeboote, Schiffe, Landstreitkräfte und UFOs.

Nach dieser Anfrage wurde jedem, der sich ernsthaft mit dem UFO-Phänomen beschäftigte, bewußt, daß die Luftwaffe nicht

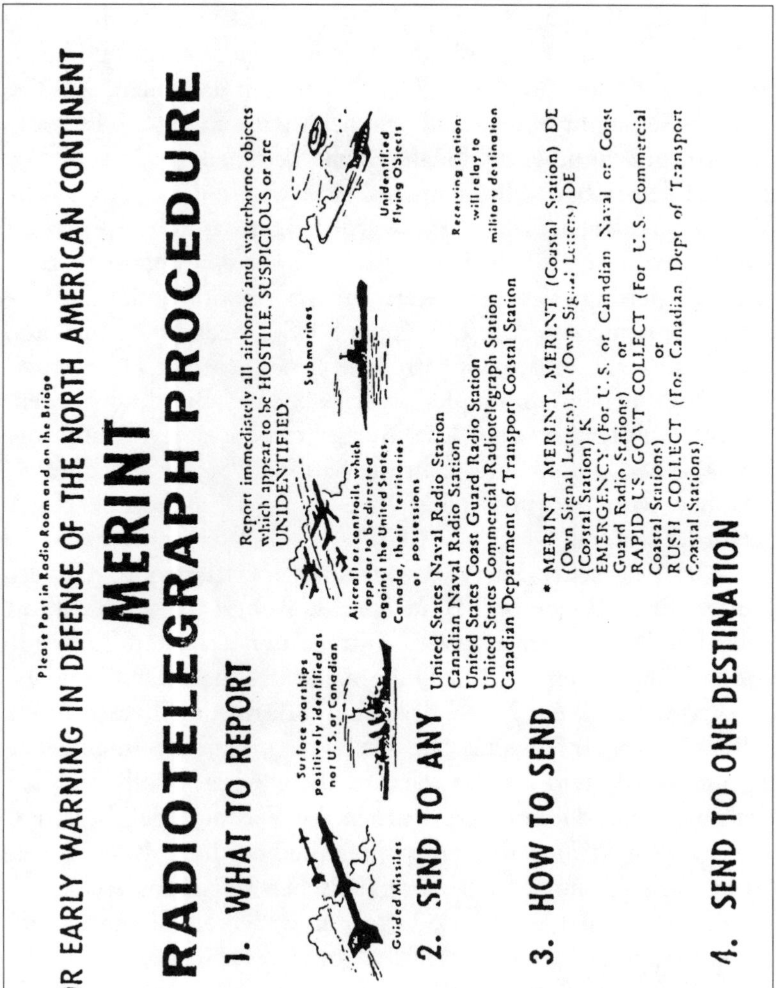

Please Post in Radio Room and on the Bridge

FOR EARLY WARNING IN DEFENSE OF THE NORTH AMERICAN CONTINENT

MERINT

RADIOTELEGRAPH PROCEDURE

1. WHAT TO REPORT

Report immediately all airborne and waterborne objects which appear to be HOSTILE, SUSPICIOUS or are UNIDENTIFIED.

Guided Missiles

Surface warships positively identified as not U.S. or Canadian

Aircraft or contrails which appear to be directed against the United States, Canada, their territories or possessions

Submarines

Unidentified Flying Objects

2. SEND TO ANY

United States Naval Radio Station
Canadian Naval Radio Station
United States Coast Guard Radio Station
United States Commercial Radiotelegraph Station
Canadian Department of Transport Coastal Station

Receiving station will relay to military destination

3. HOW TO SEND

* MERINT MERINT MERINT (Coastal Station) DE (Own Signal Letters) K (Own Signal Letters) DE (Coastal Station) K
EMERGENCY (For U.S. or Canadian Naval or Coast Guard Radio Stations)
or
RAPID US GOVT COLLECT (For U.S. Commercial Coastal Stations)
or
RUSH COLLECT (For Canadian Dept of Transport Coastal Stations)

4. SEND TO ONE DESTINATION

Abb. 38: Die amerikanische Marine sowie die Luftwaffe unterscheiden im Punkt 1 klar zwischen feindlichen Raketen, Schiffen, Flugzeugen, Unterseebooten und UFOs. Die Punkte 2–4 geben den militärischen Zeugen Anweisungen zur Weiterleitung ihrer Beobachtungen.

mit offenen Karten spielte. Auf der einen Seite teilte die Luftwaffe der Öffentlichkeit mit, daß UFOs nicht existieren und deshalb keine Gefahr für die nationale Sicherheit darstellen. Auf der anderen Seite gibt es eine militärische Anweisung, die UFOs gemeinsam mit anderen nationalen Sicherheitsrisiken einstuft. Für die UFO-Forscher stellte sich die Frage, wohin diese UFO-Sichtungen gemeldet wurden bzw. werden. Um das Rätsel lösen zu können, kam den UFO-Forschern das 1974 von der amerikanischen Regierung erlassene Gesetz zur Informationsfreiheit (Freedom of Information Act, U.S. Code 5 USC, Section 552) zugute. Das Gesetz zur Informationsfreiheit ermöglicht die Herausgabe von Dokumenten durch die amerikanischen Bundesbehörden, die auf Anfrage an jeden U.S.-Bürger erfolgt, sofern durch die Freigabe der Dokumente nicht die nationale Sicherheit, die Privatsphäre von Personen oder Wirtschaftsgeheimnisse der USA gefährdet werden.

Die UFO-Forscher Larry Bryant, Barry Greenwood, Charles Huffer, Bruce Maccabee, Brad Sparks, Robert Todd und Todd Zechel stellten mehrere FOIA-Anträge und erhielten Tausende vormals klassifizierte UFO-Dokumente des State Departments, der Army, Navy, Air Force, des Federal Bureau of Investigations (FBI), Central Intelligence Agency (CIA), Defense Intelligence Agency (DIA) und der National Security Agency (NSA). Nach Freigabe dieser Dokumente wurden die Vermutungen bestätigt, daß das Projekt *Blue Book* nur eine untergeordnete Rolle in den UFO-Untersuchungen der amerikanischen Regierung spielte. In einem 1969 von General C. Bolender verfaßten Memorandum findet man folgenden Absatz:

»...Berichte über unidentifizierte fliegende Objekte, welche die nationale Sicherheit beeinträchtigen könnten, sind in Übereinstimmung mit JANAP 146 oder dem Air Force Manual 55-11 kein Teil des Projektes *Blue Book*... Berichte über UFOs, die die *nationale Sicherheit* beeinträchtigen könnten, werden weiterhin mit den gegebenen Luftwaffenverfahren, die für diese Zwecke eingerichtet wurden, behandelt.«[2]

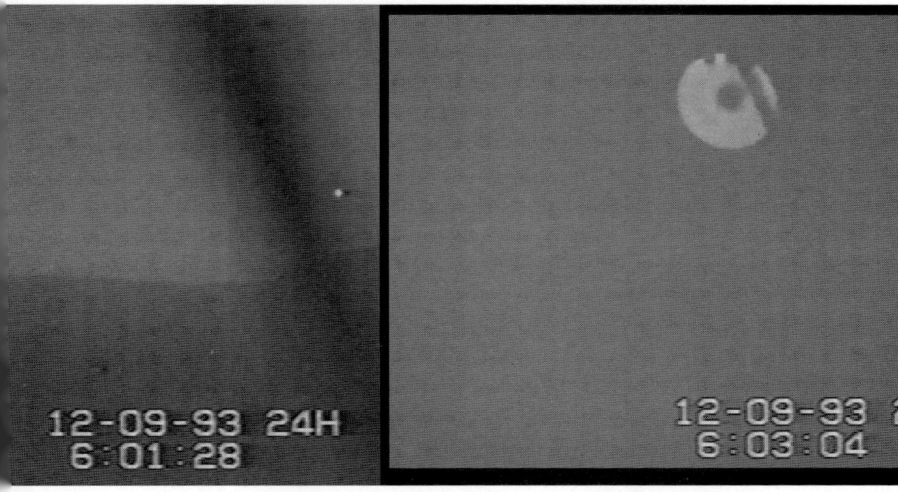

19

!9 Ein Beispiel für die Analyse eines Videofilms aus Manchester, England. Ein punkt-förmiges Objekt (linkes Bild) wurde an zwei verschiedenen Tagen von einer SW-Video-Kamera aufgenommen. Manchmal erschien das Objekt flächig mit seltsamen Mustern uf seiner Oberfläche (rechts). Einer der Autoren (Sidla) konnte nachweisen, daß das echte Bild nur durch eine nicht korrekte Entfernungseinstellung des Kameraobjektives ntstand und die Muster durch Objekte innerhalb der Kamera selbst bzw. durch einen Ast in einiger Entfernung von der Kamera entstanden (© Tony Dodd).

!0 Obwohl das Objekt aus Manchester nicht genau identifiziert werden konnte, ist es ehr wahrscheinlich, daß es sich um ein Flugzeug oder einen Hubschrauber handelt. Venn man nämlich den Videofilm Bild für Bild untersucht, kann man am Objekt in eini-en Einzelbildern links eine kleine Ausstülpung feststellen. Die Bildserie unten zeigt in ler linken Spalte das Objekt, wie es normalerweise erscheint, und rechts das Objekt mit lem Knoten an seiner linken Seite. Wahrscheinlich handelt es sich dabei um die Strobo-kop-Lichter eines irdischen Fluggerätes (© Tony Dodd).

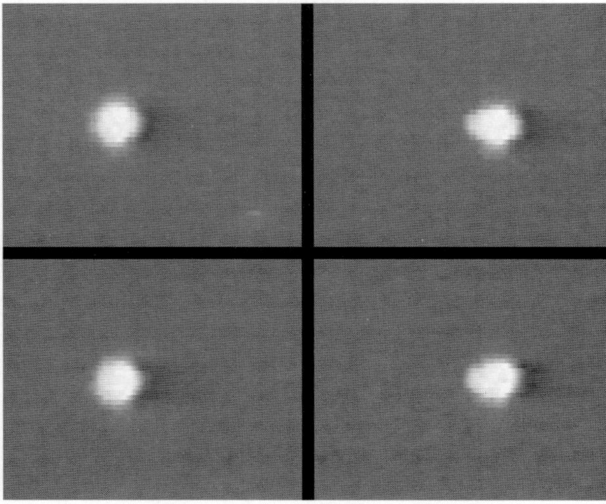

20

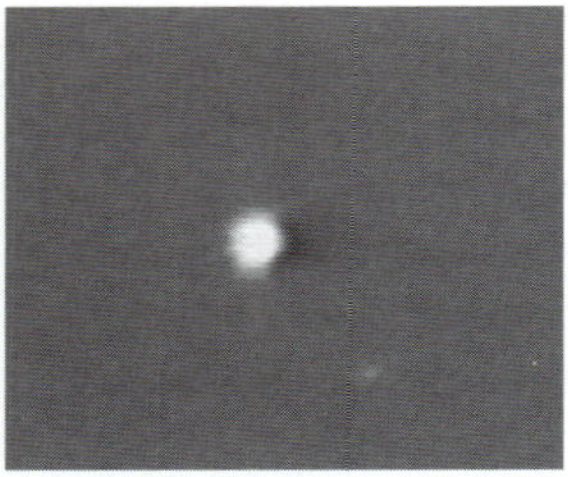

21a

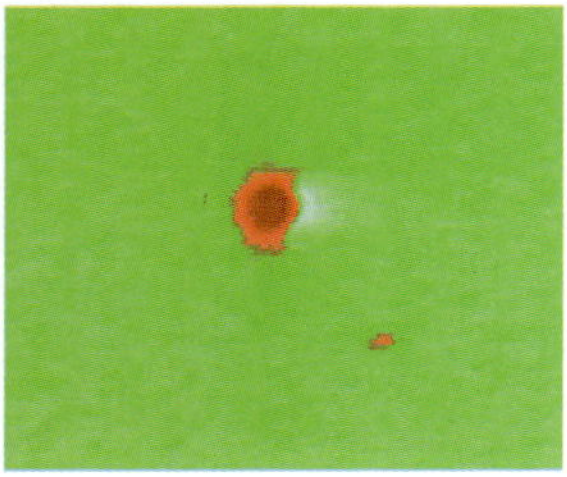

21b

21a,b Wenn man den unterschiedlichen Grauwerten (Helligkeiten) eines Bildes jeweils verschiedene Farben zuordne kann man sehr geringe Helligkeitsunterschiede in Schwarzweiß-Bildern hervorheben. Die Aufnahme oben – sie stamm wieder aus der Analyse des Manchester-Videos – zeigt ein kleines helles Licht, rechts unterhalb des Hauptobjektes. In der Schwarzweiß-Aufnahme ist das kleinere Objekt sehr schwer zu erkennen, erst durch die Falschfarben-Darstellung wird es deutlich hervorgehoben. Das Licht erwies sich letztendlich als Reflexion des Hauptobjektes in der Kamera linse (© Tony Dodd).

22 Oliver Sidla bei der Untersuchung eines Videofilmes aus der Gulf Breeze-Region. Das dort beobachtete Objekt bewegte sich mit einer immens hohen Beschleunigung, die derzeit keine herkömmliche Technologie zu erzeugen vermag.

22

23

23 *Das Foto Nr. 4 (und eine Vergrößerung des UFOs im Insert) aus der Serie von Bildern des französischen Ingenieurs André Frégale. Die Aufnahmen wurden vom Astronomen Prof. Pierre Guérin vom Institut d'Astrophysique in Paris ausführlich untersucht. Die Bildanalyse von Prof. Guérin, die im* Journal of Scientific Exploration *1994 publiziert wurde, ergab, daß das Objekt einen Durchmesser von etwa 10 Metern besitzt und kein Ballon war.*

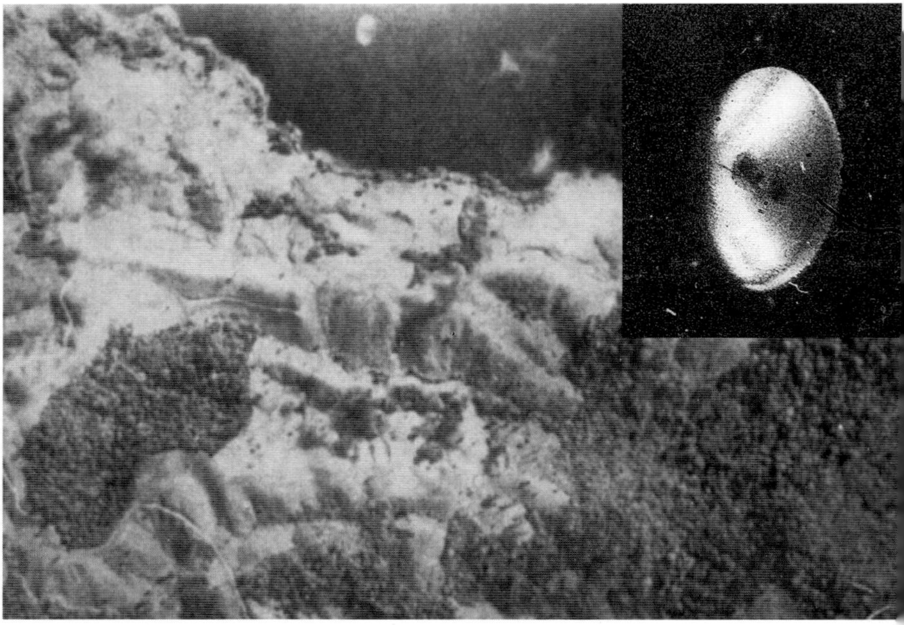

24

24 Die Aufnahme eines UFOs, für deren Analyse Richard Haines und Jacques Vallée verantwortlich zeichnen. Das Insert zeigt das kegelförmige Objekt, das auf einer Aufnahme zur geologischen Kartierung eines Geländes in Costa Rica erschien. Das UFO ist im oberen Bildteil, in der Mitte des großen Fotos, zu finden. Die aufwendige Bildanalyse dieses Objektes wurde im Journal of Scientific Exploration *1989 publiziert (© Richard Haines).*

25 Ein Bild aus dem berühmten Discovery-*Video, das angebliche UFOs zeigen soll. Die hellen Punkte stellen wahrscheinlich Eispartikel dar, die vom Space Shuttle wegfliegen. Diese einfache Erklärung wird von einigen Fotoanalytikern allerdings angezweifelt.*

25

Der Atomphysiker und UFO-Forscher Stanton Friedman sprach mit General Bolender, der ihm bestätigte, daß das Projekt *Blue Book* nichts mit militärischen UFO-Sichtungen zu tun hatte. Wie wir in unserem Buch *UFO-Geheimhaltung* aufzeigten, beschreiben freigegebene Dokumente vom Department of the Air Force ein Projekt *UFO*, das unter strengster Geheimhaltung stand und nichts mit dem offiziellen Luftwaffenprojekt *Blue Book* gemeinsam hatte.[3]

Wie aus diesen 1990 freigegebenen Dokumenten ersichtlich ist, wurde die Karibik vom 9. bis 13. März 1958 von UFOs heimgesucht. Das karibische Kommando der amerikanischen Luftwaffe sichtete visuell und auf verschiedenen Radargeräten mehrere UFOs über dem Panamakanal. Es wurden Abfangjäger der amerikanischen Luftwaffe gestartet, die die UFOs vergeblich verfolgten. Die Radaroperateure sagten übereinstimmend aus, daß die Radarsignale sehr leicht von den Wolken zu unterscheiden waren. Die UFOs führten die üblichen zickzackförmigen Flugmanöver durch. Das militärische Bodenpersonal berichtete von grünen und roten geräuschlosen Lichtern, die über einen kurzen Zeitraum sehr gut sichtbar waren. Auf der vierten Seite des Luftwaffenberichtes ist zu lesen:

»Das war eine so schnelle Bewegung, daß das Radar, welches das Objekt auf dem Schirm hatte, die Spur verlor und unfähig war, mit dem Aufstieg der Objekte mitzuhalten. Da das Radar nur feste Objekte registrieren kann, wurde angenommen, daß es sich um tatsächliche massive Objekte handelt. Die Möglichkeit, daß die Sichtungen durch Wetterballons ausgelöst wurden, verwarf man, da die benachrichtigte Luftwaffe feststellte, daß sich zu dieser Zeit keine Wetterballons in der Luft befanden.«[5]

Im Punkt 2 des Berichtes wird auf den 10. März 1958 eingegangen. An diesem Tag registrierte man mit dem militärischen Radar von der Taboga-Insel aus ein UFO. Das Flugverhalten wurde ebenfalls als unberechenbar beschrieben, und die Geschwindigkeit des Objektes wurde von stillstehend bis zu 1600 Stundenkilometer geschätzt. Auch bei dieser Sichtung reagierte das UFO [redacted] (SECURITY INFORMATION when filled in)

SUPPLEMENT TO AF FORM 112

ORIGINATING AGENCY	REPORT NO.	PAGE	OF	PAG
AC OF S, G-2 USARCARIB	IR-4-58	4	7	

This was such a rapid movement, that the Track Radar, which was locke on target, broke the Track Lock and was unable to keep up with the ascent of the objects. As Track Radar can only be locke on a solid object, which was done in the case of the two unidenti fied flying objects, it was assumed that the objects were solid. The possibility that the sightings might have been weather balloo was discarded when the Air Force was contacted and stated that nc balloons were in the air at that time. (F-3)

2. On 10 March 1958, [redacted] made another report cor cerning the sighting of an unidentified flying object by Search Radar located on Taboga Island, Republic of Panama. The followir information was obtained in regard to the sightings:

Number of Objects:	One.
Duration of Radar Observation:	1012R to 1412R, 10 March 1958.
Location of Radar:	Taboga Island Radar Site.
Location of Object:	KL 1646. (Geo-Rei, Military Grid Refere System)
Prevailing Weather:	Partly cloudy.
Manner of Flight:	From an erratic to a triangular shaped flight pattern.
Altitude:	Undeterminable due t radar system used.
Speed:	Variable, from hover to approximately one thousand miles per h

Track Radar indicated that the object moved away from t United States Air Force jet aircraft that were approaching. At that time the speed of the object was calculated at approximatel one thousand miles per hour. The use of Track Radar was termina at 1412R.

3. On 1_ March 1958, [redacted] Operations Officer, 764th AAA Bn, Fort Clayton, Canal Zone, reported information re- ceived from a Pan-American Airlines Pilot concerning an unidenti flying object. At approximately 0100R, 11 March 1958, the pilot incoming aircraft C-509, a Pan American Airlines DC-6, observed unidentified flying object 12 degrees North on Fox Trot route. object appeared larger than the aircraft and was traveling in a Southeasterly direction.

THIS DOCUMENT (F-3) DOWNGRADED
TO UNCLASSIFIED ON 17 OCT
90 BY AUTHORITY OF ACS/I

Abb. 39: Dokument der amerikanischen Luftwaffe, das Radar-visuelle UFO-Sichtungen 1958 über dem Panamakanal bestätigt. Das Dokument beschreibt, daß das Track-Radar nur feste Objekte registrieren kann und die UFOs von mehreren Flugzeugen gesehen wurden. Weiter beschreibt es, wie ein UFO einem Kampfflugzeug davonflog.

[redacted]

CLASSIFICATION (SECURITY INFORMATION when filled in)

SUPPLEMENT TO AF FORM 112

ORIGINATING AGENCY	REPORT NO.	PAGE OF PAGES
AC OF S, G-2 USARCARIB	IR-4-58	5 of 7

At the same time [redacted] reported that an unidentified flying object was picked up by Hawk Radar. The object was plotted twice at approximately 0508R heading Northwest at LK 3858. On the third plot, at 0517R, the object had moved to LK 5434 in a Southwesterly direction. Eleven minutes elapsed during the confirmation of the three plots. At 0528R, the object was sighted at LK 4303. Incoming aircraft C-509 was in the same area and Hawk Radar was asked if it was the same track that was picked up previously. The answer was negative. The object was last plotted at LJ 3254 at 0536R, still traveling in a Southwesterly direction. Radar contact was lost at that time. The size, shape, or altitude of the object could not be determined by radar. (F-6)

G2 USARCARIB COMMENT: DAICM #200-72B-1 mentioned above requires that:

"The Headquarters of the nearest Major Air Command should be notified of sightings which come to the attention of Army personnel", referenced DAICM continues, "Air Force Commanders have instructions from the Department of the Air Force which cover reporting on subject (AFR-200-2: "Unidentified Flying Objects Reporting, Short Title: UFOB)' (U)". This office continues to report information as developed.

Abb. 40: Dokument der amerikanischen Luftwaffe, das weitere Radar-visuelle Sichtungen über dem Panamakanal beschreibt und angibt, wohin die Militärs ihre Meldungen weiterleiten müssen.

auf das Näherkommen zweier Abfangjäger der amerikanischen Luftwaffe. Am 11. März 1958 meldete der Pilot einer Pan American Airline-Maschine die Sichtung eines UFOs, das ihm größer als sein Flugzeug erschien. Zur selben Zeit wurde dieses Objekt auch wieder auf einem Radarschirm registriert. Im Kommentar zu diesem Zwischenfall heißt es:

»Das Hauptquartier des jeweils nächsten Air Command sollte über Sichtungen, die die Aufmerksamkeit von Militärpersonal erregen, benachrichtigt werden.«[5]

Diese im Luftwaffenbericht enthaltene Mitteilung bestätigt die von General Bolender gemachte Aussage. Die UFO-Zwischenfälle über der Karibik waren kein Bestandteil des Projektes *Blue Book,* sondern wurden von Fachleuten des Air Command weiter untersucht. Anhand der durch das FOIA-Gesetz freigegebenen Dokumente ist bekannt, daß solche Radar-visuellen UFO-Sichtungen weltweit nichts Seltenes sind. Die hier zitierten UFO-Zwischenfälle stehen nur stellvertretend für viele andere, die an dieser Stelle nicht alle dokumentiert werden können. Todd Zechel von CAUS arbeitete 1964 bei der National Security Agency (NSA) und sah Radaraufzeichnungen eines UFOs, das sich mit zickzackförmiger Bewegung in der Nähe einer Landesgrenze bewegte. Die Radaraufzeichnungen wurden von einem Aufklärungsflugzeug während einer Spionagemission gemacht. Todd Zechel behauptet, daß die Aufzeichnungen zu einer Abteilung der CIA weitergeleitet wurden und daß die CIA der NSA Anweisungen gab, alle UFO-Beobachtungen an die CIA weiterzuleiten. Des weiteren sagt Todd Zechel, daß die meisten NSA-Bediensteten, mit denen er zusammenarbeitete, überzeugt waren, daß es UFOs gibt.[6] Viele seiner Kollegen hatten während ihrer Arbeit persönliche Erfahrungen mit diesen seltsamen Flugobjekten gemacht. Er weiß auch von anderen NSA-Mitarbeitern, daß die NSA außer Radaraufzeichnungen auch eine große Menge von UFO-Fotos vor der Öffentlichkeit verborgen hält.

In vielen freigegebenen Dokumenten wurden UFO-Nahbegegnungen von Wissenschaftlern, Militärpersonal, Geheimdienstpersonal, Polizisten und anderen vertrauenswürdigen Personen wiedergegeben.[7] Ein Dokument des Department of the Army beschreibt eine UFO-Nahbegegnung der 1. Art (CE1) vom 8. September 1973, vier Jahre nach Ende des Projektes *Blue Book*. Zwei Militärpolizisten hatten eine Sichtung während einer Routinepatrouille am Hunter Army Airfield in Georgia. Laut Dokument sahen die beiden ein unbekanntes Flugobjekt, das in einer Höhe von 600 Metern mit sehr großer Geschwindigkeit von Osten nach Westen flog.

»... Ungefähr zehn Minuten später sichteten die beiden dasselbe Objekt in Baumhöhe. Plötzlich drehte das Flugobjekt auf den

Wagen der Sicherheitsbeamten zu und flog in geringer Höhe darüber hinweg. Kurz darauf erschien es wieder und begann vor den Männern 15 Minuten zu schweben. Das unbekannte Flugobjekt hatte blaue, weiße und gelbbraune hell aufblitzende Lichter. Danach kehrten die beiden Wachen zum Hauptposten zurück. Das unbekannte Flugobjekt verfolgte den Wagen der Sicherheitsbeamten in Baumhöhe und einer Entfernung von 15 bis 30 Meter. Noch bevor die beiden den Posten erreichten, drehte das UFO mit großer Geschwindigkeit ab, und die Wachen verloren den Sichtkontakt. Sie beschrieben, daß das UFO kein Geräusch verursachte, einen Durchmesser von 10 bis 20 Meter hatte und eine runde oder ovale Form aufwies.« [8]

Daß ein sich auf unkonventionelle Art fortbewegendes, leuchtendes, ovales oder rundes Flugobjekt mit einem Durchmesser von 10 bis 20 Metern über militärischem Gelände bei den Militärs für Aufregung sorgte, kann sich sicher jeder Leser vorstellen. Eine andere militärische UFO-Nahbegegnung fand am 21. Januar 1976 statt. Ein Memorandum des National Military Command Center, das von einem Rear Admiral and Deputy Director of Operations unterzeichnet ist, handelt von UFO-Nahbegegnungen über dem Luftwaffenstützpunkt Cannon, New Mexico. Es lautet:

»Zwei UFOs wurden nahe der Flugschneise des Luftwaffenstützpunktes Cannon, New Mexico, gesichtet. Sicherheitsbeamte beobachteten die UFOs und meldeten, daß sie eine goldene oder silberne Farbe aufwiesen und einen Durchmesser von etwa 20 Metern hatten. Die Sicherheitsbeamten beschrieben, daß die UFOs ein blaues Licht an der Oberseite, ein Loch in der Mitte und ein rotes Licht an ihrer Unterseite hatten.« [9]

Ein National Military Command Center-Dokument vom 30. Juli 1976 beschreibt einen weiteren CE1, bei dem Zivil- und Militärpersonal beteiligt war.[10] Die UFOs wurden um 02:55 Uhr in der Nähe von Forth Ritchie, Maryland, von zwei unterschiedlichen Orten aus beobachtet. Zwei Wachmannschaften beobachteten drei längliche, rötlich leuchtende Flugobjekte, die sich von Osten nach Westen bewegten. Fünf Minuten später beobachtete ein Sergeant ein UFO in nur 100 bis 200 Meter Entfernung über einem Munitionslager. 45 Minuten später beobachtete ein anderer Sergeant ein UFO über demselben Gebiet. Er verglich die Größe des UFOs mit einem zweieinhalb Tonnen schweren Lastwagen. Diese Liste ließe sich noch weiter fortsetzen. Daß UFO-Nahbegegnungen in der Nähe von *sensiblen* militärischen Anlagen keine Einzelfälle darstellen, werden wir in den nächsten Abschnitten sehen. Anhand freigegebener Dokumente konnte man sogar nachweisen, daß UFOs die amerikanischen Atomraketenstützpunkte heimgesucht haben. Die *Washington Post* schrieb am 19. Januar 1979: »U.S. Reports Visits of UFOs to Bases.« [11]

2 *UFO-Nahbegegnungen über Atomraketensilos*

Ab Ende Oktober 1975 kam es über mehreren Militärstützpunkten, in denen Atomraketen stationiert waren, zu spektakulären UFO-Sichtungen und UFO-Nahbegegnungen. Aufgrund von freigegebenen Dokumenten und Zeugenaussagen von direkt an dem Vorfall Beteiligten erhält man einen guten Überblick der damaligen Ereignisse.[12] Am 27. Oktober absolvierten mehrere Sicherheitsbeamte der 42. Security Police Squadron, der Loring Air Force Base, Maine, ihren Dienst am Gelände, auf dem die Atomraketen stationiert waren. Dieses Gelände wird Tag und Nacht strengstens bewacht und darf von Zivilflugzeugen nicht überflogen werden. Um 19:45 Uhr sah Sergeant Danny K. Lews ein unbekanntes Flugobjekt in geringer Höhe entlang der nördlichen Umgrenzung fliegen. Sergeant Lews dachte, daß ein unbekanntes Flugzeug in die militärische Sperrzone eindringen wolle. Er konnte ein rotes und ein weißes, einem Röhrenblitz ähnliches Licht am Flugkörper sehen. Zur selben Zeit sah Sergeant James P. Sampley von der 2192. Communications Squadron das unbekannte Flugobjekt am Radarschirm. Alle Versuche, das Flugob-

jekt zu identifizieren, schlugen fehl. Das Flugobjekt flog in die militärische Sperrzone ein und näherte sich den stationierten Atomraketen bis auf etwa 300 Meter. Sergeant Lews erstattete daraufhin Meldung von seiner Sichtung. Kurz darauf wurde der Militärstützpunkt in höchste Alarmbereitschaft versetzt. Minuten später trafen weitere Einheiten der 42. Police Squadron am Gelände ein. Bald darauf verschwand das unbekannte Flugobjekt in Richtung Kanada.
Der Kommandant der Basis fragte um Unterstützung bei der 21. NORAD-Region, Hancock Field, New York, und bei der 22. NORAD-Region, Nord Bay, Ontario in Kanada, an. Beide NORAD-Regionen lehnten eine Unterstützung mittels Kampfflugzeugen ab. Nachforschungen ergaben, daß sich zur gegebenen Zeit keine bei den Behörden registrierten Flugzeuge oder Helikopter in der Luft befanden. Der Stützpunkt blieb während der ganzen Nacht in höchster Alarmbereitschaft. Dokumente des National Military Command Centers in Washington D.C. bestätigen, daß der Chief of Staff der Luftwaffe, die USAF Forward Operations Division in Forth Ritchie, Maryland, und das Strategic Air Command-Hauptquartier der 8. Air Force sowie die 45. Division über den Vorfall informiert wurden. Obwohl man keine Geräusche vernahm, vermutete man aufgrund der Größe und des Flugverhaltens, daß es sich bei dem Eindringling um einen Hubschrauber unbekannter Herkunft gehandelt hat.
Einen Tag später, am 28. Oktober 1975, um 07:45 Uhr, beobachteten zwei Sicherheitsbeamte wieder einen Eindringling. Nachdem man das unbekannte Flugobjekt längere Zeit observiert hatte, tauchte es plötzlich 45 Meter über den Atomraketensilos auf. Sergeant Steven Eichner und andere Militärangehörige beobachteten das unbekannte Flugobjekt aus 100 Meter Entfernung. Laut ihrer Beschreibung war es alles andere als ein Helikopter. Die Zeugen beschrieben das Flugobjekt als einen langgezogenen, rot-orange leuchtenden *Football*. Die Männer konnten keine Türen, Öffnungen, Propeller oder sonstigen Antriebsmechanismen, die den Flugkörper in der Luft gehalten hätten, erkennen.

Kurze Zeit später trafen weitere Sicherheitsbeamte auf dem Gelände ein. Das UFO schaltete daraufhin sein Licht ab und verschwand in Richtung Grand Falls, New Brunswick. Danach verschwand es auch von den Radarschirmen der Loring Air Force Base. Nachforschungen des Militärs ergaben, daß sich wie am Vortag wiederum keine bei den Behörden registrierten Flugzeuge oder Helikopter in der Luft befanden. In den nächsten Tagen wurden die Wachmannschaften verstärkt. Am 31. Oktober sowie am 7., 8., 9. und am 19. November kam es allerdings zu weiteren Sichtungen. Als diese Vorfälle in die Öffentlichkeit gelangten, ließ die Luftwaffe mitteilen, daß ihre Spezialisten die unbekannten Flugobjekte nicht als Helikopter identifizieren konnten.
Wie man mittlerweile weiß, wurde nicht nur der Luftwaffenstützpunkt Loring von unbekannten Flugobjekten heimgesucht. Drei Tage, nachdem die ersten Sichtungen in Loring stattfanden, kam es zu ähnlichen Begegnungen über dem Luftwaffenstützpunkt Wurtsmith.[13] Wurtsmith ist ein Stützpunkt des Strategic Air Command und befindet sich in der Nähe von Oscoda, Michigan. Um 22:10 Uhr beobachteten mehrere Militärangehörige ein tieffliegendes Flugobjekt über dem Stützpunkt. Zuerst dachten die Zeugen, daß sie einen Helikopter sahen. Da das unbekannte Flugobjekt schwebte sowie sich geräuschlos und unberechenbar sprunghaft auf und ab bewegte, kamen ihnen Zweifel. Von 22:14 Uhr bis 22:25 Uhr sahen Sicherheitsbeamte den Eindringling in geringer Höhe über dem Atomraketenlager schweben. Die Wachen konnten das Flugobjekt aber nicht identifizieren. Bald darauf meldete Radar Approach Control (RAPCON) tief fliegende Objekte im südlichen Basisbereich. Ein von einem Auftrag zurückkehrendes KC-135-Tankflugzeug wurde zum Identifizieren des unbekannten Flugobjektes umgeleitet. An Bord der KC-135 befanden sich Commander Major Frederick Pappas, der Kopilot Captain Rick Meier, der Navigator Randy Higginbotham und Sergeant Steve Smith. Ein durch das FOIA-Gesetz freigegebenes Memorandum beschreibt den Abfangversuch des unbekannten Flugobjektes folgendermaßen:

»Als wir von einem Auftrag zurückkehrten, wurden wir während des ersten Abfluges von RAPCON beauftragt, ein gemeldetes UFO in dem Gebiet der Atomraketenlager der Wurtsmith-Luftwaffenbasis zu identifizieren. Ich erinnere mich, daß sich diese Aktivität zwischen 22:30 Uhr und 23:00 Uhr in der Nacht um den 1. November ereignete. Ich erinnere mich, daß ich unregelmäßig aufblitzende Lichter sah. Wir folgten den Lichtern nördlich über den Lake Huron, danach drehte das UFO über dem See in Richtung Saginaw Bay von Michigan ab. Wegen der unregelmäßig aufblitzenden Lichter war es schwer festzustellen, ob es sich um zwei Objekte handelte. Aber nach genauerer Beobachtung erkannten wir, daß es sich in der Tat um zwei Objekte handelte. Das unregelmäßige Aufleuchten schien eine Art Signal zu sein, das zwischen den beiden Objekten ausgesendet wurde, um dieselbe Position beibehalten zu können. Wir konnten ein Objekt für nur zehn Sekunden am Radarschirm ausmachen. Ich würde unsere Höhe auf ungefähr 600 Meter und unsere Geschwindigkeit auf ungefähr 370 Stundenkilometer schätzen. Nachdem das UFO nach Süden abdrehte, fragten wir bei Approach Control nach und erhielten die Genehmigung, das UFO in allen Höhen und Richtungen zu verfolgen. Gelegentlich registrierte RAPCON das UFO und leitete uns zu seiner Position. Ich nehme an, daß wir uns die meiste Zeit in der Nähe des UFOs befanden. Ich schätze ungefähr 1,5 Kilometer; immer wenn wir ihm näher kamen, flog es davon. Wir folgten dem UFO bis zur Saginaw Bay. Danach verloren wir den Kontakt aufgrund der Fischerbootbeleuchtungen. Zuerst dachten wir, das Flugobjekt würde auf einem Öltanker landen. Aber dem war nicht so. Wir suchten die Küstengegend ab, fanden es aber nicht. Deshalb kehrten wir nach Wurtsmith zurück. Auf dem Rückweg registrierten wir das UFO wieder. Wir drehten ab, aber das UFO folgte uns. Schließlich änderten wir unseren Kurs in Richtung des UFOs, das daraufhin umkehrte und zur Küstengegend zurückflog. Ich weiß, daß es verrückt klingt, aber ich würde schätzen, daß sich das UFO von uns mit einer Geschwindigkeit von ungefähr 1800 Stundenkilometern entfernte. Wir flogen weiter in Richtung Küste, bis uns RAPCON mitteilte, daß sie ein UFO vier bis fünf Meilen westlich von uns registriert hatte. Sie leiteten uns zu der neuen Position des UFOs. Leider hatten wir nur mehr wenig Treibstoff, so daß wir nach Wurtsmith umkehren mußten. Ich erinnere mich, daß wir während unserer Ankunft die Lichter wieder nahe dem Waffenlager sahen. Nach dieser Mission diskutierten wir über diesen Zwischenfall. Ungefähr eine Woche später wurde Captain Higginbotham vom Office of Special Investigations (OSI) vernommen und ermahnt, nicht über den Zwischenfall zu sprechen.« [14]

Nachforschungen von seiten der Militärs ergaben keine befriedigenden Resultate. Das FBI teilte der Luftwaffe mit, daß sich zur gegebenen Zeit keine gemeldeten Helikopter in der Luft befanden. Auch im Memorandum von Captain Myron Taylor ist ebenfalls keine Rede von einem Helikopter. Captain Taylor spricht klar von einem UFO oder Objekt. Daß das von der KC-135 verfolgte Flugobjekt ein Helikopter war, kann ausgeschlossen werden, da es keinen Typ gibt, der eine Geschwindigkeit von 1800 Stundenkilometern erreicht. Einen Monat nach diesen Zwischenfällen über den bestbewachten Militärstützpunkten der USA schlugen die elektronischen Sensoren auf der Malmstrom-Luftwaffenbasis in Montana Alarm. Auf diesem Stützpunkt sind im Untergrund *Minuteman*-Raketen stationiert.[1, 12, 13] Die *Minuteman*-Raketensilos sind alphabetisch numeriert (z. B. E-1, K-1, L-1). Zwei Männer des Minuteman-Startteams K-7 bemerkten am 7. November 1975 tief unter der Erde die Alarmsignale. Zur selben Zeit wurde auch ein Sabotage-Alarm-Team (SAT) in Bereitschaft versetzt. Als die Männer zur Startkontrolleinrichtung kamen, sahen sie, daß eine hell leuchtende orange Scheibe in der Größe eines Fußballplatzes über dem Gebiet schwebte und das Gelände beleuchtete. Kurz darauf sahen die geschockten Männer, wie das unbekannte Flugobjekt auf eine Höhe von 300 Metern aufstieg.

Nach diesen Manövern registrierte das Nord American Aero-

18 January 1979

MEMO FOR THE RECORD

1. On 15 January 1979, the SAC Office of History (SAC/HO) requested that the 379BMW/HO research an unidentified flying object (UFO) incident experienced by the 379BMW during November 1975. The request had originated from the Air Force Office of History due to a Congressional Inquiry by Congressman Stratton concerning an article in the 10 December 1978 edition of Parade Magazine entitled " UFO's vs the USAF, Amazing but True." On 15 January, Colonel John J. Doran Jr., 379BMW Commander was interviewed by the 379BMW Historian, SSgt Paul J. Cahill Jr. concerning the UFO incident. At the time of the incident, Colonel Doran had been the 379BMW Vice Commander. The following is an account of the incident as recalled by Colonel Doran:

Colonel Doran recalled that one evening just after Halloween (1975), a Security Policeman posted to the back gate of the base had reported what he thought sounded like a helicopter overhead. The Command Post notified Colonel Boardman (Wing Commander) and Colonel Doran and they proceeded to the flightline. The base Radar Approach Control (RAPCON) had simultaneously reported a low flying object on their radar scope. At about the same period of time, a KC-135 returning from a refueling mission had entered the Wurtsmith traffic pattern and had received permission to fly transition approaches. Colonel Boardman directed the KC-135 to attempt to identify the object. Wurtsmith Air Traffic Control vectored the tanker in the direction of the object and for approximately two hours the tanker tracked the object. The crew reported seeing two different strobe type lights during their attempt to intercept. Finally, after running low on fuel, the tanker was forced to return to the base.

Colonel Doran stated that the wing had assumed an increased state of readiness shortly after being notified of the incident. Similar incidents had been reported by Loring AFB, Maine and

Deletion of FOUO markings authorized by HQ SAC/HO Ltr, 28 Feb 80, Todd FOIA (80-1...)

Abb. 41: Memorandum von SSgt. der USAF Paul J. Cahill Jr., das die Verfolgungsjagd eines UFOs über die Wurtsmith-Luftwaffenbasis 1975 beschreibt.

Plattsburgh AFB, N.Y. during this same period of time. The wing reported the incident to both the Eighth Air Force Command Post and the SAC Command Post. Included in that report was the fact that no positive identification of the object had been made.

2. Only three crew members aboard that flight have been identified. The aircraft commander was Captain Randy Higginbotham, the navigator, Captain Rick Meier and an instructor navigator, Captain Myron Taylor. All have since separared from the USAF but, Captain Taylor was located and interviewed by telephone by SSgt Cahill on 16 January. The following is an account of the KC-135 intercept mission as recalled by Mr Taylor:

We were returning from a refueling mission and during our first approach into the traffic pattern, RAPCON vectored us to check-out a reported UFO in the area of the Wurtsmith Weapons Storage Area. As I recall, this activity occurred between 10:30 and 11:00 in the evening around the 1st of November. I remember seeing lights similar to strobe lights which were flashing irregularly. We followed the lights north out over Lake Huron and then the UFO swung south still over the lake toward the Saginaw Bay area of Michigan. At first it was difficult to determine whether there were two different objects because of the irregular flashing of the lights. But, after observing the lights we determined that there were in fact two objects and the irregular flashing appeared to be some sort of signal being passed from one to the other in an effort to maintain the same position. We were able to maintain visual contact most of the time and I was only able to paint an object on the radar scope for about 10 seconds. I would estimate that our altitude was about 2,000 feet and our speed approximately 200 knots. Shortly after turning south in persuit of the UFO, we called Approach Control and received blanket clearance to follow the UFO at all altitudes

Abb. 42: Zweite Seite des Memorandums von SSgt. Paul J. Cahill Jr., in der eine Radar-visuelle Sichtung zweier UFOs beschrieben wird.

and at all vectors. Occasionally, RAPCON would pick-up the UFO and help us by giving us vectors to the UFO's position. I would guess that we stayed close to the UFO most of the time, approximately one mile away and each time we attempted to close on the object it would speed away from us. We followed the UFO down to Saginaw Bay and started across the Bay when we lost it because of all the fishing boat lights. At first we thought it had landed on one of the large oil tankers but later decided that we had been wrong. We continued to search the Bay area but didn't see it so we changed our heading for Wurtsmith. On the way back, we picked the UFO up again at our eight o'clock position. We turned away and it proceeded to follow us. Finally we turned back in the direction of the UFO and it really took-off back in the direction of the Bay area. I know this might sound crazy but I would estimate that the UFO sped away from us doing approximately 1,000 knots. We continued in the direction of the Bay until RAPCON called us again and said they were painting a UFO four to five miles over the coast traveling in a westerly direction. They vectored us to the position of the UFO and we proceeded but at that point we were low on fuel and were forced to return to Wurtsmith. I remember that while on final approach we saw the lights again near the Weapons Storage Area. Following the mission we discussed the incident and about a week later, Captain Higginbotham was questioned by the OSI and cautioned not to discuss the incident.

PAUL J. CAHILL JR. SSgt, USAF
Wing Historian

Abb. 43: Dritte Seite des Cahill-Memorandums. Hier bestätigt SSgt. Cahill, daß sich das UFO mit 1800 Stundenkilometern (1000 Knoten) von dem Militärflugzeug fortbewegte. Des weiteren behauptet SSgt. Cahill, daß Captain Higginbotham vom Office of Special Investigation (OSI) nahegelegt wurde, nicht über den UFO-Zwischenfall zu sprechen.

space Defense Command (NORAD) das UFO auf seinen Radarschirmen. Von Great Falls, Montana, wurden zwei Abfangjäger des Typs F-106 zur Aufklärung gestartet. Als das UFO eine Höhe von 60 Kilometern erreichte, verschwand es von den NORAD-Überwachungssystemen. Die F-106 hatten während ihres Abfangversuches keinen Sichtkontakt mit dem UFO. Nach diesem Zwischenfall wurden die Männer des SAT-Teams im Krankenhaus des Stützpunktes psychologisch getestet. Die Ärzte stellten fest, daß die Männer ein Trauma erlitten hatten. Keiner der Männer konnte das unbekannte Flugobjekt identifizieren.
Weitere Informationen kamen durch ein freigegebenes Memorandum vom National Military Command Center, datiert vom 8. November 1975, und vom Logbuch des Senior-Direktors der 24. NORAD Region an die Öffentlichkeit.[15, 16] Laut dieser Veröffentlichungen wurde am 8. November 1975 um 06:00 Uhr am Morgen vom *Minuteman*-Raketensilo L-5 ein unbekanntes Flugobjekt beobachtet, das sehr schnell nach oben beschleunigte, bis es von den Sternen nicht mehr zu unterscheiden war. Laut den Eintragungen des NORAD-Logbuches gab es zwischen dem 31. Oktober 1975 und dem 25. Dezember 1975 65 Sichtungen von unidentifizierbaren Flugobjekten.[15] Es ist bemerkenswert, daß viele Flugobjekte über Atomraketenstützpunkten und Militärbasen beobachtet wurden. Ein Großteil der beobachteten Flugobjekte wurde im NORAD-Logbuch als *sternförmige, zigarrenförmige, helle* und *röhrenförmige* Flugobjekte beschrieben. Die Annahme, daß es sich bei diesen Sichtungen um unidentifizierte Helikopter handelte, widerlegt sich hiermit von selbst.

3 Der Woodbridge-Bentwaters-Zwischenfall

Zu Weihnachten 1980 ereignete sich ein spektakulärer UFO-Zwischenfall in der Nähe der amerikanischen Militärstützpunkte Bentwaters und Woodbridge im Randlesham Forest in England.

8 Nov 75/0905Z	From SAC CP: L-sites had fighters and objects; fighters did not get down to objects.
8 Nov 75/0915Z	From SAC CP: From four different points: Observed objects and fighters; when fighters arrived in the area, the lights went out; when fighters departed, the lights came back on; to NCOC.
8 Nov 75/0953Z	From SAC CP: L-5 reported object increased in speed - high velocity, raised in altitude and now cannot tell the object from stars. To NCOC.
8 Nov 75/1105Z	From SAC CP: E-1 reported a bright white light (site is approximately 60 nautical miles north of Lewistown). NCOC notified.
9 Nov 75/0305Z	SAC CP called and advised SAC crews at Sites L-1, L-6, and M-1 observing UFO. Object yellowish bright round light 20 miles north of Harlowton, 2 to 4,000 feet.
9 Nov 75/0320Z	FAA Watch Supervisor reported he had five air carriers vicinity of UFO, United Flight 157 reported seeing meteor, "arc welders blue" in color. SAC CP advised, sites still report seeing object stationary.
9 Nov 75/0320Z	SAC CP reports UFO 20 miles southeast of Lewistown, orange white disc object. 24th NORAD Region surveillance checking area. Surveillance unable to get height check.
9 Nov 75/0348Z	SAC CP confirms L-1, sees object, a mobile security team has been directed to get closer and report.
9 Nov 75/0629Z	SAC CP advises UFO sighting reported around 0305Z. Cancelled the flight security team from site L-1, checked area and all secure, no more sightings.
10 Nov 75	Apparently Minot AFB was reportedly "buzzed" by a bright object. The object's size seemed to be that of an automobile. It was flying at an altitude of 1000 to 2000 feet and was noiseless. No further information or description has been received by this organization.
10 Nov 75/0125Z	Received a call from SAC CP. Report UFO sighting from site K-1 around Harlowton area. Surveillance checking area with height finder.

Abb. 44: Ausschnitt aus dem NORAD-Logbuch, das zwischen dem 8. und 10. November 1975 mehrere UFO-Überflüge über amerikanische Atomraketenstützpunkte bestätigt. Die UFOs wurden von Radargeräten und Bodenpersonal beobachtet.

15 Nov 75/0742	UFO 23rd NORAD Region. From Falconbridge Radar Site a civilian, Oliver Kizioja, BC at 0015 was standing in back yard facing South. Observed one bright yellow object moving up and back, leaving a tail. It was very high but did not change position in regard to other stars. He watched for 15 minutes, then called radar site. Not observed on radar.
15 Nov 75/1229	UFO 23rd NORAD Region: From Falconbridge. At 1130, Lyman Paqutte, BC reported he had been looking due East. Sky partly cloudy, saw one bright white object about 70° elevation, like cup in a bowl, while looking thru binoculars. It climbed high out of range of binoculars. Observed for 20 minutes and witnessed by his wife, brother-in-law and sister-in-law. Negative radar contact.
15 Nov 75/1230Z	Received UFO Report from Falconbridge AFS 1130Z sky partly cloudy. Reported by Lyman Paquette, BC looking due east, approx 70° elevation, observer, wife, brother-in-law and sister-in-law observed 1 object, bright white, "like looking at a cup in a bowl," observed with binoculars. It climbed high and finally could hardly be seen. Duration 20 minutes - no radar. NCOC notified.
16 Nov 75/0630Z	UFO report 0430Z Mr. Ralph Larson, 404 Carlton West Cloquet left Buffalo House, drove through Esko and into Cloquet. He observed one cigar shaped object with red, green and white flashing lights for about 2 hours. It looked like an aircraft but made turn an aircraft could not make. When he called he was watching object out his kitchen window as it "hoovered in the trees." Sky clear.
16 Nov 75/0644Z	The Command Post received a report from a NA Cloquet, MN (phone NA . At 0430Z, while driving toward home, he passed through the town of Esko. He saw a cigar shaped objective with red, green and white flashing lights, going up and down and making sharp turns. He observed this for two hours. Sky conditions were clear.
16 Nov 75/0644	UFO Report from 23rd NORAD Region: Report received from Mr. Ralph Larson, 404 Carlton West, Cloquet, Minn. (Phone 879-8916), at 0430Z while driving to home, passed thru town of Esko. Saw cigar shaped object with red, green and white flashing lights. Going up and down and making sharp turns. Observed for 2 hours. Sky clear. No radar contact.

Abb. 45: Ausschnitt aus dem NORAD-Logbuch, das zwischen dem 15. und 16. November 1975 mehrere Überflüge von zigarren- und untertassenförmigen Flugobjekten über der 23. NORAD-Region bestätigt. Am 16. November 1975 wurde ein zigarrenförmiges Flugobjekt zwei Stunden lang beobachtet, wie es sich auf und ab bewegte und scharfe Kurven flog.

Dieser Vorfall wird durch viele militärische und zivile Zeugen, eine Tonbandaufnahme und ein über den FOIA freigegebenes Dokument, das die Beobachtungen bestätigt, bezeugt. Die folgende zeitliche Zusammenfassung der Ereignisse beruht auf den Aussagen der beteiligten Zeugen, einem Memorandum und einer Tonbandaufzeichnung von Colonel Charles Halt.[17, 18, 19, 20, 21]
Am Freitag, dem 26. Dezember um 00:00 Uhr brachte der Farmer Gordon Levitt seinen Hund in den Schuppen, als er ein außerordentlich helles Licht am Himmel bemerkte, das sich in seine Richtung bewegte. Als sich das Objekt über ihm befand, sah er, daß es aus einer ovalen Scheibe bestand, die von einem hellen, weiß-fluoreszierenden Licht umgeben war. Levitt hatte schon viele Militärflugzeuge beobachtet, die von den Luftwaffenstützpunkten Bentwaters und Woodbridge starteten und über sein Haus flogen. Dieses Objekt war ihm aber unbekannt und, wie er meinte, mit Sicherheit kein Flugzeug oder Helikopter. Er sah auch keine Fenster, Türen oder diverse Antriebssysteme. Es dauerte nur Sekunden, bis das Objekt hinter einigen Bäumen in Richtung Woodbridge verschwand.
Um 01:00 Uhr erhielten Radaroperateure auf ihren Radarschirmen in Norfolk ein Signal, das auf ein Objekt von der Größe einer Boeing 737 schließen ließ. Dieses bewegte sich mit eigenartiger Flugbahn fort. Die Radaroperateure stellten bald darauf fest, daß sie es nicht mit einem Naturphänomen zu tun hatten, da sich das Objekt wie ein fester Flugkörper verhielt. Kurz darauf bekamen sie die Bestätigung zweier anderer Luftwaffenstützpunkte, die das Signal auf ihren Radarschirmen hatten. Das Objekt flog auf einen Wald in der Nähe des amerikanischen Luftwaffenstützpunktes Bentwaters zu.
Ungefähr um 02:00 Uhr sahen zwei Sicherheitswachen des Luftwaffenstützpunktes Woodbridge das helle weiße Licht über den Wäldern von Randlesham. Als sie sich versicherten, daß das Licht nicht vom Oxford Ness-Leuchtturm stammte, dachten sie, daß vielleicht ein Flugzeug abgestürzt sei. Kurze Zeit später schied auch diese Möglichkeit aus, da sie das Licht nun über dem Boden

schweben sahen. Sie meldeten diese Beobachtung ihrem Vorgesetzten, der schon von den unerklärlichen Lichterscheinungen wußte, ihnen aber nichts Genaueres sagte.
Um 02:30 Uhr schickte der Sergeant den beiden Wachen drei Mann mit einem Jeep vorbei, die die Angelegenheit aufklären sollten. Als die Verstärkung bei den Wachen eintraf, beschloß man, daß die Sicherheitsbeamten Jim Archer und John Cadbury den Luftwaffenstützpunkt verlassen und der Sache auf den Grund gehen sollten. Zwei der Sicherheitsbeamten fuhren mit ihrem Jeep auf einem in die Richtung des Lichtes zeigenden Weg durch den Randlesham Forest. Nach einigen Minuten mußten sie den Jeep verlassen und zu Fuß weitergehen. Nachdem Archer und Cadbury (beide Namen sind Pseudonyme) für kurze Zeit durch den Wald gegangen waren, bemerkten sie plötzlich rote und blaue Lichter zwischen den Bäumen. Archer wollte mit seinem Funkgerät Kontakt zur Luftwaffenbasis herstellen, aber das Funkgerät funktionierte nicht mehr. Als die beiden zu einer kleinen Lichtung kamen, sahen sie etwas, das sie an eine Weltraumkapsel erinnerte, die auf drei Landebeinen stand. Das Objekt war von blauen, weißen und roten Lichtern umgeben und strahlte den Boden mit weißem Licht an. Als sich die beiden Sicherheitsbeamten dem Objekt näherten, hob es sich plötzlich vom Boden ab und bewegte sich von ihnen weg. Sie folgten ihm, aber nach einiger Zeit flog das Objekt hinaus auf ein Feld und schoß plötzlich mit großer Geschwindigkeit steil nach oben. Mehrere Kühe, die sich auf einer nahen Weide befanden, liefen in Panik davon. Im Luftwaffenstützpunkt registrierte man in der Zwischenzeit das steil in den Himmel aufsteigende Objekt auf den Radarschirmen. Nachdem der Funkkontakt zu den beiden Sicherheitsbeamten abgebrochen war, schickte man einen Suchtrupp in den Wald, um die beiden zu finden.
Ungefähr um 03:45 Uhr fand der Suchtrupp Archer und Cadbury, die wie in Trance zwischen den Bäumen herumirrten. Die beiden konnten sich nicht mehr erinnern, wie sie von dem Feld in den Wald gekommen waren. Cadbury war so verwirrt, daß er mit

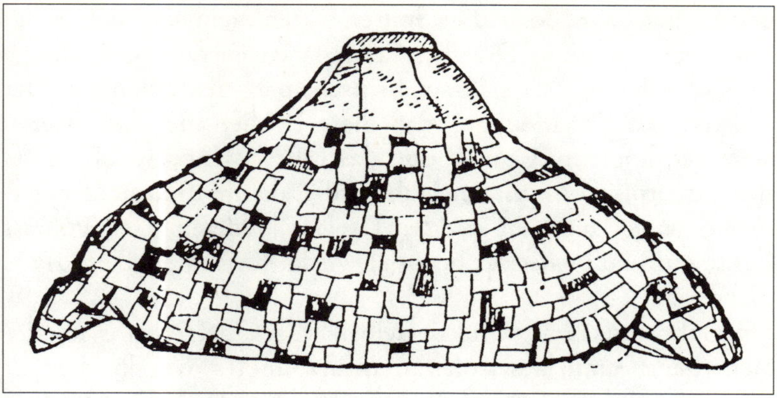

Abb. 46: Skizze des von den Militärs im Randlesham-Forest beobachteten UFOs.

der Suchmannschaft gar nicht zum Luftwaffenstützpunkt zurückkehren wollte. Da sich der Zwischenfall außerhalb des Stützpunktes ereignet hatte, beschloß der diensthabende Kommandant Colonel Ted Conrad, die englische Polizei zu verständigen. Conrad traf zwei Polizeioffiziere und schilderte ihnen die Ereignisse. Die Polizei nahm die Sache aber nicht ernst und vermutete, daß die beiden Amerikaner Lichter des Orford Ness-Leuchtturms gesehen hatten. Als die beiden Polizeibeamten wieder in ihrem Büro waren, riefen sie das Londoner Luftverkehrskontrollzentrum in West Drayton in Middlesex an. Hier wurde ihnen mitgeteilt, daß man tatsächlich einige Lichter in Südengland am Himmel gesehen hatte, obwohl eigentlich kein Flugverkehr in dieser Gegend stattfand. In der Zwischenzeit erzählten Archer und Cadbury ihren Vorgesetzten, daß man eigentlich Spuren am Boden entdecken müßte, da das Objekt auf Landebeinen im Waldboden gestanden hatte.
Am frühen Morgen machten sich Colonel Conrad, ein Sergeant der Sicherheitspolizei und einige andere auf die Suche nach den Landespuren. Die Männer fanden nach relativ kurzer Zeit die von Cadbury und Archer beschriebene Stelle und auch die Ab-

drücke der Landebeine. Die Spuren waren nicht sehr tief, bildeten aber ein exaktes Dreieck. Conrad ließ wieder die englische Polizei holen, da sie sich auf britischem Boden befanden. Der Polizist war der Meinung, daß diese Löcher auch von Tieren stammen könnten. Conrad und das Luftwaffenpersonal hielten diese Interpretation für unglaubwürdig, da die Eindrücke regelmäßig waren und ein exaktes Dreieck bildeten. Der Polizist lachte nur und bemerkte, bevor er wieder fortfuhr, daß es UFOs nicht gäbe.
Ungefähr um 22:30 Uhr desselben Tages befanden sich vier Sicherheitsbeamte des Luftwaffenstützpunktes Woodbridge auf Patrouille im hinteren Teil des Stützpunktes. Auch diese Männer beobachteten seltsame Lichter am Himmel, die, wie sie behaupteten, nicht zu Flugzeugen gehörten. Kurz darauf sah einer der Sicherheitsbeamten einen Lichtschein zwischen den Bäumen. Sie meldeten ihre Sichtung den Vorgesetzten. Leutnant Englund und Sergeant Benson (Pseudonyme) riefen den Vizekommandanten Colonel Charles Halt an und baten um die Erlaubnis einer näheren Untersuchung. Colonel Halt wußte von den Ereignissen der vergangenen Nacht und beschloß, daß Englund und Benson sich den vier Sicherheitsbeamten anschließen sollten. Gegen Mitternacht fuhren die Männer in den Wald und mußten nach kurzer Zeit zu Fuß weitermarschieren. Plötzlich bemerkten sie einen Vorhang aus Licht, der wie von Nebel durchsetzt schien. Hinter diesem Lichtvorhang sahen sie ein mit blau-weißen Lichtern umgebenes Objekt mit einem roten Licht am oberen Ende. Die Männer versuchten, sich dem Objekt zu nähern, aber es wich ihnen immer wieder aus. Einer der Männer kam etwas näher heran und fühlte, daß die Luft in der Umgebung des Objektes elektrostatisch aufgeladen war. Danach beschlossen die Männer, sich zurückzuziehen und bei Colonel Halt um weitere Anweisungen anzufragen. Sergeant Benson berichtete, daß im Wald zahlreiche verschreckte Tiere zu beobachten waren. Colonel Halt teilte mit, daß er mit ungefähr 30 Männern und einigen Ausrüstungsgegenständen zu ihnen unterwegs sei. Unter diesen

Männern befanden sich auch Angehörige vom Air Force of Special Investigation (AFOSI). Colonel Halt befahl Sergeant Benson, John Cadbury und weiteres Personal vom Bentwaters-Luftwaffenstützpunkt zu holen, da Cadbury in der Nacht davor die Begegnung mit einem dieser Objekte gehabt hatte.

Colonel Halt schickte die Männer in den Wald, um nach dem Licht zu suchen. Er hatte einen tragbaren Kassettenrecorder mit, um die Ereignisse aufzuzeichnen. Er wollte mit einigen seiner Männer und Cadbury die Landespuren der vergangenen Nacht suchen und mit Geigerzählern eine Überprüfung auf Radioaktivität durchführen. Die Truppe von Colonel Halt führte auch noch Fotoapparate und andere Meßgeräte mit sich. Es dauerte nicht lange, und die Männer kamen zum Landeplatz der vorigen Nacht. Mit den Geigerzählern registrierten sie eine geringfügig erhöhte Radioaktivität an der Landestelle. Am stärksten schlugen sie im zentralen Gebiet der Landestelle aus. Einer der Männer fand auch Abnützungsspuren, die das Objekt an den Bäumen hinterlassen hatte. Die beschädigte Seite der Bäume zeigte in Richtung der Landestelle, und aus der Baumrinde sickerte ein seltsamer Saft. Es wurden Proben dieses Saftes entnommen, in Fläschchen abgefüllt und Fotos von der Landestelle sowie von den beschädigten Bäumen gemacht. Die Bäume wurden ebenfalls auf Radioaktivität überprüft, und die beschädigten Stellen wiesen tatsächlich erhöhte Radioaktivitätswerte auf. Die Männer stellten auch noch Hitzeeinwirkungen und abgebrochene Äste an den Bäumen fest.

Einige hundert Meter vom untersuchten Gebiet entfernt befand sich eine andere Gruppe in der Nähe eines Bauernhofes, die vom Leiter der Sicherheitsbediensteten in Woodbridge angeführt wurde. Die Männer beobachteten um ungefähr 01:48 Uhr ein rötliches Licht zwischen den Bäumen und stellten daraufhin sofort Kontakt mit Colonel Halt her. Diesmal funktionierte das Funkgerät, und die Gruppe von Colonel Halt begab sich nun ebenfalls auf die Suche nach dem seltsamen Licht. Nachfolgend seien hier einige Auszüge von Colonel Halts Bandaufzeichnungen angeführt, die zum Teil an die Öffentlichkeit gelangt sind: [21]

»01:48 Uhr, wir hören seltsame Geräusche der Tiere aus dem Stall des Farmers. Sehr, sehr aktiv, sie machen einen Höllenlärm.«
»Färbung.«
»Sie haben ein Licht gesehen? Wo? Warte, langsam nieder. Wo?«
»Rechts von dieser Position. Gerade nach oben zwischen den Bäumen. Da ist es wieder. Schau.«
»Gerade über meiner Signallampe. Da Sir, da ist es.«
»Ja, ich sehe es auch.«
»Was ist es?«
»Wir wissen es nicht, Sir.«
»Ja, es ist ein seltsames kleines rotes Licht. Für das Auge sieht es ungefähr so aus, als ob es eine halbe Meile vor uns wäre. Nun verschwindet das Licht. Es befand sich ungefähr 120 Grad von dieser Seite.«
»Es ist zurück.«
»Ja, Sir.«
»Ah, vermindern Sie das Lampenlicht. Laßt uns zum Ende der Lichtung zurückgehen. Dort können wir es besser sehen. Schauen Sie, ob Sie das *Starscope* darauf ausrichten können.«
Die Männer machten einige Messungen, wobei sie feststellten, daß das Objekt kein Stern war.
»Ja Sir, es ist kein Stern.«
»Es ist kein Stern?«
»Ich glaube, es ist irgend etwas, das nicht am Boden ist. Ich denke, es ist irgend etwas Variables. Das erste Licht, das wir gesehen haben, war 135 bis 180 Meter von dieser Seite entfernt. Es ist alles totenstill. Da gibt es keinen Zweifel, da ist irgendein seltsam blitzendes rotes Licht vor uns.«
»Ah, es ist gelb.«
»Ich sah ebenso eine gelbe Färbung in ihm. Unheimlich. Es scheint sich etwas in diese Richtung zu bewegen. Es ist nun heller als vorher. Es nimmt diesen Weg. Teile von ihm schießen davon. Da gibt es keinen Zweifel darüber. Es ist unheimlich.«
»Zwei Lichter, eines rechts, eines links.«

»O. k., laßt die Lampen eingeschaltet. Da passiert etwas sehr, sehr Seltsames.«

Danach wurden wieder einige Messungen durchgeführt. Plötzlich:

»Es fallen wieder Stücke von ihm weg.«

»Jetzt bewegt es sich nach rechts.«

»Ja, seltsam. Nähern wir uns der Ecke oben am Wald. Kann es jeder ohne Licht tun? Laßt uns vorsichtig gehen. Kommt schon. O. k., wir schauen zu dem Ding. Wir sind ungefähr zwei- bis dreihundert Meter entfernt. Es sieht aus, als ob uns ein Auge zuzwinkern würde. Es bewegt sich noch immer von Ort zu Ort, und wenn man das *Starscope* darauf richtet, ist es, als ob das Ding ein hohles Zentrum hätte, ein dunkles Zentrum. Es scheint, als ob eine Pupille auf uns blicken würde. Zwinkern. Der Schein ist durch das *Starscope* so hell, daß es einem in den Augen brennt.«

»Wir haben jetzt das Haus des Farmers passiert und haben nun multiple Sichtungen von bis zu fünf gleichen Lichtern mit einer ähnlichen Form. Aber sie scheinen nun ruhig zu bleiben und nicht zu pulsieren oder mit einem roten Blitz zu glühen. Wir haben nun den Bach überquert und bekommen drei gute Meßsignale. Wir sehen seltsame Lichter am Himmel.«

»02:44 Uhr: Wir sind nun auf der entfernteren Seite des Farmers ... das zweite Feld des Farmers und machen wieder eine Sichtung bei ungefähr 110 Grad. Diesmal sieht es aus, als ob es vor der Küste wäre. Es ist rechts am Horizont, bewegt sich ein bißchen und blitzt von Zeit zu Zeit gleichmäßig mit rötlicher Farbe auf. Nach negativen Meßwertablesungen im Zentrum des Feldes erhalten wir nun vier bis fünf schwache Meßsignale auf unserem Meßgerät.«

»03:05 Uhr: Wir sehen seltsame Lichtblitze, sie sind sporadisch, aber da ist definitiv irgend etwas, irgend eine Art von Phänomen.«

»03:05 Uhr: Wir haben zwei seltsame Objekte, ungefähr zehn Grad Nord über dem Horizont gesehen. Sie sind halbmondförmig und tanzen. Sie scheinen von farbigen Lichtern umgeben zu sein. Ich vermute, sie sind acht bis sechzehn Kilometer entfernt. Die Vollmonde haben sich nun in Kreise verwandelt. Wie bei einer Ellipse oder so etwas, für ein oder zwei Minuten.«

»03:15 Uhr: Nun haben wir ein Objekt 16 Kilometer südlich und zehn Grad über dem Horizont. Jene im Norden bewegen sich. Eines bewegt sich von uns weg. Bewegt sich schnell weg.«

»Das eine an der rechten Seite fliegt auch weg.«

»Ja, beide fliegen gegen Norden. Da, da, es kommt von Süden. Es kommt nun direkt auf uns zu.«

»Verdammt !«

»Nun beobachten wir etwas, das aussieht, als ob ein Strahl zum Boden kommt. Das ist unwirklich!«

»03:30 Uhr: Die Objekte befinden sich noch immer am Himmel. Das im Süden sieht aus, als ob es etwas an Höhe verliert. Wir drehen um und kehren zur Basis zurück. Das Objekt im Süden strahlt noch immer Licht zum Boden.«

»04:00 Uhr: Ein Objekt schwebt noch immer über der Woodbridge-Basis, ungefähr fünf bis zehn Grad über dem Horizont. Noch immer unberechenbare Bewegungen und ähnliches Licht, niederstrahlend wie früher.«

Leider ist es unmöglich, die emotionalen Stimmungsausbrüche, die man auf dem sogenannten Halt-Tape hört, auf dem Papier niederzuschreiben. Aus der Kopie des Halt-Tapes geht hervor, daß Colonel Halt und seine Männer zeitweise schockiert über dieses Erlebnis waren. Glücklicherweise gelang es dem Militär nicht, diesen spektakulären UFO-Fall zu vertuschen. Die UFO-Forscherinnen Brenda Butler und Dot Street wurden nur einige Tage nach dem Zwischenfall von einem der Sicherheitsbeamten kontaktiert. Die beiden erhielten von ihm im Januar 1981 die grundlegenden Informationen. Jenny Randles erfuhr von dem Zwischenfall durch einen Radaroperateur. Dieser sagte zu Randles, daß amerikanische Luftwaffenbedienstete die Radarbänder inspiziert hätten und sie von ihnen über die visuellen Sichtungen erfahren hätte.

Als Randles über den Informanten von Butler und Streets erfuhr, beschlossen die drei, den Fall gemeinsam zu klären. Es dauerte nicht lange, und es meldeten sich einige zivile Zeugen. Einer der Zeugen war ein Taxifahrer, der beinahe eine in Panik geratene Kuh überfahren hätte. Ein Farmer mußte seine Kühe mit Hilfe eines Nachbarn einfangen und beruhigen, als das UFO am 26. Dezember von hellem Licht begleitet in den Himmel schoß. Als man den Farmer aufsuchte, sagte er, daß er von dem Vorfall nichts wisse und auch nichts gesehen hätte. Bald danach verließ der Farmer aber die Gegend und kaufte sich einige hundert Kilometer entfernt eine neue Farm. Einige Forscher suchten ihn 1984 auf seinem neuen Besitz auf. Man fand heraus, daß er für sein Schweigen Geld bekommen hatte.

Im Februar 1981 besuchten Brenda Butler und Dot Street den Schwadronführer Moreland am Bentwaters-Luftwaffenstützpunkt. Moreland sagte zu den beiden, daß er den Fall ohne ministerielle Erlaubnis nicht diskutieren dürfe. Danach riefen Butler und Street einige Ministerien in London an, um mehr über diesen Fall herauszufinden. Ihnen wurde aber jedesmal mitgeteilt, daß man nichts von diesem UFO-Zwischenfall wisse.[19] Danach stellten sie schriftliche Nachfragen beim Verteidigungsministerium. Die Antwort lautete: »Wir sind nicht befähigt, Ihnen in Ihrer Anfrage weiterzuhelfen.« In England gibt es kein Gesetz zur Informationsfreiheit wie in den USA. Die den Fall untersuchenden Personen merkten bald, daß sie vom britischen Verteidigungsministerium keine Hilfe zu erwarten hatten. In der Zwischenzeit erhielten sie vom beteiligten Militärpersonal immer mehr Informationen. Im Frühjahr 1983 bekamen Forscher in den USA von der amerikanischen Luftwaffe das bemerkenswerte Memorandum von Colonel Halt durch die FOIA-Akte frei.[22] Die Übersetzung des Memorandums lautet:

»1. Am frühen Morgen des 27. Dez. 80 (ungefähr 03:00 Uhr) sahen zwei USAF-Sicherheitsbedienstete ungewöhnliche Lichter außerhalb und an der Rückseite von RAF Woodbridge. Da sie glaubten, ein Flugzeug könnte abgestürzt sein, suchten sie um Erlaubnis für eine nähere Untersuchung an. Der Flugchef im

Dienst antwortete und bewilligte drei Männern, die Untersuchung durchzuführen. Die Personen berichteten, daß sie ein seltsam leuchtendes Objekt zwischen den Bäumen gesehen hatten. Das Objekt wurde in seiner Erscheinung als metallisch beschrieben, in seiner Form dreieckig, von ungefähr zwei bis drei Meter Durchmesser und ungefähr zwei Meter hoch. Es beleuchtete den ganzen Wald mit weißem Licht. Das Objekt selbst hatte ein rotes Licht an seinem oberen und blaue Lichter am unteren Ende. Das Objekt schwebte oder hatte Landebeine. Als die Männer das Objekt erreichten, manövrierte es zwischen den Bäumen und verschwand. Zur selben Zeit wurden die Tiere einer nahe gelegenen Farm unruhig. Das Objekt wurde ungefähr eine Stunde später in der Nähe des hinteren Tores gesichtet.

2. Am nächsten Tag wurden am Ort der Sichtung drei Eindrücke 3,5 Zentimeter tief und mit 17,78 Zentimeter Durchmesser am Boden festgestellt. In der darauffolgenden Nacht (29. Dez. 80) wurde das Gebiet auf Strahlung kontrolliert. Beta- und Gamma-Strahlen mit einer Stärke von 0,1 Milliröntgen wurden gemessen. Diese erhöhte Radioaktivität wurde in den Eindrücken und im Zentrum des von den Eindrücken gebildeten Dreiecks festgestellt. Ein in der Nähe befindlicher Baum hatte mäßige Ablesewerte (.05–.07) an der den Eindrücken zugewandten Seite.

3. Später in der Nacht wurde ein rotes, sonnenähnliches Licht durch die Bäume gesehen. Es bewegte sich und pulsierte. An einem Punkt schien es, als ob es glänzende Partikel abzuwerfen begann, bevor es dann in fünf separate weiße Objekte zerbrach, die verschwanden. Kurz darauf wurden drei Stern-ähnliche Objekte am Himmel bemerkt. Zwei davon im Norden und eines im Süden. Alle waren ungefähr 10 Grad über dem Horizont. Die Objekte bewegten sich schnell und winkelförmig und stellten rote, grüne und blaue Lichter zur Schau. Die Objekte im Norden erschienen durch eine 8–12fach starke Linse elliptisch. Dann verwandelten sie sich zu vollen Kreisen. Die Objekte im Norden blieben ungefähr eine Stunde oder länger, das Objekt im Süden für zwei bis drei Stunden sichtbar. Es gab von Zeit zu

DEPARTMENT OF THE AIR FORCE
HEADQUARTERS 81ST COMBAT SUPPORT GROUP (USAFE)
APO NEW YORK 09755

SUBJECT: Unexplained Lights

13 Jan 81

TO: RAF/CC

1. Early in the morning of 27 Dec 80 (approximately 0300L), two USAF security police patrolmen saw unusual lights outside the back gate at RAF Woodbridge. Thinking an aircraft might have crashed or been forced down, they called for permission to go outside the gate to investigate. The on-duty flight chief responded and allowed three patrolmen to proceed on foot. The individuals reported seeing a strange glowing object in the forest. The object was described as being metalic in appearance and triangular in shape, approximately two to three meters across the base and approximately two meters high. It illuminated the entire forest with a white light. The object itself had a pulsing red light on top and a bank(s) of blue lights underneath. The object was hovering or on legs. As the patrolmen approached the object, it maneuvered through the trees and disappeared. At this time the animals on a nearby farm went into a frenzy. The object was briefly sighted approximately an hour later near the back gate.

2. The next day, three depressions 1 1/2" deep and 7" in diameter were found where the object had been sighted on the ground. The following night (29 Dec 80) the area was checked for radiation. Beta/gamma readings of 0.1 milliroentgens were recorded with peak readings in the three depressions and near the center of the triangle formed by the depressions. A nearby tree had moderate (.05-.07) readings on the side of the tree toward the depressions.

3. Later in the night a red sun-like light was seen through the trees. It moved about and pulsed. At one point it appeared to throw off glowing particles and then broke into five separate white objects and then disappeared. Immediately thereafter, three star-like objects were noticed in the sky, two objects to the north and one to the south, all of which were about 10° off the horizon. The objects moved rapidly in sharp angular movements and displayed red, green and blue lights. The objects to the north appeared to be elliptical through an 8-12 power lens. They then turned to full circles. The objects to the north remained in the sky for an hour or more. The object to the south was visible for two or three hours and beamed down a stream of light from time to time. Numerous individuals, including the undersigned, witnessed the activities in paragraphs 2 and 3.

CHARLES I. HALT, Lt Col, USAF
Deputy Base Commander

Abb. 47: Das Memorandum von Lt. Colonel Charles Halt, Deputy Base Commander, des Luftwaffenstützpunktes RAF Woodbridge. In diesem Memorandum bestätigt Colonel Halt die UFO-Nahbegegnung im Randlesham Forest am 13. Januar 1981.

Zeit einen Lichtstrahl ab. Zahlreiche Personen, darunter der Unterzeichnende, beobachteten die Aktivitäten in Paragraph 2 und 3.«[23]

Dieses Memorandum von Colonel Halt wurde 17 Tage nach dem Zwischenfall an das englische Verteidigungsministerium geschickt, dessen zuständige Stelle bis zur Freigabe dieses Dokumentes behauptet hatte, daß es keine Unterlagen oder Akten über diesen Vorfall besitze. Kurz nachdem dieses Memorandum an die Öffentlichkeit gelangt war, schrieb Mark Birdsall von der UFO-Forschungsorganisation *Quest International* an den Chef der öffentlichen Informationsabteilung der USAF-Luftwaffenbasen Bentwaters und Woodbridge, Captain Victor L. Warzinski, ob noch weitere Informationen über diesen Fall existieren würden und er diese erhalten könne. Die Antwort Warzinskis lautete folgendermaßen:

»Sehr geehrter Herr Birdsall, ich fürchte, ich bin nicht in der Lage, Ihre vermuteten UFO-Sichtungen zu bestätigen oder zu widerlegen. Es wurde keine offizielle Untersuchung irgendeiner Art bei der vermuteten UFO-Sichtung durchgeführt. Die gegenwärtige Linie der amerikanischen Luftwaffe ist folgende: Wir untersuchen keine UFO-Sichtungen mehr, und wir haben auch schon seit vielen Jahren keine mehr untersucht. Kurz, wir haben kein offizielles Interesse, was immer auch geschehen ist, besonders da diese Lichter außerhalb der Basis gesehen wurden. Es gibt keine weiteren Informationen, die ich an Sie weiterleiten könnte.«[24]

In dem Memorandum von Halt wird erwähnt, daß man das Gebiet auf Radioaktivität geprüft und die Bodenabdrücke näher untersucht hat. Dieses Schriftstück dürfte mit Sicherheit nicht das einzige Dokument über diesen UFO-Zwischenfall sein. Daß die amerikanische Luftwaffe und andere Regierungsstellen seit Ende des Projektes *Blue Book* nicht mehr in UFO-Untersuchungen verwickelt seien, bekommen UFO-Forscher von diesen Behörden immer wieder zu hören, und dies entspricht der *Unwahrheit*, da UFO-Dokumente, die UFO-Zwischenfälle nach Beendigung

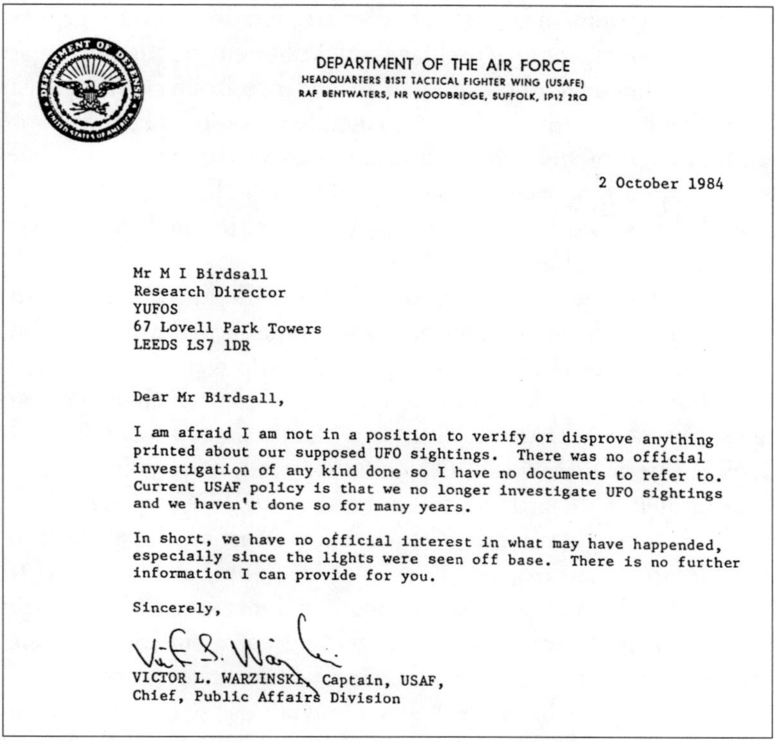

DEPARTMENT OF THE AIR FORCE
HEADQUARTERS 81ST TACTICAL FIGHTER WING (USAFE)
RAF BENTWATERS, NR WOODBRIDGE, SUFFOLK, IP12 2RQ

2 October 1984

Mr M I Birdsall
Research Director
YUFOS
67 Lovell Park Towers
LEEDS LS7 1DR

Dear Mr Birdsall,

I am afraid I am not in a position to verify or disprove anything printed about our supposed UFO sightings. There was no official investigation of any kind done so I have no documents to refer to. Current USAF policy is that we no longer investigate UFO sightings and we haven't done so for many years.

In short, we have no official interest in what may have happended, especially since the lights were seen off base. There is no further information I can provide for you.

Sincerely,

VICTOR L. WARZINSKI, Captain, USAF,
Chief, Public Affairs Division

Abb. 48: Ein Brief von USAF Captain Victor L. Warzinski an Mark Ian Birdsall von der britischen UFO-Forschungsorganisation Quest International, in dem Warzinski Birdsall am 2. Oktober 1984 mitteilte, daß die Luftwaffe keine offizielle Untersuchung im Bentwaters-Woodbridge-Zwischenfall einzusetzen gedenkt, da die Lichter außerhalb der Stützpunkte gesehen wurden.

des Projektes *Blue Book* betreffen, durch das FOIA-Gesetz freigegeben wurden.

Da der Zwischenfall außerhalb des amerikanischen Territoriums stattfand, wurden auch Anfragen an das britische Verteidigungsministerium gestellt. In den Antworten hieß es, daß es vom Standpunkt des Verteidigungsministeriums kein Interesse an dem Vorfall gäbe. Wäre dieses Desinteresse von seiten des britischen

Verteidigungsministeriums real, könnten Terroristen oder gegnerische Geheimagenten Anschläge auf Militäreinrichtungen sogar mit Flutlichtanlagen vorbereiten. In anderen Briefen wurde den Untersuchenden mitgeteilt, daß man außer Colonel Halts Memorandum auch nichts habe und deshalb auch nicht mehr darüber wisse. Interessanterweise haben dieselben Stellen vor der Veröffentlichung von Colonel Halts Memorandum auch dieses fast drei Jahre lang verleugnet.

Nachdem Colonel Halts Memorandum veröffentlicht wurde, gab es Reaktionen in englischen und amerikanischen Zeitungen. Die meisten Zeitungsartikel beinhalteten die mittlerweile kursierenden Gerüchte, daß das Militärpersonal Kontakt mit kleinen grauen außerirdischen Wesen im Wald von Randlesham gehabt hätte.[25] Beim 8. Internationalen BUFORA-UFO-Kongreß, der im August 1995 in Sheffield stattfand, präsentierte der UFO-Forscher Peter Robbins den militärischen Zeugen Larry Warren. Larry Warren berichtete in Sheffield, wie er und andere Soldaten der NATO-Basis in den Wald hinausgefahren wurden. Dort sahen er und seine Kameraden eine explodierende Kugel und dann eine Scheibe, die über einer Waldlichtung schwebte und von Militärpersonal umgeben war. Schließlich wurde Warren bewußtlos. Als er wieder zu sich kam, lag er mit schmutzigen Stiefeln auf seiner Pritsche. Larry Warren ließ sich später unter Hypnose zurückführen und beschrieb, wie aus der Scheibe in einem Strahl kleine graue Wesen kamen und sich auf den Basiskommandanten General Williams zubewegten. General Williams bestreitet diese Kontaktaufnahme allerdings.

Die Gerüchte einer unheimlichen Begegnung der dritten Art wurden sofort von den UFO-Entlarvern aufgeschnappt und dementsprechend aufbereitet. Der englische UFO-Entlarver und Weltraumjournalist Ian Ridpath behauptete in einer Fernsehdokumentation, daß die Soldaten die Lichter mit dem vor der Küste stehenden Orford Ness-Leuchtturm verwechselt hätten. Die Eindrücke am Boden, erklärte Ian Ridpath, könnten von Hasen stammen.[17] Auf die Frage nach der erhöhten Radioaktivität in den Eindrücken antwortete Ridpath, daß die natürliche Radioaktivität an diesen Stellen wahrscheinlich höher war als in den umliegenden. Die Verletzungen an den Bäumen wurden von Ridpath als Markierungen von Holzknechten erklärt. Ian Ridpath ist nicht in der Lage gewesen, die Landestelle zu begutachten, da man die Bäume in dieser Gegend in den vergangenen drei Jahren gefällt hatte. Die Lichterscheinungen der darauffolgenden Tage erklärte Ridpath mit einem Meteor. Ridpath ging jedoch nicht auf die Einzelheiten von Halts Memorandum ein, in dem ausdrücklich von einem *metallischen Objekt* im Wald die Rede war.

Die *Times* und andere Zeitungen gaben sich mit Ridpaths Erklärungen zufrieden. Der amerikanische UFO-Entlarver Philip Klass behauptet, daß die Soldaten glühende Teile eines am 26. Dezember 1980 über England abgestürzten russischen Satelliten Cosmos 746 sahen. Andere Erklärungsversuche führten von einem notgelandeten F-117-Tarnkappenjäger bis hin zu einem abgestürzten, unbemannten, nuklearbetriebenen Testflugzeug. Manche meinten, die Luftwaffe wollte mit einer fingierten UFO-Sichtung eine Panne der vorher erwähnten Fahrzeuge vertuschen.[27] Keine dieser Erklärungen kann jedoch die im Memorandum von Colonel Halt beschriebenen Vorgänge zufriedenstellend erklären. Bei UFO-Zwischenfällen gilt scheinbar folgendes Motto: Was nicht sein kann, darf nicht sein, und deshalb muß es eine natürliche Erklärung geben!

Für die an der Untersuchung beteiligten Forscher ist die Angelegenheit bis zum heutigen Tag noch nicht abgeschlossen. Im Januar 1984 erfuhr die britische UFO-Forscherin Jenny Randles vom Schwadronführer Donald Moreland, daß seit 1981 die vorher zitierte Tonbandaufzeichnung von Colonel Halt existierte. Das englische Verteidigungsministerium leugnete natürlich die Existenz einer solchen Tonbandaufzeichnung. Im Juli 1984 wurde der ehemalige Basiskommandant von Bentwaters, Colonel Sam Morgan, zu einer Militärbasis in die USA versetzt. Morgan bestätigte, daß er das Band besaß, und sandte wiederaufgenommene Kopien zu Jenny Randles und Dot Street. Das Tonband

hat eine Spieldauer von ungefähr 18 Minuten.[21, 27] Es wurde im Gelände aufgenommen und erstreckt sich über eine Zeitspanne von drei Stunden. Zwei Drittel des Bandes handeln von der Untersuchung der Landespuren. Das andere Drittel handelt von der UFO-Sichtung der Soldaten. Mehrere Zeugen sagten gegenüber den Untersuchungsteams aus, daß mehr von der nächtlichen Expedition aufgenommen wurde, als auf dem Band zu hören ist. Der Radioingenieur Robert H. Coddington analysierte für das Center for UFO Studies (CUFOS) das Tonband und stellte fest, daß das letzte Drittel der Aufnahme von der Qualität her von den beiden ersten Aufnahmen abweicht, was ein Hinweis dafür sein kann, daß bei der Wiederaufnahme ein anderes Verfahren verwendet wurde. Es kann jedenfalls mit Sicherheit gesagt werden, daß die wiederaufgenommene Version des Tonbandes nicht die ganze Zeitspanne der Sichtungen wiedergibt.
Einige der beteiligten Soldaten behaupten, daß auch Filmaufnahmen und Fotografien von dem UFO gemacht wurden. Auch Colonel Halt wies darauf hin, daß fotografiert und gefilmt wurde. Wie auch immer, diese wichtigen Beweise, sofern sie existieren, wurden von der amerikanischen Regierung noch nicht bestätigt. Die meisten der Zeugen bestreiten nicht, daß auch ein Film von den Ereignissen gemacht wurde. Es bleibt die Frage offen, wo sich dieser Film heute befindet und weshalb er vor der Öffentlichkeit zurückgehalten wird, denn er würde für die Wahrheitsfindung einen wertvollen Beitrag leisten.

4 *1994 - Das Zeugnis von Lt. Colonel Charles Halt*

Der Verfasser des im vorigen Kapitel besprochenen Memorandums, Lt. Colonel Charles Halt, trat im Juni 1992 in den Ruhestand. Colonel Halt war 28 Jahre im militärischen Dienst und besitzt wissenschaftliche Ausbildungen in Chemie, Volkswirtschaft und geschäftlicher Verwaltung. Er ist ein Absolvent der Squadron Officer-Schule, des Air Command Staff College und des Industrial College of the Armed Forces. Seine militärischen Auszeichnungen beinhalten mehrere Kampfeinsätze in Südostasien. Des weiteren geleitete Colonel Halt amerikanische Kriegsgefangene aus Vietnam zurück in die Staaten. 1980 wechselte er vom Hauptquartier der amerikanischen Luftwaffe nach RAF (Royal Air Force) Bentwaters als Deputy Base Commander. 1984 wurde Colonel Halt zum Commander von Bentwaters befördert. Danach diente er in Korea und in Belgien. Vor seiner Pensionierung war Colonel Halt Director of the Inspection Directorate for the American Department of Defense. In dieser Position hatte Colonel Halt den Überblick über einen Großteil des militärischen Establishments.[28]

Am 31. Juli 1994 kam Colonel Halt nach England, wo er in London für *Weekend Television* und in Leeds für die UFO-Forschungsorganisation *Quest International* sein Wissen über den Bentwaters-Woodbridge-Zwischenfall preisgab. Colonel Halt erzählte dem Publikum, daß der Luftwaffenstützpunkt RAF Woodbridge 1980 eine strategisch wichtige NATO-Basis war. In Woodbridge waren zur Zeit des Zwischenfalles amerikanische Truppen stationiert. Colonel Halt bestätigte, daß der Zwischenfall zwischen dem 25. und 27. Dezember 1980 stattfand. Er sagte, daß die beiden Sicherheitsbeamten Burroughs und Parker (keine Pseudonyme) am Ende der Rollbahn rote, blaue und weiße Lichter gesehen hatten. Colonel Halt behauptete, daß kein offizielles Protokoll angefertigt wurde, aber Radaroperateure am Londoner Flughafen Heathrow sehr wohl zwei Radarziele auf ihren Schirmen hatten. Daraufhin war eine Patrouille von drei Mann zur Aufklärung in den Wald geschickt worden. Als die Männer den Wald erreicht hatten, bemerkten sie, daß ihre Funkgeräte gestört wurden. Die drei Offiziere Penniston, Burroughs und Kavanasac sahen ein nicht zu identifizierendes, klar strukturiertes Objekt.

Colonel Halt teilte mit, daß Penniston und Burroughs sich dem Objekt näherten. Die beiden Offiziere beschrieben, daß das unbekannte Flugobjekt eine pyramidenförmige Form aufwies und

etwa drei Meter hoch war. Das Objekt hatte an der Spitze ein rotes Licht und am Unterteil blaue Lichter angebracht. Die Zeugen behaupteten, daß sich das unbekannte Flugobjekt schwebend durch den Wald bewegte und mit dreifüßigen Auslegern möglicherweise die Spuren am Boden hinterließ, die man bei späteren Untersuchungen vorfand. Die drei Männer folgten dem Objekt etwa 90 Minuten durch den Wald. Während die Offiziere dem UFO folgten, wurde vom Militär eine Suchmannschaft zusammengestellt. Dieser Suchtrupp fand drei Spuren am Boden, die etwa drei Meter auseinanderlagen. Laut Halt waren die umliegenden Bäume in einer Höhe von 7,5 Metern ebenfalls beschädigt. Nachdem man die Männer im Wald fand, kehrten die Soldaten zum Militärstützpunkt zurück.
Zwei Tage später meldete Lt. Bruce Englund die Rückkehr des Flugobjektes. Danach spielten sich die im vorigen Kapitel beschriebenen und auf dem Tonband wiedergegebenen Vorfälle ab. Bemerkenswert ist die von Lt. Bruce Englund gemachte Beschreibung des beobachteten Flugobjektes. Nach Lt. Englund war das Objekt hell wie die Sonne mit einem dunklen Zentrum und von ovaler Form. Die Soldaten sahen das Objekt für ungefähr zwei Minuten. Bevor das Objekt verschwand, spaltete es sich in fünf einzelne Lichter auf. Ein Astrophysiker stellte in der Nähe eines Farmhauses eine 25fache Erhöhung der radioaktiven Hintergrundstrahlung fest. Zwei angefertigte Filme zeigten leider nichts Wesentliches. Nachdem die Lichter verschwanden, wurden zwei elliptische Objekte beobachtet. Laut Colonel Halt bewegten sich die Flugobjekte sehr schnell und sendeten Lichtstrahlen zu Boden, Sekunden später flog ein Objekt in die Richtung der Männer.
Colonel Halt bestätigte, daß er diese Ereignisse mit seinem persönlichen Aufnahmegerät aufgezeichnet hatte. Am folgenden Tag präsentierte Colonel Halt die Details des Zwischenfalles seinen Vorgesetzten. Das Hauptquartier der Amerikaner schob den Vorfall in den Aufgabenbereich der Briten ab. Das britische Verteidigungsministerium wollte ebenfalls nicht mit Halt sprechen.

Squadron-Führer Moreland veranlaßte, daß Colonel Halt sein später in die Öffentlichkeit gelangtes Memorandum verfaßte. Dieses Memorandum wurde nach Whitehall gesandt. Interessanterweise zeigte die britische Regierung kein weiteres Interesse. Zur selben Zeit verschwanden auch die offiziell angefertigten Filme. Colonel Halt bestätigte auch, daß einige Stunden nach dem Zwischenfall eine nicht gekennzeichnete C141-Galaxy-Transportmaschine auf dem Luftwaffenstützpunkt eintraf. Halt weiß nichts über den Zweck des Flugzeuges und seiner Besatzung. Er behauptete aber, daß eine Einsatztruppe von diesem Flugzeug aus im Wald verschwand. Von militärischen Quellen weiß man, daß die U.S. Special Forces für gewöhnlich in nicht gekennzeichneten Flugzeugen transportiert werden. Da diese Einheiten streng geheime Aufträge ausführen, kann sich Colonel Halt nicht vorstellen, daß sich keine offizielle Stelle für diese Vorfälle interessierte. Er weist die Leuchtturm-Erklärung von Philip Klass, Ian Ridpath, Stuart Campbell und anderen klar zurück. Außerdem stellte Colonel Halt fest, daß er und die anderen an dem Vorfall beteiligten Soldaten sehr wohl die Unterschiede zwischen Leuchttürmen, Feuerbällen, abstürzenden Satellitentrümmern und einem nur wenige Meter entfernten Flugobjekt kennen würden!

VIII

Fotoanalyse von UFO-Aufnahmen

»Was bedeutet es zu sehen? Die Antwort des einfachen Mannes (und auch die von Aristoteles) wäre, zu erkennen, was sich wo befindet. In anderen Worten, Bildverarbeitung ist ein Prozeß, der aus Bildern ableitet, welche Objekte die Welt enthält und wo sie sich befinden.«

Dr. David Marr, Professor am MIT,
in seinem Buch Vision, *1982*

1 Warum Fotoanalyse?

Seitdem Menschen unerklärbare Objekte am Himmel beobachten, versuchen sie, ihre Sichtungen bildlich darzustellen. Anfangs wurden die Gestirne wie Sonne und Mond auf Felswände gemalt, später folgten ganze Kunstwerke, welche die Vorgänge am Himmel verherrlichten. Mit dem Aufkommen der Fotografie in der Mitte des vorigen Jahrhunderts und ihrer rasanten Verbreitung stehen den Erforschern von unbekannten Phänomenen völlig neue Möglichkeiten offen. Insbesondere in der UFO-Forschung stellen Bilddokumente heute unschätzbare Beweismittel dar.

Beinahe jeder Haushalt verfügt über einen Fotoapparat oder eine Videokamera; es ist also nicht verwunderlich, daß die Zahl von gut dokumentierten Sichtungen stetig zunimmt. Des weiteren steigt aber auch die Brauchbarkeit der Bilddokumente immer weiter, da die Qualität der technischen Ausrüstungen im Amateurbereich dramatische Fortschritte macht. So gibt es mittlerweile sehr viele Aufnahmen, die UFOs im weitesten Sinne zeigen. Alle diese Aufnahmen sind potentiell brisante Beweise, die den UFO-Forscher seinem Ziel einen Schritt näher bringen können. Bilddokumente stellen also eine extrem wichtige Informationsquelle für den Forscher dar, es muß ihnen daher bei der Untersuchung einer UFO-Sichtung größte Aufmerksamkeit gewidmet werden. Dazu muß jeder einzelne Film, jedes Video, aber detailliertest untersucht und analysiert werden. Es gilt zuerst, alle erklärbaren (Naturphänomene, technische Objekte, Fälschungen) von den eigentlich interessanten Objekten zu trennen.

Falls dieser Schritt erfolgreich abgeschlossen ist, kann man sich daran machen, die Aufnahmen dahingehend auszuwerten, möglichst viele Daten über das abgebildete Objekt selbst zu erhalten. Man könnte beispielsweise versuchen, Geschwindigkeit, Entfernung, Größe und Farbe des UFOs zu bestimmen. Oft sind die beiden oben erwähnten Schritte – Filterung und Detailanalyse – sehr eng miteinander verwoben. So könnte eine Entfernungsbestimmung ergeben, daß sich das angebliche UFO nur zwei Meter vor der Kamera befunden hat und damit einen klaren Fall von Fälschung darstellt. Dieses Kapitel beschäftigt sich mit den Methoden, welche heute dem Fotoanalytiker zur Verfügung stehen, um Bildmaterial zu untersuchen. Der Computer als universelles Werkzeug für Bildverarbeitung und Analyse steht hierbei im Vordergrund; wir werden daher zuerst die Grundlagen der digitalen Bildverarbeitung erklären und dann auf die Möglichkeiten eingehen, die darauf aufbauen.

2 *Was macht digitale Bildverarbeitung?*

Dem Amateurfotografen stehen heute verschiedene Möglichkeiten offen, Aufnahmen von unbekannten Flugobjekten zu machen. Standbilder auf herkömmlichem Negativmaterial: Beinahe jeder Haushalt verfügt über einen Fotoapparat, um im Negativ-Format von 36x24 Millimeter Erinnerungen an alle nur denkbaren Ereignisse festzuhalten.[1] Farbaufnahmen stellen seit vielen Jahren die Regel dar, nur noch in besonderen Fällen (etwa wenn der Fotograf seine Bilder selbst entwickelt) werden Schwarzweiß-Negative verwendet. Die Farbinformation kann nützliche Daten über physikalische Prozesse während einer Sichtung liefern sowie auch die Entlarvung von Fälschungen erleichtern. Der verwendete fotografische Prozeß kann prinzipbedingt ausgezeichnete Bildqualitäten erbringen, die erzielbaren Ergebnisse hängen fast nur von der Geschicklichkeit des einzelnen Fotografen ab.

Videoaufnahmen auf Magnetband:[2] Seit mehreren Jahren erleben tragbare Videokameras im Bereich der Konsum-Elektronik einen wahren Boom. Die Geräte werden immer kostengünstiger und leistungsfähiger. Autofokus und hochwertige Zoomobjektive ermöglichen es, daß auch schwierige Aufnahmesituationen von

Amateuren gemeistert werden können, Farbe stellt eine Selbstverständlichkeit dar. Es ist deshalb nicht verwunderlich, daß immer mehr und immer bessere UFO-Sichtungen auf Videomaterial festgehalten werden. Das Grundprinzip der Technik besteht darin, daß das Bild des Objektivs auf einem lichtempfindlichen elektronischen Sensor (dem sogenannten CCD-Chip) abgebildet wird. Die Steuerelektronik der Kamera tastet diesen Sensor 50mal in der Sekunde ab und erzeugt daraus ein Signal, das, entsprechend aufbereitet, auf Magnetband gespeichert werden kann. Das elektronische Bildsignal ist dabei kompatibel mit demjenigen eines Fernsehgerätes. Für die Qualität der Bilder bedeutet dies, daß mit einer Standardausrüstung bezüglich Farbe und Bildschärfe mäßige bis gute Werte erreichbar sind.

Wie kann man nun Fotos bzw. Videofilme überhaupt in einem Computer verarbeiten? Dazu muß man sich vorstellen, daß ein Computer alle ihm zur Verfügung stehenden Daten nur als diskrete Zahlenwerte abspeichern kann. Das heißt, auch Bilder und Ausschnitte von Videos müssen zuerst in ein für den Rechner verwertbares Format gebracht werden. In der Fachsprache der Bildverarbeitung heißt dieser Vorgang *Scannen* (Fotos) oder *Digitalisieren* (Videofilme). Bei diesem Vorgang wird die Vorlage Punkt für Punkt, Zeile für Zeile, abgetastet und an jeder Stelle auf ihre Helligkeit untersucht. Ermittelt der *Scanner* etwa gerade große Bildhelligkeiten, z. B. wenn er eine Wolke abtastet, dann übermittelt er an den Computer einen großen Zahlenwert. In dieser Weise wird das ganze Bild abgearbeitet.

Die Abbildung 49 erläutert diese Prozedur noch einmal anschaulich. Es ist leicht festzustellen, daß für die Repräsentation eines Fotos innerhalb des Speichers im Computer drei Eigenschaften des *Scanners* maßgeblich sind. Einerseits ist es bedeutsam, mit welchem mechanischen Abstand die einzelnen Punkte eingelesen werden. Dies bestimmt die Abmessung der kleinsten erkennbaren Details, welche für eine spätere Analyse in Betracht gezogen werden können. Will man also beispielsweise nach Fäden oder Drähten in einem Bild suchen, muß die räumliche Auflösung

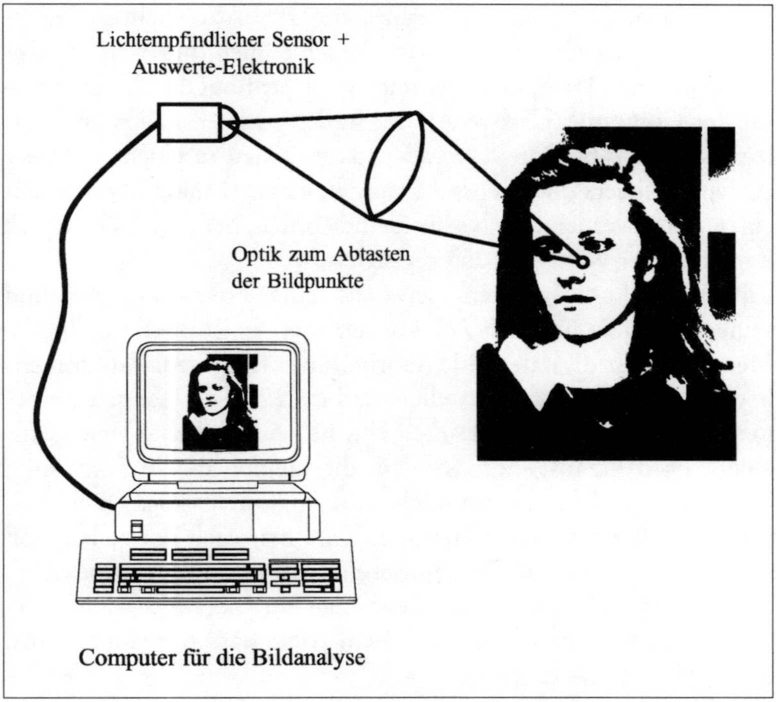

Abb. 49: Die Funktionsweise eines Scanners. *Ein Bild wird von einem hochauflösenden Sensor abgetastet, der sich zeilenweise über die Vorlage bewegt. Jeder einzelne Bildpunkt wird auf ein lichtempfindliches Element abgebildet, das die Helligkeitsinformation des Punktes mit Hilfe einer Auswerte-Elektronik in ein Computer-lesbares Format umwandelt. Die Helligkeit wird dabei als Zahlenwert im Bereich von 0–255 vom Computer abgespeichert.*

sehr hoch sein. Üblicherweise wird ihr Wert in *dpi* (dots per inch) angegeben, die Anzahl der eingelesenen Punkte innerhalb einer Abmessung von 2,54 Zentimetern.

Gängige Werte für Scanner liegen bei 600 bis 2400 dpi. Neben dem Abstand der Punkte ist durch den Scannvorgang aber auch ihre Koordinate (ihre Lage) innerhalb eines Bildes eindeutig festgelegt. Diese Eigenschaft kann dann wichtig werden, wenn es darum geht,

Details in Bildern genau zu vermessen. Die dritte wichtige Eigenschaft eines abgetasteten Punktes ist schließlich, mit welcher Genauigkeit seine Helligkeit bestimmt wird. Bedingt durch die Struktur der Computer-Hardware wird in den meisten Fällen ein Zahlenwert von 0 bis 255 verwendet, da er genau in einem *Byte* des Arbeitsspeichers untergebracht werden kann. Dunkle Bereiche auf einem Film werden durch sehr kleine Zahlen, helle Bereiche durch Zahlen in der Nähe von 255 registriert.

Ein Bildpunkt, zusammengesetzt aus seiner Position im Bild und seiner Intensität, wird als *Pixel* bezeichnet. Er ist die Basis für alle Methoden der digitalen Bildverarbeitung. In diesem Zusammenhang ist es wichtig, festzustellen, daß ein *Pixel* die kleinste Informationseinheit eines Bildes darstellt. Es können keine Details aus einem Foto herausgeholt werden, die kleiner als ein *Pixel* sind, dies gilt sowohl für die räumliche Information als auch (meistens) für die Helligkeit. Als Analogie könnte man sich vorstellen, daß auch beim normalen Fotografieren eine Grenze für die Auflösung vorgegeben ist. Denn wenn man ein Negativ zu stark vergrößert, kann man schon mit freiem Auge das sogenannte Korn des Filmmaterials erkennen.

Die Abbildung 50 verdeutlicht den Vorgang der extremen Vergrößerung für den Fall eines digitalen Bildes im Computer: Bei einer zu starken Ausschnittvergrößerung treten die einzelnen Pixel hervor, aber man kann keine weiteren Details mehr aus der Aufnahme herausholen. Informationen, die in einem Bild nicht vorhanden sind, können auch mit dem besten Computerprogramm nicht gefunden werden. Es ist jedoch möglich, und das rechtfertigt die Anwendung der digitalen Bildverarbeitung, daß Bildinhalte sichtbar gemacht werden können, welche dem freien Auge nicht zugänglich sind. Die meisten der im folgenden beschriebenen Verfahren lassen sich in der Standardliteratur der Bildverarbeitung nachlesen.[3,4]

3 *Einfache Methoden der digitalen Bildverarbeitung*

Wir wollen uns an dieser Stelle mit den grundlegenden Möglichkeiten beschäftigen, welche die digitale Bildverarbeitung dem Forscher bietet, um Fotos und Videofilme auszuwerten. Die erste und einfachste Möglichkeit besteht darin, die erhöhte räumliche Auflösung, mit welcher Fotografien in den Computer

Abb. 50: Im Computer gespeicherte Bilder können nicht beliebig vergrößert werden. Der Detailausschnitt rechts unten zeigt deutlich die einzelnen Bildelemente (Pixel), aus denen das große Bild zusammengesetzt ist.

eingescannt werden, auszunutzen. Üblicherweise erfassen moderne Scanner ein Bild mit wesentlich mehr Details als das freie Auge, der Computer wird also quasi als Vergrößerungsglas oder sogar als Mikroskop verwendet. Zusammen mit einer weiteren Technik zur Kontrastveränderung hat der Fotoanalytiker schon ein sehr brauchbares Instrument zur Untersuchung von Aufnahmen in der Hand: Wie eingangs erwähnt, speichert der Computer die Farbe Schwarz als den Zahlenwert »0« und Weiß als den Zahlenwert »255«. Alle Helligkeiten dazwischen werden durch entsprechende Zahlen linear repräsentiert. Wenn man nun diese Zuordnung von Zahlen zu Helligkeiten verändert (*Remapping*), kann man damit die Helligkeit und den Kontrastumfang eines Bildes verändern. Würde man etwa der »0« die Farbe Weiß und dem Wert »255« die Farbe Schwarz zuordnen, würde auf dem Monitor genau das Negativ des Bildes erscheinen! Man kann nun gezielt die Zuordnung von Farben zu Zahlenwerten manipulieren, um kontrastarme Bereiche im Bild zu verbessern. Dazu werden dunkle Bereiche noch dunkler gemacht und helle Bereiche noch heller.

Durch die Anwendung dieses Verfahrens werden also dem Auge des Betrachters Bilder mit erhöhtem Helligkeitsumfang dargeboten, dies kann die Sichtbarkeit von Strukturen im Bild wesentlich verbessern. Es ist aber ebenso möglich, nur gezielt bestimmte Intensitätsbereiche im Bild zu verbessern. Man kann beispielsweise nur die dunklen Flächen aufhellen und dort vielleicht vorhandene Details hervorheben. Falls notwendig kann damit eine ganze Aufnahme aufgehellt bzw. abgedunkelt werden. Eine Abbildung im Farbteil demonstriert die Möglichkeiten der Kontrastanpassung noch einmal recht eindrucksvoll.

Um die Unterscheidbarkeit von beinahe gleich hellen Bildbereichen für das Auge des Betrachters etwas zu verbessern, gibt es noch eine weitere Möglichkeit: Anstatt der Helligkeitsinformation vom Scannvorgang die korrespondierenden Grauwerte am Bildschirm zuzuordnen, lassen sich statt dessen auch Farben verwenden. Dem Grauton »Schwarz« wird dazu beispielsweise die

Farbe »Rot« zugeordnet, einem mittleren Grau die Farbe »Grün« etc. Bei dieser *Falschfarbendarstellung* entsprechen den 256 verschiedenen ursprünglich eingelesenen Helligkeiten nun 256 unterschiedliche Farbtöne. Die Motivation für diese Darstellung ist die Tatsache, daß das menschliche Auge wesentlich mehr Farben als Grauwerte unterscheiden kann. Obwohl also der Bildinhalt derselbe bleibt, wird er durch die Verwendung der Farbtabelle in eine für den Beobachter besser geeignete Darstellung gebracht. Damit lassen sich unscheinbare Bildstrukturen deutlich herausarbeiten und einer Auswertung zugänglich machen. Für die Falschfarbendarstellung gibt es im Farbteil dieses Buches wieder ein Beispielfoto.

4 *Komplexe Verfahren*

Die bisher beschriebenen Methoden stellen relativ einfache Manipulationen der Grauwertinformationen in Bildern dar. Im folgenden werden wir auf diejenigen Methoden eingehen, welche auf komplexeren mathematischen Methoden und Modellen beruhen. Bei den Verfahren zur Manipulation von Grauwerten im vorigen Abschnitt wurde jeder der Bildpunkte ohne Berücksichtigung seiner Umgebung verarbeitet. Wir wollen diese Einschränkung nun aufheben und zulassen, daß die Pixel ihren Grauwert in Abhängigkeit der Intensität ihrer Nachbarn verändern. Damit kommen wir zu einer Klasse von Verfahren, die wir als sogenannte *Filter* bezeichnen. Das grundlegende Prinzip besteht darin, nicht nur den Zahlenwert eines Pixels auszulesen, sondern in einer bestimmten (meist kleinen) Umgebung auch den seiner Nachbarn heranzuziehen. Als eines der einfachsten Beispiele kann hier die Mittelwertbildung dienen, welche in Abbildung 51 illustriert wird. Für die Berechnung des neuen Grauwertes für Pixel P werden sein eigener und die Grauwerte seiner unmittelbaren acht Nachbarn addiert und anschließend durch neun dividiert. Wenn das neue Pixel P berechnet wurde, wird dieselbe Prozedur auf

137	128	100
130	(120)	90
132	100	80

Summe = 137 + 128 + 100 +
130 + 120 + 90 +
132 + 100 + 80 = <u>1017</u>

Neuer Grauwert = 1017/9 = <u>113</u>

Abb. 51: Die Arbeitsweise des Mittelwert-Operators, nach dessen Anwendung Bilder einen verwaschenen, unscharfen Eindruck bekommen. Die Helligkeit jedes Pixels wird durch den Mittelwert seiner eigenen Helligkeit und der seiner Nachbarn ersetzt. Für das mit einem Kreis markierte Pixel bedeutet das beispielsweise, daß sein alter Grauwert von 120 durch den neuen Wert von 113 ersetzt wird. Die oben angeführte einfache Rechnung wird für jedes Pixel im Bild wiederholt.

seinen rechten Nachbarn P2 angewendet, bis schließlich alle Pixel des Fotos bzw. Videobildes abgearbeitet sind. Als Ergebnis erhält man eine etwas unscharfe Version des Originalbildes.

Die sogenannten Kantenoperatoren stellen den zweiten Typ von Filtern, welche wir in diesem Rahmen behandeln wollen, dar. Eine Kante ist nichts anderes als der Bereich im Bild, in dem eine Helligkeitsänderung stattfindet. Der Rand einer hellen Wolke vor dem relativ dunkleren Himmelshintergrund definiert somit beispielsweise eine mehr oder weniger scharfe Kante. Der Kantenoperator macht also nichts anderes, als aus einem Bild alle diejenigen Stellen hervorzuheben, an denen Helligkeitsänderungen stattfinden, alle übrigen Informationen werden unterdrückt. Je stärker die Helligkeitsvariationen im Bild (die *Gradienten*) sind, desto stärker ist auch die Ausgabe des Kantenoperators. Neben der Information über die Helligkeitsänderungen kann die Richtung des Gradienten ebenfalls eine Rolle spielen. Mit Kantenoperatoren, wie dem sogenannten *Sobel*, läßt sich auch diese Berechnung leicht bewerkstelligen.

Die Abbildung 52 erklärt diesen Sachverhalt noch einmal anhand des in diesem Kapitel verwendeten Beispielbildes. Der *Sobel*-Operator läßt nur die Schwarzweiß-Übergänge im Bild stehen, alle anderen Informationen sind unterdrückt (die Darstellung von Richtungsinformation ist in diesem Beispiel ausgelassen). Ähnlich wie alle anderen vorher beschriebenen Techniken kann auch die Berechnung der Gradienten in einem Bild nur gewisse,

Abb. 52: Die Anwendung eines Kantenoperators auf unser Beispielbild. Nur die Schwarzweiß-Übergänge im Bild bleiben erhalten, alle anderen Informationen werden unterdrückt.

bereits vorhandene Informationen hervorheben; Strukturen, die im Bild nicht einmal latent vorhanden sind, können damit auch nicht gefunden werden. Die Vorteile des Kantenoperators bestehen nun darin, daß man Umrisse von Objekten und deren Eigenschaften bequem bestimmen kann.

Es ist möglich, die Schärfe des Randes eines UFOs zu analysieren, dies spielt eine wesentliche Rolle bei der Entfernungsbestimmung und Bewegungsanalyse, wie wir im folgenden noch feststellen werden. Zusätzlich ermöglicht der Kantenoperator eine sehr effiziente Suche nach feinen, linienförmigen Strukturen im Bild. Dazu gehören Kratzer, aber auch Fäden, mit denen Fälscher Modelle »am Himmel« befestigen. Diese feinen Linien sind mit freiem Auge auch bei einer genauen Untersuchung sehr leicht zu übersehen, durch die Wirkung der Gradientenberechnung bleiben sie aber beinahe alleine übrig. Dr. Bruce Maccabee hat im Zuge der Analyse von Fotos aus dem Gulf Breeze-Gebiet zum Beispiel festgestellt, daß es für Ed Walters beinahe unmöglich war, bei den Tageslichtaufnahmen seiner UFOs kleine Modelle vor der Kamera zu montieren. Man hätte in jedem Fall die Fäden durch Bildanalyse, die sogenannten Kantenoperatoren, entdekken müssen.

Eine weitere Steigerung in der Stufe der Komplexität stellen Bildtransformationen dar, welche unter das Stichwort *Fourier-Analyse* fallen. Die mathematischen Grundlagen für diese Verfahren können hier nicht behandelt werden, es soll aber dennoch aufgezeigt werden, welche prinzipiellen Möglichkeiten der Fotoauswerter mit diesen Methoden hat. Die Fourier-Transformation wandelt die Grauwerte eines Bildes mit räumlichen Koordinaten (x, y) in eine andere mathematische Beschreibung mittels Frequenzen und gegenseitigen Phasenbeziehungen um. Es ist an dieser Stelle nur wichtig, zu verstehen, daß die Bildinformation immer noch dieselbe ist, es aber in einer anderen mathematischen Repräsentation seines Inhaltes leichter ist, bestimmte Berechnungen auszuführen. Einer der einfachsten Anwendungsfälle für die Fourier-Transformation besteht in der oben beschriebenen

Randanalyse, der Bestimmung der Schärfe von Kanten. Hohe Frequenzen (schnelle Änderungen) deuten scharfe Kanten an, tiefe Frequenzen (langsame Veränderungen) definieren unscharfe Kanten.
Ob man mit dem Gradientenoperator oder der Fourier-Transformation arbeitet, ist selten wesentlich. Beide scheinen zwar auf den ersten Blick völlig unterschiedlich zu sein, liefern aber letztendlich das gleiche Resultat. Die Stärke der Fourier-Mathematik liegt aber darin, bestimmte Effekte wie die Unschärfe eines Objektes durch Bewegung (eine verwackelte Aufnahme, das UFO bewegt sich zu schnell) oder durch falsche Aufnahmetechniken (Entfernungseinstellung an der Kamera) in bestimmten Fällen modellieren und beheben zu können. Dies bedeutet, daß es möglich ist, mit freiem Auge nicht mehr sichtbare Informationen wieder rekonstruieren zu können. Obwohl die Anwendungsmöglichkeiten der Fourier-Methode aufgrund theoretischer und praktischer Aspekte zwar relativ eingeschränkt sind, kann diese Methode doch in einigen Fällen ein wertvolles Hilfsmittel für den Fotoanalytiker darstellen.

5 Kombinierte Methoden und ihre Anwendungen auf UFO-Aufnahmen

Die eigentliche Arbeit des Fotoanalytikers besteht nicht nur aus der Anwendung von einigen Standardverfahren auf ein Bild und der einfachen Auswertung der Ergebnisse. Vielmehr stellt die Untersuchung eines Bildes oder Filmes mit einem unbekannten Objekt eine komplexe Aufgabe mit immer wieder unterschiedlichen Anforderungen dar. Jedes Bild und jede Videosequenz sind in ihrer Art einmalig, und es muß immer auf die besonderen Umstände der Aufnahme (den Fotografen, die Zeit, die Kamera etc.) Rücksicht genommen werden. Die oben beschriebenen Verfahren stellen daher nur die Grundwerkzeuge für die vollständige Analyse einer Aufnahme dar. Erst das Zusammenspiel dieser einfachen Verfahren, kombiniert mit dem Wissen und der Intuition des Experten, erlauben es, sichere Aussagen (soweit dies überhaupt möglich ist) über ein Bild zu machen. Welche Informationen kann man nun tatsächlich aus Fotos oder Videofilmen extrahieren?

An erster Stelle scheint es bei der Untersuchung eines UFOs wichtig zu sein, dessen Entfernung zur Kamera bzw. zum Fotografen zu ermitteln. Das hat mehrere Gründe: Zum einen kann man mit einer sicheren Entfernungsbestimmung Fälschungen ziemlich leicht enttarnen – ein UFO mit einem maximalen Abstand von nur zwei Meter zur Kamera wird wahrscheinlich doch eher der Phantasie eines Fotografen entsprungen sein als dem Geist einer uns fremden Intelligenz. Falls man im Gegensatz dazu die Entfernung eines Objektes mit relativ großer Sicherheit auf viel höhere Werte bestimmen kann, bestehen schon wesentlich bessere Chancen für die Authentizität einer Aufnahme.

In der Praxis existieren mehrere Möglichkeiten zur Abschätzung der Distanz eines UFOs. Falls es auf der Aufnahme teilweise von Bäumen oder anderen Objekten auf der Erdoberfläche verdeckt wird, kann man mit Sicherheit eine Mindestdistanz zum Fotografen angeben, nämlich die zum Vordergrundobjekt. Einen Extremfall zeigt Jeffrey Sainio in einem seiner Artikel auf.[2] Dort wurde ein UFO von einem Amateur mit einer Videokamera gefilmt. In einer Sequenz schwebte das Licht zufällig über einer Leitung zur Stromversorgung und wurde dabei für sehr kurze Zeit teilweise von einem Kabel verdeckt. Man kann in diesem Fall daher mit Sicherheit davon ausgehen, daß sich dieses UFO mindestens in einer Höhe von einigen Dutzend Metern über dem Beobachter befunden hat, weil sich ja das Kabel zwischen ihm und dem Fotografen befand.

Leider gibt es solche Zufälle sehr selten, und in den wenigsten Fällen hat der Fotoanalytiker damit eine direkte Möglichkeit zur Entfernungsbestimmung. In diesen Fällen lassen sich oft über eine sogenannte Randanalyse doch noch Schlüsse ziehen. Das grundlegende Prinzip besteht darin, daß das Objektiv einer Kamera nur auf bestimmte Entfernungen mit einer bestimmten Tiefenschärfe fokussieren kann. Dies bedeutet, daß Objekte in etwa gleicher Entfernung ungefähr die gleiche Bildschärfe aufweisen. Wenn ein Kameraobjektiv auf unendlich eingestellt ist, werden alle Objekte ab ca. 10-15 Meter scharf abgebildet. Man bestimmt zuerst mit Hilfe der eingangs erläuterten Kantenoperatoren oder mit der Fourier-Analyse die Randbereiche des UFOs im Bild. Falls auf der Aufnahme noch andere irdische Objekte zu sehen sind, kann man von diesen ebenfalls eine Randanalyse durchführen und die Stärke der Kanten direkt vergleichen, was wir kurz an einem Beispiel erklären wollen:

Angenommen, der Fotograf behauptet, daß er ein unbekanntes Objekt in 100 Meter Entfernung fotografiert hat. Auf der Aufnahme kann man eine wunderschöne Landschaft als Hintergrund mit dem eigentlichen UFO erkennen. Leider ist aber das UFO sehr scharf abgebildet, und die sichtlich weit entfernten Bäume sind nur mehr verschwommen auszumachen. Aus diesen Fakten kann man schließen, daß sich das Objekt wesentlich näher (weniger als ca. 15 Meter) bei der Kamera befunden hat, als der Fotograf uns weismachen wollte. Wenn das UFO nämlich sehr weit vom Objektiv entfernt gewesen wäre, müßten auch die Bäume in der Umgebung gleich scharf auf dem Film abgebildet sein, weil beide mit der »Unendlich«-Einstellung des Objektivs fotografiert worden sein müßten. So war aber das Objektiv vielleicht nur auf sechs Meter eingestellt (um das Modell eines UFOs scharf stellen zu können) – die weiter entfernte Umgebung mußte daher zwangsläufig unscharf werden. Es gibt für dieses Szenario ein sehr bekanntes Beispiel. Die berühmten Aufnahmen des Schweizer UFO-Kontaktlers Billy Meier stellen genau den gerade erwähnten Fall dar und sind somit eindeutig als Fälschung nachzuweisen!

Eine andere, jedoch wesentlich seltener verwendete Methode zur Entfernungsvermessung bietet die Triangulation mittels Stereo-Aufnahmen. Die Methode funktioniert auf die gleiche Weise, wie das menschliche Gehirn mit zwei Augen als Kameras das räumliche Sehen ermöglicht. Durch die leicht unterschiedliche horizontale Position der Augen erscheinen Gegenstände, die nahe liegen, auf den beiden Bildern gegenüber einem fernen Hintergrund leicht verschoben. Wenn man die notwendigen Kameraparameter kennt, läßt sich aus der unterschiedlichen Position (der *Parallaxe*) von Objekten deren Entfernung zum Beobachter sehr gut berechnen. Die Abbildung 53 erklärt den Vorgang anhand einer Skizze noch einmal. Zwei aktuelle Beispiele aus der Gulf Breeze-Region sollen die Anwendbarkeit dieses Verfahrens demonstrieren.

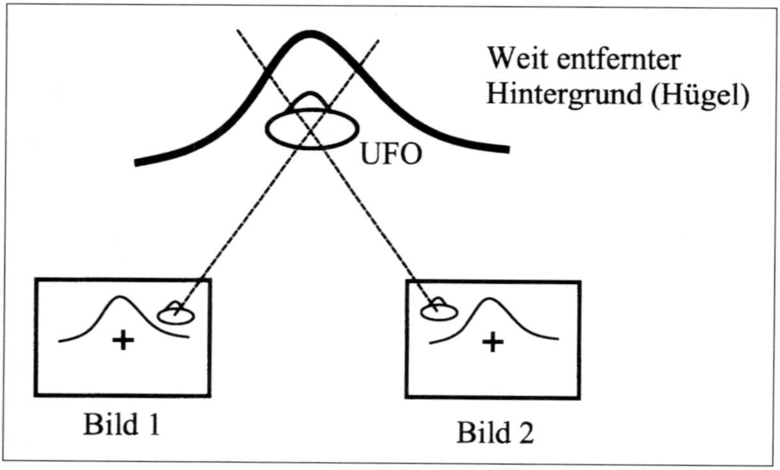

Abb. 53: Die Entfernungsbestimmung mittels Parallaxe. Das UFO wird auf beiden Aufnahmen an unterschiedlichen Stellen innerhalb der Fotografien abgebildet, weil die zwei Kameras es von leicht verschiedenen Positionen aus betrachten. Wenn man den Abstand der Kameras und ihre Blickrichtung kennt, kann man daraus die Entfernung des UFOs genau berechnen. Je weiter das Objekt entfernt ist, desto kleiner wird der Positionsunterschied in den Bildern. Der weit entfernte Hügel im Hintergrund erscheint auf den beiden Aufnahmen in der obigen Abbildung beispielsweise an der gleichen Stelle, während das viel nähere UFO im Vergleich dazu seine Lage im Bild verschiebt.

Der Physiker Dr. Bruce Maccabee konstruierte für Ed Walters eine Stereo-Kamera, um einmal die Möglichkeit zu bekommen, aus den vielen Sichtungen des Architekten weitere Informationen herauszuholen. Walters gelang es tatsächlich, einige Fotos mit der sogenannten SRS-Kamera zu machen, damit gelang es erstmals, die Größe und Entfernung der berühmten Gulf Breeze-UFOs direkt zu bestimmen. Es stellte sich heraus, daß die Basis der UFOs etwa 4,3 Meter im Durchmesser beträgt. Die Entfernung auf einer der Aufnahmen war etwa 150 Meter.[5] Beide Werte deuten sehr stark darauf hin, daß man es hier wahrscheinlich nicht mit einer Fälschung zu tun hat. Mit einer etwas anderen Art der Triangulation hat man es zu tun, wenn zwei unabhängige Beobachter aus unterschiedlichen Positionen das gleiche Objekt zum selben Zeitpunkt sehen. Wenn man die Blickrichtung (den Azimut) und die Höhe der beiden Beobachtungen auf einer Landkarte einzeichnet, muß sich irgendwo ein Schnittpunkt der Sichtlinien ergeben. Dieser Punkt gibt die Position des Objektes im Raum wieder. Bruce Maccabee konnte damit die Flugbahn eines UFOs, wieder in Gulf Breeze, rekonstruieren.[6]
Wenn man mehr als zwei Beobachtungen eines UFOs hat, sollten sich alle Sichtlinien zur gleichen Beobachtungszeit im Idealfall in einem Punkt schneiden. Die Greifswald-Sichtungen stellen dafür ein Beispiel dar. Durch Ungenauigkeiten der Zeiten während der Beobachtungen und andere Meßfehler ist das zwar nie der Fall, aber immerhin konnte durch die Daten die Entfernung und Höhe der leuchtenden Kugeln recht genau vermessen werden. Es gibt schließlich noch eine weitere Methode, mit der Entfernungsbestimmungen in Gulf Breeze durchgeführt worden sind. Jeffrey Sainio erkannte bei der Analyse von Fotografien, die ebenfalls von Ed Walters stammten, daß er Entfernungen anhand der Eigenschaften und Qualitäten von Kanten abschätzen konnte. Dabei spielte die Fourier-Methode wieder eine wesentliche Rolle. Sainio konnte durch Experimente und Vergleiche mit UFO-Aufnahmen bestimmen, ob ein Objekt nahe (einige zehn Meter) oder sehr fern (einige 100 Meter) war. Es war damit möglich, Aufnah-

men, die ein UFO zugleich mit einem F-15-Kampfflugzeug zeigen, mit sehr hoher Wahrscheinlichkeit als authentisch einzustufen.[7]

Neben der Entfernung von Objekten stellt auch deren Geschwindigkeit im Raum eine sehr wichtige Informationsquelle dar. Um die absolute Geschwindigkeit eines UFOs zu bestimmen, muß auch seine Entfernung bekannt sein. Unter dieser Voraussetzung kann man wieder die Randanalyse als Hilfe heranziehen. Nachdem die Belichtungszeit jeder Kamera endlich ist, sollten sich schnell bewegende Objekte durch eine entsprechende Bewegungsunschärfe auf dem Film auszeichnen. Man kann mit Hilfe der Kantenanalyse nun den Betrag dieser Bewegungsunschärfe abschätzen und daraus einen Wert für die ungefähre Geschwindigkeit eines Objektes berechnen. Den Extremfall für Bewegungsunschärfe stellen in dieser Hinsicht fotografische Aufnahmen aus der Gulf Breeze-Gegend dar. Auf diversen Polaroids, die wieder einmal Ed Walters gemacht hat, zeigen einige UFOs Bewegungsunschärfe, die auf beinahe unglaubliche Geschwindigkeiten hinweisen.[5]

Wesentlich detailliertere und genauere Informationen liefern natürlich Filmaufnahmen. Aus mehreren aufeinanderfolgenden Bildern eines Videofilmes läßt sich bei bekannter Entfernung die wahre Geschwindigkeit eines Objektes sehr gut rekonstruieren. Das David Hooker-Video beispielsweise zeigt ein helles UFO, das sich vor einem bewölkten Himmelshintergrund und einer Windmühle im Vordergrund über das Bild bewegt. Eine Analyse der Sequenz mit einer Entfernungsabschätzung, die aufgrund der Wolken möglich ist, hat ergeben, daß das Objekt mit etwa 21 000 Stundenkilometern geflogen ist![2] Auch hier gibt es wieder aus dem Gulf Breeze-Bereich ein besonders eindrucksvolles Beispiel.

Ein anonymer Zeuge konnte mehrmals ein UFO beobachten, dessen Flugbahn über seinem Haus lag.[9] Der Zeuge dachte zuerst, daß es sich um eine *Cruise Missile* handelte, welche manchmal von der nahe gelegenen Eglin Air Force-Basis abgeschossen werden. Bei der zweiten Sichtung jedoch erkannte der Mann die unge-

wöhnliche Form des Objektes, welche nichts mit einem herkömmlichen Fluggerät zu tun hatte. In der Hoffnung, daß das Objekt vielleicht noch einmal denselben Weg über sein Haus nehmen würde, montierte er auf das Dach seines Hauses eine Videokamera und wartete. Einige Tage später gelang es dem Zeugen wirklich, das UFO auf Video festzuhalten. Die Ergebnisse der durchgeführten Analyse von Bruce Maccabee können erstaunlicher nicht sein. Auf der etwa neun Sekunden langen Sequenz schwebt das UFO regungslos vor einem bewölkten Hintergrund, bis es plötzlich und ohne Vorwarnung aus dem Bild verschwunden ist, so als ob es ausgeknipst worden wäre. Erst eine Bild-für-Bild-Analyse des Streifens konnte zeigen, was wirklich geschehen war. Das UFO hat sich nicht dematerialisiert, sondern beschleunigte in einem so ungeheuren Maß, daß es innerhalb weniger Millisekunden aus dem Bild der Videokamera verschwand. Die Entfernung des Objektes ist in diesem Fall zwar nicht bekannt, wenn man aber mit einer Distanz von 300 Metern rechnet (ein kleinerer Wert ist wahrscheinlich nicht mehr realistisch), dann hat sich das UFO mit der 500fachen Erdbeschleunigung bewegt. Nach 30 Millisekunden sollte es bereits Überschallgeschwindigkeit erreicht haben! Diese Filmszene ist auf der Videokassette zum Buch *UFOs – Zeugen und Zeichen* (1995) zu sehen.
Die Erkenntnisse aus diesem Video tragen dazu bei, einige Rätsel der UFO-Forschung zu klären, sie werfen aber ebenso viele Fragen auf. Wenn sich das UFO mit Überschallgeschwindigkeit bewegte, warum war dann aber kein Überschallknall zu hören? Die andere Frage stellt sich nach dem Schicksal möglicher Insassen des Objektes. Kein biologischer Organismus kann eine 500fache Erdbeschleunigung auch nur für einen kurzen Zeitraum aushalten. Die Astronauten während der Apollo-Mission mußten schlimmstenfalls etwa neunfache Erdbeschleunigung über einen mittleren Zeitraum ertragen, das war damals aber schon das physiologisch bedingte Limit. Und schließlich, wie beschleunigt man ein Objekt innerhalb so kurzer Zeit auf so hohe Geschwindigkeiten? Keine irdische Technologie ist dazu imstande.

6 *Licht und Schatten*

Wir wollen uns nun damit beschäftigen, welche Möglichkeiten der Fotoanalytiker hat, UFO-Aufnahmen aufgrund der Intensitätsverteilungen in den Bildern zu untersuchen. Es soll hier vor allem darum gehen, wie man die Authentizität von Aufnahmen bestimmen kann. Wo Licht ist, ist auch Schatten, dieser Umstand läßt sich bei der Fotoanalyse zu einigen aussagekräftigen Betrachtungen heranziehen. Nehmen wir an, ein Zeuge fotografiert ein angebliches UFO bei Tageslicht. Wenn außer dem Objekt noch Hintergrund zu sehen ist und die Sonne scheint, lassen sich die Aussagen des Fotografen möglicherweise verifizieren. Man kann nämlich den Schattenwurf des UFOs aus den Daten der Aufnahme (der Blickrichtung und der Uhrzeit) berechnen. Falls die Stelle im Bild, auf welche der Schatten fallen sollte, sichtbar ist, aber kein Schatten auf dem Foto gefunden werden kann, hat man es mit ziemlicher Sicherheit mit einer Fälschung zu tun.

Ein positives Beispiel dazu stellt eines der sogenannten Heflin-Fotos dar (die Aufnahmen werden meistens nach ihren Fotografen benannt). Exakt an der Stelle, wo der Schatten eines weiter entfernten UFOs sein sollte, kann man auch eine entsprechende dunkle Stelle am Boden finden, die noch dazu mit der Größe des UFOs korrespondiert.[9] Die Fakten im Bild entsprechen demnach den Aussagen des Fotografen und der Theorie, daß es sich bei dem Objekt um einen entfernten großen Körper handelt, welche Beschaffenheit dieser auch immer aufweisen sollte. Wenn die Richtung des Lichteinfalles stimmt und die generelle Qualität der Aufnahmen nicht zu schlecht ist, kann man in vielen Fällen auch direkte Aussagen über die Oberflächenbeschaffenheit der fotografierten Körper treffen. Jedes Material (Metalle, Papier, Holz) hat seine bestimmten Reflexionseigenschaften. Man kann also aufgrund der Lichtreflexionen etwa abschätzen, aus welcher groben Kategorie die Außenhülle eines UFOs beschaffen ist.

Das Papp-Modell einer Untertasse wird sich also bei direkter Sonneneinstrahlung der Kamera anders darstellen als ein metallischer Körper. Aus einem einfachen Vergleich der Lichtreflexionen und Schatten ist es damit möglich, den Wahrheitsgehalt einer Aufnahme zu testen. Stimmen die Richtungen von Glanzlichtern und der Sonnenstand nicht überein, kann etwas an der Aufnahme nicht in Ordnung sein. Es ist mit dieser einfachen Methode manchmal auch möglich, Fehler im Negativmaterial des Filmes (bilden sich meistens als kleine kornartige Gebilde ab) zu entlarven.[9,10] Schlußendlich kann man durch einfache Untersuchungen der Helligkeiten von Hintergrund und UFO die so beliebten Doppelbelichtungen ausschließen oder in Betracht ziehen. Die Doppelbelichtung entsteht immer dadurch, daß der Fälscher den Hintergrund zuerst aufnimmt und dann auf dasselbe Stück Negativ das Bild eines »UFOs« dazubelichtet. Dieser Trick liefert nur dann brauchbare Ergebnisse, wenn das UFO heller als der Rest des Bildes ist, ansonsten würde es von den anderen helleren Teilen gleichsam verschluckt werden. Der Fotoanalytiker kann also anhand dieser Beobachtung in denjenigen Fällen, wo er beispielsweise ein dunkles Objekt vor blauem Himmel zu untersuchen hat, die Doppelbelichtung ausschließen, ansonsten muß er mit dieser Möglichkeit rechnen.

7 *Die Bedeutung von Computersimulationen und mathematischen Modellen*

Der Computer als das mächtigste Werkzeug der Fotoanalyse dient meistens dazu, die Realität von Bildern oder Videosequenzen in ihre einzelnen Teile zu zerlegen. Man kann jedoch auch den umgekehrten Weg beschreiten und mit Hilfe von speziellen Programmen eine künstliche Außenwelt erschaffen. Das kann einerseits dadurch geschehen, daß man mit Hilfe von mathematischen Modellen physikalische Vorgänge im Computer nachvollzieht, um damit zu untersuchen, wie plausibel Informationen über Bildmaterial wirklich sind. Eine Besonderheit der Modellierung besteht auch darin, daß es in einigen Fällen sogar möglich ist, *Voraussagen* über bestimmte Eigenschaften des Bildes bzw. UFOs zu machen.

Dr. Pierre Guerin gibt dafür in einer Fotoanalyse, welche er im *Journal for Scientific Exploration* veröffentlicht hat, ein ausgezeichnetes Beispiel.[11] Der französische Professor für Astrophysik untersuchte vier Fotografien, welche vom Ingenieur André Fregale 1953 gemacht wurden. Die Bilder zeigen eine untertassenförmige Scheibe, welche zur Sommerszeit bei strahlendem Wetter über den Himmel fliegt. Das Objekt war von metallischer Konsistenz und zeigte außer einer dunklen Markierung an einer Seite keine weiteren Oberflächenmerkmale. Fregale gab an, daß das UFO von Westen nach Osten entlang einer geraden Linie in einiger Höhe und Entfernung mit hoher Geschwindigkeit flog. Er hatte gerade Gelegenheit, vier Aufnahmen zu machen, als es auch schon am Horizont verschwunden war.

Professor Guerin verschaffte sich zuerst durch eine Grobanalyse Gewißheit, keinem Schwindel ausgesetzt zu sein (mehr dazu am Ende des Kapitels). Er verglich die Bildschärfe des UFOs mit den Wolken im Hintergrund und einigen Hügeln im Vordergrund mit denselben Methoden, wie wir sie weiter oben schon besprochen haben. Da die Kamera und deren Brennweite bekannt waren, konnte er die *Mindestentfernung* des Objektes auf 60 Meter berechnen, mit einer wahrscheinlichen Entfernung von mehreren 100 Metern. Nachdem die grundlegenden Daten der Bilder bekannt waren, machte Guerin sich an eine detaillierte mathematische Analyse. Dabei dienten die Form und Lage der Scheibe in den Fotos und die Position eines dunklen Fleckes auf der Scheibe als Ausgangspunkte.

Dr. Guerin nahm an, daß, wenn sich das UFO auf einer bestimmten, geradlinigen Bahn in großer Entfernung tatsächlich bewegt haben sollte, es auf allen vier Aufnahmen eine bestimmte Position und Form haben müßte. Dasselbe mußte auch für die dunkle Markierung gelten. Diese beiden Aussagen sollten sich eindeutig durch eine Berechnung mit den angenommenen (Guerin mußte ja erst einmal den Aussagen des Fotografen vertrauen, daher waren alle Parameter noch als vorläufig anzunehmen) Daten für Objektform, Lage und Position im Raum und in der Flugbahn eindeutig überprüfen lassen. Nachdem Guerin aus den Bildern einige geometrische Parameter vermessen hatte, konnte er sich daran machen, unter Zuhilfenahme der entsprechenden trigonometrischen Formeln die Lage des dunklen Fleckes auf dem UFO und dessen Form in den vier Bildern zu berechnen.

Falls seine Vermutungen über Flugbahn etc. korrekt sein sollten, mußten die Ergebnisse der Rechnungen mit den Fotografien übereinstimmen. Dies war nun tatsächlich der Fall. Innerhalb des Bereiches der Meßungenauigkeiten paßte das mathematische Modell der Flugbewegungen mit den Fotografien hervorragend überein. Guerin war es also durch seine Analyse gelungen, mit wissenschaftlichen Methoden die Authentizität von vier UFO-Aufnahmen nachzuweisen.

Wir haben eingangs davon gesprochen, daß es mit komplizierter Software möglich ist, eine künstliche Außenwelt im Computer zu erschaffen. Man kann diese Behauptung wörtlich nehmen, denn ausgereifte Effekte der Computergraphik treten heutzutage an, dem Betrachter Bilder einer Wirklichkeit vorzutäuschen, die gar nicht existiert. Die besten Beispiele dafür sind Kinoerfolge wie *Der Terminator 2, Die Maske* oder *Forrest Gump*. In diesen Filmen werden reale Bilder mit Schauspielern und künstliche Sequenzen miteinander vermischt, um atemberaubende Spezialeffekte zu erzeugen. Der Computer dient in diesen Fällen zur Berechnung von Bildern, die täuschend echt aussehen. Man kann diese Möglichkeiten nun auch für die Untersuchung von UFO-Aufnahmen heranziehen. Im Grunde geht es ja darum, zu testen, ob die Angaben des Fotografen und die damit verbundenen Konsequenzen für die Bilder plausibel sind.

Indem man den Weg der Bildsynthese geht, kann man im Computer ein Szenario für den möglichen Ablauf einer Sichtung entwickeln. Man berechnet künstliche Bilder nach den Angaben und Informationen des Fotografen und vergleicht das reale Bild mit den künstlichen Produkten. Falls sich an irgendeiner Stelle Inkonsistenzen ergeben sollten, geht es nun darum, den Fehler aufzudecken. Es wäre möglich, daß das Computermodell nicht einwandfrei ist – entweder stimmen einige Annahmen daraus nicht, oder es ist vielleicht nur zu vereinfachend gewesen, und man muß es verfeinern. Viel interessanter stellt sich der Fall dar, wenn die Ungereimtheiten eindeutig auf die echten Aufnahmen zurückzuführen sind, denn dann hat man möglicherweise eine Fälschung aufgedeckt.

8 *Beispiele für umfangreiche UFO-Foto-/Video-Analysen*

Wir wollen an dieser Stelle zwei Beispiele für sehr umfangreiche und komplizierte Fotoanalysen geben. Beide Fälle stellen sehr interessante UFO-Begegnungen dar, die mittels Film gut dokumentiert sind. Sie sind jedoch nicht eindeutig gelöst bzw. noch immer kontrovers. Das erste hier zu betrachtende Material stammt aus Neuseeland, die dazugehörige Sichtung wurde in Kapitel V dieses Buches schon sehr ausgiebig vorgestellt. Wir beschränken uns an dieser Stelle auf den Aspekte der Bildanalyse.[12] Die vom Kameramann David Crockett aufgenommenen Bilder zeigen eine Ansammlung von hellen, blinkenden Lichtern. Sie bilden eine dreiecksförmige Anordnung, wobei ein weißes/oranges Licht an der oberen Spitze der Pyramide von zwei roten Lichtern an der Basis flankiert wird. Die Objekte oszillieren mit der Frequenz von etwa einem Hertz. Dr. Bruce Maccabee, welcher den Film analysiert hat, stellt einige Hypothesen für den Ursprung der Lichter auf:

1. Andere Flugzeuge.
2. Navigationslichter am Boden (haben ähnliche Eigenschaften, wie die beobachteten Lichter).

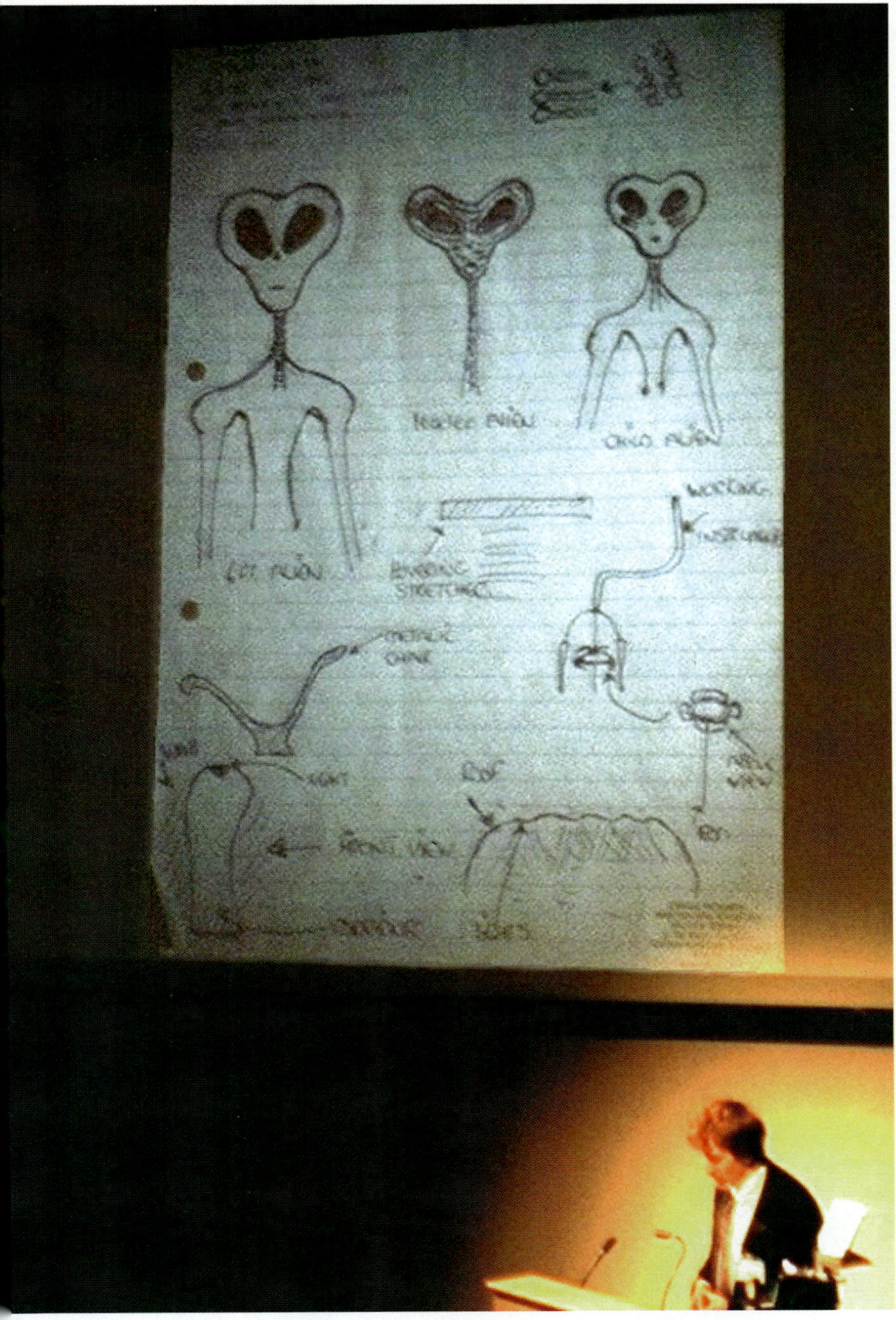

26

26 Eine Entführung, die sich in Schottland ereignet haben soll, wurde von der UFO-Forschungsorganisation Strange Phenomena Investigation (SPI) und der British UFO Research Association (BUFORA) mit Hilfe von Hypnoseärzten ausführlich untersucht. Das Bild zeigt den schottischen UFO-Forscher Malcolm Robinson bei der 8. Internationalen BUFORA UFO-*Konferenz 1995 in Sheffield, England.*

27 

27 *Diese Zeichnung wurde von einer angeblich durch UFO-Insassen entführten Person angefertigt und soll einen ihrer Entführer zeigen. Bei diesem Fall waren mehrere Personen verwickelt, deren zum Teil unter Hypnose wiedergewonnene Erinnerungen bis ins Detail übereinstimmten.*

28 *Nach der Vorführung des angeblich originalen Roswell-Autopsiefilmes bei der 8. Internationalen BUFORA UFO-Konferenz am 19. August 1995 in der Hallam-Universität, Sheffield, England, wird Dr. Lammer unter anderem von der amerikanischen Fernsehstation Telemundo Network über seine persönlichen Meinungen zum Film befragt.*

28 

29 Dieser Humanoide soll am 1. Juli 1965 in Valensole, Frankreich, während einer UFO-Nahbegegnung der 3. Art (CE3) gesehen worden sein. Bei einer CE3 erinnern sich die Zeugen auch ohne Hypnoseregression an ihr außergewöhnliches Erlebnis.

29

30 Im Juli 1994 gab Lt. Colonel Charles Halt in Leeds, England, sein Wissen über den Bentwaters-Woodbridge-Zwischenfall preis. Bei diesem Zwischenfall beobachteten mehrere Luftwaffenbedienstete ein etwa 3 Meter hohes pyramidenförmiges UFO und seltsame Lichterscheinungen aus der Nähe.

30

31 

31 Am 14. Juli 1978 instruierten mehrere Wissenschaftler den damaligen UN-Generalsekretär Dr. Kurt Waldheim über ihr UFO-Wissen, um die UNO zu überzeugen, ein Komitee für UFO-Forschung einzusetzen. Von links nach rechts: Astronaut Gordon Cooper, Dr. Jacques Vallée, Dr. Claude Poher, Prof. Dr. J.Allen Hynek, der Premierminister von Grenada Sir Eric Gairy, UN-Generalsekretär Dr. Kurt Waldheim, Dr. David Saunders.

32 

32 Dieses Foto zeigt den Vater des australischen Piloten Frederick Valentich, der ein Bild seines verschwundenen Sohnes in der Hand hält. Frederick Valentich hatte während eines Fluges vor der australischen Küste eine Nahbegegnung mit einem UFO und verschwand daraufhin mit seinem Flugzeug spurlos. Das Ereignis bleibt eines der größten Rätsel der australischen Luftfahrtgeschichte.

3. Fahrzeuge am Boden, die mit Blinklichtern unterwegs waren (etwa Polizei, Rettung).
4. Atmosphärische Effekte.

Recherchen in Neuseeland haben jedoch ergeben, daß keine der vorher genannten Erklärungen zutreffen kann, insbesondere hat die Bodenkontrolle in Wellington Flugverkehr in der Gegend zu diesem Zeitpunkt ausgeschlossen. Einsatzfahrzeuge am Boden kommen auch nicht in Frage, da deren Farben der Blinklichter nicht mit denen der Objekte im Film übereinstimmen. Die Besonderheit an der Neuseeland-Sichtung stellen die umfangreichen Informationen dar. Es gibt einerseits die visuellen Beobachtungen von geschulten Piloten und dem Kameramann, andererseits die Bestätigung durch das Radar der Bodenkontrolle in Wellington sowie auch die Beobachtung durch das Wetterradar des Flugzeuges selbst. Man muß die Ergebnisse der Analyse von Maccabee unter diesem Aspekt also sehr ernst nehmen. Obwohl der Navy-Physiker nicht erklären kann, um welche Objekte es sich wirklich handelt, scheinen die Fakten auf eine nicht konventionelle Sichtung hinzuweisen. Eine dreiecksförmige Anordnung von Lichtern ist ein häufiges Merkmal von UFO-Sichtungen (man vergleiche die Beobachtungen der belgischen UFO-Welle), die Farben Weiß, Orange oder Rot werden ebenso häufig gesichtet.

Einen sehr kontroversen Videofilm wollen wir hier noch zum Schluß vorstellen. Es handelt sich um Aufnahmen, die vom Space Shuttle *Discovery* (STS 48) aus am 15. September 1991 aufgenommen wurden. Die TV-Bilder wurden über den NASA-eigenen Fernsehkanal live übertragen. Eine Bordkamera mit Blickrichtung auf einen Teil der Erdoberfläche und den tiefschwarzen Himmel hielt eine ungewöhnliche Erscheinung fest. Das Shuttle befand sich gerade über der Westküste Australiens an der Tag/Nacht-Grenze, als im Video einige helle, punktförmige Objekte auftauchten. Einer der Lichtflecken taucht am linken Bildrand auf, dann bewegt er sich langsam entlang dem Erdhorizont für einige Sekunden nach rechts (siehe auch die Abbildung im Farbteil des Buches). Plötzlich verlangsamt er, ändert seine Bewegungsrichtung und beschleunigt senkrecht nach oben aus dem Bild. Sekunden, bevor das Objekt seine Richtung wechselt, erscheint ein kurzer Lichtblitz im Bild, und einige Sekunden danach erscheint ein weiterer heller Lichtstreifen, der die Bahn des Objektes kreuzt. Mancher der Fachleute, welche die Videoaufnahme untersuchten, hielt es für möglich, daß die Lichtstreifen von einer Waffe aus dem *SDI*-Projekt stammen könnten.

Die offizielle NASA-Erklärung lautet dahingehend, daß das helle Objekt nichts anderes ist als ein Eispartikel, der durch das Feuern von Raketendüsen des Shuttles beeinflußt wird. Tatsächlich sind die von der NASA angesprochenen Vorgänge etwas ganz Normales während eines Fluges. Denn das Raumfahrzeug muß ständig seine Lage im Raum korrigieren bzw. ändern, und dafür sind kleine Steuerdüsen an seiner Seite vorgesehen. Es ist auch nicht unüblich, daß Raumschiffe während des Fluges von Eispartikeln umgeben sind, die in seiner Nähe schweben. Wenn nun eine Steuerdüse in Aktion tritt, produziert sie einen Gasstrom, der Eispartikel in der näheren Umgebung in Turbulenzen versetzen kann. Damit wäre also eine logische Erklärung für das Video gefunden, jedoch gibt es einige Experten, die hier anderer Meinung sind.

Der Fotoanalytiker Mark Carlotto hat das Video einer genauen Analyse unterzogen, und er kommt zu der Meinung, daß die Aufnahmen ganz und gar nicht Eispartikel zeigen, sondern weit entfernte Objekte.[13] Seine Argumente lauten folgendermaßen:

1. Einige Partikel bewegen sich auf Kreisbögen und nicht geradlinig, dies ist unmöglich, falls sie sich in der Nähe des Shuttles befinden.

2. Das vorhin erwähnte Objekt erscheint langsam im Bild, detaillierte Analysen seiner Helligkeit und ein Modell für seine Bewegung im Raum legen eine sehr große Entfernung zum Shuttle nahe.

3. Das erwähnte Objekt bewegt sich parallel zum Erdhorizont.
4. Der ungewöhnliche helle Lichtstreifen, der von der Erdoberfläche zu kommen scheint und die Bahn des hellen Partikels offensichtlich kreuzt.
5. Es können keine Steuerdüsen vom Shuttle gefeuert haben, weil keine Lageänderung des Shuttles im Bild feststellbar ist (was bei einer Lagekorrektur der Fall sein sollte).

Mark Carlotto hat in seiner Analyse alle Möglichkeiten der Bildverarbeitung ausgenutzt (Positionsmessungen im Bild, das Ermitteln der Helligkeit von Objekten durch das Summieren von Grauwerten), und er entwirft auch Modelle von Objektbewegungen, um seine Hypothesen zu verifizieren. Der Fotoanalytiker Irwin Wieder hat sich der Analyse von Carlotto angenommen und kommt hingegen zu einem ganz anderen Schluß.[14] Er meint, daß die Objekte im Bild ganz und gar der NASA-Erklärung entsprechen:

1. Die Partikel erscheinen seiner Meinung nach im Bild, weil das Shuttle gerade den Terminator überfliegt und daher vom Erdschatten ins Sonnenlicht gerät.
2. Alle Lichterscheinungen sind auf das Feuern der Steuerdüsen zurückzuführen, damit wird auch ganz natürlich die Bewegung eines jeglichen Objektes im Bild erklärt.
3. Eine Lageänderung des Shuttles muß nicht unbedingt sichtbar sein, dies hängt von der Lage der Bewegungsachse der *Discovery* und der Blickrichtung der Kamera ab.

Sowohl Carlotto als auch Wieder bringen beide Argumente, welche für sich genommen logisch und einleuchtend erscheinen. Es ist also in diesem Fall keine eindeutige Erklärung für diese UFO-Sichtung bekannt.

Anhand des *Discovery*-Filmes ist es uns noch einmal möglich, Fotoanalyse unter dem Aspekt der Modellbildung und Verifizierung zu betrachten. Dr. Jack Kasher ist Professor für Astronomie und Physik an der Universität von Nebraska in Omaha. Auch er hat sich einer äußerst detaillierten Analyse des Shuttle-Filmes angenommen und kommt dabei zu dem Schluß, daß es sich bei den Objekten im Film nicht um Eispartikel handeln kann.[14] In seiner wissenschaftlichen Veröffentlichung präsentiert er fünf unabhängige Beweise dafür, warum nach seinen Ergebnissen die hellen Objekte im Bild keine herkömmliche Erklärung finden können. In seiner Argumentation geht er davon aus, daß die Partikel nur wenige Meter von der *Discovery* entfernt sind und sie daher ganz bestimmte Eigenschaften aufweisen müssen. Ihre Bewegung im Raum, ihre Geschwindigkeit und Beschleunigung muß in diesem Fall in engen Grenzen mit theoretischen Werten übereinstimmen.

Diese theoretischen Grenzbedingungen ergeben sich teilweise aus relativ einfachen geometrischen Beziehungen (wohin hat die Kamera geblickt, wo liegen die Steuerdüsen des Shuttles relativ zur Kamera etc.) und komplizierten physikalischen Berechnungen (wie schnell treten Gase aus den Steuerdüsen des Shuttles aus?). Kasher hat in seinem Artikel modelliert, wo sich die Partikel wie bewegen müßten, wenn sie tatsächlich Eispartikel aus der Umgebung des Shuttles wären. Er zeigt auf, daß die Berechnungen *nicht* mit den gemessenen Parametern übereinstimmen und daher die ursprüngliche Annahme (Eispartikel) zu verwerfen ist. Wir wollen an dieser Stelle nur einen der fünf Beweise in seinen Grundzügen betrachten: Die gängige Erklärung für die Objekte ist jene, daß die Teilchen nichts anderes sind als Eispartikel, welche durch die Auspuffgase einer Steuerdüse vom Shuttle weggeschleudert werden. Falls, so Kasher, das der Fall war, muß es möglich sein, den Ort der Steuerdüse im Video aus der Bewegung der Partikel zu rekonstruieren. Wenn man die Bahnen einiger Teilchen im Video an die Stelle zurückextrapoliert, wo sie sich im Raum treffen würden, sollte sich dort die Steuerdüse befinden (Wasserteilchen, die von einem Gartenschlauch in die Luft geschleudert werden, treten auch aus einer kleinen Öffnung aus, die eindeutig lokalisierbar ist, wenn man die Bahn der Tropfen zurückverfolgt). Die Messungen von Kasher zusammen mit gewissen Korrekturen für Geschwindigkeit und Bewegungsvektoren ergeben aber, daß sich einige Bahnen überhaupt nicht im

Raum kreuzen, was unmöglich ist, wenn sie durch eine einzige Steuerdüse erzeugt worden sind! Die theoretischen Überlegungen stehen hier also im Widerspruch zu den praktischen Ergebnissen der Analyse. Der Fotoanalytiker Jeff Saino meint hingegen, daß bereits das in Eispartikeln eingeschlossene Gas, das beim Aufplatzen entweicht, einen Rückstoß in verschiedene Richtungen erzeugen kann. Die betreffende Videoszene und Sainos Kommentare sind auf dem Video zum Buch *UFOs – Zeugen und Zeichen* (1995) zu sehen.

9 *Die Grenzen der Fotoanalyse*

In den vorhergegangenen Abschnitten wurden die eindrucksvollen Möglichkeiten der Fotoanalyse unter Mitwirkung der digitalen Bildverarbeitung vorgestellt. Das Ziel des Experten dieser Fachrichtung sollte es immer sein, objektive Aussagen über den Inhalt eines Fotos/Filmes zu machen. Das ist jedoch leider manchmal immer nur bis zu einem gewissen Punkt möglich, wie die meisten Fallbeispiele dieses Kapitels schon aufgezeigt haben. Auch die Meinungen von Experten können untereinander differieren und somit endgültige Entscheidungen unmöglich machen. Dazu muß noch eine andere Komponente berücksichtigt werden. Die Aufnahmen werden immer von Zeugen gemacht, die absichtlich oder unabsichtlich falsche Angaben machen oder sogar böswillig Fälschungen herzustellen versuchen. An erster Stelle einer Fotoanalyse sollte daher immer zu klären sein, ob der Zeuge überhaupt vertrauenswürdig ist und ob seine Beobachtungen von Nutzen sein können.[11]

Man sollte sich daher immer bewußt sein, daß die Fotoanalyse aus mehreren Gründen an eine Grenze stoßen kann. Die Komplexität der Aufgabe zusammen mit oft unbekannten Faktoren (Filmmaterial, Aufnahmetechnik, Wetter ...) kann bewirken, daß die aus den Bildinhalten extrahierten Informationen mit großen Unsicherheiten behaftet sind. Es scheint derzeit, daß die Fotoanalyse sehr starke Hinweise für die Echtheit einer UFO-Sichtung liefern kann, aber wohl kaum jemals als objektives Beweisverfahren angesehen werden wird. Jede noch so gut dokumentierte und untersuchte Aufnahme wird für einige Experten immer noch Spielraum für alternative Erklärungen offenlassen. Im Gegenteil dazu kann die Bildanalyse jedoch sehr gut dazu dienen, Aufnahmen als *gefälscht* zu entlarven. Schon eine kleine Inkonsistenz in einem Bild reicht aus, um es als Trick zu erkennen. Das stellt die Herausforderung für den Fachmann dar.

IX

Roswell Update

»1. Zu meinen eigenen Erfahrungen im Hinblick auf die geborgenen fliegenden Untertassen kann ich nur sagen, daß ich keine Verbindung mit den an den Bergungen beteiligten Personen hatte und auch nicht weiß, wann die Bergungen stattfanden. Wenn ich es wüßte, würde ich es Ihnen mitteilen.
2. Zu den bei den Bergungen involvierten Personen kann ich nur sagen, daß Dr. John von Neuman, Dr. Vannevar Bush und auch Dr. Robert Oppenheimer bestimmt daran beteiligt waren.
3. Ich erhielt einige offizielle Berichte (über UFO-Bergungen) in meinem Büro im Pentagon, durfte sie aber nicht aus dem Büro entfernen…
Das einzige, an das ich mich erinnern kann, ist, daß die Materialien, die von UFO-Abstürzen kamen, sehr leicht und sehr zäh waren. Ich bin mir sicher, daß unsere Labors die Teile sorgfältig analysiert haben.«

Ausschnitte aus einem Brief von Dr. Robert Sarbacher an den UFO-Forscher William Steinman, 29. November 1983. Dr. Sarbacher war ein hochrangiger Wissenschaftler des amerikanischen Verteidigungsministeriums und Präsident des Washington Institute of Technology

1 *Neueste Entwicklungen in der Roswell-Untersuchung*

In den vorigen Kapiteln haben wir über physikalische Effekte berichtet, die UFOs in ihrer Umgebung verursacht haben. Im folgenden Kapitel wollen wir über die neuesten Entwicklungen in der Roswell-Untersuchung berichten. Wir sind in unserem Buch *UFO-Geheimhaltung* ausführlich auf die seit 1947 vorhandenen Gerüchte und Indizien über abgestürzte und vom Militär geborgene UFOs eingegangen.[1] Würden sich diese Indizien bewahrheiten, käme dies einer Weltsensation gleich, da man UFO-Material und deren Insassen im Labor studieren könnte bzw. bewiesen wäre, daß man dies in den letzten 49 Jahren in militärischen Kreisen sowieso getan hat. Ein solcher Absturz inklusive Bergung könnte in Roswell, New Mexico, am 4. Juli 1947 stattgefunden haben. Bis jetzt wurden über 300 Zeugen, die direkt oder indirekt an der angeblichen UFO-Bergung beteiligt waren, ausfindig gemacht und einige von ihnen vor laufenden Kameras interviewt. Unter diesen Zeugen befinden sich Generäle, ehemalige Sicherheitsoffiziere, Geheimagenten, die Piloten, welche das angebliche UFO-Wrack und die tote Besatzung zum Luftwaffenstützpunkt Wright Field flogen, sowie zahlreiche Zivilpersonen. Angesichts dieser Tatsachen leitete Anfang 1994 der amerikanische Kongreßabgeordnete Steve Schiff eine Untersuchung über den Roswell-Zwischenfall ein. Über das Ergebnis dieser Untersuchung wollen wir im nächsten Unterkapitel berichten.

Aufgrund der vom General Accounting Office (GAO) durchgeführten Untersuchung äußerte sich die amerikanische Luftwaffe am 8. September 1994 zu diesem Vorfall in der Öffentlichkeit. Colonel Richard Weaver teilte mit, daß das bei Roswell aufgefundene Objekt kein gewöhnlicher Wetterballon war, sondern daß es sich möglicherweise um einen streng geheimen Ballon des Projektes *Mogul* zur Untersuchung der hohen Atmosphäre gehandelt haben könnte.[2] Bei diesem Projekt wurde die hohe Atmosphäre auf Spuren von sowjetischen Atombombentests untersucht. Zeugenaussagen über geborgene Leichname, die Flüge zu den verschiedenen Luftwaffenstützpunkten, fehlende Dokumente sowie die Hinweise auf eine aufwendige Bergungsaktion werden von der Luftwaffe ignoriert oder ins Reich der Märchen verwiesen. Es wurde auch keiner der an dem Vorfall beteiligten Generäle ebensowenig wie andere Militärs, die von den Leichen bzw. den seltsamen Wrackteilen in der Öffentlichkeit sprachen, interviewt.

Zwei Monate vor der Luftwaffenmeldung über das Projekt *Mogul* veröffentlichte der ehemalige CIA-Mitarbeiter Karl Pflock beim Fund for UFO Research (FUFOR) eine Arbeit, in der er behauptet, daß die gefundenen Trümmer vom *Mogul* Flug Nr. 9 stammen.[3] Der UFO-Forscher Kevin Randle fand inzwischen heraus, daß Flug Nr. 9 ohne Geräte und ohne Rawintarget (Radarreflektor) gestartet wurde. Für diesen Flug existiert sogar ein Foto, das nur die einfachen Ballone ohne Gerätezug zeigt.[4] Auch für *Mogul*-Ballon Nr. 9 existiert keine Dokumentation, da man keine wissenschaftlichen Daten erhielt. Kevin Randle untersuchte die auf Mikrofilmen vorhandenen Winddaten vom Juli 1947 am National Climatic Data Center in Asheville. Er fand heraus, daß die Winde *Mogul*-Ballon Nr. 9 von der angeblichen Absturzstelle bei Roswell abgetrieben hatten. Das landschaftliche Terrain und die Winde scheinen aber diese Erklärung auszuschließen. In der Zwischenzeit ist auch Karl Pflock der Meinung, daß Flug Nr. 9 nicht für den Absturz in Frage kommen kann.

Die im Luftwaffenreport gegebene Erklärung für die Trümmer bezieht sich auf *Mogul*-Ballon Nr. 4. Dieser Ballon wurde schon am 4. Juni 1947 gestartet. Nachforschungen haben ergeben, daß aufgrund der Wetterbedingungen dieser Flug nur aus mehreren gewöhnlichen meteorologischen Ballons und einer Schallboje bestand. Dieser Flug hatte also keine Radarreflektoren und zusätzliche Meßinstrumente wie andere Ballone von Projekt *Mogul* am Gehänge. Die Ballone beim Flug Nr. 4 bestanden aus herkömmlichem Material (Gummi). Ballone, die aus exotischeren Materialien wie Polyethylen bestanden, wurden erst ab 3. Juli 1947 verwendet. Polyethylen könnte in der Tat einige uneingeweihte Zeugen genarrt haben. Flug Nr. 4 bestand aber aus dem herkömmlichen Material und kann deshalb nach Meinung der meisten Forscher für das große Trümmerfeld nicht in Frage kommen. Bei diesem Flug wurden keine wissenschaftlichen Daten erhalten, da der Ballon verlorenging. Die *Mogul*-Mannschaft wies diesem Flug jedenfalls keine große Bedeutung zu, da man den Ballon nicht einmal suchte. Später verlorengegangene *Mogul*-Ballone wurden sehr wohl vom *Mogul*-Personal ohne großen Aufwand geborgen.

Kevin Randle forschte die damaligen *Mogul*-Mitarbeiter aus. Er fand heraus, daß Dr. Crary ein Tagebuch geführt hatte, in dem zu lesen war, daß Flug Nr. 4 vom Wind gegen Osten abgetrieben wurde. Der angebliche Fundort bei Roswell liegt aber nordöstlich vom *Mogul*-Startplatz.[5] Diese Tatsachen scheinen Flug Nr. 4 als möglichen Kandidaten für den Roswell-Zwischenfall mit großer Wahrscheinlichkeit auszuschließen. Interessanterweise behauptet nun Prof. Moore, der damalige Projektingenieur von Projekt *Mogul*, sich erinnern zu können, daß Flug Nr. 4 *doch* mit den kompletten Meßinstrumenten am Gehänge gestartet wurde. So ein Gehänge ist etwa 135 Meter lang. Er behauptet auch zu wissen, daß ein Kollege von ihm den vollständigen Ballonzug mit einem Theodoliten beobachtet hat, während er am Radarschirm schon verschwunden war. Prof. Moore meint, sich noch erinnern zu können, wie der Flug von der Besatzung einer B-17G in der Nähe von Captain Peak, etwa 35 Kilometer südlich von McBrazels Farm, gesehen wurde.[6] Karl Pflock ist nun ebenfalls der Meinung, daß die Trümmer, die McBrazel fand, vom *Mogul*-Ballon Flug Nr. 4 stammten. Obwohl Karl Pflock glaubt, daß Ballon Nr. 4 an dem Zwischenfall beteiligt gewesen ist, bereiten ihm die Berichte und Zeugenaussagen über die nicht menschlichen Leichname und die Hinweise auf eine aufwendige Bergung an einer zweiten Absturzstelle Unbehagen. Ein weiteres Argument, das gegen Ballon Nr. 4 spricht, ist das frühe Absturzdatum. Bei anderen Ballonabstürzen räumten die Farmer die Gummiteile, nachdem sie sie gefunden hatten, weg, damit die Schafe sie nicht auffraßen.[5] Es gab mehrere Fälle, wo Tierärzte Schafe notschlachten mußten, da sie Gummireste in ihren Mägen hatten. Da McBrazel den Fund erst über einen Monat nach Absturz von Ballon Nr. 4 meldete, ist es seltsam, daß er die Trümmer nicht schon vorher fand bzw. wegräumte. Man kann davon ausgehen, daß in dieser Angelegenheit noch nicht das letzte Wort gesprochen wurde.

2 *Das Untersuchungsergebnis des General Accounting Office (GAO)*

Wie schon erwähnt, beauftragte der amerikanische Kongreßangehörige Steve Schiff das General Accounting Office (GAO), eine Untersuchung in der Roswell-Angelegenheit durchzuführen. Am 28. Juli 1995 wurde die Öffentlichkeit vom GAO-Untersuchungsergebnis benachrichtigt. Der wichtigste Teil der Pressemitteilung lautete:

»Washington: Der Kongreßangehörige Steve Schiff veröffentlichte heute den Bericht des General Accounting Office (GAO), welcher das Ergebnis einer Suche von Dokumenten darstellt, die sich auf einen Absturz im Jahre 1947, nahe Roswell, New Mexico, beziehen und die Antworten des Militärs wiedergeben.

Der 20seitige Bericht ist das Ergebnis von Informationsanfragen und Schwierigkeiten, die Kongreßmann Schiff hatte, als er versuchte, vom Verteidigungsministerium Antworten auf die 48 Jahre alte Kontroverse zu erhalten. Schiff sagte, daß wichtige Dokumente, die mehr Licht in diese Angelegenheit bringen könnten, verschwunden sind. Der GAO-Bericht gibt bekannt, daß die vom Roswell Army Air Field (RAAF) ausgehenden Nachrichten während des betreffenden Zeitraumes ohne ordnungsgemäße Anordnung zerstört wurden. Schiff bemerkte, daß diese Nachrichten aufgezeigt hätten, was die Militärs in Roswell ihren Vorgesetzten exakt mitgeteilt hatten. ›Nach meinem Verständnis waren diese ausgehenden Nachrichten bleibende Dokumente, welche niemals hätten zerstört werden sollen.‹ Das GAO konnte nicht herausfinden, wieso die Dokumente zerstört wurden. Ebensowenig konnte man feststellen, wer den Befehl für diese Handlung gab. Schiff teilte mit, daß das GAO schätzt, daß diese Nachrichten schon vor über 40 Jahren zerstört wurden. Weitere Nachforschungen sind deshalb unmöglich.«[7]

Das GAO stellte auch Nachforschungen bezüglich der MJ-12 Dokumente an. Man fand keine Regierungsstelle, die bestätigt hatte, daß die MJ-12-Dokumente, die den Absturz eines UFOs und die Bergung durch die Militärs in Roswell beschreiben, authentisch sind. Wie wir in unserem Buch *UFO-Geheimhaltung* vermuteten, sind die MJ-12-Dokumente wahrscheinlich eine Fälschung, um eine möglicherweise wirklich stattgefundene UFO-Bergung in Roswell zu diskreditieren. Das GAO stellte bei seiner Suche nach Dokumenten unter anderem auch beim National Security Council (NSC), beim Office of Science and Technology (OST), beim Department of Energy, Department of Defense, bei der Central Intelligence Agency (CIA), bei der National Security Agency (NSA) und beim Federal Bureau of Investigations (FBI) Anfragen auf Informationen über einen Absturz bei Roswell.

Alle diese Behörden teilten dem GAO mit, daß sie in ihren Akten ausführlich nach Dokumenten diesen Vorfall betreffend gesucht haben. Sie bemerkten, daß trotz genauer Suche keine Hinweise auf irgendeinen Absturz gefunden werden konnten. Die einzigen Dokumente, die auftauchten, stammen vom FBI und sind der Roswell-Forschungsgemeinde seit längerer Zeit bekannt. Die fehlenden Dokumente scheinen ein weiterer Hinweis zu sein, daß sich in Roswell ein bedeutendes Ereignis zugetragen hat. Es gibt mehrere Hinweise, daß die Militärs für die Untersuchung von UFO-Technologie Projekte eingesetzt haben, die von einem schwarzen Budget finanziert werden.[1,8,9] Das schwarze

News Release

U.S. CONGRESSMAN
Steve Schiff
FIRST CONGRESSIONAL DISTRICT
NEW MEXICO

WASHINGTON OFFICE: 2404 Rayburn Building • Washington, D.C. 20515 • (202) 225–6316 • FAX (202) 225–4975
DISTRICT OFFICE: 625 Silver Ave., S.W., Suite 140 • Albuquerque, NM 87102 • (505) 766–2538 • FAX (505) 766–1674

Immediate Release
July 28th, 1995

J. Barry Bitzer
(202) 225-2245

Schiff Receives, Releases Roswell Report
(missing documents leave unanswered questions)

Washington: Congressman Steve Schiff today released the General Accounting Office (GAO) report detailing results of a records audit related to events surrounding a crash in 1947, near Roswell, New Mexico, and the military response.

The 20 page report is the result of constituent information requests to Congressman Schiff and the difficulty he had getting answers from the Department of Defense in the now 48-year-old controversy.

Schiff said important documents, which may have shed more light on what happened at Roswell, are missing. "The GAO report states that the outgoing messages from Roswell Army Air Field (RAAF) for this period of time were destroyed without proper authority." Schiff pointed out that these messages would have shown how military officials in Roswell were explaining to their superiors exactly what happened.

"It is my understanding that these outgoing messages were permanent records, which should never have been destroyed. The GAO could not identify who destroyed the messages, or why." But

Abb. 54: Pressemitteilung des Kongreßabgeordneten Steve Schiff, welcher der Öffentlichkeit am 28. Juli 1995 mitteilt, daß die Dokumente, die einen Aufschluß über den Roswell-Zwischenfall gebracht hätten, unerlaubterweise vor 40 Jahren zerstört wurden.

Schiff pointed out that the GAO estimates that the messages were destroyed over 40 years ago, making further inquiry about their destruction impractical.

Documents revealed by the report include an FBI teletype and reference in a newsletter style internal forum at RAAF that refer to a "radar tracking device" - a reference to a weather balloon. Even though the weather balloon story has since been discredited by the US Air Force, Schiff suggested that the authors of those communications may have been repeating what they were told, rather than consciously adding to what some believe is a "cover up."

"At least this effort caused the Air Force to acknowledge that the crashed vehicle was no weather balloon," Schiff said. "That explanation never fit the fact of high military security used at the time." The Air Force in September, 1994 claimed that the crashed vehicle was a then-classified device to detect evidence of possible Soviet nuclear testing.

Schiff also praised the efforts of the GAO; describing their work as "professional, conscientious and thorough."

A two page letter discussing a related investigation into "Majestic 12" was also delivered.

Schiff will be available to the media Saturday, July 29th, from 10:00 AM to 2:00 PM at 2404 Rayburn HOB in Washington, DC and by telephone: (202) 225-6316.

A copy of the report may be obtained by calling (202) 512-6000 and referencing Document number GAO/NSIAD-95-137.

Abb. 55: Zweite Seite der Pressemitteilung des Kongreßabgeordneten Steve Schiff vom 28. Juli 1995. Interessanterweise fand man auch keine Hinweise auf die Bergung eines Mogul-*Ballons.*

Budget ist sozusagen die Schatzkammer der Militärs und der Geheimdienste und finanziert jedes Programm, das der Präsident oder der Direktor der CIA von der Öffentlichkeit, dem Kongreß und anderen Regierungsmitgliedern fernhalten will. Falls man in Roswell wirklich ein UFO geborgen hat, befinden sich die fehlenden Dokumente wahrscheinlich an einem sicheren Ort unter Verschluß.

3 *Der angeblich originale Roswell-Autopsiefilm: Schwindel oder Weltsensation?*

Unabhängig von den laufenden Untersuchungen in der Roswell-Angelegenheit trugen sich 1995 weitere spektakuläre Ereignisse zu. Am 14. Januar 1995 teilten die beiden Briten Reg Presley und Busty Taylor via englischem BBC-Frühstücksfernsehen den staunenden Zuschauern mit, daß ein Bekannter von ihnen mehrere Behälter mit Filmen aus alten U.S.-Militärbeständen erworben hätte, die eine Autopsie von toten UFO-Insassen zeigen sollen.[10] Nach dieser Meldung dauerte es nicht lange, und man wußte, daß der britische Filmproduzent Ray Santilli auf der Suche nach alten Elvis Presley-Filmen 1993 in Cleveland, Ohio, auf einen 80jährigen Kameramann gestoßen war, der angeblich die Bergungsarbeiten und die Autopsie der UFO-Insassen für das Militär gefilmt hatte. Ray Santilli behauptet, daß er vorher nichts über den Roswell-Zwischenfall gewußt und sich zu diesem Zeitpunkt mit UFOs nicht beschäftigt hat. Santilli begleitete den Kameramann Jack Barnett (Pseudonym) zu dessen Haus, um sich die Filme anzusehen. Dabei erzählte Barnett ihm seine Geschichte.[11] Er sei von 1942 bis 1952 Kameramann für die amerikanische Luftwaffe gewesen. Des weiteren behauptete er, daß er damals eine Top-Secret-Befugnis hatte und mehrmals streng geheime Projekte filmen mußte. Im Sommer 1947 erhielt er einen Anruf von General McMullen, dem Kommandanten des Strategic Air Command (SAC). Der General teilte ihm mit, daß er mit einem Sonderflug

nach New Mexico gebracht werden sollte, wo ein streng geheimer Auftrag auf ihm wartete.
Laut Barnett landete er angeblich einige Stunden später auf dem Roswell Army Air Field. Außer ihm wurden noch andere Militärs von Washington nach Roswell eingeflogen. Danach wurden sie mit Lastwagen in die Wüste gefahren. Die Soldaten glaubten, daß es sich um den Absturz eines russischen Spionageflugzeuges handelte. Als sie jedoch zur Absturzstelle kamen, wurde ihnen gleich bewußt, daß dies nicht der Fall war. Man wußte nicht, was hier abgestürzt war. Barnett wurde aufgetragen, die Wrackteile und die Bergungsarbeiten zu filmen. Des weiteren behauptet Barnett, daß er in ein Zelt geführt wurde, wo er kleine menschenähnliche Wesen aufgebahrt sah. Diese Wesen waren zwischen 1,30 und 1,50 Meter groß, hatten übergroße Augen und einen großen, haarlosen Kopf sowie sechs Finger und sechs Zehen. Man entfernte ihre hautengen, widerstandsfähigen Anzüge und bereitete ihren Weitertransport zum Roswell Army Air Field vor. In den nächsten Wochen mußte Barnett nach Fort Worth, um die ersten Untersuchungen der UFO-Insassen filmisch zu dokumentieren. Des weiteren filmte er auch die Wrackteile, die zum Luftwaffenstützpunkt Wright Field gebracht wurden. Jack Barnett behauptet, daß er 120–140 Film-Behälter entwickelt hätte. Diese Behälter wurden von einer Spezialmaschine abgeholt und nach Washington geflogen.
Jack Barnett mußte aber noch 14 Behälter mit 16-mm-Schwarzweiß-Film entwickeln. Nachdem er die Aufnahmen entwickelt hatte, kam jedoch niemand mehr, um sie abzuholen. Es schien, als ob man vergessen hatte, die entsprechenden Vorgesetzten zu informieren, daß ein weiteres Flugzeug die restlichen 14 Behälter abholen sollte. Im Pentagon glaubte man scheinbar, daß das Filmmaterial vollständig eingetroffen war. Da Barnett in dieser Angelegenheit eine höhere Sicherheitseinstufung besaß als sein unmittelbarer Vorgesetzter, konnte er diesem nichts über das Mißgeschick mitteilen. Er wußte auch nicht, wer die Personen waren, die die entwickelten Filme geholt hatten, noch zu welcher

Einheit sie gehörten. So nahm Barnett die zurückgelassenen Filmrollen mit zu sich nach Hause für den Fall, daß doch noch jemand sie wollte. Er bewahrte die Filme über 40 Jahre in seinem Haus auf. Da er nun über 80 Jahre alt ist und Geld für seine Enkelin braucht, vertraute er sein Geheimnis Ray Santilli an. Jack Barnett wollte Ray Santilli die Behälter für 150 000 Dollar verkaufen.

Santilli konnte anhand des Filmcodes von Kodak erfahren, daß der Film aus den Jahren 1927, 1947 oder 1967 stammt. Kodak verwendete bis 1967 in einem Abstand von 20 Jahren dieselben Symbole. Nachdem Santilli das Gefühl hatte, daß der Film keine Fälschung war, wollte er den Film- und Musikkonzern Polygram als Geschäftspartner gewinnen, um die Filme zu erwerben. Polygram zeigte sich sehr interessiert, und Gary Shoefield, einer der Direktoren, wollte sich mit dem Kameramann treffen. Das Treffen kam aber nicht zustande, da Barnett mittlerweile sehr schwer erkrankte und ins Krankenhaus mußte. Shoefield sprach aber mit Barnetts Frau und konnte sich überzeugen, daß die Filme auch wirklich existierten. Danach zog sich der Konzern Polygram von dem Geschäft zurück, da ihnen die Sache zu heiß wurde. Man wollte nicht derart große Geldsummen für den Kauf der Filme ausgeben, da sie, falls sie keine Fälschungen sind, dem U.S.-Militär gehören. Als Jack Barnett das Krankenhaus verließ, erfuhr auch er, daß sich Polygram aus dem Geschäft zurückgezogen hatte. Da Santilli die von ihm geforderte Summe ohne Geschäftspartner nicht aufbringen konnte, mußte sich dieser nach einem neuen Partner umschauen. Schließlich fand Ray Santilli einen neuen Geschäftspartner und kaufte Ende 1994 die Filme von Barnett. Santilli ist überzeugt, daß Barnett der Kameramann ist, der die Autopsien der UFO-Insassen 1947 wirklich filmte. Er behauptet, daß er seither Barnett mehrmals getroffen hat und sein persönliches Tagebuch, Fotos, Aufzeichnungen usw. sah.

Da Ray Santilli die Exklusivrechte für die Ausstrahlung des Filmes an die meistbietenden Fernsehstationen verkaufte, lud er am 25. Mai 1995 ausgesuchtes Publikum, bestehend aus Pressevertretern, Wissenschaftlern und UFO-Forschern, zu einer Vorführung ins London-Museum ein.[12] Die bei der 28minütigen Vorführung anwesenden Personen sahen, wie der Körper eines etwa 1,40 Meter kleinen, haarlosen, nabellosen, offenbar weiblichen Wesens mit exakten Schnitten geöffnet wurde. Danach wurden die Organe des Wesens entnommen. Ärzte in Ganzkörperschutzanzügen entfernten mit einer Pinzette dunkle Membrane von den Augen. Unter den entfernten Membranen kamen übergroße menschenähnliche Augen zum Vorschein. Danach wurde das Gehirn des angeblichen UFO-Insassen entnommen. Vor dieser Vorführung im London-Museum haben nur einige Vertraute von Ray Santilli Ausschnitte der Filme gesehen. Nach der Vorführung im Museum und nach Erscheinen der ersten Fotos in der Weltpresse begannen die Diskussionen und Spekulationen, ob der Film eine Fälschung sei oder nicht.[13] Als Argument für eine Fälschung spricht zum Beispiel, daß Zeugen behauptet haben, daß die von ihnen gesehenen Wesen vier Finger und nicht, so wie im Film zu sehen, sechs hatten.

Die Angelegenheit wird noch komplizierter, da der Kameramann nun angibt, daß die von ihm gefilmte Bergung vom 2. bis zum 5. Juni 1947 südwestlich von Socorro, New Mexico, stattfand. Mit dem allseits bekannten Roswell-Zwischenfall im Juli 1947 soll diese Bergung nichts zu tun haben. Es gibt allerdings Hinweise, daß in der Nähe von Socorro ein weiteres UFO abstürzte. Die UFO-Forscher Stanton Friedman und Don Berliner sind der Meinung, daß in den Roswell-Zwischenfall zwei UFOs verwickelt waren.[14] Der Zivilingenieur für Bodenkultur, Grady L. (Barney) Barnett (die Namensgleichheit mit dem Pseudonym des Kameramannes ist ein Zufall), schilderte im Februar 1950 Freunden in Socorro ein ungewöhnliches Erlebnis. Barnett, der 1960 an Krebs starb, behauptete, daß er Zeuge eines Absturzes einer fliegenden Untertasse in der Nähe von Socorro war. Barnett hatte im Frühsommer 1947 in der Wüste von New Mexico beruflich zu tun, als der helle Lichtreflex eines metallenen Objektes seine Aufmerksamkeit auf sich zog. Er dachte sich, daß während der

Nacht vielleicht ein Flugzeug abgestürzt war und er helfen könnte. Als Barnett zur Absturzstelle kam, sah er jedoch, daß es sich nicht um ein Flugzeug handelte, sondern um einen scheibenförmigen Flugkörper. Während er das seltsame Objekt anstarrte, kam aus der anderen Richtung eine Gruppe von Leuten auf ihn zu. Es handelte sich dabei um eine archäologische Forschergruppe. Als sich schließlich alle Zeugen genauer umsahen, fanden sie einige tote Körper zwischen den Trümmern.
Nach Barnetts Beschreibung handelte es sich um menschenähnliche kleine Wesen mit übergroßen, haarlosen Köpfen, großen, schrägstehenden Augen und dünnen Armen und Beinen. Die Kleidung der Wesen schien aus einem enganliegenden grauen Overall zu bestehen. Barnett und den anderen blieb nur wenig Zeit, sich das Wrack mit seiner toten Besatzung näher anzusehen, weil kurz darauf das Militär zur Absturzstelle kam. Laut Barnett übernahm ein Offizier sofort das Kommando und führte die geschockten Zivilpersonen weg. Er erklärte ihnen, daß die Armee nun die Sache in die Hand nähme. Kurz darauf kamen noch mehr Soldaten, die sofort einen Kordon um die Absturzstelle bildeten. Barnett und den anderen Zeugen wurde befohlen, mit niemand anderem darüber zu sprechen. Es wurde ihnen klar gemacht, daß es ihre patriotische Pflicht sei, über den Vorfall zu schweigen. Alle Personen, die Barnett persönlich kannten, bezeugen, daß er ein Musterbeispiel eines angesehenen konservativen amerikanischen Bürgers war.
Sein ehemaliger Chef J. F. Danley bezeugt ebenfalls, daß Barnett Anfang der vierziger und fünfziger Jahre unter seiner Leitung in der Gegend von Magdalena arbeitete und daß Barney ein guter und ehrlicher Mitarbeiter war. Der Atomphysiker Stanton Friedman machte die Frau von Barney Barnett ausfindig, in deren Tagebuch nachzulesen ist, daß ihr Gatte 1947 oft in der Wüste zu tun hatte. Barnetts Nachbar sagte, daß er Barney kurz vor seinem Tod fragte, ob er wisse, warum er Krebs bekam, und er antwortete ihm, daß er damals wahrscheinlich zu nahe an dieses seltsame Wrack oder an seine tote Besatzung herangekommen war.

Einige FBI-Dokumente, die an den damaligen FBI-Direktor J. Edgar Hoover gerichtet waren und vor einigen Jahren durch das FOIA-Gesetz vom FBI freigegeben wurden, scheinen die Gerüchte von mehreren abgestürzten und geborgenen UFOs zu bestätigen. Die Dokumente belegen, daß das FBI nach den Ereignissen in New Mexico von der Luftwaffe nicht genau über die Untersuchungsergebnisse der angeblichen UFO-Wracks informiert worden ist. So spricht der damalige FBI-Direktor J. Edgar Hoover in einem Memorandum vom 15. Juli 1947 von *den* geborgenen Scheiben,[15] also in der Mehrzahl. Falls Barney Barnett wirklich Zeuge einer UFO-Bergung wurde, könnte es sich möglicherweise um die von Jack Barnett gefilmte handeln. Allerdings fand diese Bergung nicht wie bisher angenommen Anfang Juli statt, sondern schon einen Monat davor.
In der Zwischenzeit konnten sich mehrere Forscher überzeugen, daß es eine Person gibt, die sich als der Roswell-Kameramann ausgibt. Eine dieser Personen ist Philip Mantle von der britischen UFO-Forschungsorganisation British UFO Research Association (BUFORA). Am 22. Juni 1995 konnte Philip Mantle mit Jack Barnett 15 Minuten via Telefon sprechen.[11] Laut Mantle bestätigte Barnett, daß ihn General McMullen beauftragt hatte, die Ereignisse zu filmen. Philip Mantle wollte Barnett am 19. August zum BUFORA-Kongreß nach Sheffield einladen. Jack Barnett teilte ihm jedoch mit, zu krank zu sein, um nach England fliegen zu können, er schloß aber ein Treffen mit Mantle, sofern dieser in die USA kommen sollte, nicht aus. Philip Mantle lud Ray Santilli ein, den Film am 19. August 1995 bei der 8. Internationalen BUFORA-UFO-Konferenz in Sheffield erstmals in der Öffentlichkeit vorzuführen und sich dem Publikum zu stellen. Überraschenderweise schlug Ray Santilli die Einladung von Philip Mantle nicht aus. Da Dr. Lammer von Philip Mantle und BUFORA ebenfalls als Sprecher bei dieser Konferenz eingeladen wurde, ergab sich für ihn die Gelegenheit, längere Ausschnitte des Filmes selbst anzusehen und sich eine eigene Meinung zu bilden.

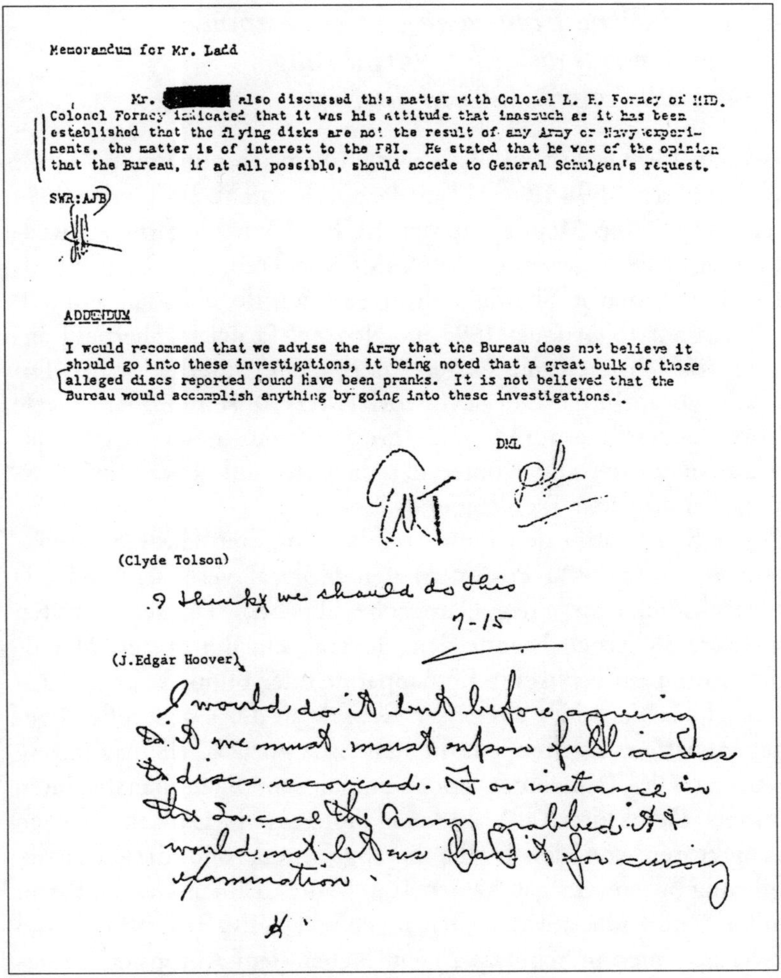

Memorandum for Mr. Ladd

Mr. [redacted] also discussed this matter with Colonel L. R. Forney of MID. Colonel Forney indicated that it was his attitude that inasmuch as it has been established that the flying disks are not the result of any Army or Navy experiments, the matter is of interest to the FBI. He stated that he was of the opinion that the Bureau, if at all possible, should accede to General Schulgen's request.

SWR:AJB

ADDENDUM

I would recommend that we advise the Army that the Bureau does not believe it should go into these investigations, it being noted that a great bulk of those alleged discs reported found have been pranks. It is not believed that the Bureau would accomplish anything by going into these investigations.

DML

(Clyde Tolson)

I think we should do this
7-15

(J.Edgar Hoover)

I would do it but before agreeing to it we must insist upon full access to discs recovered. For instance in the La. case the Army grabbed it & would not let us have it for cursory examination.

H.

Abb. 56: Dem FBI-Agenten Ladd wird am 7. Oktober 1947 mitgeteilt, daß die Luftwaffe durch Brigadegeneral Schulgen das FBI gebeten hat, sie bei ihren Untersuchungen von UFOs zu unterstützen. Der FBI-Direktor J. Edgar Hoover schreibt handschriftlich dazu, daß er das tun würde, sofern er auch »uneingeschränkten Zugang zu den geborgenen Scheiben« bekommen würde. Hoover spricht eindeutig in der Mehrzahl!

4 *Persönliche Eindrücke von Dr. Lammer bei der Autopsiefilm-Vorführung am 19. August 1995 in Sheffield*

Bei den Recherchen zu diesem Buch kam ich mit Philip Mantle und anderen BUFORA-Mitgliedern in Kontakt. Im Herbst 1994 teilte mir Philip Mantle mit, daß BUFORA mich gerne als Redner bei der 8. Internationalen UFO-Konferenz, die an der Hallam-Universität in Sheffield abgehalten wurde, einladen wollte.[16]
Als ich am 18. August 1995 im Novotel-Hotel in Sheffield ankam, traf ich mich mit Walter Andrus, dem Internationalen Direktor vom Mutual UFO Network (MUFON), um über diverse Forschungsschwerpunkte zu sprechen. Zu diesem Zeitpunkt waren natürlich alle Konferenzteilnehmer auf die Filmvorführung am nächsten Tag neugierig.
Bevor Ray Santilli den Film vorführte, mußten alle Konferenzteilnehmer (ca. 400 Personen) den Hörsaal verlassen und alle Gepäckstücke an einer Garderobe abgeben. Danach betraten mehrere Sicherheitsbeamte den Hörsaal, um ihn mittels Metalldetektoren auf versteckte Fotoapparate oder Filmkameras zu untersuchen. Nachdem wir unser Gepäck an der Garderobe abgegeben hatten, kehrten wir in den Saal zurück. Beim Eingang wurden alle Teilnehmer noch einmal von Sicherheitsbeamten mittels Detektoren auf Kameras untersucht. Danach wurden Projektoren von der Decke herabgefahren, und die Filmvorführung begann. Es gab keinen Ton. Man sah einen kleinen Raum mit einem Tisch, auf dem der angebliche UFO-Insasse lag, und zwei Personen in Schutzanzügen. Neben dem Autopsietisch befand sich ein Ablagekasten mit den Autopsieinstrumenten. Der Körper, der zu sehen war, erschien menschlich. Er war weiblich, hatte aber keine Brüste oder Körperbehaarung. Der Bauch war aufgebläht, und es gab keine Anzeichen einer Verwesung. Jede Hand hatte sechs Finger und jeder Fuß sechs Zehen. Die Augen und der Kopf waren größer als normal, und die Augäpfel waren mit schwarzen Membranen bedeckt, die entfernt wurden. Das

Wesen hatte eine schwere, tief aussehende Verletzung bzw. Verbrennung am rechten Oberschenkel.
Nachdem die Ärzte den Körper begutachtet hatten, wurde er durch einen Y-förmigen Schnitt geöffnet. Man sah, daß Blut unter der Haut hervorkam. Danach wurden die Organe entnommen, welche dann in Glasbehälter gegeben wurden. Zwischendurch sah man eine dritte Person hinter einer Glasscheibe stehen. Diese Person war nicht mit einem Ganzkörperschutzanzug bekleidet, sondern hatte eine gewöhnliche Chirurgenkleidung an. Nach der Entnahme der Organe wurde der Schädel mit einer Säge aufgeschnitten und das Gehirn entnommen. Die Vorführung dieser Autopsieszene dauerte etwa 25–30 Minuten. Danach sah man Aufnahmen von angeblichen Wrackteilen in einer Lagerhalle. Man konnte mehrere etwa 1–1,5 Meter lange I-förmige Stäbe sehen. In diese Stäbe waren Symbole eingraviert oder in das Metall eingelassen. Eine Person hielt einen dieser Stäbe in die Kamera. Danach sah man Metallblöcke, auf deren Oberfläche die sechsfingrigen Handflächenabdrücke der angeblichen UFO-Insassen, ähnlich einem Gipsabdruck, eingelassen waren. Alle angeblichen Wrackteile waren mit Kärtchen beschriftet. Eine solche Vorgehensweise würde man auch erwarten, wenn ein Flugzeug abgestürzt wäre. Leider sah man keine großen Trümmerstücke des angeblichen UFOs. Der Filmausschnitt über die Wrackteile dauerte etwa fünf Minuten. Danach war die Filmvorführung in Sheffield beendet, und die Diskussionen begannen.
Pathologen meinten, keine gravierenden Abweichungen von einer gewöhnlichen Autopsie erkennen zu können. Daß die Aufnahmen bei der Entnahme der Organe manchmal unscharf waren, soll auf die Tatsache zurückzuführen sein, daß die Kamera natürlich keinen Autofokus hatte. Beim Entfernen der Organe kam der Arzt näher an die Kamera heran, deshalb war die Aufnahme auch etwas unscharf. Der Kameramann, ebenfalls mit einem Schutzanzug bekleidet, hatte nicht den Auftrag, die Organe detailgenau bei der Entnahme zu filmen. Trickfilmspezialisten meinten hingegen, daß die Autopsie nach 1978 relativ einfach zu fälschen gewesen

wäre. Anwesende Filmleute meinten, daß der Film mit Sicherheit nicht von 1927 stammt, da er sonst in seiner Auflösung gröber wäre. Falls es sich bei den Aufnahmen um eine Fälschung handelt, müßten die Special Effects mit dem alten Film aufgenommen worden sein.
Am Sonntag betrat dann ein etwas unbeholfen wirkender Michael Hesemann das Podium, um dem Publikum mitzuteilen, daß der Name des Kameramannes Jack Barnett nur ein Pseudonym sei. Diese Nachricht war für die anwesenden Fachleute nichts Neues, da mehrere UFO-Forscher wie Stanton Friedman Wochen vor der BUFORA-Konferenz keine Hinweise auf einen Militärkameramann mit diesem Namen fanden. Danach behauptete Hesemann, daß er nach Angaben des Kameramannes die Absturzstelle des UFOs in New Mexico fand. Ein kleiner Trockensee mit etwa 200 Meter Durchmesser war für Hesemann die Bestätigung, daß er die Stelle gefunden hatte. Laut Kameramann sei das UFO am Nordufer eines Sees abgestürzt. Da Michael Hesemann eine Stelle fand, bei der die Erde rötlicher und etwas aufgeschütteter wirkte als in der Umgebung, vermutete er, daß es sich hierbei um die Spuren der Bergungseinheiten handelte.
Jeder vernünftig denkende Mensch kann sich vorstellen, daß man nach 49 Jahren mit Garantie keine Spuren einer angeblichen UFO-Bergung vorfinden wird. Die Wetterbedingungen und die Bergungseinheiten hätten mit Sicherheit keine unmittelbar sichtbaren Spuren zurückgelassen. Ich hatte am 9. November 1995 die Gelegenheit, mit dem Leiter des AREA-51-Forschungszentrums Glenn Campbell in Graz zusammenzutreffen. Dabei unterhielten wir uns unter anderem auch über diesen Film. Glenn Campbell erzählte mir, daß er nach Hesemanns Angaben ebenfalls die *angebliche* Absturzstelle vorfand. Allerdings meinte Campbell, daß der von Hesemann gefundene Trockensee eher einer ehemaligen *Kuhtränke* ähnlich sah. Ob diese Stelle wirklich die vom Kameramann beschriebene ist, bleibt dahingestellt.
Am 28. August wurden dann kurze Ausschnitte des Filmes weltweit von verschiedenen Fernsehstationen ausgestrahlt. Lei-

der konnten auch wir bei der Konferenz nicht das gesamte Filmmaterial sehen. Philip Mantle teilte mir mit, daß er noch eine weitere Autopsieszene eines anderen Wesens gesehen hatte. Er und einige andere Vertraute von Santilli hatten einen etwa siebenminütigen Filmausschnitt eines dritten Wesens in einem Feldlazarett gesehen. Bei dieser Szene soll man ein Wesen auf einem Tisch halbzugedeckt liegen sehen. Dieses Wesen wird von zwei Ärzten anscheinend für den Weitertransport vorbereitet. Außerdem soll ein Mann in Zivilkleidung kurz zu sehen sein. Solange der Kameramann anonym bleibt, kann man über den Film natürlich keine endgültigen Aussagen treffen.

In der Zwischenzeit soll jedoch der Filmfachmann Bob Shell einen Teil des Filmes physikalisch untersucht haben. Das untersuchte Filmsegment zeigt den Autopsieraum, bevor der Körper auf den Tisch plaziert wurde, und soll mit dem weiteren Szenenverlauf in Einklang stehen. Der verwendete Film ist ein Cine Kodak Super XX, eine Filmart, die Anfang der vierziger Jahre aufkam und deren Produktion 1956–1957 eingestellt wurde. Da der Randcode des Filmes von 1927, 1947 oder 1967 stammt, bleibt nur 1947 als Möglichkeit übrig. Bob Shell meint, daß ihn die Bildqualität, Klarheit und Körnung des Filmes schlußfolgern läßt, daß der Film belichtet und entwickelt wurde, als er noch relativ frisch war. Bob Shell schätzt diese Zeitspanne auf drei bis vier Jahre. Aufgrund seiner eigenen Untersuchung der physikalischen Charakteristika des Filmes ist Shell bereit, mit 95%iger Sicherheit zu bestätigen, daß der Film das ist, was der Kameramann behauptet.[17] Eine Bestätigung von Kodak, die chemische Signatur betreffend, steht zur Zeit der Manuskriptabgabe noch aus.

Es gibt Berichte, wonach der amerikanische Kongreßabgeordnete Steve Schiff den Film in naher Zukunft von Labors auf seine Emulsion hin wissenschaftlich analysieren lassen möchte. Falls sich herausstellt, daß der Film wirklich 1947 belichtet wurde, könnte man einen Schwindel ausschließen, auch wenn das bei der Autopsie zu sehende Wesen nicht zwingend ein UFO-Insasse sein muß. Kurz vor der Abgabe des Manuskriptes ging eine

Meldung durch die Medien, daß das Wandtelefon, das hinter dem Autopsietisch zu sehen sei, von 1956 stammen soll.

Der *Spiegel* brachte Anfang November 1995 eine groß aufgemachte Story über diesen Fund. Wenn man weiß, woher die Quelle dieser Meldungen stammt, sollte man die Entlarvung mit Vorsicht genießen. Kein Geringerer als der amerikanische UFO-Skeptiker Philip Klass brachte diese Behauptung in Umlauf. Klass behauptete, er habe in dem Buch *Once upon a Telephone* herausgefunden, daß dieses Wandtelefon erst 1956 eingeführt wurde und der Santilli-Film deshalb nicht von 1947 stammen kann. Bei genauen Nachforschungen fand man jedoch heraus, daß das von Klass gefundene Telefon optisch nicht im geringsten mit dem im Santilli-Film zu sehenden übereinstimmt.[18] Vaughan Wynne-Jones fand heraus, daß das Telefon im Autopsieraum (ob gefälscht oder nicht) mehr den Typen von 1940 ähnelt als einem Designertelefon von 1956. Da es sich bei dem von Klass gefundenen Telefon nicht um dieselbe Type handelt, sollte man noch nicht von einem Schwindel sprechen.

Wenn sich jedoch zeigen sollte, daß der Film eine Fälschung ist, welche Erklärungen gibt es dann? Eine Möglichkeit wäre, daß wirklich, wie vom U.S.-Militär und Karl Pflock behauptet, *Mogul*-Ballon Nr. 4 der Verursacher des Roswell-Zwischenfalles war und die Zeugenaussagen auf Täuschungen beruhen. Dann muß man aber, so wie die amerikanische Luftwaffe, die Zeugenaussagen über geborgene Leichname, die Flüge zu den verschiedenen Luftwaffenstützpunkten, Hinweise auf andere UFO-Bergungen sowie die Hinweise auf eine aufwendige Bergungsaktion bei Roswell ins Reich der Märchen verweisen. Das fällt natürlich schwer, da sich unter den Informanten über angebliche UFO-Bergungen wiederum viele Luftwaffenbedienstete befinden. So wurden UFO-Forschern schon sehr früh Informationen über angebliche UFO-Abstürze zugespielt.

Eine weitere Möglichkeit wäre, daß der Film vom U.S.-Militär als Roswell-Desinformation Ray Santilli zugespielt wurde. Sobald weltweit über diese Fälschung in den Medien berichtet worden ist, würde niemand mehr Berichte über geborgene UFOs ernst nehmen. Das Militär könnte in aller Ruhe geheime Forschungen an geborgenen UFO-Wracks anstellen. Falls sich herausstellt, daß der Film keine Fälschung ist, wäre es auch möglich, daß er keine toten UFO-Insassen zeigt, sondern mißgebildete Menschen (Turner-Syndrom, Progerie), die für geheime militärische Versuche verwendet wurden. Der nicht zu sehende Nabel könnte durch den aufgeblähten Bauch geglättet worden sein. Solche Menschenversuche wären der amerikanischen Regierung auch heute noch aus ethischen und moralischen Gründen peinlich, eine Vertuschung aus Gründen der nationalen Sicherheit notwendig. Die Mediziner Dr. Jansen (Uni-Klinik München) und Dr. Meessen (Uni-Klinik Heidelberg) stellten fest, daß sämtliche Details an der gezeigten Leiche, außer den Augenabdeckungen, dafür sprechen, daß die Tote an Progerie (vorgezogene Alterung) gelitten hatte und der Film folglich einen Menschen zeigt (MUFON-CES-Tagung, Ottobrunn, 06. 01. 1996). Sollte sich aber herausstellen, daß der Film wirklich tote UFO-Insassen zeigt, wäre das eine Weltsensation, und unser gesamtes Weltbild würde sich umkehren. Man kann gespannt sein, wie sich die Dinge in dieser Angelegenheit weiterentwickeln.

X

UFO-Forschung im deutschen Sprachraum

»Welchen Status und welche Bedeutung hat eine große vereinheitlichte Theorie, eine ›Theorie für alles‹? Dabei stößt man gleich auf ein Problem. Die Menschen, die sich von Haus aus mit dieser Frage auseinandersetzen müßten, nämlich die Philosophen, sind meist mathematisch nicht beschlagen genug, um die modernen Entwicklungen in der theoretischen Physik verfolgen zu können. Es gibt Leute, die Philosophie der Naturwissenschaften betreiben und eigentlich bessere Voraussetzungen mitbringen müßten. Doch viele sind gescheiterte Physiker, denen es zu schwer war, neue Theorien zu entwickeln, und die sich deshalb entschlossen haben, lieber über die Philosophie der Physik zu schreiben. Noch immer zerbrechen sie sich den Kopf über die naturwissenschaftlichen Theorien der ersten Dekaden unseres Jahrhunderts – etwa die Relativitätstheorie und die Quantenmechanik –, während sie in den vordersten Reihen der physikalischen Forschung noch nie gesichtet wurden.«

Der weltbekannte Physiker und Mathematiker Prof. Dr. Stephen W. Hawking über die sogenannten Wissenschafts-Philosophen, denen die Neue Physik ein Dorn im Auge ist

1 Wissenschafts-Journalisten und organisierte UFO-Skeptiker

Bevor wir den Lesern die UFO-Organisationen im deutschen Sprachraum vorstellen, wollen wir aufzeigen, wieso die UFO-Thematik vom sogenannten Wissenschafts-Journalismus ablehnend behandelt wird. Im allgemeinen ist es nicht die Aufgabe der forschenden Wissenschaftler, selbst über die Bedeutung ihrer Forschungsergebnisse für das wissenschaftliche Weltbild zu informieren. Ein vereinfachter Überblick der neuen Entdeckungen wird üblicherweise von sogenannten Wissenschafts-Journalisten gegeben. Der Durchschnittsbürger bildet sich aus Fachbüchern, Wissenschaftsmagazinen sowie aus der Presse, aus Funk und Fernsehen sein individuelles Weltbild. Diese von den Wissenschafts-Journalisten aufbereiteten Informationen stellen eine wichtige Quelle für die Meinungsbildung dar. Täglich treffen etwa 960 Schreibmaschinenseiten mit Informationen bei den deutschen Presseagenturen ein. Unter diesen Seiten befinden sich rund 300 Nachrichtenseiten. Aber nur etwa zwölf Nachrichtenseiten haben z.B. in der *Tagesschau* Platz. Die *Süddeutsche Zeitung* druckt davon nur etwa 7 % in der Zeitung ab, und der Durchschnittsleser liest nur rund 30 % des Gedruckten. Daraus folgt, daß ein paar hundert Journalisten (*Spiegel, Focus, Zeit, Tagesschau ...*) entscheiden, worüber in Mitteleuropa geredet wird und worüber nicht.[1] Die meisten Leute halten genau diejenigen Themen für wichtig, die in der Presse behandelt werden. Die Presse ist nach wie vor die Hauptquelle für UFO-Berichte. Nach einer Umfrage der Universität Boulder aus dem Jahr 1968 beziehen mehr als 90 % der Menschen ihre Informationen über das UFO-Phänomen aus den Massenmedien.[2] Die journalistische Objektivität wird gemessen an der Einhaltung folgender Regeln:

1. Sachlichkeit und Wahrhaftigkeit.
2. Trennung von Nachricht und Meinung.

3. Überparteilichkeit.
4. Sorgfaltspflicht.
5. Richtigstellen falscher Behauptungen.
6. Nicht-manipulative, an professionell objektivierbaren Kriterien orientierte Nachrichtenauswahl.

In den meisten Fällen kann man aber mit der Behandlung der UFO-Thematik durch die Presse nicht zufrieden sein, da die journalistische Objektivität nicht eingehalten wird. Natürlich sind auch wir nach der Veröffentlichung unseres Buches *UFO-Geheimhaltung* mit dieser Art von oberflächlichem Journalismus konfrontiert worden. So wollte z.B. Norbert Swoboda von der *Kleinen Zeitung*, Graz, unser Buch im Stile eines Witzblatthumors zerreißen, indem er einen Artikel in einer *unseriösen* und *unwissenschaftlichen* Schreibweise verfaßte. Nachdem Dr. Lammer ein *heftiges* Telefonat mit ihm führte, korrigierte er einigermaßen die von ihm verrissenen Stellen.[3] Nach dieser Erfahrung wurde uns jedenfalls bewußt, daß es durchaus üblich ist, daß Journalisten wissenschaftliche Themen in Tageszeitungen zusammenfassen, obwohl sie selbst gar keine wissenschaftliche Ausbildung besitzen bzw. überhaupt den Journalismus nicht studiert haben.

Aufgrund lächerlich gemachter UFO-Berichte in den Medien ist die Öffentlichkeit heute nicht mehr imstande, zwischen Science-fiction, Aussagen von UFO-Spiritisten, Esoterikern, Scharlatanen und Berichten über UFO-Entführungen zu unterscheiden. Leider wissen die meisten Journalisten nicht, daß es außer sektiererischen pseudoreligiösen UFO-Zirkeln und Anhängern der spekulativen Theorien von Dänikens auch wissenschaftliche UFO-Forschungsorganisationen wie CUFOS, MUFON-CES, MUFON, FUFOR und die *Society for Scientific Exploration* gibt. Wenn nun ein Wissenschafts-Journalist über Grenzgebiete der Wissenschaft berichtet, wird er sich folgendes fragen:[4]
1. Wie beurteilen die Autoritäten meine Quellen?
2. Wie passen die Tatsachen in das gegenwärtig akzeptierte Weltbild?

3. Könnten die Leser die Tatsachen akzeptieren?
4. Wollen die Leser wirklich die Wahrheit wissen?
5. Hatten die Boulevardblätter bereits das Thema in der Hand?
6. Kann ich durchblicken lassen, daß ich meinem Informanten glaube, ohne mich zu blamieren?
7. Verliere ich Leser, die mich der Unseriosität bezichtigen werden?

Diese Punkte sind dann meistens ausschlaggebend dafür, daß sich der Journalist von dem grenzwissenschaftlichen Thema fernhält oder einen lächerlichen Artikel schreibt, damit er beim Leser den Eindruck erwecken kann, daß er (der Journalist) von der Thematik nichts hält bzw. seinem Informanten keinen Glauben schenkt. So erklärte der ehemalige Chefredakteur der *Umschau,* Herr Schulze, dem Leiter von MUFON-CES, Dipl.-Phys. Illobrand von Ludwiger, gegenüber, daß er gar nicht bezweifelt, daß es UFOs gibt, da UFOs schon von zu vielen seriösen Menschen gesehen wurden. Er meinte allerdings, daß er sich aber sofort den Vorwurf der Unseriosität einhandeln würde, wenn er das Thema auch nur erwähnte.[4] Des weiteren wollen wir den Lesern berichten, wie es dazu kam, daß das UFO-Phänomen unter den Wissenschafts-Journalisten so einen schlechten Ruf besitzt.

Am 1. Mai 1976 hatten auf einem Jahrestreffen der American Humanist Association 25 Wissenschaftler, Autoren und Studenten das sogenannte Zetetiker-Komitee gegründet. Dieses Treffen war dem Thema »Der neue Irrationalismus: Antiwissenschaft und Pseudowissenschaft« gewidmet. Viele Journalisten und Zeitschriften-Herausgeber schlossen sich der von den Zetetikern gegründeten Organisation *Committee for the Scientific Investigation of Claims of the Paranormal* (CSICOP) an. Die amerikanischen Zetetiker gehören der American Humanist Association an und vertreten die Anschauung, daß nur solche Wahrheiten verbreitet werden sollen, die in ein materialistisches Weltbild passen. Anderslautende Fakten müssen bekämpft, entstellt, in Zweifel gezogen und deren Ermittler verdächtigt und diffamiert werden. Diese Personen empfinden alles, was auch nur den Anschein hat,

etwas Irrationales zu enthalten, als Bedrohung der Wissenschaft. Dipl.-Phys. von Ludwiger hat sich die Entlarver-Methoden der Zetetiker einmal näher angesehen. Er stieß dabei auf folgende Grundüberzeugungen:
Postulat 1: Alle Naturvorgänge sind mit den derzeit verfügbaren wissenschaftlichen Methoden erklärbar.
Postulat 2: Es gibt keine flüchtigen Phänomene, sondern nur Fehldeutungen, bewußte Irreführung und psychotische Halluzinationen.
Postulat 3: Wer anomale Phänomene für möglich hält, ist unkritisch, irrational und unwissenschaftlich.
Durch diese von den Zetetikern vertretenen Postulate ergeben sich folgende Gefahren:
1. Die Diskrepanz zwischen Wahrnehmungen anomaler Art durch viele Menschen und deren Zurückweisung durch die von den Zetetikern gesteuerte öffentliche Meinung bringt immer mehr Menschen in eine Abwehrposition zur Wissenschaft ganz allgemein. Die immer populärer werdenden UFO-Sekten und die New Age-Szene sammeln diese Frustrierten und fördern erst recht wissenschaftsfeindliche und pseudoreligiöse Bewegungen.
2. Wenn bestimmte Phänomene der Natur aus der wissenschaftlichen Betrachtung ausgeklammert werden, könnten wertvolle Hinweise auf theoretische Zusammenhänge verlorengehen.
3. Das wissenschaftliche Weltbild wird derart eingeengt, daß eine einheitliche Weltschau nicht mehr möglich ist.
Als Anfang August 1977 in *Reader's Digest* ein positiver Artikel über Parapsychologie publiziert wurde, luden die Zetetiker Vertreter der Massenmedien und Wissenschaftler ins Baltimore Hotel in New York ein. Sie beschwerten sich über die Presse ganz allgemein, über die um sich greifende pseudowissenschaftliche pro-paranormale Propaganda und die Unfähigkeit der Journalisten, zwischen Fiktionen und wissenschaftlichen Fakten zu unterscheiden. Den Herausgebern von Wissenschafts-Journalen und Wissenschafts-Kolumnen wurde nahegelegt, den zunehmenden Anti- und Pseudowissenschaften entgegenzuwirken. Die Mitglieder von

CSICOP riefen auch die Lehrer und Hochschulprofessoren auf, Aufklärungskurse gegen das Paranormale abzuhalten. Obwohl CSICOP behauptet, für die Wissenschaft zu sprechen, gehören nur wenige Naturwissenschaftler zu ihren Mitgliedern, doch Philosophen, Soziologen, Magier, Autoren und zwei Psychologen. Einer der bekanntesten Zetetiker neben dem UFO-Skeptiker Philip Klass ist der allseits bekannte Planetenforscher Dr. Carl Sagan, der in *Reader's Digest* behauptet, daß in den seit 1947 rund einer Million UFO-Meldungen nicht ein Fall enthalten ist, in dem eine größere Zahl von Menschen das Objekt nach unabhängiger und verläßlicher Schilderung aus der Nähe gesehen hätte.[5] Wir können Dr. Sagan nur höflich vorschlagen, daß er sich dieses Buch, in dem wir natürlich bei weitem nicht alle UFO-Nahbegegnungen behandeln konnten, besorgen soll. All das wäre nicht so ärgerlich, wenn nicht die großen Zeitungen die Richtung dieser Skeptiker unterstützten. Zu den bekanntesten Mitgliedern von CSICOP gehören u. a.:

Martin Gardner, *Scientific American* (Spektrum der Wissenschaft)
Kendrick Frazier, *Science News*
Leon Jaroff, *Times* (Quelle für *Spiegel, Focus, Stern, Zeit* usw.)
Philip Klass, *Aviation Week & Space Technology*
Gordon Stein, *The American Rationalist*

sowie mehrere Wissenschafts-Journalisten, mehrere Zauberkünstler, Psychologen, Philosophen und die UFO-Entlarver:

Dr. Carl Sagan (Astronom und Wissenschaftspublizist)
James Oberg (Wissenschafts-Journalist)
Robert Shaeffer (Wissenschafts-Journalist)
Philip Klass (Wissenschafts-Journalist)
Isaac Asimov (verstorben, Chemiker und Science-fiction-Autor).

So kam es auch dazu, daß der englische *New Scientist* am 19. November 1994 eine Titelstory über UFO-Entführungen brachte, die das CSICOP-Mitglied Susan Blackmore verfaßte.[6] Der Artikel beinhaltete natürlich mehrere Unwahrheiten und erweckte den Eindruck, daß sich dieses Phänomen nur in Amerika abspielte. Die Psychologin Blackmore verschwieg den Lesern, daß

The Committee for the Scientific Investigation of Claims of the Paranormal

Paul Kurtz, Chairman; philosopher, State University of New York at Buffalo.
Lee Nisbet, Special Projects Director.
Mark Plummer, Executive Director.

Fellows of the Committee

James E. Alcock, psychologist, York Univ., Toronto; **Eduardo Amaldi**, physicist, University of Rome, Italy. **Isaac Asimov**, biochemist, author; **Irving Biederman**, psychologist, University of Minnesota; **Susan Blackmore**, psychologist, Brain Perception Laboratory, University of Bristol, England; **Brand Blanshard**, philosopher, Yale; **Mario Bunge**, philosopher, McGill University; **Bette Chambers**, A.H.A.; **John R. Cole**, anthropologist, Institute for the Study of Human Issues; **F. H. C. Crick**, biophysicist, Salk Institute for Biological Studies, La Jolla, Calif.; **L. Sprague de Camp**, author, engineer; **Bernard Dixon**, science writer, consultant; **Paul Edwards**, philosopher, Editor, *Encyclopedia of Philosophy*; **Antony Flew**, philosopher, Reading Univ., U.K.; **Andrew Fraknoi**, astronomer, executive officer, Astronomical Society of the Pacific; editor of *Mercury*; **Kendrick Frazier**, science writer, Editor, THE SKEPTICAL INQUIRER; **Yves Galifret**, Exec. Secretary, l'Union Rationaliste; **Martin Gardner**, author, critic; **Murray Gell-Mann**, professor of physics, California Institute of Technology; **Henry Gordon**, magician, columnist, broadcaster, Toronto; **Stephen Jay Gould**, Museum of Comparative Zoology, Harvard Univ.; **C. E. M. Hansel**, psychologist, Univ. of Wales; **Al Hibbs**, scientist, Jet Propulsion Laboratory; **Douglas Hofstadter**, professor of human understanding and cognitive science, University of Michigan; **Sidney Hook**, prof. emeritus of philosophy, NYU; **Ray Hyman**, psychologist, Univ. of Oregon; **Leon Jaroff**, sciences editor, *Time*; **Lawrence Jerome**, science writer, engineer; **Philip J. Klass**, science writer, engineer; **Marvin Kohl**, philosopher, SUNY College at Fredonia; **Edwin C. Krupp**, astronomer, director, Griffith Observatory; **Paul Kurtz**, chairman, CSICOP, Buffalo, N.Y.; **Lawrence Kusche**, science writer; **Paul MacCready**, scientist/engineer, AeroVironment, Inc., Monrovia, Calif.; **David Marks**, psychologist, Middlesex Polytech, England; **William V. Mayer**, biologist, University of Colorado, Boulder; **David Morrison**, professor of astronomy, University of Hawaii; **H. Narasimhaiah**, physicist, president, Bangalore Science Forum, India; **Dorothy Nelkin**, sociologist, Cornell University. **Lee Nisbet**, philosopher, Medaille College; **James E. Oberg**, science writer; **Mark Plummer**, lawyer, executive director, CSICOP, Buffalo, N.Y.; **W. V. Quine**, philosopher, Harvard Univ.; **James Randi**, magician, author; **Milton Rosenberg**, psychologist, University of Chicago; **Carl Sagan**, astronomer, Cornell Univ.; **Evry Schatzman**, President, French Physics Association; **Thomas A. Sebeok**, anthropologist, linguist, Indiana University; **Robert Sheaffer**, science writer; **B. F. Skinner**, psychologist, Harvard Univ.; **Dick Smith**, film producer, publisher, Terrey Hills, N.S.W., Australia; **Robert Steiner**, magician, author, El Cerrito, California; **Stephen Toulmin**, professor of social thought and philosophy, Univ. of Chicago; **Marvin Zelen**, statistician, Harvard Univ.; **Marvin Zimmerman**, philosopher, SUNY at Buffalo. (Affiliations given for identification only.)

Subcommittees

Astrology Subcommittee: Chairman, I. W. Kelly, Dept. of Educational Psychology, University of Saskatchewan, Saskatoon, Saskatchewan S7N 0W0, Canada.

Education Subcommittee: Chairman, John W. Patterson, Professor of Materials Science and Engineering, 110 Engineering Annex, Iowa State University, Ames, IA 50011.

Electronic Communications Subcommittee: Chairman Barry Beyerstein, Dept. of Psychology, Simon Fraser Fraser Univ., Burbaby, B.C. V5A 1S6 Canada; Secretary, Page Stevens, Box 5083, Cleveland, OH 44101.

Legal and Consumer Protection Subcommittee: Chairman, Mark Plummer, CSICOP, Box 229, Buffalo, NY 14215-0229.

Paranormal Health Claims Subcommittee: Co-chairmen, William Jarvis, Professor of Health Education, Dept. of Preventive Medicine, Loma Linda University, Loma Linda, CA 93350, and Stephen Barrett, M.D., P.O. Box 1747, Allentown, PA 18105.

Parapsychology Subcommittee: Chairman, Ray Hyman, Psychology Dept., Univ. of Oregon, Eugene, OR 97402.

UFO Subcommittee: Chairman, Philip J. Klass, 404 "N" Street S.W., Washington, D.C. 20024.

WEST GERMANY. Society for the Scientific Investigation of Para-Science (GWUP), Amardeo Sarma, Convenor, Kirchgasse 4, D-6101 Rossdorf.

Präsidentin:	Prof. Dr. med. Irmgard Oepen.	Institut für Rechtsmedizin d. Univ.	Bahnhofstr. 7.	D-3550 Marburg
Vizepräsident:	Prof. Dr. phil. Robert König.	FB Psychologie, Justus-Liebig Univ.	Otto-Behaghel-Str. 10.	D-6300 Giessen
Geschäftsführer:	Dipl.-Ing. Amardeo Sarma.	Geschäftsstelle der GWUP e.V.	Postfach 1222.	D-6101 Roßdorf
FB Astrologie:	Reinhard Wiechoczek.	Volkssternwarte Paderborn e.V.	Hohefeld 24.	D-4790 Paderborn
FB UFOs:	Werner Walter.	CENAP.	Eisenacher Weg 16.	D-6800 Mannheim
FB Spiritismus:	Josef Skandera.		Köstler-Str. 5.	D-8451 Ammerthal

Abb. 57: Diese Liste gibt die bekanntesten Namen der amerikanischen und deutschen Skeptiker wieder. Darunter befinden sich viele Wissenschafts-Journalisten, der Planetenforscher Dr. Carl Sagan, Philip Klass, Magier, Psychologen, Soziologen und Philosophen.

die englischen UFO-Forscher Philip Mantle und Carl Nagitas zwei Monate zuvor ein Buch herausgaben, in dem sie detailliert 40 UFO-Entführungen, die in England stattfanden, beschrieben.[7] Blackmores Artikel konzentrierte sich hauptsächlich auf die Arbeit des kanadischen Neuro-Wissenschaftlers Michael Persinger von der Laurentian-Universität in Ontario. Dr. Persinger macht Laborversuche, in denen er mittels elektromagnetischer Felder bestimmte Bereiche im Gehirn stimuliert und Halluzinationen auslöst. So sind z.B. die Neuronen in den Temporallappen sehr sensibel für elektrische Stimulationen. Blackmore meint, daß labile Personen besonders anfällig für Temporallappenstimulation sein könnten.

Der Artikel verschweigt, daß andere Wissenschaftler UFO-Entführte auch auf Temporallappen-Labilität getestet haben.[8] Untersuchungen an der Carleton-Universität in Ottawa ergaben, daß sich Personen, die UFO-Nahbegegnungen oder Entführungserlebnisse hatten, nicht wesentlich von der gewöhnlichen Bevölkerung unterschieden. Die UFO-Zeugen wurden als leicht überdurchschnittlich intelligente und ansonsten völlig normale sowie gesunde Durchschnittsmenschen beschrieben. Einige der UFO-Zeugen waren gegenüber esoterischen Überzeugungen etwas aufgeschlossener als diejenigen Personen ohne UFO-Nahbegegnungserfahrungen.[9] Dies wiederum kann eben auf die ihnen widerfahrenen Erlebnisse zurückzuführen sein.

Dr. Blackmore verschweigt diese Versuche und meint hingegen, daß UFO-Entführte möglicherweise Begegnungen mit Erdlichtern oder sonstigen exotischen Naturphänomenen hatten. Die dabei auftretenden elektromagnetischen Felder sollen dann die Temporallappen der Zeugen auf eine Entführung durch kleine graue Wesen stimuliert haben. Obwohl Dr. Persinger durch eine Versuchseinrichtung im Labor bei seinen Testobjekten Halluzinationen erzeugen konnte, beschrieben die Testpersonen (inklusive Blackmore) *niemals* ein komplexes UFO-Entführungsszenario. Das wurde auch Blackmore bewußt, deshalb spekulierte sie am Ende ihres Artikels, ob vielleicht jemand *Mind Control*-(Gedankenkontrolle-)Experimente mit unwissentlich ausgewählten Personen aus der Bevölkerung durchführt. Es ist aber zu bezweifeln, daß irgend ein Geheimdienst in der Lage ist, die komplexen Entführungserlebnisse mittels elektromagnetischer Stimulation der Temporallappen von der Ferne aus zu simulieren. Entführungen, die im Schlafzimmer ihren Ursprung haben, erklärt sich Blackmore durch Schlafparalyse oder durch das False Memory Syndrom (Falsches Gedächtnis), obwohl andere Wissenschaftler diese Erklärungen für das *Kernphänomen* ausgeschlossen haben.

Interessanterweise waren die Leserreaktionen auf Dr. Blackmores Artikel eindeutig ablehnend.[10, 11, 12] Die Leser schienen sehr informiert und verwiesen auf von Medizinern untersuchte Fälle sowie auf Entführungsfälle, bei denen mehrere Personen gleichzeitig betroffen waren. Wie man sieht, haben es die Zetetiker vor allem im angelsächsischen Raum nicht mehr so leicht wie noch vor einigen Jahren, da die interessierten Leser besser informiert sind als die Verfasserin des Artikels. Es wird aber sicher noch Jahre dauern, bis z. B. Dr. John Carpenter einen detaillierten, nicht erklärbaren UFO-Entführungsfall im *New Scientist* oder in anderen wissenschaftlichen Fachjournalen publizieren darf. Von den Zetetikern werden durch Ignoranz wissenschaftliche Fakten, die nicht in ihr Weltbild passen, von Fachzeitschriften ferngehalten. Es wird nur publiziert, wenn man eine herkömmliche Erklärung für ein Phänomen findet.

Das größte Problem ist, daß CSICOP zielstrebig fast alle Wissenschaftsautoren der englischsprachigen Wissenschaftsmagazine unterwandert hat. Viele dieser Zetetiker sitzen in den Redaktionen bekannter internationaler Fachzeitschriften, von denen wiederum die gänzlich uninformierten Journalisten ihr Wissen beziehen. So hat beispielsweise das renommierte Wissenschaftsmagazin *Nature* den Zetetiker und *Zauberkünstler* Randi eingesetzt, um unbequeme Forschungsergebnisse über die Wirkung von homöopathischen medizinischen Dosen, die von dreizehn Wissenschaftlern aus vier Nationen erarbeitet wurden, zu entlarven.[13] Mit Randis unwissenschaftlichen Zetetiker-Methoden gelingt selbstverständlich jede Widerlegung von Forschungsergebnissen. Diesen Beitrag könnten wir natürlich endlos fortsetzen. Eine detailliertere Zusammenfassung über die Randgebiete der Wissenschaft und ihre Interpretation durch die Wissenschafts-Journalisten und Zetetiker hat Dipl.-Phys. Illo Brand im MUFON-CES Bericht Nr. 10 1989 verfaßt.[14] Es sollte aber jedem Leser klar geworden sein, wieso UFO-Berichte in den Medien entweder ignoriert, verrissen oder auf kuriose Weise erklärt werden.

2 *Die UFO-Skeptiker in Deutschland*

Zu Beginn wollen wir den Lesern die sogenannten UFO-Skeptiker vorstellen. Für deren Organisationen sind UFO-Phänomene nicht existent, bzw. sie lassen sich immer auf natürliche Phänomene oder Täuschungen zurückführen. Den Anfang macht das Centrale Erforschungsnetz außergewöhnlicher Himmelsphänomene (CENAP). Laut CENAP-Gründer Werner Walter ist seine Organisation eine seit 1976 bestehende private, unkommerzielle, weltanschaulich unabhängige Organisation zur Entgegennahme, Analyse und Bewertung von Berichten über vorgeblich unidentifizierte Flug-Objekte (UFOs), die eine kritische Position einnimmt. Des weiteren ist CENAP in die gemeinnützige Darmstädter Skeptikerorganisation Gesellschaft zur wissenschaftlichen Untersuchung von Parawissenschaften (GWUP) integriert. Zusätzlich wurde CENAP laut Walter im Jahre 1986 vom baden-württembergischen Innenministerium als Anlaufstelle für UFO-Meldungen empfohlen und dient der Deutschen Agentur für Raumfahrtangelegenheiten (DARA) in Bonn als Beraterstab.[15]

Wenn man diese Organisationsvorstellung als uninformierter Laie hört, sollte man meinen, es handelt sich hier um eine Top-Forschungsorganisation. Wenn man aber weiß, daß das zentrale Erforschungsnetz aus hauptsächlich zwei Personen besteht, wird aus dem Netz schon eher eine Laufmasche. Falls man weiß, daß der selbsternannte *Wissenschafts-Journalist* Werner Walter ein *Einzelhandelskaufmann* (Unterhaltungselektronik/Möbel) ist und der DARA als Berater dienen soll, wird die Angelegenheit schon mehr als kurios. Wir haben natürlich nichts gegen den ehrenwerten Beruf eines Möbelverkäufers einzuwenden, können uns aber nicht vorstellen, daß sich Naturwissenschaftler von Herrn Walter beraten lassen. Falls ja, dann ist im baden-württembergischen Innenministerium und in der DARA einiges faul, oder die zuständigen Personen wären fehl am Platz. Die sachkundige Analyse von unerklärbaren Himmelsphänomenen sollte man eigentlich Personen mit einem *abgeschlossenen* naturwissenschaftlichen Hochschulstudium überlassen. Walter schreibt zum Beispiel in der Zeitschrift *Sterne und Weltraum* vom 8. September 1993, daß die astronomisch beschlagenen *Kollegen* nicht das breite Spektrum all jener Erscheinungen am nächtlichen Himmel (so wie Walter) kennen können.[16] Als wir diese Aussage einigen Kollegen von uns vorlasen, die übrigens professionelle Astronomen sind, mußten diese erst einmal tief durchatmen und dann laut auflachen. In Zukunft will Walter soziologisch-psychologische Aberglaubens-Aspekte des UFO-Phänomens erkunden.[17] Dagegen kann man nichts einwenden, nur sollte ein Forscher, der sich mit diesen Aspekten befaßt, ein abgeschlossenes Hochschulstudium in Soziologie, Psychologie oder Folkloristik besitzen.

Daß sich Walter und CENAP mit der Aberglaubens-Thematik befassen, ist auf die Integration dieser Organisation bei GWUP zurückzuführen. Da die GWUP gegen Sektenunwesen, Wunderheiler, Esoterik und Aberglauben im allgemeinen vorgeht, wird CENAP von dieser Organisation unterstützt. Unverständlicherweise fördert Walter mit seiner *unkommerziell* orientierten Organisation die Esoterik-Szene und deren Jünger, indem er in der New Age-Zeitschrift *Magazin 2000* zwischen Glückspyramiden und anderem esoterischen Firlefanz *erstaunliche* UFO-Dokumente auf Video zum Kauf anbietet.[18] Laut Werbung soll dieses Video ein Angebot für die Leser dieses Magazins sein. Der Ausschnitt wirbt mit den auf dem Video zu sehenden Kontaktlern,

Astronauten-UFO-Filmen und vielem mehr. Diese Filme kosten Walter natürlich nicht viel, und zum Teil bekommt er sie auch geschenkt. Er gibt nämlich in englischsprachigen UFO-Journalen Anzeigen auf, in denen er schreibt, daß er UFO-Videos eintauschen möchte.[19] Die meisten Aufnahmen auf diesem Video sind natürlich Täuschungen bzw. Fälschungen. An die sehr guten UFO-Aufnahmen kommen CENAP und ähnliche Organisationen nicht heran. Für die leichtgläubigen New Age-Anhänger sind diese Aufnahmen natürlich der Beweis für außerirdische Besuche auf der Erde. Der völlig *unkommerziell* orientierte Walter nimmt hier die vergleichbare Stellung eines Drogenfahnders ein, der selbst Drogen verkauft. Im TV, Rundfunk und in den Zeitungen beklagt er sich nämlich, daß der UFO-Aberglaube und die Esoterikwelle überschwappen, obwohl Walter diese Tatsache selbst fördert bzw. von den Personen, gegen die er vorgeht, Geld kassiert.

Am 16. September 1995 traf Dr. Lammer beim Radiosender *Antenne Bayern* mit Werner Walter zusammen. Bei der Diskussion war von einem hartgesottenen Skeptiker allerdings nichts zu bemerken. Nach der Sendung sprachen wir über die Leuchtkugeln von Greifswald. Werner Walter behauptet nämlich, daß CENAP diesen Fall aufgeklärt hätte. Er schrieb 1994 über die Aufklärung des Greifswald-Falles mehrere Seiten in der Oktober/November-Ausgabe seines CENAP-Reportes und ließ sich von der *BILD*-Zeitung sogar als UFO-*Wissenschaftler* feiern.[20,21] Die *unkritische* GEP druckte Walters Erklärungen im *Journal für UFO-Forschung* ab.[22]

So schrieb Walter in seinem Report, daß der Zeuge Dr. Lüder Stock aus Strahlsund ihm gegenüber behauptete, gesehen zu haben, wie von Seeseite her diese Leuchtkugeln zunächst mit Hilfe von kleinen Raketen an Bord eines Kriegsschiffes hochgeschossen wurden, dann einzeln aufflammten und gemächlich, an überdimensionalen Fallschirmen hängend, herabschwebten. Walter schreibt, daß das Bonner Verteidigungsministerium Rudolf Henke mitteilte, daß die in den Haufen einfliegenden Objekte nichts weiter als Raketen am Ende ihrer parabolischen Flugbahn gewesen seien.[20] Daß der Skeptiker Rudolf Henke die oberflächliche Erklärung der Luftwaffenpressestelle für bare Münze nahm, muß an seiner mangelnden wissenschaftlichen Ausbildung liegen. Wäre der Chemielaborant Henke ein Naturwissenschaftler mit *abgeschlossenem* Hochschulstudium, so hätte ihm klar werden müssen, daß die *angeblich* in den Haufen einfliegenden Raketen nicht von einer hohen Geschwindigkeit abbremsen können, um darin zu verharren, sondern durch den Haufen hindurchfliegen müßten. Kollegen von MUFON-CES befragten Piloten und andere Fachleute, die sich diese Flugmanöver ebenfalls nicht erklären konnten. So schrieb z.B. Hauptmann Kießling vom Luftwaffenamt in Köln in einem Brief an einen MUFON-CES-Kollegen am 15. März 1995:

»Für Ihr Schreiben vom 13. Februar 1995, in dem Sie unerklärliche Lichterscheinungen im Gebiet des Greifswalder Bodens ansprechen, danke ich Ihnen. Leider kann ich Ihnen keine neuen Ergebnisse in Ergänzung zu Ihren Untersuchungsberichten liefern. Die bisher im Bericht gemachten Aussagen entsprechen *nicht* den Tatsachen von militärischer Gefechtsfeldbeleuchtungs- bzw. Leuchtspurmunition. Eine Gefechtsfeldbeleuchtung aus den von Ihnen dargestellten Höhen mit der dazu notwendigen Leuchtstärke ist derzeit nicht möglich. Auch die von der NVA in diesem Raum verwendeten Leuchtbomben weisen nicht die geschilderten Charakteristika auf.« [23]

Nachdem Walter dem *Antenne Bayern*-Moderator seine Greifswald-Erklärungen erzählt hatte, griff Dr. Lammer in das Gespräch ein. Diesmal hatte Walter nämlich keinen *selbsternannten* Naturwissenschaftler oder einen *uninformierten* Journalisten in der Diskussionsrunde, bei dem er seine pseudowissenschaftlichen Erklärungen anbringen konnte. Dr. Lammer konnte berichten, daß Walters Zeuge, Dr. Lüder Stock, MUFON-CES gegenüber ausgesagt hatte, daß ihn die Leuchtkugeln nur an Leuchtbomben-Ziele *erinnert* hätten, er aber nicht mit Bestimmtheit sagen könnte, daß die beobachteten Kugeln auch wirklich solche waren. Als Dr.

Lammer Walter fragte, wie es möglich war, daß die *angeblich* auf den Haufen zufliegenden Raketen innerhalb des Haufens plötzlich stehengeblieben waren, gestand Walter vor Herrn Parrisius ein, daß er das nicht wisse. Er sagte sogar, daß ihm die Videoaufnahme unbekannt sei, bei der man die Objekte in den Haufen einfliegen sah. Da Walter angab, unser Buch *UFO-Geheimhaltung* gelesen zu haben, muß er ein sehr schlechtes Gedächtnis besitzen, da wir die anfliegenden Objekte abgebildet haben und er sogar in seinem Report darüber berichtet hat.

Für uns ist der Greifswald-Fall noch lange nicht gelöst. Auch wenn die Leuchtkugeln von Greifswald militärischen Leuchtzielen *ähnlich* sehen, müssen sie noch lange nicht solche sein. Bei diesen Personen scheint das Wunschdenken nach einer Lösung ein ausschlaggebender Faktor zu sein. Aus Vermutungen von Zeugen werden Tatsachen konstruiert.

Ein weiterer Ufologe des Walter-Typus ist der schon erwähnte Studienabbrecher und Chemielaborant Rudolf Henke.[24] Wir finden es interessant, daß das damalige CENAP-Mitglied Henke dem Leiter von MUFON-CES, Dipl.-Phys. Illobrand von Ludwiger, in einem Brief 1987 mitteilte, daß keiner seiner Kollegen in der Lage ist, wissenschaftliche Arbeit zu leisten.[25]

Er schreibt, die Meinungen stehen bei CENAP von vornherein fest – geforscht wird ohnehin nicht. Rudolf Henke schrieb von Ludwiger auch, daß die in Lüdenscheid beheimatete UFO-Forschungsorganisation GEP mit ihrem kleinkrämerischen Bürokratismus, ihrer Inkonsequenz bei Fall-Beurteilungen und ihrem Desinteresse an statistischen Untersuchungen ebenfalls keine wissenschaftlich-methodische Arbeit leistet.[25]

Da Rudolf Henke aufgrund seiner abgebrochenen akademischen Laufbahn (»habe die Lust am Studium verloren«)[24] nicht bei MUFON-CES beitreten konnte, entschloß er sich, dennoch für GEP und für die GWUP zu arbeiten. Als Grund, wieso er bei CENAP austrat, gab der selbsternannte Naturwissenschaftler Henke die verbalen Ausrutscher einzelner CENAP-Mitglieder an.[26] Leider fehlen Henke, Walter und einigen ihrer Kollegen für

die Aufklärung von schwierigen UFO-Sichtungen die intellektuelle Fähigkeit zur Erkenntnis, logisches Denken, ein scharfer Geist und die fachmännische Qualifikation. So wird für diese Herren jede nicht zu identifizierende fliegende Scheibe eine in die Luft geworfene Radkappe sein, obwohl modernste computergestützte mathematische Analyseverfahren das Gegenteil nahelegen.
Leider ist auch die dritte aus Amateuren bestehende UFO-Organisation GEP durch die Beeinflussung von Henke und Co. ähnlich dogmatisch orientiert wie CENAP und GWUP und deshalb ebenso zu den UFO-Skeptikern zu zählen. Es soll hier natürlich nicht der Eindruck erweckt werden, daß Amateure in der UFO-Forschung nichts verloren hätten. Im Gegenteil, Amateurforscher sind sehr wichtig, sofern sie ihre Arbeit *aufrichtig* und *ehrlich* erledigen. Die harte wissenschaftliche Analyse sollten sie aber den Fachleuten überlassen. Im Idealfall sollten Amateure und Wissenschaftler zusammenarbeiten. Leider kann man die vorher behandelten Forschungsgruppen nicht zu den seriösen, unvoreingenommenen Amateuren zählen, mit denen eine Zusammenarbeit auf wissenschaftlicher Basis möglich wäre. Es sollte noch erwähnt werden, daß man die kleine aus Amateuren bestehende Forschungsorganisation DEGUFO *nicht* zu den vorher genannten dogmatisch orientierten Skeptikergruppen zählen kann, da die DEGUFO auch bereit ist, mit Wissenschaftlern zusammenzuarbeiten, und sie dem Phänomen offen gegenübersteht.
Neben den erwähnten Skeptikerorganisationen gibt es natürlich mehrere Vereine von sogenannten UFO-Gläubigen. Diese Vereine siedeln sich im *esoterischen* Bereich an und sind der Auffassung, daß UFOs außerirdische Raumschiffe sind, deren Besatzungen der Menschheit spirituell weiterhelfen bzw. sie beschützen wollen. Diese Personen veranstalten große medienwirksame Zusammenkünfte, sogenannte Welt-UFO-Kongresse, die sich natürlich negativ auf die seriöse UFO-Forschung auswirken. Unter diesen Vereinen befinden sich so wie bei den Skeptikern einige dubiose Personen, die sich ohne abgeschlossenes Hochschulstudium in der uninformierten Öffentlichkeit als Wissen-

schaftler oder UFO-Experten präsentieren. Diese Personen besitzen keinen akademischen Grad und geben sich trotzdem als Kulturanthropologe, Astrophysiker, Physiker usw. aus und erwecken bei der uninformierten Öffentlichkeit den Eindruck, daß sie Fachmänner auf diesen Gebieten sind. Die seriösen Zeitungen bringen nach diesen esoterischen Monsterveranstaltungen meistens große Reportagen über die sogenannten UFO-Spinner. Aufgrund mangelnder Recherchen werden dann *alle,* die sich mit UFOs beschäftigen, in den Esoteriktopf geworfen und zu diesem leichtgläubigen Personenkreis gezählt.

3 Mutual UFO Network-Central European Section (MUFON-CES)

Es gibt im deutschsprachigen Raum nur eine neutrale UFO-Forschungsorganisation, die mittels wissenschaftlicher Methoden das UFO-Phänomen untersucht. Diese Organisation ist MUFON-CES, die deutschsprachige Vertretung des amerikanischen Mutual UFO Network (MUFON). Sie ist als interdisziplinäre Vereinigung anzusehen, die es sich zum Ziel gesetzt hat, das UFO-Phänomen sowie andere Phänomene, die sich den normalen Erfahrungen entziehen, mit wissenschaftlichen Methoden zu untersuchen. MUFON-CES gehören Wissenschaftler von mehreren Universitäten, Max Planck-Instituten, Forschungsinstituten der Luft- und Raumfahrtindustrie sowie Ärzte, Psychologen, Computerwissenschaftler, Techniker und Ingenieure an.

Es kommt zwangsläufig dazu, daß die Untersuchungen von MUFON-CES-Wissenschaftlern einmal die Erwartungen der UFO-Gläubigen zu bestätigen scheinen (Spuren von UFOs auf Fotos, Filmen, Radarschirmen und am Boden) und ein andermal die Erwartungen der Skeptiker (Fotofälschungen, unseriöse Zeugen, Täuschungen bekannter Naturphänomene ...). Nicht immer kann man Fälschungen, wie im Fall Fehrenbach, auf Anhieb als solche identifizieren. Dies bedeutet jedoch nicht gleich, daß dem Verfahren der Fotoanalyse oder den Fotoanalytikern selbst mißtraut werden müßte, wie dies die Skeptiker in hämisch aufgezogenen Zeitungsartikeln tun. Leider nehmen sehr viele Journalisten beim Thema UFO ihre journalistische Sorgfaltspflicht nicht wahr und glauben den dogmatisch orientierten Skeptikern mehr als den seriös forschenden Wissenschaftlern.

Aufgrund dieser Tatsache werden die Untersuchungsergebnisse von MUFON-CES entweder von den Gläubigen oder von den Skeptikern angefeindet, und beide Gruppen sehen MUFON-CES jeweils im anderen Lager. Die Skeptiker Henke oder Walter bezeichnen MUFON-CES gerne als Sekte, während die UFO-Gläubigen MUFON-CES als erzskeptisch bezeichnen. Bislang wurden von den MUFON-CES-Fotoanalytikern mehr als 100 Fotos und mehr als 20 Videofilme aus Deutschland analysiert. Von diesen Fällen blieben nur vier UFO-Fotofälle unaufgeklärt. Von den auf Video festgehaltenen Erscheinungen konnten bislang drei nicht aufgeklärt werden.

MUFON-CES vertritt die Position, daß von den gemachten Beobachtungen die meisten auf natürliche Ursachen zurückzuführen sind. Aber ein kleiner Rest der Erscheinungen liegt außerhalb unserer gewöhnlichen Erfahrungen, so daß sich eine wissenschaftliche Untersuchung aufdrängt. MUFON-CES kann nach dem Stand der Wissenschaft zur Zeit *nicht* erklären, was UFOs sind, und weiß auch nicht, woher ihre oftmals beobachteten Insassen stammen.

Um eine Grundlage für wissenschaftliche Arbeiten auf diesem Gebiet herzustellen, haben MUFON-CES-Mitglieder die wichtigsten UFO-Quellen analysiert und in MUFON-CES-Berichten publiziert. Zu diesen gehören Dokumente der US-Geheimdienste, Material aus dem Projekt *Blue Book,* ein Bericht der Sowjetischen Akademie der Wissenschaften über anomale Phänomene, UFO-Sichtungen von Astronomen, UFO-Beobachtungen während des Zweiten Weltkrieges sowie historische Berichte in wissenschaftlichen Werken des Mittelalters. Des weiteren wurden

mehrere wissenschaftstheoretische Beiträge ausgearbeitet und ausführlich sowie kritisch auf den Einsatz von Hypnoseregressionen bei angeblich von UFO-Insassen entführten Personen eingegangen. Die Hauptaufgabe sieht MUFON-CES in der Untersuchung physikalischer Theorien, mit deren Hilfe das UFO-Phänomen verstanden werden kann.
Die Mitglieder von MUFON-CES arbeiten auch mit Kollegen der großen amerikanischen UFO-Forschungsorganisationen MUFON, dem Hynek Center for UFO Studies (CUFOS) und dem Fund for UFO Research (FUFOR) zusammen. Diese großen amerikanischen Forschungsorganisationen bestehen zum Großteil ebenfalls aus Wissenschaftlern aller Sparten. Diese Forschungsgruppen haben weltweit genug Indizien zusammengetragen und Daten analysiert bzw. gesammelt, die beweisen, daß UFOs real existieren, auch wenn man nicht weiß, woher sie kommen.

4 *Society for Scientific Exploration (SSE)*

Im Jahre 1981 beschloß eine Gruppe von international anerkannten Wissenschaftlern mit verschiedenen akademischen Hintergründen, daß es an der Zeit sei, eine Organisation zu gründen, die sich mit paranormalen Phänomenen wissenschaftlich auseinandersetzt. Zu diesen Phänomenen gehören unter anderem Telepathie (ESP), Psychokinese (PK), Fernwahrnehmung (Remote Viewing RV), Nahtoderfahrungen (NDE), außerkörperliche Erfahrungen (OBE), PSI-Phänomene, Kugelblitzforschung, Erdlichter, UFOs usw. Alle diese Phänomene werden zur Zeit von der wissenschaftlichen Gesellschaft aus verschiedenen Gründen ignoriert. Diese Wissenschaftler sind der Meinung, daß Forschungen auf diesen Gebieten von großer wissenschaftlicher Bedeutung sowie von fundamentaler Wichtigkeit sind. Diese Organisation wurde *Society for Scientific Exploration* (SSE) genannt. Der erste Kongreß der SSE fand am 5. Januar 1982 bei der National Academy of Sciences in Washington DC statt. Der Gründer der SSE ist der international anerkannte Astrophysiker Prof. Dr. Peter Sturrock von der renommierten Stanford-Universität. Prof. Sturrock wurde 1995 in die International Academy of Astronautics, die ihren Sitz in Paris hat, gewählt.[27] Die SSE hat ihren Sitz an der Stanford-Universität und ist eine forschungsorientierte Organisation. Es wurde deshalb ein wissenschaftliches Journal ins Leben gerufen, in dem grenzwissenschaftliche Arbeiten publiziert werden. Bevor eine solche Arbeit im *Journal of Scientific Exploration* publiziert wird, wird sie von anderen Wissenschaftlern kontrolliert. Dieses Verfahren wird auch bei herkömmlichen wissenschaftlichen Publikationen angewendet. Zu diesen Arbeiten gehören auch UFO-Fotoanalysen, die Analyse von physikalischen Effekten, die nach UFO-Landungen bzw. Sichtungen auftraten, sowie Diskussionen über das UFO-Entführungsphänomen.

Mittlerweile hat die SSE weltweit mehrere 100 Mitglieder und wächst kontinuierlich. Ein wichtiges Ziel der SSE ist laut Dr. Bernhard Haisch die Produktion von grenzwissenschaftlichen Arbeiten, die auch von konservativ denkenden Kollegen akzeptiert werden bzw. deren Interesse an diesen Phänomenen wecken sollen.[28] Zu den Mitgliedern der SSE gehören Wissenschaftler, die das gesamte Spektrum abdecken. Einige dieser Wissenschaftler, wie zum Beispiel Dr. John Alexander, haben hochrangige Positionen beim amerikanischen Militär inne.[29,30] Natürlich sind auch mehrere Mitglieder der wissenschaftlich orientierten UFO-Organisationen MUFON-CES, MUFON, CUFOS und FUFOR wiederum Mitglieder bei der *Society for Scientific Exploration.*

Unverständlicherweise glauben viele Journalisten den vorher erwähnten Laienskeptikern mehr als den Wissenschaftlern, die sich mit dem UFO-Phänomen seit Jahren ausführlich auseinandersetzen. Leider sind es oft die sogenannten seriösen Zeitungen (*Spiegel, Focus, Zeit…*), die einem Möbelverkäufer oder einem Studienabbrecher mehr Glauben schenken als Hunderten renommierten Naturwissenschaftlern. Diese Tatsache allein läßt an der journalistischen Sorgfaltspflicht der Reporter zweifeln. Wie es scheint, setzt die Kritik an wissenschaftlichen Grenzgebieten durch die Wissenschafts-Journalisten und Skeptiker an der Eigenart des UFO-Phänomens selbst an und ist daher weltanschaulich motiviert und damit eigentlich unbegründet.

Nachwort

Die Grundproblematik der UFO-Forschung wurde im letzten Kapitel dieses Buches schon angerissen. Es geht dabei um die so grundlegenden Fragen nach Objektivität und Wissenschaftlichkeit. In vielen Bereichen der Forschung formieren sich seit Jahren Kreise, die dogmatisch und kurzsichtig extrem materialistisch orientiert sind. Phänomene, die nicht eindeutig registriert werden können, existieren nicht. Alles, was nicht in den Rahmen des heute etablierten naturwissenschaftlichen Bildes der Welt nahtlos eingefügt werden kann, darf nicht existieren.
Forschungsprojekte sind keine wertneutralen Unternehmungen, deren pure Aufgabe es ist, unser Wissen über die Welt zu vermehren. Vielmehr ist Wissenschaft heute, und sie war es eigentlich schon immer, eine hochpolitische Angelegenheit. Es geht immerhin um den Erhalt von Arbeitsplätzen und Forschungsinstituten, die mit Förderungen aus Steuergeldern am Leben erhalten werden. Für die meisten Forschungsaufgaben müssen den Geldgebern letztendlich Rechtfertigungen dafür geliefert werden, warum Investitionen notwendig sind und Meßgeräte weiter eingeschalten bleiben müssen.
Der Staat als der primäre Geldgeber von Forschungsetats entscheidet unter Zuhilfenahme von Experten, für welche Vorhaben Geld zur Verfügung stehen soll. Diese Gremien legen fest, welche Richtung die Wissenschaft mittelfristig zu gehen hat bzw. überhaupt gehen kann. Abweichungen von Standardpfaden der Forschung sind im allgemeinen sehr schwer möglich. Deshalb steht für UFO-Forschung kein Geld zur Verfügung.
Die Ausbildung in Schule und Universität entwickelt in jedem Menschen ein bestimmtes Bild von der Welt und der Methode, wie wir sie zu erforschen haben. Es wäre nicht leicht, zugeben zu müssen, einen Teil seines Lebens auf inkorrekten oder un-

vollständigen Ideen aufgebaut zu haben. Die Zitate am Beginn dieses Buches zeigen, daß selbst die intelligentesten Köpfe unserer Gesellschaft nicht vor Fehlurteilen und falschen Einschätzungen sicher sind, wenn sie sich in ihrer Lebensgrundlage bedroht sehen.

Genausowenig wie Forschung praktisch gesehen wertneutral ist, können Wissenschaftler objektiv sein. Befangen durch die Zwänge des Systems, aus Angst, in der Öffentlichkeit seine Glaubwürdigkeit (und damit seine Forschungsgelder) zu verlieren, und nicht zuletzt gehindert durch die eigene Weltanschauung, werden Grenzphänomene nicht angetastet. Deshalb wird es zumindest in nächster Zeit keine offizielle UFO-Forschung geben.

Die Sammlung von solidem und aufschlußreichem Datenmaterial über UFOs nimmt ständig zu. Einen kleinen Teil der Indizien für die Existenz von UFOs zu präsentieren, war Zweck dieses Buches. Organisationen wie die SSE schaffen es vielleicht allmählich, die Vertreter der herkömmlichen Forschungsgebiete auf dieses Phänomen aufmerksam zu machen und Vertrauen zu schaffen durch den Nachweis, daß UFO-Forschung auch in einem seriösen Rahmen unter Anwendung allgemein akzeptierter Standards möglich ist.

Anhang

Erklärung der wichtigsten Abkürzungen

AFOSI: Air Force Office of Special Investigations. Das AFOSI ist eine Abteilung der amerikanischen Luftwaffe, die für diese spezielle Untersuchungen ausführt.
AMC: Air Material Command. Das AMC hatte seinen Sitz in Wright Field und war 1947 nachweislich in UFO-Untersuchungen verwickelt.
ATIC: Air Technical Intelligence Center. Das ATIC am Wright Patterson-Luftwaffenstützpunkt war der Sitz der anfänglichen UFO-Projekte der amerikanischen Regierung.
CIA: Central Intelligence Agency. Die CIA ist der amerikanische Geheimdienst und koordiniert seit 1953 die UFO-Untersuchungen der amerikanischen Regierung.
CIC: Central Intelligence Corps. Der CIC war während des Zweiten Weltkrieges der Heeresnachrichtendienst und bis 1947 der Vorgänger des CIA.
DIA: Defense Intelligence Agency. Die DIA ist eine nachrichtendienstliche Organisation innerhalb des amerikanischen Verteidigungsministeriums und koordiniert alle Geheimdienstaktivitäten innerhalb der Luftwaffe, der Armee und der Marine.
FBI: Federal Bureau of Investigations. Das FBI ist die amerikanische Bundespolizei und war in den 40er und 50er Jahren ebenfalls auf unterster Ebene in UFO-Untersuchungen verwickelt. Das FBI untersucht seit Ende der 70er Jahre erfolglos Tierverstümmelungen und versucht dabei die Zusammenhänge mit dem UFO-Phänomen zu vertuschen.
FOIA: Freedom of Information Act (Gesetz zur Freigabe von Informationen: 5USC-552, vom 4. Juli 1974). Dieses Gesetz ermöglicht die Herausgabe von Dokumenten durch die amerikanischen Bundesbehörden, die auf Anfrage an jeden amerikanischen Bürger erfolgt, sofern durch die Freigabe nicht die nationale Sicherheit, die Privatsphäre von Personen und Wirtschaftsgeheimnisse der USA gefährdet werden.
NORAD: North American Aerospace Defence Command. NORAD ist die nordamerikanische Luft- und Weltraumüberwachungsbehörde der USA. NORAD registriert in die Erdatmosphäre eindringende Flugkörper sowie den Flugverkehr bis weit in den russischen Luftraum. Die NORAD-Bodenstationen erhalten ihre Daten von AWACS-Aufklä-

rungsflugzeugen und von Satelliten des Verteidigungsministeriums. Seit Ende der 80er Jahre weiß man, daß NORAD massiv an der Zurückhaltung von UFO-Daten beteiligt ist.

NRO: National Reconnaissance Office. Die Existenz des NRO wurde am 18. September 1992 offiziell bekanntgegeben. Das NRO existiert aber schon seit 1962. Diese Behörde arbeitet mit Spionagesatelliten und Aufklärungsflugzeugen (Projekt AURORA wird mit ziemlicher Sicherheit ebenfalls vom NRO geleitet).

NSA: National Security Agency (nationale Sicherheitsbehörde der USA). Die NSA ist die weltgrößte Geheimdienstorganisation. Sie besitzt die Möglichkeiten, mittels Spionagesatelliten Telefongespräche und andere Kommunikationsmethoden weltweit abzuhören. Die NSA hält UFO-Dokumente mit einer Sicherheitseinstufung, die höher als TOP SECRET klassifiziert ist, von der Öffentlichkeit fern und ist deshalb maßgeblich an der Vertuschung des UFO-Phänomens beteiligt.

Danksagung

Die beiden Autoren wollen ihren Dank an folgende Personen, ohne deren Mithilfe dieses Buch in dieser Art nicht zustande gekommen wäre, aussprechen: *Walter Andrus Jr.*, dem internationalen Direktor der zum größten Teil aus Wissenschaftlern bestehenden UFO-Forschungsorganisation Mutual Ufo Network (MUFON); *Graham Birdsall* und *Mark Ian Birsall* von der britischen UFO-Forschungsorganisation Quest International für die Unterstützung unseres Buches durch Fotomaterial und über den FOIA freigegebene Geheimdienstdokumente; *Sgt. Anthony Dodd;* dem Leiter des AREA-51-Forschungszentrums, *Glenn Campbell; Dr. Richard Haines,* für die Unterstützung unseres Buches durch Fotomaterial; unserem Lektor *Hermann Hemminger;* der Dokumentarfilmerin und Journalistin *Linda Moulton Howe; Dipl.-Ing. Rolf-Dieter Klein; Herta Lammer; Helmut Lammer; Edith Lindtner; Josef Lindtner;* der Verlobten von Dr. Lammer, *Marion Lindtner*, für die Unterstützung bei den Recherchen; dem Leiter von MUFON-CES, *Dipl.-Phys. Illobrand von Ludwiger; Philip Mantle,* dem Director of Investigations der British UFO Research Association (BUFORA), und seiner Frau *Susan Mantle;* der Presseabteilung unseres Verlages; *Ken Phillips,* für die Informationen über Tony Burfield; *Prof. Dr. Gustavo Procobelli,* vom Institute of Space and Atmospheric Studies, University of Saskatchewan, für die Unterstützung unseres Buches durch Fotomaterial; *Prof. Dr. David Pritchard,* Co-Chairman der Entführungskonferenz am Massachusetts Institute of Technology (MIT); *Andrea Pritchard,* Principal Editor for the Proceedings of the Abduction Study Conference; *Peter Robbins,* für die Informationen über den Bentwaters-Woodbridge-Zwischenfall; *Barbara Roberts,* vom Newsteam für die Abbildungsgenehmigung von Tony Burfields Foto; *Malcolm Robinson,* von der schottischen Forschungsorganisation Strange Phenomena Investigations (SPI); *Mag. Werner Rothleitner* und seiner Frau *Christina,* für die Korrekturen und Durchsicht des Manuskriptes; dem Besitzer des angeblich originalen Roswell-Films, *Ray Santilli;* dem Luft- und Raumfahrtingenieur *John F. Schuessler;* dem Chairman der British UFO Research Association (BUFORA), *John Spencer,* und seiner Frau *Anne Spencer; Dr. Leo Sprinkle;* dem Tontechniker *Oliver Stummer* für die Organisation von Fotomaterial; *Tracy* von

Woman; *Martin Trummler,* vom Steiermark-Journal; *Dr. Jacques Vallée,* für das Vorwort des Buches und die Unterstützung unseres Buches durch Fotomaterial; *Prof. Dr. Werner Wehry,* von der Deutschen Meteorologischen Gesellschaft e.V. (DMG); *Mag. Martina Manges* und *Mag. Hannes Fürpaß* für ausführliche Korrekturen des Manuskriptes und der Druckfahnen; *Dr. Tino* für die Übersetzung des Vorwortes; *Karin Paar* für die Korrektur der Druckfahnen; *Renate Teppner* für das SW-Foto; *Erling Strand* für die Hessdalen-Fotos; allen anderen, die ihre Freizeit opfern, um das Geheimnis der UFOs zu lösen, sowie allen UFO-Zeugen und UFO-Opfern, die von uninformierten Journalisten und der Öffentlichkeit belächelt werden. Ebenfalls wollen wir folgenden Organisationen, Zeitungen und Zeitschriften für ihre direkte oder indirekte Unterstützung an unserem Buch danken: British UFO Research Association (BUFORA), England; Center for UFO Studies (CUFOS), USA; Citizens Against UFO Secrecy (CAUS), USA; Computer UFO Network (CUFON), USA; Fund for UFO Research (FUFOR), USA; Projekt Hessdalen; International UFO Reporter, USA, Just Cause, Linda Moulton Howe Productions, Pennsylvania, USA; Mutual UFO Network (MUFON), Texas, USA; Mutual UFO Network Central-European Section (MUFON-CES), Deutschland, Österreich, Schweiz; MUFON Ufo Journal, USA; Popular Science, USA; Newsteam, Birmingham, England; Quest International, Leeds, England; Society for Scientific Exploration (SSE), Stanford University, USA; Journal of Scientific Exploration (JSE), Stanford University, USA; Steiermark Journal, Österreich; UFO-Magazine, Leeds, England; und nicht zuletzt *Paul Dekrinis* für die Spießchen.

UFO-Organisationen

AREA-51 Research Center and Secrecy Oversight Council, HCR BOX 38, 2 Main St., Rachel, NV 89001, U.S.A.
British UFO Research Association (BUFORA), 1 Woodhall Drive, Batley, West Yorkshire, WF17 7SW, England
Citizens Against UFO Secrecy (CAUS), P.O. Box 176 Stoneham, Ma. 02180, U.S.A.
Center for UFO Studies (CUFOS), 2547 West Peterson Avenue, Chicago, Illinois, 60659, U.S.A.
Deutschsprachige Gesellschaft für UFO-Forschung (DEGUFO), P.O. Box 2831, D-55516 Bad Kreuznach, Deutschland
Fund For UFO Research (FUFOR), P.O. Box 277, Mount Rainer, Maryland 20712, U.S.A.
Mutual UFO Network (MUFON), 103 Oldtowne Road, Seguin, Texas 78155-4099, U.S.A.
Mutual UFO Network Central European Section (MUFON-CES), Gerhart-Hauptmann-Straße 5, D-83620 Feldkirchen Westerham, Deutschland
Society for Scientific Exploration (SSE), P.O. Box 5848, Stanford, CA 94309-5848, U.S.A.
Quest International, 1st Floor, 66 Boroughgate, Otley, Nr. Leeds, LS21, 1AE, England
UFO Reporting & Information Service, Computer UFO Network (CUFON), P.O. Box 832, Mercer Island, Washington 98040, U.S.A.

UFO-Journale

AURA-Z OVNI Presence, c/o AURA-Z, B.P. 57, 13244 Marseille-LA Plaine, Cedex 01, Frankreich
DEGUFORUM (DEGUFO), P.O. Box 2831, D-55516 Bad Kreuznach, Deutschland
International UFO Reporter (CUFOS), 2547 West Peterson Avenue, Chicago, Illinois, 60659, U.S.A.
Just Cause (CAUS), P.O. Box 176 Stoneham, Ma. 02180, U.S.A.
MUFON UFO Journal (MUFON), 103 Oldtowne Road, Seguin, Texas 78155-4099, U.S.A.
MUFON-CES Berichte (MUFON-CES), Gerhart-Hauptmann-Straße 5, D-83620 Feldkirchen Westerham, Deutschland
New Scientific Times, Discover Verlag, Postfach 1633, 4901 Langenthal, Schweiz
The Groom Lake Desert Rat, Glenn Campbell, HCR BOX 38, Rachel, NV, 89001, U.S.A.
UFO MAGAZINE (Quest International), 1st Floor, 66 Boroughgate, Otley, Nr. Leeds, LS21, 1AE, England
Der UFO-Kurier, Kopp Verlag, Hirschauer Straße 10, D-72108 Rottenburg
Wissenschaft ohne Grenzen, WOG Verlag, Neuer Friedberg 1, D-98527 Suhl

World Wide Web

MUFON: http://www.rutgers.edu/~mcgrew/MUFON
Project Hessdalen: http://www.hiof.no/crulp/prosjekter/hessdalen/
Society for Scientific Exploration: http://www.jse.com

Bibliographie

I Probleme bei der Erfassung des UFO-Phänomens

1 Davidson, L.: Flying Saucers: *An Analysis of the Air Force Project Blue Book, Special Report Nr. 14,* White Plains, New York, 1956.

2 Friedman, Stanton T.: *Science Fiction, Science, and UFOs,* UFORI, P.O.B. 3584, Sta. B, Fredericton, NB E3B5J8, Kanada, 1993.

3 Friedman, Stanton T.: *The Secret Life of Donald H. Menzel,* International UFO Reporter, Januar/Februar, 1988.

4 Maccabee, Bruce: *Scientific Investigations of UFOs,* Journal of UFO Studies, Vol. 1, 3, Center for UFO Studies, Chicago, 1977.

5 Lammer, Helmut, und Sidla, Oliver: *UFO-Geheimhaltung – Die Hintergründe des weltweiten Komplotts,* Herbig, München, 1995.

6 Ludwiger, Illobrand v.: *Are Ufos a New Kind of Natural Phenomenon?,* MUFON-CES-Bericht Nr. 11, 1993.

7 Sturrock, Peter A.: *Report on a Survey of the Membership of the American Astronomical Society Concerning the UFO-Problem: Part 1,* Journal of Scientific Exploration, Vol. 8, Nr. 1, 1994.

8 Sturrock, Peter A.: *Report on a Survey of the Membership of the American Astronomical Society Concerning the UFO-Problem: Part 2,* Journal of Scientific Exploration, Vol. 8, Nr. 2, 1994.

9 Sturrock, Peter A.: *Report on a Survey of the Membership of the American Astronomical Society Concerning the UFO-Problem: Part 3,* Journal of Scientific Exploration, Vol. 8, Nr. 3, Stanford University, 1994.

10 Grigor'ev, A. I., Grigor'eva, I. D., and Shiryaeva, S. O.: *Ball Lightning and St. Elmo's Fire as Forms of Thunderstorm Activity,* Journal of Scientific Exploration, Vol. 5, Nr. 2, Stanford University, 1991.

11 Grigor'ev, A. I., Grigor'eva, I. D., and Shiryaeva, S. O.: *Ball Lightning Penetration into Closed Rooms: 43 Eyewitness Accounts,* Vol. 6, Nr. 3, Stanford University, 1992.

12 Stummer, Oliver, und Schröter, Daniela: *Konzept zur Untersuchung ungewöhnlicher atmosphärischer Leuchtprozesse im Raum Österreich - eine geophysikalische Annäherung,* Komödiengasse 3/21, A-1020 Wien, 1995.

13 Ludwiger, Illobrand v.: *Der Stand der UFO-Forschung,* Frankfurt, Zweitausendeins, 1992.
14 Rutledge, Harley D.: *Project Identification. The First Scientific Field Study of UFO Phenomena,* Englewood Cliffs, New Jersey, 1981.
15 Persinger, Michael A.: *The Tectonic Strain Theory. Theory as an Exploration for UFO Phenomena. A Non-Technical Review of the Research 1970–1990,* Journal of UFO Studies, Center for UFO Studies, CUFOS, Chicago, 1990.
16 Devereux, Paul: *The Earth Lights. Approach to the UFO Problem,* Journal of UFO Studies, Center for UFO Studies, CUFOS, 1990.
17 Blackmore, Susan: *Alien Abduction: The Inside Story,* New Scientist, Nr. 1952, 19. November 1994.
18 Rudkowski, Chris A.: *Critical Comments about Earth Lights and the T.S.T.,* Journal of UFO Studies, CUFOS, 1990.
19 Rutledge, Harley D.: *Project Identification: Thirteen Years and One-Hundred and Sixty Sightings Later,* UFOs Beyond the Mainstream of Sciences, MUFON UFO Symposium Proceedings, Michigan State University, 1986.
20 Project Starlight International, P.O. Box 5310, Austin, Texas, 78763.
21 Kaarbo, M.: *Heesdalen Update,* UFO Brigantia, West Yorkshire, England, März, 1995.
22 Dane, Abe: *Flying Saucers: The Real Story,* Popular Mechanics, Januar, 1995.
23 *Eye in the Sky Combines Stealth and Atamina,* Popular Mechanics, Januar, 1995.
24 Smith, Willy: *Why Do UFOs Have Lights?,* MUFON UFO-Journal, Nr. 299, März 1993.
25 Phillips, Ted: *Close Encounters of the Second Kind: Physical Traces,* MUFON UFO Symposium Proceedings, Massachusetts Institute of Technology, 1981.
26 Bounias, Michel C. L.: *Biochemical Traumatology as a Potent Tool for Identifying Actual Stresses Elicited by Unidentified Sources: Evidence for Plant Metapolic Disorders in Correlation with a UFO-Landing,* Journal of Scientific Exploration, Vol. 4, Nr. 1, Stanford University, 1990.
27 Maccabee, Bruce: *Strong Magnetic Field Detected Following a Sighting of an Unidentified Flying Object,* Journal of Scientific Exploration, Vol. 8, Nr. 3, 1994.
28 Bloecher, Ted, and Webb, David: *HUMCAT-(Humanoid Ca-*

talogue), Mutual UFO Network, MUFON, 103 Oldtowne Rd., Seguin, Texas, USA, 1979.
29 Ashpole, Edward: *The Search for Extraterrestrial Intelligence,* Blandford Press, London, 1990.
30 Davis, John: *Searching for Alien Earth,* New Scientist, Nr. 1977, 13. Mai 1995.
31 Swords, Michael D.: *Modern Biology and the Extraterrestrial Hypothesis,* UFOs the Big Picture, MUFON UFO Symposium Proceedings, Chicago, Illinois, 1991.
32 DeWitt, Bryce, and Neill, Graham: *The Many Worlds Interpretation of Quantum Mechanics,* Princeton University Press, 1973.
33 Davis, Paul: *Wormholes and Time Machines,* Sky & Telescope, 20–23, 1992.
34 Hynek, Allen J., and Vallée, Jacques: *The Edge of Reality,* Regnery Press, Chicago, 1975.
35 Michel, Aimé: *Flying Saucers and the Straight Line Mystery,* Criterian Books, New York, 1958.
36 Druffel, Ann: *Southern California's Straight-Line Mystery in UFO Sightings,* UFOs – a Scientific Challenge, MUFON UFO Symposium Proceedings, Pasadena, California, 1983.
37 Laibow, Rima E.: *Experienced Anomalous Trauma: New Directions,* UFOs: The Impact of E.T. Contact Upon Society, MUFON UFO Symposium Proceedings, Pensacola, Florida, 1990.
38 Vallée, Jacques: *Confrontations,* Ballantine Books, Toronto, Canada, 1990.
39 Huneeus, Antonio: *The Strange Case of Army Corporal Valdes,* UFO Universe, Winter, 1993.
40 Johnson, Jerold R.: *Widening the Net,* MUFON UFO-Journal, Nr. 299, März 1993.

II Physikalische Spuren

1 Campbell, James: *UFO Interference with Vehicles,* MUFON Symposium Proceedings, 1981.
2 Rodeghier, Mark: *UFO Reports Involving Vehicle Interference, a Catalogue and Analysis,* CUFOS, 1981.
3 Fallas, Geoffrey: *Vehicle Interference Project,* BUFORA, 1979.
4 Johnson, Donald: *UFO Car Pursuits: Some New Patterns in Old Data,* MUFON Symposium Proceedings, 1989.

5 Ludwiger, Illobrand v.: *Untersuchungen an Landeplätzen,* edition q, Berlin, 1995.
6 Phillips, Ted: *Close Encounters of the Second Kind: Physical Traces,* MUFON Symposium Proceedings, 1981
7 Velasco, Jean Jacques: *Report on the Analysis of Anomalous Physical Traces: The 1981 Trans-en-Provence UFO Case,* Journal of Scientific Exploration, Vol. 4, Nr. 1, 1990.
8 Bounias, Michel C. L.: *Biochemical Traumatology as a Potent Tool for Identifying Actual Stresses Elicited by Unidentified Sources: Evidence for Plant Metabolic Disorders in Correlation with a UFO Landing,* Journal of Scientific Exploration, Vol. 4, Nr. 1, 1990.
9 Knapp, George: *What the Russians Know About UFOs,* Mufon Symposium Proceedings, 1994.

III UFO-Nahbegegnungen der 4. Art

1 Lammer, Helmut, und Sidla, Oliver: *UFO-Geheimhaltung,* Herbig, München, 1995.
2 Smith, Yvonne: *Anatomy of an Abduction,* MUFON Symposium Proceedings, 1984.
3 Bullard, Thomas: *The Overstated Dangers of Hypnosis,* Alien Discussions, Proceedings of the Abduction Study Conference, North Cambridge Press, Massachusetts, 1995.
4 Bullard, Thomas: *Hypnosis and UFO Abductions: A Troubled Relationship,* Journal of UFO Studies, 1989.
5 Webb, David: *The Use of Hypnosis in Abduction Cases,* Alien Discussions, Proceedings of the Abduction Study Conference, North Cambridge Press, Massachusetts, 1995.
6 Farthing, G. W.: *The Psychology of Consciousness,* Prentice Hall, New Jersey.
7 Apelle, Stuart: *Hypnosis and the Accuracy of Abduction Memory,* Alien Discussions, Proceedings of the Abduction Study Conference, North Cambridge Press, Massachusetts, 1995.
8 Kommentar von John Carpenter: Alien Discussions, Proceedings of the Abduction Study Conference, North Cambridge Press, Massachusetts, 1995, S. 210.
9 Truncale, Deborah: *Alien/UFO Experiences of Children,* Alien Discussions, Proceedings of the Abduction Study Conference, North Cambridge Press, Massachusetts, 1995.

10 Hopkins, Budd: *The Hopkins Image Recognition Test for Children,* Alien Discussions, Proceedings of the Abduction Study Conference, North Cambridge Press, Massachusetts, 1995.
11 Dean, Gwen L.: *Trauma and Treatment of Children Who Are Alleged Abductees,* Alien Discussions, Proceedings of the Abduction Study Conference, North Cambridge Press, Massachusetts, 1995.
12 Wright, Dan: *The Entities: Intitial Findings of the Abduction Transcription Project, Part 1,* MUFON UFO-Journal, Nr. 310, Februar 1994.
13 Wright, Dan: *The Entities: Intitial Findings of the Abduction Transcription Project, Part 2,* MUFON UFO-Journal, Nr. 311, März 1994.
14 Ludwiger, Illobrand v.: *Der Stand der UFO-Forschung,* Zweitausendeins, Frankfurt.
15 Randles, Jenny: *An Analysis of British Abduction Cases,* Alien Discussions, Proceedings of the Abduction Study Conference, North Cambridge Press, Massachusetts, 1995.
16 Basterfield, Keith: *Abductions: The Australian Experience,* Alien Discussions, Proceedings of the Abduction Study Conference, North Cambridge Press, Massachusetts, 1995.
17 Moura, Gilda: *The Abduction Phenomenon in Brazil,* Alien Discussions, Proceedings of the Abduction Study Conference, North Cambridge Press, Massachusetts, 1995.
18 Bullard, Thomas: *The Influence of Investigators on UFO Abduction Reports,* Alien Discussions, Proceedings of the Abduction Study Conference, North Cambridge Press, Massachusetts, 1995.
19 Hall, Richard: *Are UFO Abductions a Universal or a Culturally Dependent Phenomenon?,* Alien Discussions, Proceedings of the Abduction Study Conference, North Cambridge Press, Massachusetts, 1995.
20 Jacobs, David: *Secret Life, Firsthand Accounts of UFO Abductions,* Simon and Schuster, New York, 1992.
21 Carpenter, John: *Professionals Examining UFO Subjects*, MUFON UFO-Journal, Nr. 310, Februar 1994.
22 Spanos, Nicholas, Cross, Patricia, Dickson, Kriby, DuBreuil, Susan: *Close Encounters: An Examination of UFO Experiences,* Journal of Abnormal Psychology, November 1993.
23 Ring, Kenneth and Rosing, Christopher: *The Omega Project: A Psychological Survey of Persons Reporting Abductions and Other UFO Encounters,* Journal of UFO Studies, Nr. 2, 1990.
24 Streubel, Siegfried: *An Application of Rorschach Tests to Possible UFO Abductees,* MUFON-CES Report, Nr. 11, 1993.

25 Laibow, Rima: *Some Clinical Considerations Pertaining to UFO Abduction Reports,* MUFON-CES Report 11, 1993.
26 Basterfield, Keith: *Fantasy-Prone Personality Hypothesis*, MUFON UFO-Journal, Nr. 309, Januar 1994.
27 Rodeghier, Mark, Goodpaster, J., Blatterbauer, S.: *Psychosocial Characteristics of Abductees: Results from the CUFOS Abduction Project,* Journal of UFO Studies, Nr. 3, 1990.
28 Hall, Robert: *Are Abduction Reports »Mass Hysteria«?,* Alien Discussions, Proceedings of the Abduction Study Conference, North Cambridge Press, Massachusetts, 1995.
29 Budden, Albert: *Allergies and Aliens - The Visitation Experience: An Environmental Health Issue,* Redwood Books, Wiltshire, 1994.

IV Die Schattenseite des UFO-Phänomens

1 Johnson, Gerold R.: *Widening the Net,* MUFON UFO-Journal, Nr. 299, März 1993.
2 Schwarz, Berthold E.: *UFO Dynamics-Psychiatric and Psychic Aspects of the UFO Syndrome,* Rainbow Books, Moore Haven, Florida, 1988.
3 Schuessler, John F.: UFOs: *The Medical and Scientific Evidence II,* Quest UFO-Magazine, Vol. 12, Nr. 6, Januar/Februar 1994.
4 Legh-Johnes, Alison: *Other Peoples Lives: The Story of this Man, a Flying Saucer and the Vacuum Cleaner,* Woman, 1. März 1993.
5 Persönliche Mitteilung von Ken Phillips (BUFORA) an die Autoren, 1994.
6 *UFOs,* Geheimnisse des Unbekannten, Time-Life Bücher, 1988.
7 Schuessler, John F.: UFOs: *The Medical and Scientific Evidence I,* Quest UFO-Magazine, Vol. 12, Nr. 5, November/Dezember 1993.
8 Betty Cash et al. vs. United States of America, Civil Action No. H84 348, Memorandum of Points and Authorities in Opposition to Defendant's Motion to Division, United States District Court Southern District of Texas, Houston Division, 30. August 1985.
9 Schuessler, John F.: *Cash-Landrum Case: Speculation About the Medical Effects,* MUFON UFO Symposium Proceedings, San Antonio, Texas, Juli 1984.
10 Betty Cash et al. vs. United States of America, Civil Action No. H84

348, Memorandum in Support of Defendant's Motion to Dismiss and/or for Summary Judgement, United States District Court Southern District of Texas, Houston Division, 1985.
11 The Cash-Landrum File, Civil Action No. H84 348, Quest Publications International LTD, P.O. Box 2, Grassington, Skipton, North Yorkshire, BD23 5UY, England.
12 Good, Timothy: *Above Top Secret - The Worldwide UFO Cover-Up,* Grafton, London, 1988, (deutsch: *Das geheime UFO-Wissen der Regierungen,* Zweitausendeins, Frankfurt, 1993).
13 *UFOs so rund wie Untertassen - Die Welt des Unerklärlichen,* Weltbild Verlag GmbH, Augsburg, 1992.
14 Vallée, Jacques: *Confrontations - A Scientist's Search for Alien Contact,* Ballantine Books, New York, 1990.
15 Schuessler, John F., and O'Herin, Edward F.: *Truck Driver Injured by UFO: The Eddy Doyle Webb Case,* Ufology, the Emergence of a New Science, MUFON UFO Symposium Proceedings, Richmond, Virginia, Juli 1993.
16 Pratt Robert: *Letters from Brazil,* MUFON UFO-Journal, August 1987.
17 Vallée, Jacques: *Recent Field Investigations into Claims of UFO Related Injuries in Brazil,* The UFO Cover Up: A Government Conspiracy?, MUFON UFO Symposium Proceedings, Las Vegas, Nevada, 1989.
18 Memorandum der Brasilianischen Luftwaffe, 1973.
19 Lammer, Helmut, und Sidla, Oliver: *UFO-Geheimhaltung - Die Hintergründe des weltweiten Komplotts,* Herbig, München, 1995.
20 Pohl, Robert W.: *Optik und Atomphysik,* Springer-Verlag, Berlin, Heidelberg, New York, 1976.
21 Ludwiger, Illobrand v.: *Der Stand der UFO-Forschung,* Frankfurt, Zweitausendeins, 1992.
22 Budden, Albert: *Allergies and Aliens - The Visitation Experience: An Environmental Health Issue,* Discovery Times Press, Redwood Books, 1994.
23 World Health Organisation: *Environmental Health Criteria 137, Electromagnetic Fields (300 Hz to 300 MHz),* 1993.
24 Budden, Albert: *Aliens, Electricity & Allergies,* MUFON UFO-Journal, Nr. 322, Februar 1995.
25 *Government/Military: John B. Alexander, Program Manager for Non-lethal Defense,* Los Alamos National Laboratory, Aviation Week & Space Technology, 24. Januar 1994.

26 Victorian, Armen: *Non-lethality: John Alexander, the Pentagon's Penguin,* Lobster, Nr. 25, Juni, 1993.
27 The Wall Street Journal, 4. Januar 1993.
28 Wilson, George: *US Drone Crashes on Salvador Spy Mission,* The Guardian, 25. August 1995.

V UFO-Nahbegegnungen mit Flugzeugen

1 Haines, Richard F.: *A Review of Selected Aerial Phenomenon Sightings from Aircraft from 1942 to 1952,* UFOs: A Scientific Challenge, MUFON 1983 UFO Symposium Proceedings, Juli 1983.
2 Birdsall, Mark I.: *Ghost Rockets and Foo Fighters – UFOs over Europe 1943-48,* Quest International, 66 Boroughate, Otley, Leeds, LS21 1AE, England.
3 *Foo Fighters - Important Documents on Foo Fighter Reports Acquired by USA Group,* UFO-Magazine, 11, 4, September/Oktober, 1992.
4 Lammer, Helmut, und Oliver, Sidla: *UFO-Geheimhaltung - Die Hintergründe des weltweiten Komplotts,* Herbig, München, 1995.
5 UFO-Dokument der Defense Intelligence Agency (DIA), über den UFO-Zwischenfall im Iran, 20. September 1976.
6 Regehr, Ronald S.: *Do Our Spy Satellites See UFOs?,* MUFON UFO-Journal, Nr. 312, April 1994.
7 Haines, Richard F.: *Fifty-six Aircraft Pilot Sightings Involving Electromagnetic Effects,* The Ultimate Mystery of the Millennia, MUFON International UFO Symposium Proceedings, Juli 1992.
8 Haines, Richard F.: *Insights from Studying Groups of UFOs,* Ufology: A Historical Perspective, MUFON International UFO Symposium Proceedings, Juli 1994.
9 *Pilot Encounters,* UFO-Magazine, Januar/Februar 1995, Quest International, 66 Boroughate, Otley, Leeds, LS21 1AE, England.
10 Randles, Jenny: *The UFO Conspiracy - The First Forty Years,* Blandford Press, 1988.
11 Ramirez, Alfonso J.: *UFO Intercepts Aircraft over Paraguay,* MUFON UFO-Journal, Nr. 310, Februar 1994.
12 Maccabee, Bruce: *Analysis and Discussion of the Images of a Cluster of Periodically Flashing Lights Filmed off the Coast of New Zealand,* Journal of Scientific Exploration, 1, Nr. 2, 149–190, 1987.
13 *Flight JAL 1628-UFO Intercept Over Alaska,* Quest International, 66 Boroughate, Otley, Leeds, LS21 1AE, England.

14 Brand, Illo: *Das Ultimate Secret - Die US-Regierung weiß seit 40 Jahren, was UFOs sind,* MUFON-CES Bericht Nr. 10, 1989.
15 Dokument der 6947. Security Squadron, das den Funkverkehr zweier kubanischer Mig-21-Piloten wiedergibt.
16 Altshuler, John H.: *An Unusual Case That Doesn't Fit,* Alien Discussions, Proceedings of the Abduction Study Conference held at M.I.T., Cambridge, MA, 1994.
17 The Official Report on the Case of Frederick Valentich, Oktober 1978.
18 Good, Timothy: *Above Top Secret – The Worldwide UFO Cover-Up,* Grafton, London, 1988.

VI UFOs und Radar

1 Trevett, William: *Imaging Radar for Resources Surveys,* Chapmann and Hall, 1986.
2 Schlenker, Eckhart: *Funkmeßengel, UFOs und andere Phänomene,* Funk, 3/1994.
3 Brown, Stuart F.: *The Secret Ship,* Popular Science, Oktober 1993.
4 Lammer, Helmut, und Sidla, Oliver: *UFO-Geheimhaltung – Die Hintergründe des weltweiten Komplotts,* Herbig, München, 1995.
5 Haines, Richard: *Fifty-Six Aircraft Pilot Sightings Involving Electromagnetic Effects,* MUFON Symposium Proceedings, 1992.
6 Hynek, Allen: *The Hynek UFO-Report,* Dell Publishing, 1977.
7 *The Condon Report, Scientific Study of Unidentified Flying Objects,* Bantam Books, New York, 1969.
8 Ramirez, Alfonso: *UFO Intercepts Aircraft over Paraguay,* MUFON UFO-Journal, Nr. 310, Februar 1994.
9 Haas, U. (Pseudonym): *Nichtidentifizierbare Radarechos und visuelle Sichtungen unbekannter Flugobjekte,* UFOs – Zeugen und Zeichen, Illobrand v. Ludwiger, edition q, Berlin, 1995.
10 Petit, Jean-Pierre: *Has Science Something To Do With UFOs?,* MUFON Symposium Proceedings, 1991.
11 Meessen, August: *UFOs über Belgien und Forschungsansätze,* UFOs – Zeugen und Zeichen, Illobrand v. Ludwiger, edition q, Berlin, 1995.

VII Militärische UFO-Nahbegegnungen

1 Fawcett, Lawrence, and Greenwood, Barry J.: *The UFO Cover-Up,* Simon & Schuster, New York, 1992.

2 USAF Memorandum von General C. Bolender, 20. Oktober, 1969.

3 Lammer, Helmut, und Oliver, Sidla: *UFO-Geheimhaltung – Die Hintergründe des weltweiten Komplotts,* Herbig, München, 1995.

4 Redfern, Nick: *UFOs and the Militäry,* Quest-UFO Magazine, November/Dezember 1994.

5 Air Intelligence Information Report IR-4-58, 18. März 1958.

6 Good, Timothy: *The National Security Agency,* Above Top Secret – The Worldwide UFO Cover-Up, Grafton, London, 1988, (deutsch: Das geheime UFO-Wissen der Regierungen, Zweitausendeins, Frankfurt, 1993).

7 Gersten, Peter A.: *What the Government Would Know About UFOs if They Read Their Own Documents,* The Hidden Evidence, MUFON Symposium Proceedings, Massachusetts Institute of Technology, Cambridge, Massachusetts, 1981.

8 Hunter Incident: Department of the Army, Serious Incident Report, September 1973.

9 Cannon Air Force Base Incident: National Military Command Center Memorandum for the Record, signed by Rear Admiral J. B. Morin, 21. Januar 1975.

10 Fort Richie Incident: National Military Command Center Memorandum for the Record, signed by Brigadier General L. J. LeBlanc Jr., U.S.M.C., 30. Juli 1976.

11 *U.S. Reports Visits of UFOs to Bases,* Washington Post, 19. Januar 1979.

12 Fawcett, Lawrence, and Greenwood, Barry J.: *Clear Intent,* Prentice-Hall, New Jersey, 1984.

13 Official Government UFO Intelligence Papers, Document Package 11, Quest Publications International LTD, 1st Floor, 66 Boroughgate, Otley, Leeds, LS21 1AE, England.

14 U.S.A.F. Memorandum über den Abfangversuch eines UFOs, unterschrieben von Paul J. Cahill Jr. SSgt, U.S.A.F. Wing Historian, 18. Januar 1979.

15 North American Aerospace Defense Command (NORAD) Logbuch, Senior Director, 24. NORAD-Region, 8. November 1975.

16 Satchell, Michael: *UFOs vs USAF, Amazing Encounters,* Parade Magazine, 10. Dezember 1978.

17 Randles, Jenny: *From Out of the Blue - The Incredible UFO Cover-*

Up at Bentwaters NATO Air Base, Global Communications, New Brunswick, New Jersey, USA, 1991.
18 Persönliches Gespräch mit Jenny Randles bei der BUFORA UFO-Konferenz in Sheffield, England, 19.–20. August 1995.
19 Butler, Brenda, Street, Dot, and Randles, Jenny: *Sky Crash - Why Are They Keeping it Secret?,* Spearman, Sudbury.
20 Birdsall, Graham: *Randlesham,* Quest UFO-Magazine, Januar/Februar 1995.
21 *The Halt Tape,* UFO Landing at RAF Woodbridge, 1980, Official Transcript, Quest Publications International LTD, 1st Floor, 66 Boroughgate, Otley near Leeds, LS21 1AE, England.
22 Greenwood, Barry J.: *UFO-Secrecy 1984 – Big Brother Is Watching Them,* Extraterrestrial Intelligence, a Public Forum, MUFON Symposium Proceedings, San Antonio, Texas, 1984.
23 Halt, Charles: *U.S.A.F. Memorandum, Department of the Air Force,* Headquarters 81st Combat Support Group (U.S.A.F.C.) APO New York, 13. Januar 1981.
24 Warzinski, Victor L.: Brief an Mark I. Birdsall, Department of the Air Force, Headquarters 81st Combat Support Group (U.S.A.F.C.) APO New York, 2. Oktober 1984.
25 How a Bug-Eyed Alien Greeted Air Chief, News of the World, 6. November 1983.
26 Moore, Robert: *The Rendlesham Forest Incident: An Extraordinary Solution?,* 22. Juni 1987.
27 Rendlesham Revisited – Documents from the 8th Tactical Fighter Wing, U.S.A.F., Quest Publications International LTD, 1st Floor, 66 Boroughgate, Otley near Leeds, LS21 1AE, England.

VIII Fotoanalyse von UFO-Aufnahmen

1 Schröder, Gottfried: *Technische Fotografie,* Vogel Verlag, Würzburg 1981.
2 Sainio, Jeffrey: *Video Analysis,* MUFON Symposium Proceedings, 1993.
3 Haberäcker, Peter: *Digitale Bildverarbeitung,* Grundlagen und Anwendungen, Hanser Studienbücher, 1987.
4 Gonzales, Winz: *Digital Image Processing,* Addison-Wesley, 1987.
5 Walters Ed, Walters Francis: *UFO Abductions in Gulf Breeze,* Avon Books, 1994.

6 Maccabee, Bruce: *Analysis and Discussion of the May 18, 1992 UFO Sighting, Florida*, Journal of Scientific Exploration, Vol. 1 Nr. 3, 1993.
7 Maccabee, Bruce: *Gulf Breeze UFO Photo Analyzed,* MUFON UFO Journal Nr. 314, Juni 1994.
8 Maccabee, Bruce, Sainio, Jeffrey: *Cruise Missile UFO Disappears,* MUFON UFO-Journal Nr. 308, Dezember 1993.
9 Sainio, Jeffrey: *Photo Analysis: A Pictorial Primer,* MUFON Symposium Proceedings, 1992.
10 Haines, Richard, Vallée, Jacques: *Photo Analysis of an Aerial Disc Over Costa Rica,* Society for Scientific Exploration, Vol. 1, Nr. 2, 1989.
11 Guerin, Pierre: *A Scientific Analysis of Four Photographs of a Flying Disc Near Lac Chauvet (France),* Journal of Scientific Exploration, 1994.
12 Maccabee, Bruce: *Analysis and Discussion of the Images of a Cluster of Periodically Flashing Lights Filmed off the Coast of New Zealand,* Journal of Scientific Exploration, Vol. 1, Nr. 2, 1987.
13 Carlotto, Mark J.: *Digital Video Analysis of Anomalous Space Objects,* Journal of Scientific Exploration, Vol. 9, Nr. 1, 1995.
14 Wieder, Irwin: *Report of Referee on »Digital Analysis of Anomalous Space Objects«,* Journal of Scientific Exploration, Vol. 9, Nr. 1, 1995.
15 Kasher, Jack: *A Scientific Analysis of the Videotape Taken by Space Shuttle Discovery on Shuttle Flight STS-48,* MUFON Symposium Proceedings, 1994.

IX Roswell Update

1 Lammer, Helmut, und Oliver, Sidla: *UFO-Geheimhaltung – Die Hintergründe des weltweiten Komplotts,* Herbig, München, 1995.
2 Report of Air Force Research Regarding the Roswell Incident, Air Force Public Affairs, Media Relations Division, 1690AF Pentagon, Washington, DC 20330-1690, Juli 1994.
3 Pflock, Karl T.: *Roswell in Perspective,* Fund for UFO Research (FUFOR), P.O. Box 277, Mount Rainer, Maryland 20712, U.S.A.
4 Randle, Kevin: *Mogul Ballon Update,* MUFON UFO-Journal, Nr. 323, März 1995.
5 Randle, Kevin: *Roswell UFO Crash Update - Exposing the Military Cover-Up of the Century,* Global Communications, P.O. Box 753, New Brunswick, NJ 08903, U.S.A., 1995.

6 Pflock, Karl T.: *More on Mogul & Roswell,* MUFON UFO-Journal, Nr. 326, 1995.
7 News Release: U.S. *Congressman Steve Schiff, First Congressional District,* Washington Office: 2404 Rayburn Building Washington, D.C. 20515, Roswell Report, 28. Juli 1995.
8 Lindemann, Michael: *UFOs and the Alien Presence - Six Viewpoints,* The 2020 Group-Visitors Investigation Project, Santa Barbara, California, 1991.
9 Weiner, Tim: *Blank Check - The Pentagon's Black Budget,* New York, Warner Books, 1991.
10 *Roswell - The Missing Link?,* UFO-Magazine, Quest International, 66 Boroughgate, Otley, Leeds, LS21 1AE, England, März/April 1995.
11 Mantle, Philip: *An Interview with Ray Santilli, UFOs: Examining the Evidence,* The Proceedings of the 8th BUFORA International UFO Congress, 1 Woodhall Drive, Batley, West Yorkshire, WF17 7SW, England, 1995.
12 Kent, Jeffrey: *The Purported 1947 Roswell Film,* MUFON UFO Journal, Nr. 326, Juni 1995.
13 Birdsall, Graham W.: *The Alleged Roswell Archive Film,* UFO-Magazine, Quest International, 66 Boroughgate, Otley, Leeds, LS21 1AE, England, März/April 1995.
14 Friedman, Stanton, und Berliner, Don: *Der UFO-Absturz bei Corona,* Kopp Verlag, Rottenburg, 1995.
15 FBI-Memorandum von Agent Fitch, E. G., in dem der FBI-Direktor J. Edgar Hoover von mehreren geborgenen Scheiben schreibt, 7. Oktober 1947.
16 Lammer, Helmut: *Atmospheric Evolution on Mars and the Consequence for the Cydonian Hypothesis,* The 8th BUFORA International UFO Congress, 20. August 1995.
17 Shell, Bob: *Analysis of the Alleged Roswell Footage,* August 1995.
18 Vaughan, Wynne-Jones: *Autopsie Phone Is Not the 1956 Phone!,* Internet, 4. November 1995.

X UFO-Forschung im deutschen Sprachraum

1 Schneider, Wolf: *Unsere tägliche Desinformation: Wie die Massenmedien uns in die Irre führen,* Gruner & Jahr, Hamburg, 1984.
2 Cohen, B. C.: *The Press and Foreign Policy,* Princeton, 1963.

3 Swoboda, Norbert: *Info für den Überzeugten,* Kleine Zeitung, 9. April 1995.

4 Brand, Illo: *Unerwünschte Entdeckungen im Luftraum,* MUFON-CES-Bericht Nr. 10, 1989.

5 Sagan, Carl: *Von UFOs, Orakeln und rechnenden Pferden,* Reader's Digest, September 1979.

6 Blackmore, Susan: *Alien Abduction: The Inside Story,* New Scientist, Nr. 1952, 19. November 1994.

7 Nagaitis, Carl, and Mantle, Philip: *Without Consent - A Comprehensive Survey of Missing-Time and Abduction Phenomena in the UK,* Ringbull Press, London, 1994.

8 Stacy, Dennis: *The UFO Press,* MUFON UFO Journal, Nr. 321, Januar 1995.

9 Spanos, Nicholas P.: Journal Abnormal Psychology, 102, 624, 1994.

10 Campbell, S.: *Magnetic Encounters,* Letters to the Editor, New Scientist, Nr. 1955, 10. Dezember 1994.

11 Powell, R.: *Magnetic Encounters,* Letters to the Editor, New Scientist, Nr. 1955, 10. Dezember 1994.

12 Turner, B. P.: *Magnetic Encounters,* Letters to the Editor, New Scientist, Nr. 1955, 10. Dezember 1994.

13 Davenas, E.: *Nature,* Vol. 333, Juni 1988.

14 Brand, Illo: *Randgebiete der Wissenschaft und ihre Interpretation durch die Wissenschafts-Journalisten und Zetetiker*, Unerwünschte Entdeckungen im Luftraum, MUFON-CES-Bericht, Nr. 10, 1989.

15 Walter, Werner: *CENAP-Report,* Mannheim, Deutschland, Januar/Februar 1995.

16 Walter, Werner: *UFOs am Rande der Wirklichkeit?,* Sterne und Weltraum, 8. September 1993.

17 Walter, Werner: *Journal für UFO-Forschung,* GEP, Januar/Februar, 1990.

18 *Erstaunliche UFO-Dokumente auf Video!*, Magazin 2000, Magazin für Neues Bewußtsein, Nr. 97, Seite 71, Dezember 1993/Januar 1994.

19 *Classified Advertisement,* Seite 34, UFO-Magazine, Quest International, Juli/August 1993.

20 Walter, Werner: *Ab in den IFO-Ordner,* CENAP-Report, Nr. 219, Oktober/November 1994.

21 *Greifswald-UFOs waren nur NVA-Leuchtbomben,* BILD, 29. Oktober 1994.

22 Peininger, Hans-Werner: *Greifswald-UFOs identifiziert?*, Journal für UFO-Forschung, Nr. 96, 6, 1994.

23 Kießling, (Hauptmann): Brief vom Luftwaffenamt an einen MUFON-CES Kollegen, Köln, 15. März 1995.
24 Henke, Rudolf: Journal für UFO-Forschung, GEP, Januar/Februar 1990.
25 Henke, Rudolf: Brief an Illo Brand, 3. Oktober 1987.
26 Henke, Rudolf: *Henke bei CENAP ausgetreten,* Journal für UFO-Forschung, 4/1993.
27 The Explorer, Newsletter of the Society for Scientific Exploration, 11, 1&2, 1995.
28 Haisch, Bernhard: *Profile,* The Explorer, Newsletter of the Society for Scientific Exploration, 11, 1&2, 1995.
29 Alexander, John B.: *Psychics and Weapons,* Scientific American, Juli 1994.
30 Alexander, John B.: *Government/Military,* Aviation Week & Space Technology, 24. Januar, 1994.

Eine Bitte der Autoren

Wenn Sie selbst außergewöhnliche Erfahrungen, wie sie in diesem Buch geschildert wurden, hatten oder den Verdacht haben, entführt worden zu sein, schreiben Sie an:

Dr. Helmut Lammer und Dipl.-Ing. Oliver Sidla
c/o Herbig-Verlag
Thomas-Wimmer-Ring 11
D-80539 München

oder wenden Sie sich an

MUFON-CES

für Deutschland:
Dipl.-Phys. Illobrand von Ludwiger
Gerhart-Hauptmann-Straße 5
D-83620 Feldkirchen Westerham

für Österreich:
Dr. Helmut Lammer
Postfach 76
A-8600 Bruck/Mur
Österreich

Z. E. U. S.
Schulgasse 43
Postfach 96
A-1180 Wien
Österreich

für die Schweiz:
Roland Keller
Postfach 1620
CH-4001 Basel
Schweiz

Register

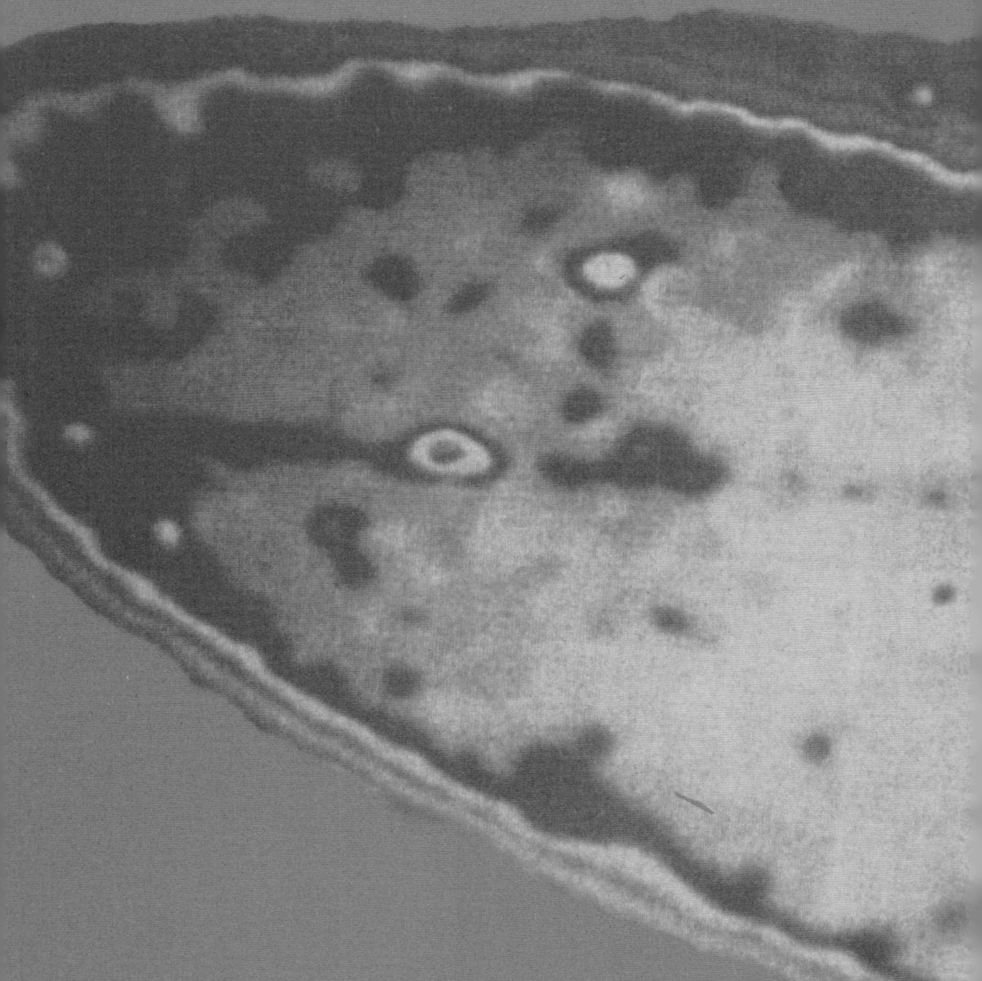